高等学校应用创新型人才培养系列教材

/ 市场营销专业

公共关系学

钟育赣　编著

GONGGONG GUANXIXUE

高等教育出版社·北京

内容简介

公共关系学研究一个社会组织，如何以承担社会责任、符合社会规范的组织与管理行为，与其公众实现信息分享与沟通，从而形成良好的组织形象，争取社会广泛的理解、支持和合作。

全书共八章，在内容上注重阐述基本概念、基本原理和基本方法。第一章认识公共关系，第二章社会组织与公共关系，第三章公共关系的对象与手段，第四章公共关系调研与效果评估，第五章公共关系计划和实施过程，第六章员工公众与沟通，第七章外部关系与沟通，第八章危机管理与公共关系。在结构上各章以引例开篇，用大量链接、案例等启迪读者同步思考，结尾案例、实训等练习、检验应用能力，并以延伸阅读指出开阔视野的学习方向。使读者对公共关系学能够形成全景式了解，奠定进一步学习的基础和兴趣。

本书汲取了国内外公共关系、营销管理和传播学界的许多理论成果和最新观点以及与业界人士关于实践的交流和有关探讨。适用于工商管理类、公共管理类、新闻传播学类等学科的专业人才培养、高等院校通识类教育课程，也可供市场营销、公共关系从业人员阅读参考。

图书在版编目（CIP）数据

公共关系学/钟育赣编著. --北京：高等教育出版社，2016. 5 (2024.2重印)

ISBN 978-7-04-045001-9

Ⅰ. ①公… Ⅱ. ①钟… Ⅲ. ①公共关系学-高等学校-教材 Ⅳ. ①C912. 3

中国版本图书馆 CIP 数据核字（2016）第 040956 号

策划编辑 童 宁　　责任编辑 童 宁　　封面设计 王 洋　　版式设计 童 丹
插图绘制 杜晓丹　　责任校对 刘娟娟　　责任印制 朱 琦

出版发行	高等教育出版社	网　　址	http://www.hep.edu.cn
社　　址	北京市西城区德外大街 4 号		http://www.hep.com.cn
邮政编码	100120	网上订购	http://www.hepmall.com.cn
印　　刷	唐山市润丰印务有限公司		http://www.hepmall.com
开　　本	787 mm × 1092 mm　1/16		http://www.hepmall.cn
印　　张	18		
字　　数	430 千字	版　　次	2016 年 5 月第 1 版
购书热线	010-58581118	印　　次	2024 年 2 月第 6 次印刷
咨询电话	400-810-0598	定　　价	39. 80 元

本书如有缺页、倒页、脱页等质量问题，请到所购图书销售部门联系调换

物 料 号 45001-A0

作者简介

钟育赣，江西赣州人，1955 年生。教授，中国高等院校市场学研究会副会长，中国国际公共关系协会学术委员会委员，广东省系统工程学会副理事长和广东省技术经济与管理现代化研究会副理事长等。1982 年毕业于北京商学院，1985—1987 年留学南斯拉夫契里尔·麦托蒂大学。曾任江西大学（南昌大学）经贸学院副院长，经济系主任，江西省高校中青年学科带头人；广东商学院管理学院院长，广东外语外贸大学国际工商管理学院院长等。长期从事营销管理、公共关系和品牌战略等的教学、研究和社会服务。主持国家社会科学基金项目“中国家电市场的企业竞争与‘价格战’问题研究”和省部级等课题多项，出版《市场营销学》《公共关系学》《品牌策划与市场传播》等专著、教材 14 部，发表论文、专业文章 70 余篇。曾获高等教育国家级教学成果二等奖，广东省优秀教学成果一等奖，广东省南粤优秀教师等荣誉称号。

总　序

市场营销学是一门建立在经济科学、行为科学和现代管理理论基础上的应用科学，其核心内容就是在满足顾客需要的前提下，使企业在激烈竞争的市场环境中获得生存和发展。它研究以满足消费者需求为中心的企业营销活动过程及其规律性，具有全程性、综合性、实践性的特点。早期的营销理论，在20世纪30年代即已传播到中国。现在，复旦大学图书馆网站上仍能检索到丁馨伯编译、上海世界书局出版的《市场学原理》（1934）和侯厚吉编、上海黎明书店出版的《市场学》（1935）①。1949年以前，我国不少高等学校开设了市场学课程；从欧美回国的留学生中，也有一些攻读过“Marketing”。1950年以后，由于实行计划经济体制，经济实践中否定市场经济；高校学习苏联的教育体制，在教学计划的课程设置上，“市场学”也被排斥在外。

1978年年末，党的十一届三中全会后，我国社会经济在改革开放浪潮的席卷下，发生了极其深刻的变化，与此基本同步的是市场营销学的重新引进和广泛传播。30多年来，市场营销学在我国经历了重新引进后的启蒙阶段（1979—1984年）、广泛传播阶段（1984—1996年）和深入拓展阶段（1996年后），市场营销学及其系列课程业已在上千所高校列为必修课，在我国社会主义市场经济体制的建立和发展过程中，日益发挥着重要的作用。1980—2010年的30年，我国社会主义市场经济蓬勃发展，企业面对与计划经济体制下极不相同的市场营销环境；以GDP为标志的经济总量业已跃居世界第二位；高等教育由精英教育向大众化教育转变。在包括普通高等学校和成人高校、民办高校的三千余所高等学校中，开设市场营销学课程的高校有两千余所，设立市场营销专业的高校超过一千所。2009年，全国共有604所非“211”“985”本科院校及独立学院开设了市场营销专业，在校生人数2003年为63 331人，2009年上升到131 589人。如果扩展到全国所有高校，则设立市场营销专业的学校数和在校生人数都会成倍增加。市场营销教育的迅猛发展有力地说明：“营销无处不在。无论是有意识的还是无意识的，任何组织与个人都在从事着各种各样的营销活

---

① 注：笔者和北京工商大学兰玲教授曾亲睹丁馨伯编译、1933年由复旦大学出版的《市场学》。

动。在当今的环境中，好的市场营销已经成为企业成功的必备条件……市场营销已经渗透到人们生活中的点点滴滴。”① 事实也说明，在社会主义市场经济条件下，市场营销理论、方法和技巧，已经广泛应用于企业、政府部门和其他非营利组织，已涉及社会生活的各个方面。随着社会主义市场经济的发展和市场营销理论的不断拓展和分化，社会需要既能在企业工作，也能在综合经济管理部门、政策研究部门、金融机构等相关部门任职的综合性、复合型、应用型人才，从事市场营销实务以及经济分析、预测、规划和管理等工作。

《国家中长期教育改革和发展规划纲要（2010—2020 年）》强调：要着力培养信念执著、品德优良、知识丰富、本领过硬的高素质专门人才，重点扩大应用型、复合型、技能型人才培养规模。同时指出，必须加强课程教材等基本建设。基于前述时代背景和社会需求，高等教育出版社适时精心制作了应用创新型人才培养系列教材策划方案，并确定以市场营销专业为试点，在系统介绍市场营销原理的基础上，对其各分支进行更专业和深入的研究。同时，参考国内外通行的市场营销专业课程设置和培养应用创新型、复合型人才的特点与要求，初步拟订了选题计划，包括：市场营销学、市场调研、消费者行为学、国际市场营销、服务营销学、公共关系学、品牌管理、电子商务、网络营销、企业营销策划、客户关系管理、广告学、零售学、营销渠道管理、定价策略与应用、销售管理、市场营销教学案例等，涵盖了市场营销专业的主要必修课程。

本系列教材编写的基本原则是：浓缩理论，提升实践。理论阐述要做到明白、精要；实践部分要占较醒目位置，突出理论与实际结合。

本系列教材的特点主要有：

1. 结构合理。每本教材都按照严密的逻辑顺序编排有关内容，各章均以案例为引导，导入重要知识点；知识结构图为读者展示了全章重要知识点之间的逻辑结构，把握全章要点；章后的案例分析和实训安排，具有很强的实践指导性。

2. 内容实用。本系列教材的编写，强调基础理论与前沿理论兼顾，妥善处理传统内容与现代内容的关系，既充分介绍基础理论和方法，又尽量减少理论背景和观点的陈述。较多的案例分析和实训安排，强化实践教学环节，要求切实提高学生分析问题和解决问题的能力。

3. 形式新颖。本系列教材的编写体例进行了大胆探索与创新，各章有引例、知识结构图、图表、小资料（小案例、小链接）、本章小结、思考题、关键名词、案例分析、本章实训、延伸阅读等栏目，便于在教学中启迪思维，开阔视野。

4. 网络支持。我们专门在“中国教学案例网”上为广大教师、学生准备了相关课程的教学课件、教学计划、教学大纲、案例、试卷等辅助教学资源和学习资料，力求通过这些扩展内容对大家的教学和学习有所帮助，也希望该网站成为营销学教师资源共建共享的公共平台。

本系列教材的主编和参编者都是中国高等院校市场学研究会的成员，其中有多人是现任的副会长、常务理事，部分作者在 20 世纪 80 年代初即已从事市场营销学的教学与研究工

---

① 菲利普·科特勒，等. 营销管理. 13 版. 王永贵，等，译. 上海：格致出版社、上海人民出版社，2009.

作，在教学经验的积累、营销理论前沿动态的了解、市场调查与预测的咨询活动等方面，具有较强的实力和优势。

我们相信，这套教材的问世，将为中国市场营销学教育的发展作出积极的贡献。

对教材中的不足与不当之处，敬请广大读者和教师向作者提出批评与指正，以便再版时修正和完善。

吴健安

2011 年 11 月于昆明

（作者为中国高等院校市场学研究会顾问、云南财经大学教授）

前　言

“公共关系”是一个社会组织与其公众之间的交往和联系。作为一门学科，公共关系学研究的是作为这种关系的主体的社会组织，如何以承担社会责任、符合社会规范的组织与管理行为，与作为关系客体的公众实现信息的分享与沟通，争取理解、支持和合作，为自身的存在和发展，创造良性互动的社会环境。

基于这样的理解，全书八章在逻辑上可分为五个单元。第一单元为概论性质，即第一章认识公共关系，分别从学科概念、历史与现状以及职能和作用等方面，帮助读者对公共关系尤其是现代公共关系建立基本认识。第二单元介绍公共关系的三个要素。其中第二章社会组织与公共关系，探讨社会组织应以怎样的态度和行为，与公众、社会良性互动；第三章公共关系的对象与手段，分析公众的特征及其分类，以及作为联结关系的手段的传播与传播模式，尤其是互联网时代的公共关系与网络传播。使读者进一步明确，公共关系即三个要素之间的动态联系，良好的公共关系就是三者的相互适应与和谐共处。第三单元为公共关系过程四个重要步骤，通过第四章公共关系调研与效果评估、第五章公共关系计划和实施过程，帮助读者掌握公共关系工作中，调查与分析、计划和决策、执行与传播以及评估和反馈的基本做法和要求。第四单元为几种主要的公众关系，其中第六章员工公众与沟通，第七章外部关系与沟通，包括了员工、顾客、媒体、社区、政府和社会名流等主要的公众。使读者能够根据具体的公共关系对象，选择合适的活动方式与做法，有效地进行公共关系沟通。第五单元为特殊领域的公共关系运用，即第八章危机管理与公共关系。由此，使读者对公共关系学形成一个全景式的了解，奠定进一步学习的基础和兴趣。

根据教科书的特点，也根据本人多年教学心得，本书在内容上注重基本概念、基本原理和基本方法的阐述。使读者在正确理解基本概念的基础上，了解概念之间的相互关系，以掌握基本原理；在掌握基本原理的基础上，能够思考和解决实践问题，以掌握公共关系的思维方式和基本方法。在结构上各章均以相关引例开篇，再通过知识结构图，晓之以主要的概念和知识点。文中还有大量“小链接”“小案例”，使读者阅读正文的同时，可对相关问题从理论或实践方面同步思考。各章结尾的“本章小结”“关键名词”和“思考题”等，用于读者复习和归纳学习的心得；“案例分析”和“本章实训”，用于练习和检验应用的能力；“延伸阅读”则为读者指出可以开阔视野的进一步的学习方向。因此，既适合于教师讲课要“少而精”，学生学习要“多想”“多练”的应用型人才培养，也可供公共关系从业人员日常阅读和参考。

本书汲取了国内外公共关系、营销和传播学界的许多成果和最新观点，并尽可能做到一一注明出处。不同学科的“跨界”经历，使我得以从不同的视角，观察和思考公共关系的发展与实践。还有许多观点和资料，来源于与从事公共关系、营销管理的业界人士、朋友之间的长期来往和交流，以及和学生课上课下的教学相长的讨论。在这里一并表示感谢。

万万、郭国良、谢军、黎小林、曾昊、吴继研、许利华、钟文星、邹锐、施悦、万一丁等，也为本书资料收集、初稿和审阅、修订等，做出了直接贡献。

我于 1987 年从南斯拉夫留学回国，第一次在当时工作的江西大学（现南昌大学）开设公共关系学课程，迄今已有二十八载。其间，我参加了在深圳大学召开的全国高校第一届公共关系教学研讨会，参与撰写了全国通用教材《公共关系学》（安徽人民出版社出版）；还曾主编、参编过一些公共关系学领域的著述。但是每每提笔、落笔，依然感觉学海无涯，水平总是有限。在这里也恳请读者朋友批评指正，并与我及时地反馈意见和建议，使本书不断进步和完善。可通过我的专用电子邮箱 zhongyugan@126.com，新浪微博“钟育赣”（http://weibo.com/zhongyugan）或新浪博客“钟育赣”（http://blog.sina.com.cn/zhongyugan）等，保持联系和互动。

最后，感谢高等教育出版社，尤其是感谢本书的责任编辑童宁老师。没有他的热情鼓励和耐心等待，完成此书可能还会遥遥无期。

钟育赣
二〇一六年二月十六日
于广州雅郡花园

目　录

001　**第一章　认识公共关系**

001　引例　潘石屹夫妇哈佛大学捐款

003　第一节　公共关系的基本概念

003　　一、公共关系的定义

005　　二、公共关系的要素与内涵

006　　　（一）公共关系是一种“状态”

007　　　（二）公共关系是一种“活动”

008　　　（三）公共关系是一种“观念”

010　　三、公共关系的本质

011　第二节　公共关系的由来与演进

012　　一、公共关系的缘起

012　　　（一）古代社会的“类公共关系”

013　　　（二）美国社会早期的公共关系

014　　二、现代公共关系的形成与发展

014　　　（一）艾维·李与公共关系的职业化

016　　　（二）爱德华·伯奈斯与公共关系的学科化

017　　　（三）现代公共关系的应用与推广

019　　三、公共关系在中国

021　第三节　公共关系的职能与作用

021　　一、公共关系的职能

021　　　（一）交流信息

022　　　（二）联络感情

022　　　（三）影响态度

022　　　（四）引导行为

023 二、公共关系的作用
023 （一）建立声誉
024 （二）巩固形象
025 （三）调整认知
026 本章小结
027 关键名词
027 即测即练
027 思考题
027 案例分析 “华沙之跪”为德国赢得尊严
028 本章实训
029 延伸阅读

031 **第二章 社会组织与公共关系**
031 引例 “水门事件”与尼克松的失误
033 第一节 社会组织是公共关系的主体
033 一、社会组织
033 （一）社会组织的概念与特征
034 （二）社会组织的类型
036 二、公共关系的原则
037 （一）以谋求共同利益为核心
038 （二）以承担社会责任为前提
040 （三）以公开事实真相为基础
043 第二节 公共关系部
043 一、设置公共关系部的原则
043 （一）正规性原则
043 （二）整体协调和主导性原则
043 （三）精简以及适当管理跨度与层级原则
044 （四）有效性原则
045 二、公共关系部的一般模式
045 （一）公共关系部的组织地位
046 （二）公共关系部的内部结构
048 （三）公共关系部的人才与智力构成
049 三、公共关系部的职责和任务
049 （一）建立、维护与公众的联系渠道
050 （二）监测环境，随时了解公众要求和意愿
050 （三）教育、引导领导层和员工，树立并强化公共关系意识
051 （四）管理声誉，传播形象

052 （五）参与决策，为管理层提供建议和参考
053 四、公共关系部的优势与不足
053 （一）公共关系部的优势
053 （二）公共关系部的不足
053 第三节 公共关系公司
053 一、公共关系公司的类型
053 （一）按业务范围划分
054 （二）按经营方式划分
054 二、公共关系公司经营的一般范围
056 三、公共关系公司的优势与不足
056 （一）公共关系公司的优势
056 （二）公共关系公司的不足
056 四、公共关系公司的选择与聘请
056 （一）公共关系公司的选择
057 （二）公共关系公司的聘请
057 本章小结
058 关键名词
058 即测即练
058 思考题
058 案例分析 公关传播和市场部职能进一步整合？
060 本章实训
060 延伸阅读

063 **第三章 公共关系的对象与手段**
063 引例 新媒体让百年老字号焕发青春
065 第一节 公众是公共关系的工作对象
065 一、公众的特征
065 （一）公众的本质特征
067 （二）公众的外部特征
068 二、公众的分类
068 （一）按公众系统的归属分类
068 （二）按公众对组织或相关问题的重要性分类
069 （三）按公众对组织的基本态度分类
069 （四）按组织对公众的需要和愿望分类
070 （五）按公众空间上的结合程度和稳定性分类
071 （六）按公众变化与动态分类
072 第二节 传播是公共关系的手段

072 一、传播与传播过程
072 （一）传播
073 （二）传播过程
075 二、公共关系的传播媒介
075 （一）依据传播媒介的物质形式分类
075 （二）依据传播媒介的社会功能分类
076 三、公共关系传播模式
076 （一）新闻代理模式
076 （二）公共信息模式
076 （三）双向不对称模式
077 （四）双向对称模式
078 第三节 公共关系传播方式与类型
078 一、依据传播范围的大小区分
078 （一）人际传播
078 （二）组织传播
079 （三）大众传播
079 二、依据传播科技的发展区分
079 （一）语言传播
080 （二）文字传播
081 （三）印刷传播
082 （四）电子传播
083 （五）网络传播
084 第四节 公共关系与网络传播
084 一、网络传播的特性
085 （一）交互性
085 （二）海量性
085 （三）多媒体
085 （四）即时性
086 （五）个人化
086 （六）超文本
086 二、新媒体与自媒体
086 （一）新媒体
087 （二）自媒体
089 三、网络传播的挑战
090 本章小结
091 关键名词
091 即测即练
091 思考题

091 案例分析 锋驭“自驾中国”
092 本章实训
093 延伸阅读

095 **第四章 公共关系调研与效果评估**
095 引例 从“危机”到“商机”（1）
098 第一节 公共关系调研
098 一、公共关系调研的意义
099 二、公共关系调研的一般范围
099 （一）内部情况调研
100 （二）外部环境调研
104 （三）公共关系状态与组织形象调研
105 （四）公众信息调研
105 三、公共关系调研的原则
106 第二节 调研过程与方法
106 一、调研过程
107 （一）确定调研问题
108 （二）制定调研方案
109 （三）实施调研，收集信息
110 （四）分析调研结果
111 二、调研方法
111 （一）案头调查法
111 （二）访谈法
113 （三）问卷调查法
113 （四）观察法
114 （五）实验法
114 第三节 公共关系分析与诊断
114 一、分析和诊断公共关系状态
114 （一）公共关系状态与公众态度
115 （二）分析公共关系状态的不同类型
116 （三）诊断公共关系状态的影响因素
116 二、分析和诊断组织形象差距
116 （一）分析组织形象的具体位置
117 （二）诊断组织形象的特定内涵
118 第四节 公共关系效果评估
118 一、公共关系效果评估的意义
119 二、评估过程与步骤

119 （一）重温公共关系目标
119 （二）收集、分析有关资料
120 （三）总结、撰写和提交评估报告
120 （四）应用报告的结果和结论
120 三、公共关系效果评估内容举要
120 （一）信息交流与效果方面
121 （二）公众态度与变化方面
122 本章小结
123 关键名词
123 即测即练
123 思考题
123 案例分析 苹果手表为何没火
124 本章实训
125 延伸阅读

127 **第五章 公共关系计划和实施过程**
127 引例 “阳光育苗”校园行策划案（概要）
130 第一节 公共关系计划过程
130 一、选择目标
130 （一）公共关系目标的类型
131 （二）企业常用公共关系目标举要
132 （三）公共关系目标的一般要求
132 二、明确目标公众
133 （一）界定目标公众的范围
133 （二）识别目标公众的重点
135 三、决定主题
136 四、策划公共关系项目
136 （一）服从目标
137 （二）区别对象
137 （三）创新内容
139 （四）经济有效
139 五、编制公共关系预算
139 （一）固定比例法
140 （二）量入为出法
140 （三）竞争对等法
140 （四）目标任务法
140 六、分析可行性

141 第二节 公共关系活动方式
141 一、战略型公共关系
141 （一）建设型公共关系
143 （二）维系型公共关系
144 （三）防御型公共关系
145 （四）进攻型公共关系
147 （五）矫正型公共关系
148 二、战术型公共关系
148 （一）宣传型公共关系
150 （二）交际型公共关系
151 （三）服务型公共关系
152 （四）社会型公共关系
153 （五）征询型公共关系
154 第三节 公共关系实施过程
154 一、公共关系实施的基本原则
154 （一）目标导向
154 （二）整体协调
155 （三）控制进度
155 （四）实时反馈
155 二、公共关系实施过程的关键环节
155 （一）执行方案的完善
156 （二）公共关系信息的优化
156 （三）组织结构的适应性
156 （四）建章立制
156 三、公共关系实施中的问题与防范
156 （一）计划脱离实际
157 （二）长期目标和短期绩效的矛盾
157 （三）因循守旧的惰性
157 （四）缺乏切实可行的操作方案
157 本章小结
157 关键名词
158 即测即练
158 思考题
158 案例分析 从“危机”到“商机”（2）
160 本章实训
161 延伸阅读

163 **第六章 员工公众与沟通**
163 引例 坏天气下的内部公关
166 第一节 员工关系的重要性
166 一、员工关系的意义
167 二、员工关系的作用
169 第二节 员工关系的构成与基础
169 一、员工关系的构成
169 （一）个体与需要
171 （二）正式组织与非正式组织
172 （三）领导和领导者
174 二、员工关系的基础
174 （一）薪酬关系
176 （二）工作内容和环境
177 （三）职场氛围和感情交流
179 第三节 员工关系的沟通
179 一、员工关系沟通的内容
179 （一）员工希望由组织获得的信息
179 （二）组织希望员工了解的信息
180 二、员工关系沟通的方式
180 （一）正式沟通与非正式沟通
182 （二）直接沟通与间接沟通
184 本章小结
185 关键名词
185 即测即练
185 思考题
185 案例分析 “90后”员工，你怎么管
187 本章实训
188 延伸阅读

189 **第七章 外部关系与沟通**
189 引例 苹果的经验
192 第一节 顾客关系与沟通
192 一、顾客关系的性质和意义
192 （一）构建顾客关系的基础
194 （二）沟通顾客关系的目的
195 （三）良好顾客关系的前提
197 二、顾客关系的内容与重点

197 （一）提升服务质量
198 （二）发布产品信息
200 （三）建设品牌形象
202 （四）维系顾客感情
202 三、顾客关系沟通与方式
203 （一）面谈与口头联系
203 （二）书信与电子邮件
203 （三）官方网站和印刷品、报刊
203 （四）消费者教育
204 （五）社会化媒体互动
206 第二节 媒体关系与沟通
207 一、媒体关系的重要性
207 （一）良好的媒体关系有助于形成良好的社会舆论
207 （二）良好的媒体关系有利于大范围、远距离的传播
208 二、媒体关系的原则和重点
208 （一）真诚交往
208 （二）主动沟通
210 （三）增进友谊
211 （四）平等相待
212 第三节 社区、政府与名流公众
212 一、社区公众与沟通
212 （一）社区关系的意义
213 （二）社区关系的重点
215 二、政府公众与沟通
215 （一）政府关系的重要性
215 （二）政府关系的原则
216 （三）政府关系的沟通方式
218 三、名流公众与沟通
218 （一）借助于名流的见识和特长
218 （二）借助于名流的社会资源和关系网络
218 （三）借助于名流的声誉和名望
219 本章小结
220 关键名词
220 即测即练
220 思考题
220 案例分析 农夫山泉与《京华时报》事件
222 本章实训
222 延伸阅读

225 **第八章　危机管理与公共关系**
225 引例　强生公司“泰诺”危机
227 第一节　危机与危机管理
227 一、危机的性质与特征
227 （一）事件的强突发性
228 （二）后果的超破坏性
229 （三）公众的高关注性
229 （四）变化的不确定性
230 二、组织危机的类型
230 （一）依据危机的原因分类
231 （二）依据危机的突发性分类
231 （三）依据危机生命周期分类
231 三、危机管理过程
232 （一）“三阶段论”
232 （二）“四阶段论”
234 （三）“五阶段论”
234 第二节　危机防范
234 一、建立和完善危机管理机构
234 （一）危机管理机构的作用
235 （二）危机管理机构的组成
236 （三）危机管理机构的职责
237 二、实施危机防范的常态化管理
237 （一）强化组织与全员的危机意识
238 （二）建立危机预警机制
240 （三）重视“平时”交流与互动
241 三、制订和演习危机预案
241 （一）制订危机预案
244 （二）演习危机预案
247 第三节　危机应对与危机修复
247 一、危机应对
247 （一）危机应对的步骤
250 （二）危机应对的原则
252 二、危机传播与沟通
252 （一）危机传播的要求
254 （二）危机沟通的重点
255 三、危机修复
255 （一）危机修复的过程
257 （二）危机修复的重点

257 本章小结
258 关键名词
258 即测即练
258 思考题
258 案例分析　加多宝就“涉嫌侮辱英雄”事件澄清
259 本章实训
260 延伸阅读

261 **参考文献**

第一章
认识公共关系

引例

潘石屹夫妇哈佛大学捐款

2014 年 7 月 16 日，SOHO（中国）董事长潘石屹向哈佛大学捐款 1 500 万美元。消息在互联网上迅速流传，随即得到 SOHO（中国）的官方微博确认，并公布 SOHO（中国）基金会计划用 1 亿美元设立“SOHO（中国）助学金”，资助在世界一流大学攻读本科的中国贫困学生。

SOHO（中国）首席执行官、潘石屹的妻子张欣，第一时间转发了这条微博，并回忆起当年在英国留学没钱付学费、靠拿助学金的往事，“教育改变了我的人生。今天有机会给贫困学生提供助学金，也在这里感谢那些曾经资助过我的人”。提到哈佛大学，张欣说：“好多同学都不知道，哈佛大学的本科生超过 70% 都是拿助学金的，真正有钱支付全额学费的人很少。……世界一流大学很多都是这样，早已不是富人的大学，大部分是贫困学生。”潘石屹继而表态：“愿更多中国家庭贫寒的优秀学子去世界一流大学，如哈佛去读书、成才。”

从互联网到传统媒体，甚至人们的茶余饭后，舆论持续热议。网上有点赞的，称此举是“善良和优秀的正循环”；也有中立的，“其实不一定要捐给某个学校。可在国内设立一个基金，为申请到国外顶尖大学但没钱去读的优秀学生提供助学金”；还有质疑的，“为什么不去捐助基础性教育”，“为什么不捐给国内一流大学”；更有怀疑的，潘石屹夫妇是“提前为自己孩子将来读哈佛做准备”。

话题也从捐款本身蔓延开来。有媒体联合信息咨询公司进行调查，结果显示有六成多的受访者支持潘石屹；近半数网友理解他未选择中国高校的做法，认为中国高校应该反思……

资料来源：根据互联网资料整理。

阅读与启示

潘石屹夫妇和SOHO（中国）的捐款行动之所以引起人们关切和热议，是因为任何组织或公众人物无论做什么、说什么，或大或小、或好或坏、或亲或疏，都会使某些“他人”感到某种程度的“相关”。这些“他人”其实就是公共关系学意义上的公众，这种关系也是一种“公众关系”。现代社会传播媒介发达，信息通畅，组织或个人的“透明度”更高，公众的社会意识、参与意识也更强。任何组织，包括公众人物，都要努力帮助公众对自身行为“知其然，知其所以然”，并争取更多理解和支持，达成共识、形成多赢。从这个意义上说，“公共关系”无处不在、无时不在。

本章知识结构图

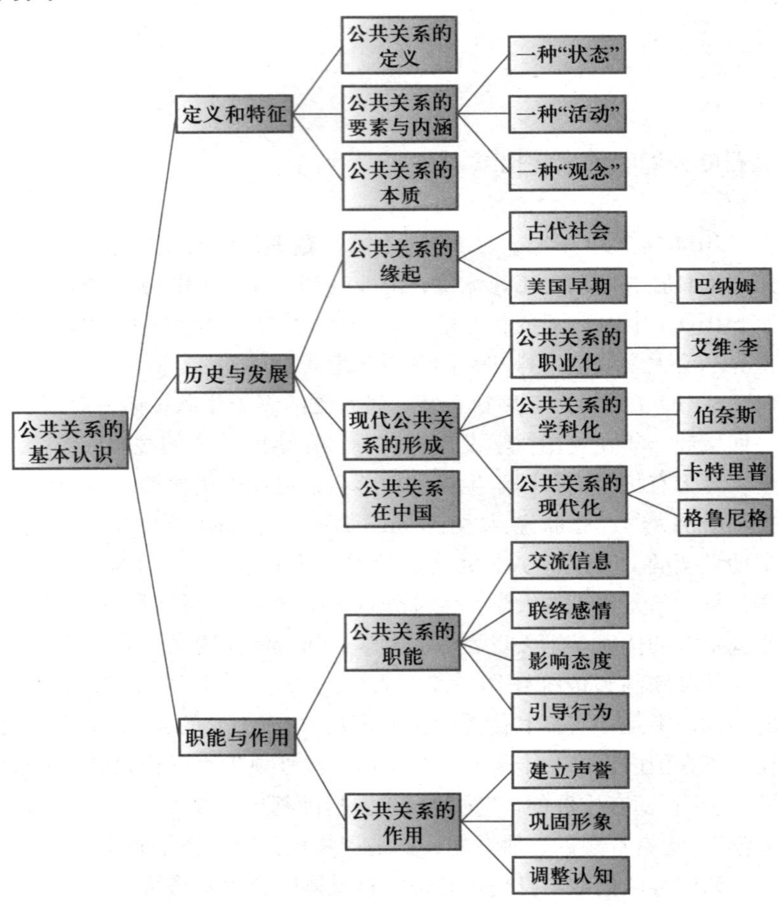

公共关系是一个组织与其公众之间的联系和交往。社会组织是公共关系的主体，公众是公共关系的客体或对象，传播是双方联结的纽带和手段。作为一种现象，“公共关系”有着深刻的历史渊源；作为一门学科，公认产生于20世纪的初期。一个组织借助于公共关系职能，与公众交流信息，联络感情，并影响他们的态度和行为。

第一节 公共关系的基本概念

中文“公共关系”一词源于英语“public relations”。“public”既指“公众”，又有“公开的”之意；作为“关系”理解的“relations”是复数形式，故也有“公众关系”的说法。[①] 在国外，人们将其缩写为“PR”；在国内，通常简称“公关”。

一、公共关系的定义

从字面看，“公共关系”是与公众的联系和交往。随着认识的深化和实践的发展，当今“公共关系”已经成为一个内涵丰富的概念。百余年来，为了阐释什么是“公共关系”，国内外众多专家、学者和组织一直不懈地进行努力，也给出了许多颇具特色的定义。

1978年在墨西哥召开的国际公共关系协会大会，将公共关系定义为“一门艺术和社会科学”，“它分析动向，预测结果，为领导进行参谋，并贯彻兼顾组织和公众利益的有计划的行动方案”。[②]

美国公共关系协会在征询2 000多名专家的意见之后，选出了四则定义向社会推荐：(1)“公共关系是企业管理层经过自我检讨与改进，将其态度公诸于社会，以获得顾客、员工及社会的好感和了解的一种经常不断的工作。”(2)“首先，公共关系是一个人或一个组织为获取公众信任与好感，借以迎合公众兴趣而调整其政策与服务方针的一种经常不断的工作；其次，公共关系是对已调整的政策和服务方针加以说明，以获取公众的了解和欢迎的一种工作。”(3)“公共关系是一种技术，目的在于激发公众对任何个人或组织的了解并产生信任。”(4)“公共关系是企业管理层用以测验公众的态度，检查企业政策与服务方针是否得到公众了解和欢迎的一种职能”。[③]

英国公共关系协会认为，“公共关系工作是建立、维护一个组织与其公众之间的相互理解，所付出的一种有目的、有计划的持续的努力”。[④]

---

① 北京大学社会学系、北京大学社会学所和香港中文大学，于1989年3月在北京举办“公众关系学讲习班”，部分演讲后由北京大学出版社1990年结集出版，书名《公众关系学》。著名学者、公共关系专家潘光迥博士在演讲中有过明确表示，“公共关系”应该改成“公众关系”。

② 转引自：弗兰克·杰夫金斯. 实用公共关系学. 徐百益，编译. 上海：上海翻译出版公司，1988：1.

③ 转引自：李道平，单振运. 公共关系协调原理与实务. 北京：中国商业出版社/上海：复旦大学出版社，1996：2.

④ 转引自：弗兰克·杰夫金斯. 公共关系学. 何道隆，朱欣民，等，译. 成都：西南财经大学出版社，1987：1.

美国学者斯各特·卡特里普（Scott M. Cutlip，也有译为“斯科特·卡特李普”）和艾伦·森特（Allen H. Center，也有译为“阿伦·森特”）等认为，公共关系“研究一个组织在其所处的社会环境中，与其他的组织、群体和员工之间的关系”，“是一种管理职能，用以认定、建立和维持组织与决定其成败的各种公众之间的互益关系”。①

英国学者弗兰克·杰夫金斯（Frank Jefkins）认为，公共关系包括了“一个组织与其公众之间的各种形式的、有计划的对内对外交往，旨在实现与相互理解有关的特定目标”。②

美国学者詹姆斯·格鲁尼格（James E. Grunig）认为，“公共关系是一个组织与其公众之间的传播管理，目的是与这些公众建立一种相互信任的关系”。③“这一定义把公共关系与传播管理等同并论”，“在这种意义上，公共关系或传播管理也可以称为组织传播”，“是被组织管理的沟通，特别是传播专家为组织而开展的沟通。因此，组织传播既可以是内部的，也可以是外部的”。④

1976 年，雷克斯·哈罗（Rex F. Harlow）博士在美国公共关系研究和教育基金会的资助下，收集并分析了 472 种定义。他最后说：“公共关系是一种独特的管理职能。它帮助一个组织建立并保持与公众的交流、理解、认可与合作；它参与处理各种问题与事件；它帮助管理层了解民意，并对此做出反应；它确定并强调企业为公众利益服务的责任；它作为社会趋势的监视者，帮助企业与社会变化保持同步；它使用有效的传播技术和研究方法作为基本工具。”⑤

美国学者谢尔·霍兹认为，“公共关系是一个组织和与其相关的各种公众之间产生的各种关系的战略性管理”。他进一步指出，“每个组织都会涉及一部分公众，即那些影响其存亡发展的人群。这些公众包括：客户，消费者，雇员，股东（投资者群体）及影响股东投资者的人们，媒体，公司所在社区，政府，激进分子团体，学术界”。“公共关系就是能够替公司谋取最大的利益，有效协调和处理好公司与公众在各个层面上的关系的工作。”⑥

20 世纪 70 年代末开始，中国大陆的学者、专家和有关人士，在研究、推广公共关系理论和实践的过程中，也对“公共关系”提出了许多有见地的看法。例如：

“所谓公共关系，就是一个企业或社会组织，为了增进内部及社会公众的信任与支持，为自身事业发展创造最佳的社会环境，在分析和处理自身面临的各种内部外部关系时，采取的一系列政策与行动。”⑦

---

① 斯科特·卡特李普，阿伦·森特，等. 有效公共关系. 汤滨，王彦，等，译. 北京：中国财政经济出版社，1988：4-8.

② 弗兰克·杰夫金斯. 公共关系学. 何道隆，朱欣民，等，译. 成都：西南财经大学出版社，1987：1-2.

③ 詹姆斯·格鲁尼格，郭惠民. 公共关系是一种传播管理. 国际新闻界，1998（2）.

④ 詹姆斯·格鲁尼格，等. 卓越公共关系与传播管理. 卫五名，等，译. 北京：北京大学出版社，2008：4-5.

⑤ 转引自：斯科特·卡特李普，阿伦·森特，等. 有效公共关系. 汤滨，王彦，等，译. 北京：中国财政经济出版社，1988：7.

⑥ 谢尔·霍兹. 网上公共关系. 吴白雪，杨楠，译. 上海：复旦大学出版社，2001：2-3.

⑦ 中国社会科学院新闻研究所公共关系课题组. 公共关系学概论——塑造形象的艺术. 北京：科学普及出版社，1986：12.

"公共关系是一种内求团结、外求发展的经营管理艺术。它运用合理的原则和方法，通过有计划而持久的努力，协调和改善组织机构的对内对外关系，使本组织机构的各项政策和活动符合于广大公众的需求，在公众中树立起良好形象，以谋求公众对本组织机构的了解、信任、好感和合作，并获得共同利益。"①

"公共关系是社会组织为了塑造社会组织形象，通过传播、沟通手段来影响公众的科学和艺术。"②

"公共关系是一个组织运用各种传播手段，在组织与社会公众之间建立相互了解和信赖的关系，并通过双向的信息交流，在社会公众中树立起良好的形象和信誉，以取得理解、支持和合作，从而有利于促进组织本身目标的实现。"③

公共关系是"一个组织有目的和负责任地通过信息交流，协调各种关系，实现与公众环境的平衡的管理职能、工作方式和艺术技巧"。④

"公共关系是社会组织为了赢得支持与合作，实现自身的生存和发展，通过一定的媒介与方式，同相关公众结成的一种社会关系。它包括政府与社会各界的关系、企业与消费者的关系、银行与储户的关系、报社与读者的关系、学校与师生的关系，等等。"⑤

我国《公关员国家职业标准》认为，"公共关系是从事组织机构公众信息传播、关系协调与形象管理事务的调查、咨询、策划和实施的一种实践活动"⑥，其关键词是"信息传播、关系协调和信息管理"。⑦ 2004 年 3 月 5 日于北京通过国家级专家评审的《公关员国家职业标准（新版）》，界定"公关员"（公共关系从业人员）是"从事组织机构信息传播、关系协调与形象管理事务调研、策划、实施和评估以及咨询服务的从业人员"。

上述定义或长或短、或繁或简，虽然阐述角度不同，表述也不一致，基本精神却大体相近。它们分别从公共关系"是什么""有什么""为什么"或"做什么"等视角，各自解释了"公共关系"的学科内涵和外延。

二、公共关系的要素与内涵

公共关系的性质决定，其行为主体是特定的社会组织，关系的客体或工作对象是公众，信息交流与沟通则是手段、方式和过程。因此，组织、公众与传播，是构成"公共关系"的三个要素（见图 1-1）。三个要素及其相互关系的展开，既是对"公共关系"概念的进一步阐释，也是对公共关系原理和方法的基本论述。

---

① 王乐夫，廖为建，等. 公共关系学. 沈阳：辽宁人民出版社，1986：12.

② 熊源伟，等. 公共关系学. 2 版. 合肥：安徽人民出版社，1997：16.

③ 毛经权，等. 公共关系学. 杭州：浙江教育出版社，1987：7.

④ 钟育赣，主编. 公共关系学. 南昌：江西人民出版社，1989：4.

⑤ 李道平，单振运. 公共关系协调原理与实务. 北京：中国商业出版社/上海：复旦大学出版社，1996：11.

⑥ 郭惠民，居易，等. 公关员职业培训与鉴定教材. 上海：复旦大学出版社，1999：4.

⑦ 郭惠民. 解码"公共·关系". 国际新闻界，2002（12）.

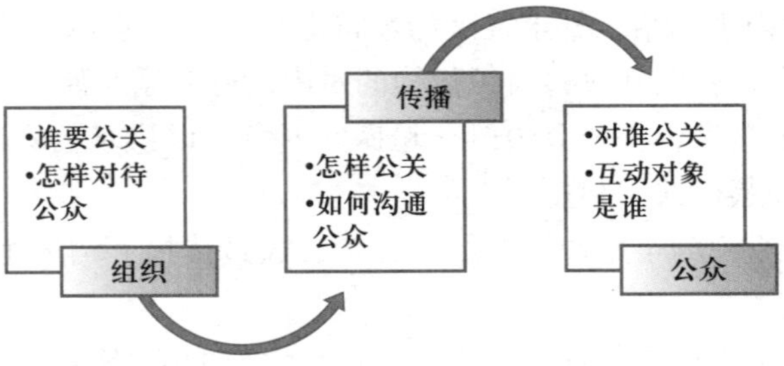

图 1-1 公共关系“3 要素”

在不同的场合，“公共关系”可能有不同的指代，如一种状态、一种活动、一种观念、一种职业或一种理论。“公共关系学”是以此为研究对象、研究内容的一门学科。其中，“公共关系状态”“公共关系活动”和“公共关系观念”是最常见的三种含义。

（一）公共关系是一种“状态”

静态地看，公共关系是构成这种关系的主客双方，即一个组织与其公众“处得如何”的一种情形，相互联系和支持的程度。

任何组织都有自己的公众，都必然身处特定的公共关系状态之中。只是有的公共关系状态是自觉形成的，有的是不自觉、自然而然形成的。前者是一个组织对其公众以及相互关系有明确的认识，主动联系与沟通，有意识地发展和建立起来的；后者是一个组织在与公众必不可少的交往中，无意识或“自发”形成的，组织本身一般没有为此专门做过努力。

公共关系状态作为一种客观存在，是组织有意或无意的“言行举止”引发的结果，其相应的体现和反映是可以感受到的。因此，公共关系状态就有“良好的”和“不好的”之分。良好的公共关系状态使一个组织拥有良好的形象，其言行为公众理解、信任和支持，实现组织的目标有良好的社会舆论和公众基础；“不好”的公共关系状态意味着一个组织与公众之间的离心离德，相互猜忌、排斥甚至持有敌意，不能获得“人和”的环境。

公共关系状态的具体内容，可从社会关系状态和社会舆论状态两个方面认识。社会关系状态指一个组织与其公众联系的程度和反应的趋向，例如彼此交往紧密还是疏远，相处融洽还是紧张，态度是合作还是对抗，等等；社会舆论状态是由此形成的，社会和公众对一个组织的评价和反映的趋向，例如热情还是冷淡，赞誉还是批评，支持还是“封杀”，等等。不论承认不承认，知道不知道，喜欢不喜欢，任何组织都不能脱离特定的社会关系状态和社会舆论状态而存在。

形成一种社会舆论状态的“舆论”，既是公众对组织的看法、意见等的公开表达，也是衡量公共关系状态的标志。良好的评价带来良好的反映，形成良好的公众联系；不好的评价形成不好的反映，造成不好的公众联系。必须注意的是，在现代社会中，一个组织与公众之间的关系往往是大范围的，其中还包括许多“超视距”的、不见面的关系。其状态如何，主要就是由社会舆论表现出来。舆论好，意味着公共关系状态也好；舆论不好，则可能公共关系状态也不好。社会舆论状态和社会关系状态，往往是同一现象的不同表现。舆论代表大多数公众和社会对组织的基本态度和看法，是公众环境的无形方面。

改变公共关系状态不仅要协调、改善关系，而且要影响和完善舆论。这些舆论包含不同的层面，如传统的人际舆论——通过“口口相传”、社会传言，形成“口碑”或“口头舆论”；大众舆论——经由大众传播媒介，形成公众舆论、热点舆论；以及互联网环境下的“网络舆论”“网络舆情”。还有局部舆论和全局性舆论，内部舆论和外部舆论，以及正面舆论和负面舆论，等等。

小链接 1-1

网络舆论

网络舆论是人们通过互联网表达的对特定事件的所有认知、态度、情感和行为倾向的集合。一般有以下特点：

（1）便利性。互联网是完全开放的，拓展了人们的公共空间，使得人人有机会成为网络信息发布者，都有选择网络信息的自由。上网即可发表意见，表达更加畅通。

（2）交互性。在互联网上，人们普遍表现出强烈的参与意识。网民之间经常形成互动场面，相互探讨、争论，相互交汇、碰撞，出现意见交锋。这种互动性的实时交流，使各种观点和意见能够快速表达，讨论更广泛、更深入，议题能够得到更加集中的反映。

（3）多元性。网络舆论的主题极为宽泛，话题确定往往较为自发、随意。网民分布于社会各阶层、各领域，多数会自然地表达真实观点，反映真实情绪。由于各种主客观因素的影响，有一些言论可能缺乏理性，比较感性化和情绪化。通过相互感染，这些情绪化言论很可能在众人响应下，发展成有害的舆论。

（4）突发性。一个热点事件加上一种情绪化的表达，都可能点燃一片舆论。网民个体意见可以很快汇聚，形成公共意见；同时各种渠道的意见又可迅速产生互动，很快形成强大舆论声势。

（二）公共关系是一种“活动”

动态地看，公共关系又是一个组织为争取公众的理解、信任和支持，通过不断地调适自身，并以传播为基础、沟通为结果，所进行的协调社会关系、影响社会舆论和优化组织形象的努力与付出。通常称其为“公共关系活动”“公共关系工作”，或“公共关系事务”“公众事务”。

公共关系活动是一种特殊的社会实践。广义地说，一个组织所采取的任何可以改善其公共关系状态的行动，都可以说是一种公共关系工作。比如日常人际交往中的一些有礼貌、有涵养的举动，包括谦虚有礼、热情待人等，都可能传递某种信息，影响公众对组织的评价。但是，现代公共关系作为一种专业性、科学性很强的传播与沟通实践，是社会组织的一项管理职能。它需要根据特定的公共关系目标，有计划、有步骤和系统地影响相关公众的具体态度和行为。作为一种管理过程，公共关系职能需要依托一定资源，制定可行的目标和周密的计划，借助于特定的传播媒介和渠道，由专门的机构和人员实施、完成。公共关系学意义上的“公共关系活动”，主要是指这样一种公共关系实践。

公共关系工作大致可分为日常性的事务和“专题”活动。前者是组织运行中经常发生、面对的一些公共关系业务，通常较为琐碎、繁杂；后者涉及面广，要求高，是需要专门技术和完善计划的一些公共关系的任务。

公共关系活动以及管理过程一般分为四个阶段。人们称其为公共关系“4 步工作法”（见图 1–2）。[①]

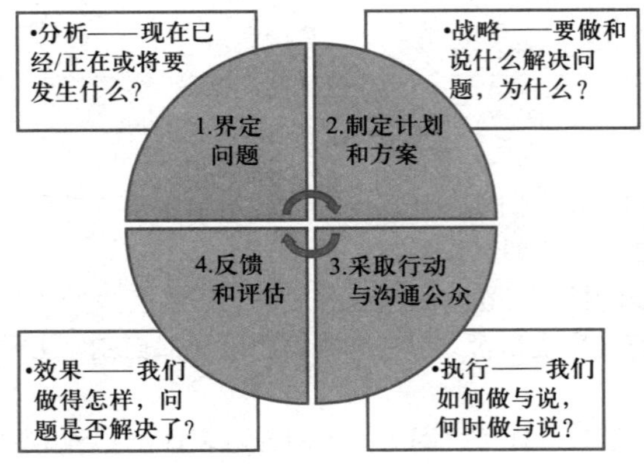

图 1–2　公共关系“4 步工作法”

（1）界定问题。包括监测、洞察已经或可能受到组织行为、政策影响的人群，了解他们的观点、态度和反应。这也是一个组织及其公共关系的信息功能。通过统计、分析，用数据或文字显示社会舆论和公众意见，核实、把握或预测组织形象、公众环境的变化和趋势。也就是判断“已经/正在或将要发生什么”，为解决可能存在的公共关系问题提供依据。

（2）制定计划和方案。在第一步的基础上，明确公共关系问题是否存在，考虑公共关系的目标、目标公众、具体行动以及传播的战略、方法等。就是思考并回答，“我们为什么需要改变什么，应该为此对谁‘做’些什么、‘说’些什么”。

（3）采取行动与沟通公众。即制订、形成方案，并落实到位。一个组织与其公共关系人员需要针对不同的目标公众，采取相应行动和开展互动。主要是解决“由谁‘做’和‘说’，何时、何地及如何互动，以达到目的”等问题。

（4）反馈和评估。根据特定目标的要求，检查、评判计划、方案的准备、实施与效果，了解“我们正在做得怎样”或“我们已经做得如何”。这是公共关系工作的必要环节，因为执行过程中，可能需要根据反馈，调整计划、修正目标以求做得更好，或者中止行动。它也是后续公共关系活动的基础之一，可为新一轮的公共关系工作界定问题、指明方向。

公共关系活动与公共关系状态两者之间的关系密不可分。首先，公共关系活动总是以形成、维护或改变公共关系的某种状态为具体目标，以影响、改善特定的社会关系状态和社会舆论状态为基本的任务，必须以当前的公共关系实际状态为出发点；其次，当前的公共关系状态又往往是以往的公共关系工作的结果，由一个组织有意或无意、自觉或自发的公共关系行动推动、积累而成。

（三）公共关系是一种“观念”

公共关系还是一种理念和管理哲学，影响、制约着一个组织的政策与行为。它渗透到组织运行的各个方面，指导公共关系工作的健康开展，并成为规范组织言行的价值观

---

① 参阅：斯各特·卡特里普，艾伦·森特，格伦·布鲁姆，等. 公共关系教程. 8 版. 明安香，译. 北京：华夏出版社，2001：278–279.

和准则。

人们从事任何事业，都不能离开与他人的交往，需要他人的理解和支持，也就会自发或自觉地有一些“公共关系”的举止。现代公共关系的意义，在于使这些从自发转化为自觉，从无意识转化为有意识，从盲目、零散转化为有目的、有计划，从依靠经验转化为讲究科学。也就是成为现代公共关系的观念、理论指导下的，一种系统的行为过程。公共关系工作是否自觉、是否科学，标志之一就是有无自觉的公共关系意识和科学的理论指导。所以，现代公共关系活动和公共关系观念，也是紧密联系的。

具体的公共关系观念主要有形象观念、公众观念、沟通观念、协调观念和互惠观念等。形象观念是指组织在决策和行动中高度重视声誉，自觉进行形象的“投资”、管理，把树立、维护良好的形象作为主要的战略原则；公众观念是指重视公众和社会的利益，把社会责任作为组织决策的重要依据之一，把满足公众要求作为任何行动的出发点；沟通观念表现为组织具有强烈、主动和平等的“对话”意识，善于通过交流与公众、社会达成共识；协调观念表现为善于调节各种社会关系，统筹兼顾不同的利益、不同的要素，能在矛盾中求得平衡与和谐；互惠观念是在与公众的交往中，能以互利多赢为原则，自觉将组织的成长与公众满意、社会福祉相联系，自愿与公众、社会分享发展的成就和利益。其中，形象观念、公众观念和沟通观念，是公共关系观念中的重心。

小链接 1-2

“形象” 和“形象观念”

“形象”的概念用于公共关系，是指组织的总体特征和实际表现在公众中的反映，亦即社会上获得的关于其“好坏”的综合评价。一个组织的形象，体现了它的社会关系状态和社会舆论状态的总和。

形成良好的组织形象，是公共关系职能的主要职责。公共关系意义上的“形象”和“形象观念”，有其特定内涵：

（1）公共关系形成的形象，是一个组织的总体形象，不只是它的产品、品牌或人员的形象。公共关系强调各种形象要素之间的总体联系和整体效果，个别的形象要素必须根据对总体形象的影响效果来考虑。脱离了总体形象的规范，视觉效果再好的个别形象也是没有意义的。公共关系从全局、统一的角度，通盘考虑组织的形象问题。

（2）公共关系树立组织的社会形象，首先要求完善组织形象的内涵，然后建构组织形象的外观。内在的形象要素的完善，是公共关系所要求的形象的客观基础，如企业的产品质量、服务态度、人员素质、企业精神和工作作风等。确立这些要素在公众心目中的位置，是树立形象的首要任务。

（3）公共关系意义上的组织形象，是特定的组织通过传播与沟通，影响公众观念、态度而形成的。在传播过程中需要借助各种视觉、听觉效果的冲击，但不是单纯地依靠感官刺激，更多是靠理性的说服、思想的沟通和情感的交流，影响和深入人心。形象外观可以设计、包装，公众意见、看法和评价要靠传播与沟通。公共关系意义上的组织形象，主要是传播与沟通的结果。

自觉地把公共关系观念用于实践，它便成为一种行为规范和准则。公共关系观念的系统化、理论化，构成了现代公共关系理论的主要内容。

三、公共关系的本质

概括公共关系的定义和内涵可以看到，现代意义的公共关系有五个方面的基本特征。这也是把握“公共关系”本质的关键：

（1）公共关系是一个社会组织与其公众的交往和联系，是一种社会“关系”。

（2）公共关系以承担社会责任、符合社会规范的组织行为和信息分享为基础，争取公众和社会的理解、支持与合作，创造良性互动的社会空间。

（3）公共关系是一种不可或缺的职能。它以一个组织的声誉管理为核心，在兼顾各方利益的互动中，建立相互满意，从而优化公众环境、树立良好形象。

（4）公共关系是一个持续的过程，而不是一种短期的行为。一个组织要不断地“做好自己”，并“告诉别人”——公众与社会。因一时之需而讨好、取巧于公众，没有长期打算的行为；不能也不准备“做好自己”，只想改变社会认知的举止，都不是公共关系。

（5）公共关系以传播为基础、沟通为结果，和谐与公众、社会的联系为目的。

小案例 1-1

揭秘“职业删帖人”①

一则揭示行业黑幕的新闻，一夜之间不见踪影；一个现身说法的揭秘帖子，看了一次再也搜索不到……事实上，很可能被“PR”了。PR，“公共关系”英文首字母的缩写。他们被称为“职业删帖人”。

删帖：问题企业和“小沈阳”都需要

通过明察暗访，记者发现他们大多集中在北京、广州、上海等大城市，平时以广告公司、咨询公司身份对外接洽。无论商业品牌还是个人客户，需要他们做的大多是删除负面新闻或帖子。

三聚氰胺事件后，牛奶企业家家自危。一“PR 人”告诉记者，一家知名乳业企业被山东媒体曝光后，迅速联系到他。要求只有一个，立刻删除网上飞速蔓延的转载。

从事该行业的吴小姐告诉记者，客户花钱删的不仅是负面新闻，有时一些正面的、普通人之间的“攻击帖”也在其列。她举例说，春晚“小沈阳”一夜红遍大江南北，很快有一些他的演出视频被大量网站转载。由于小沈阳新节目推出较慢，为保证各地演出票房收入，一些网上视频就要被删掉。

“PR 人”：“我们管它叫品牌维护”

为深入了解内幕，记者以公司总部要求删帖为名，联系了多家“危机公关公司”。这些公司将潜在“客户”的心理拿捏得十分准。网上一则广告中，一公司对外推介的标题就是

---

① 资料来源：袁超. 揭秘“职业删帖人”. 舜网-济南时报，2009-04-22.

“企业危机公关，删除负面信息”。记者取得联系，自称顾姓的男子开始介绍公司的“辉煌业绩”，称“很多大品牌都是我们的客户”，并列出大量品牌及“合作案例”，其“客流”涉及家电、房地产、食品、保险公司等众多的行业。交谈中每当记者提到“危机公关”一词，顾姓男子都“纠正”称“按行业的通行说法，这叫品牌维护”。

暴利：一单收费最高几十万元

虽然大多公司都自称是“帮助客户渡过难关”，但操作中往往唯利是图，被删的报道对社会、公众是否有益全然不顾。以某涉嫌价格欺诈的品牌为例，顾姓男子告诉记者，若要删除新闻网上的一篇负面报道，价格 2 000 元。如果一个知名企业出现了负面报道，一旦形成批量转载，仅“删帖”“一单”生意就要十几万甚至几十万元。整体收费要“视具体删除内容的技术难度”，酌情添加。

市民：企业“删帖”不负责任

很多“PR 人”有自己的行业链条：固定的客户群，不期而至的揭黑性报道，利益均沾的网站内部人士等。一匿名“PR 人”提供的“合作媒体名单”中，新浪、搜狐和网易等数十家知名网站赫然在列。但这些“PR 人”也承认，对于病急乱投医的企业，“删帖”背后存在更大的隐患。

记者获悉一则真实的案例。一家“危机公关公司”代理山东某品牌“删帖”的任务后，伪造刊发负面报道的报社所在新闻网的公章，以传真形式要求各大网站撤销相关转载，并污蔑媒体报道内容失实。此事不久被当初刊载的媒体发现，险些酿成一起更大的负面新闻。

很多市民告诉记者，如果被曝光的企业花钱“删帖”，企图隐瞒问题，是“非正规的品牌的下三烂手段”。很多人认为，这阻碍了社会、公众获取信息的自由，会严重影响品牌形象。

律师：“删帖”侵犯公众知情权

“删除新闻监督稿件，与被曝光企业恶意收购报纸并无二致。”山东德义律师事务所律师苏传孝认为，虽然对这样的行为缺乏直接规定，但“删帖”灭火侵害了媒体正当权益，降低了媒体的影响力，也侵犯了公众的知情权。相关媒体和公众可以通过法律手段，追究删帖人和背后指使人的法律责任。

第二节 公共关系的由来与演进

“Public Relations”（公共关系）一词由谁首创，时至今日依然众说纷纭。有的认为是美国第三任总统托马斯·杰斐逊，他于 1802 年在议会发表一项声明，当中使用“公共关系”一词替代“精神状态”的说法。也有的认为是纽约律师多尔曼·伊顿，他于 1882 年在耶鲁大学法学院的一次讲演，以《公共关系与法律职业的责任》为题。[①] 还有的认为，现代意义

① 参阅：让·肖默利，德尼·于斯曼. 公共关系. 侯健，译. 北京：商务印书馆，1996：5.

上“公共关系”一词的正式使用，当属1897年出版的美国《铁路文献年鉴》。但是，公共关系作为一门学科，人们公认形成于20世纪初的美国；作为一种活动，也以美国的最为世人瞩目。

一、公共关系的缘起

公共关系虽然是20世纪的一个现象，却有着深刻的历史渊源，其原始形态几乎和人类交往的历史一样久远。“公共关系”作为组织与公众的联系和交往，可以说自从人类有了“社会组织”这一事物，相伴相随地也就有了自发或自觉的“公共关系状态”。当组织开始有意识、有目的地通过传播与公众互动、沟通，以影响公众的态度和行为，也就有了当今公共关系活动的雏形。

（一）古代社会的“类公共关系”

据传，考古学家在古巴比伦发现公元前1800年的一件农业公告，是告诉农民如何播种、如何灌溉、如何消灭鼠害和如何收获庄稼。显然这是一种利用信息传播对公众表示某种关心，以影响公众态度的行为。在古埃及、亚述和波斯等地，统治者都懂得如何宣传自己，以制造有利于他们的社会舆论。

古希腊社会对于传播技巧给予了很高评价。深谙沟通之道的演说家，常常被推为首领。古希腊人认为，修辞能力是参与政治的基本条件之一，是政治家与公众之间的桥梁。亚里士多德（Aristotle）的经典著作《修辞学》，详细阐述了修辞的艺术，即怎样通过语言、对话影响听众。有的西方学者认为，《修辞学》堪称最早的“公共关系”著作。

古罗马的独裁者儒略·恺撒（Julius Caesar）精于沟通。他在战争开始之前散发传单，鼓动民心，争取民意。记载其功绩的纪实性著作《高卢战记》，为他登上独裁者宝座帮了大忙，有人称之为“一流的公共关系著作”。

西方基督教的流传很大程度上也是靠“公共关系”。公元1世纪，保罗和彼得通过演讲、信函、事件活动等形式，劝导公众信仰基督。耶稣死后40年写的《新约》四部福音，也类似于某种“公共关系”宣传资料。它们并非提供有关耶稣生平的史料，而是传播、宣扬对基督教的信仰。

一些学者指出，中国是文明古国，“公共关系”的思想、活动同样可追溯到有文字记载的远古时期。如商代的部落首领，已经认识到民意和利用民意的重要性。在盘庚迁都的故事里，盘庚三次演说都提到“朕及笃敬，恭承民命”，说明他懂得顺民意、得民心，办事要向公众告知原因。大禹为治水“合诸侯于涂山”，通过对话和协商，终于获得大家理解与支持。秦国商鞅变法“徙木赏金”表明决心，以在百姓中树立可信可靠的形象。苏秦周游列国宣传“合纵”之说，维持了十几年的和平，“三寸不烂之舌胜于百万雄兵”传为佳话。[①]“三国”时期刘备的“三顾茅庐”，终于感动诸葛亮出山为其鞠躬尽瘁，这是争取朋友、坦诚布公的“公共关系”工作。唐朝李世民登基前后，广施仁政，让百姓比较其与隋朝的区

① 参见：李兴国. 公共关系实用教程. 北京：高等教育出版社，2000：40-41.

别，相信太平盛世的到来。明末李自成进军中原，广泛告知“闯王来了不纳粮”，救济灾民，瓦解明军的士气。经济生活中，更有许多的商号店铺以“货真价实，童叟无欺”“如假包换”等树立形象，赢得顾客的信任。

然而必须看到，古代的这些思想和行为大多与现代公共关系不过“形似”，只是公共关系的“源头”而已。虽然其中的许多技巧、做法当今仍有使用，形式也有许多的相似，但它们主要以笼络人心、利用民意为目的，而且常常是一时的、投机的。“公共关系”的主体目的一旦达到，就往往重新置客体的利益于不顾，不是建立在坦诚、兼顾各方利益和相互满意的基础上。

（二）美国社会早期的公共关系

美国早期社会的公共关系可追溯到塞缪尔·亚当斯（Sam Adams）等人。独立战争期间，他和一些革命者有组织、有目的地通过宣传鼓动，号召人们起来反对英国的殖民统治。为了使有关的消息能够迅速传遍北美，亚当斯组建了一个“通讯联络委员会”。在殖民主义者枪杀码头工人的“波士顿屠杀”事件中，亚当斯等人及时向公众发布信息，成功掀起了反殖的浪潮。[①] 虽然亚当斯的做法与现代公共关系尚有差异，但他的确有效发挥了公共关系的作用。

亚历山大·汉密尔顿（Alexander Hamilton）是美国早期公共关系史上又一有重要影响的人物。有学者认为美国宪法这一美国历史上最重要的文献，其诞生要归功于公共关系。当时支持宪法的北部联邦同盟成员，与反联邦者殊死斗争，通过报纸、小册子和其他宣传工具“发动战争”，以影响公众意见。汉密尔顿等政治领袖为了使宪法获得批准，以“Publius”为笔名，写信给各大报纸阐释宪法精神，争取公众和社会舆论。[②] 有历史学家认为，汉密尔顿等人当时的立宪运动，是“美国历史上最出色的公共关系实践”。[③]

作家和编辑出身的阿莫斯·肯德尔（Amos Kendall），1829 年被美国总统安德鲁·杰克逊招至麾下，管理白宫所有的公众事务。肯德尔为总统撰写演讲稿、国情报告，组织新闻发布会，负责基本的民意测验。他被认为是最早运用“故意泄露新闻”等公共关系技巧的人之一。肯德尔甚至说服杰克逊同意，创办了官方的《环球报》（*Globe*）。他先将新闻稿交给各地报纸刊登，最后在《环球报》转载，以强调杰克逊在国内受欢迎的程度……肯德尔不只是对杰克逊总统影响极大的白宫新闻秘书，而且为日后的政府公共关系工作开创了先例。[④]

介绍美国早期的公共关系，必须提到菲尼斯·巴纳姆（Phineas T. Barnum）。他是当时纽约一家马戏团的老板，经常在营销推广中一改通常，不是直接宣传马戏团的演出如何，而

---

① 斯各特·卡特里普. 公共关系史（17—20 世纪）. 纪华强，焦妹，等，译. 上海：复旦大学出版社，2012：19-34.

② 弗雷泽·P. 西泰尔. 公共关系实务. 10 版. 潘艳丽，陈静，等，译. 北京：清华大学出版社，2008：24.

③ 斯各特·卡特里普. 公共关系史（17—20 世纪）. 纪华强，焦妹，等，译. 上海：复旦大学出版社，2012：36-52.

④ 弗雷泽·P. 西泰尔. 公共关系实务. 10 版. 潘艳丽，陈静，等，译. 北京：清华大学出版社，2008：25.

是不断标新立异，利用报纸不断制造噱头。例如，他根据一张伪造的1727年的卖身契，声称其马戏团里有一位叫海斯（Joice Heth）的黑人妇女已经160岁，曾经是“美国之父”乔治·华盛顿的乳娘，并支付1 000美元让她在纽约做了首次的亮相。巴纳姆又以不同的笔名，向许多媒体寄去不同的“读者来信”，制造话题和“争论”。这些来信有的说巴纳姆是骗子，因为人不可能活过160岁；有的说巴纳姆发现海斯，那是一大功劳……炒热这一“新闻”的结果，是激发了公众的好奇心，人们纷纷前来一睹海斯本人的“真容”。马戏团因此客源大增，巴纳姆一周进账1 500美元。从此，如何引发媒体的热议，就成了巴纳姆惯用的伎俩。[①] 海斯去世以后，人们确定她最多不过80岁。面对舆论的哗然和社会的谴责，巴纳姆淡定表示“深感震惊”，说自己也“受骗”了。

作为美国早期公共关系发展中颇有争议、褒贬不一的重要人物，巴纳姆通常被人们视为滥用“公共关系”的典型。巴纳姆的信条是“公众要被愚弄”，“他关心的是赢得票房，而不是认同和支持”。[②] 为了赚钱他可以无中生有、胡编乱造，甚至通过欺瞒等来吸引“眼球”。有许多媒体为了报纸的发行量，也顺水推舟。巴纳姆说，只要报纸没把他的名字拼错，随便人们怎么说他都无妨；不管人们爱他还是恨他，只要越来越多的人知道他就是好事。

二、现代公共关系的形成与发展

现代公共关系产生、成形于美国，之后逐步推广到世界各地。它的发展既是社会和企业实践的需要，也离不开艾维·李（Ivy Lee）、爱德华·伯奈斯（Edward Bernays，也有译为爱德华·伯纳斯、爱德华·伯内斯）等公共关系的先驱和斯各特·卡特里普、詹姆斯·格鲁尼格等著名学者的卓越贡献。

（一）艾维·李与公共关系的职业化

19世纪中后期，美国的工业化发展迅速。由于一些行业巨头无视社会利益，导致劳资关系日益紧张，也给环境带来危害和污染，引起公众强烈不满和舆论抨击。一批专门搜集巨头丑闻的媒体人士，也挺身而出，利用杂志、广播和报业辛迪加的平台，在大众传播媒介上以醒目的黑字配以评论、漫画，发出严厉的谴责。铺天盖地的相关新闻和报道，形成了声势颇大的“扒粪”运动。

面对社会和舆论压力，那些习惯于在神秘面纱遮掩下的企业巨头们，开始时普遍沉默以对，结果在舆论的旋涡里纷纷败下。也有的以高额广告费为诱饵与媒体交往，以投放或撤回广告为条件影响媒体导向。还有的付给媒体人士以不菲的酬金，请他们为自己辩护和宣传。这些被雇的“喉舌”，由于对无法隐瞒的事实遮遮掩掩、欲盖弥彰，总是弄巧成拙。一些有

---

① 斯各特·卡特里普. 公共关系史（17—20世纪）. 纪华强，焦妹，等，译. 上海：复旦大学出版社，2012：175-180.

② 斯各特·卡特里普. 公共关系史（17—20世纪）. 纪华强，焦妹，等，译. 上海：复旦大学出版社，2012：177.

远见者逐渐意识到，改善与公众、社会舆论的关系必须另辟蹊径。一种代表企业客户的利益与公众沟通，并从中收取报酬、费用的职业应运而生。

艾维·李是这一职业的开创者。他出身于美国佐治亚州一个牧师家庭，毕业于普林斯顿大学，曾受雇《纽约时报》等著名媒体。几年记者生涯下来，他痛感企业、媒体和社会公众之间关系的不协调，不仅影响了新闻的真实性，也误导了读者与公众。1903 年艾维·李辞去了记者工作，与人合伙在纽约创办了一家机构，专为企业和其他社会组织提供传播方面的服务，协助客户建立、沟通和维护与公众的联系。

艾维·李的指导思想，简单说就是“说真话”。他经常向企业和客户灌输，“凡是有利于公众的事，最终必将有益于企业和组织自身”。他认为，一个公司、一个组织要获得好的声誉，就必须把真情告诉公众；如果披露真情会对组织产生不利的影响，那就要调整公司或组织的政策、行为。企业、组织能否被社会、公众接受、了解，关键在于能否“诚实地沟通”，沟通必须以公众的利益为前提。艾维·李的这些思想，与他早年记者生涯有很大关系。据说，他的合伙人乔治·帕克（Gerge F. Parker）就是坚持被雇的“喉舌”那套做法，以至于四年以后两人分道扬镳。

1906 年，艾维·李遇上了一个发挥才干的机会。当时美国无烟煤业爆发大罢工，资方想尽一切办法，工人依旧拒绝复工。同时，媒体和社会舆论开始严厉批评，资方内部也出现矛盾，开始相互指责……无烟煤业一片混乱。他们请来艾维·李帮助解决问题，协调劳资双方、资方内部以及与媒体的关系。

艾维·李提出两个条件：第一，他有权直接和无烟煤业最高管理层接触，可以影响他们决策；第二，他有权独立地向社会公开了解的情况，如果他认为有必要。在持续的罢工和强大的舆论压力下，无烟煤业接受了条件。

小链接 1-3

艾维·李的《原则宣言》[①]

在解决无烟煤业罢工问题期间，艾维·李发表了著名的《原则宣言》。

“这不是一个秘密的新闻机构　我们的全部工作都是公开进行的，旨在提供新闻。这也不是一个广告公司，如集认为我们送给你们的资料有任何不准确之处，请不要用它。我们务求资料准确。我们将尽快地提供有关任何受到处理的主题的进一步细节，任何一位编辑、记者在直接核对任何事实的陈述方面，都将愉快地得到我们的帮助。”

“我们的计划是代表企业单位和公共机构，对与公众有影响且为公众感兴趣的课题，坦率并公开地向美国新闻界和公众提供迅速、准确的信息。”

《原则宣言》的精神，后来被概括为“公众必须被告知”（“公开”）和“诚实地与公众沟通”（“说真话”）这两个公共关系的原则。

艾维·李帮助媒体人士了解罢工情况，安排劳资双方分别接受媒体采访。记者们发现，

---

① 参阅：斯各特·卡特里普，艾伦·森特，格伦·布鲁姆，等. 公共关系教程. 8 版. 明安香，译. 北京：华夏出版社，2001：95.

人们变得乐于合作了，他们采访顺利，报道不仅真实而且内容丰富、事实清楚。劳资双方通过媒体报道，了解了对方的态度和立场，以及社会各界的议论和看法。最后双方增进了了解，彼此做出一些让步，解决了若干具体问题，工人恢复了生产。

小案例 1-2

艾维 · 李的公共关系实践

同年，艾维 · 李应邀前往宾夕法尼亚铁路公司，为一起意外事故善后。他一改美国铁路业“龙头老大”历来的“保密政策”，对事故不隐瞒、掩盖，而是由铁路出资安排记者亲赴现场，提供拍照和采访的便利。艾维 · 李告诉客户，谣言比真相危害更大；与媒体合作而不是对抗，会有更多的机会影响报道。第一批有关事故的新闻见报以后，铁路公司惊愕地发现他们得到了有史以来最公正和善意的评价，大大有助于改善公司形象。

1918 年，艾维 · 李受聘于小约翰 · 洛克菲勒。当时约翰在科罗拉多的燃料和钢铁公司由于事故，造成数名工人死亡，引发大罢工。工人强烈抨击和指责约翰家族，就恢复生产提出了严苛的条件。艾维 · 李从社会上请来有声望的劳资关系专家，由他们核实、确定事故的原因并公之于众，还有一位工会领袖全程参与问题的解决。他建议洛克菲勒向慈善机构捐款，增加工人工资，为方便儿童度假提供支持……后来，工人在工资、工作时间和工作环境方面做了一些让步。事后约翰评价说：“在科罗拉多州的大罢工中，艾维 · 李扮演了一个十分成功的角色，为约翰 · 洛克菲勒的家族历史增添了十分重要的一页。”

艾维·李于 1934 年去世，死前受到美国众议院非美活动特别委员会的调查。因为 20 世纪 30 年代初，他曾为德国的 I. G. Farben 公司（又称德国染料托拉斯）担任公共关系顾问，最终纳粹控制了这家公司。当时有报纸惊呼，“李被发现是希特勒的新闻代理”。他的声誉在美国从此一落千丈。

艾维·李对现代公共关系的贡献，还是大大超过了任何前人。他第一个向客户提供公共关系服务和收取费用，成为开创公共关系职业的先驱。他的工作仍有很大的局限性，主要依靠经验和直觉，没有运用科学的调研和方法。但是，他把“公众利益”和“诚实”的概念带入了公共关系领域。艾维·李被后人誉为“现代公共关系之父”。

（二）爱德华·伯奈斯与公共关系的学科化

公共关系的职业化，推动了公共关系由简单零碎的事务上升为较系统、较完整的专业工作，并逐步形成了公共关系的原则和方法。爱德华·伯奈斯是使公共关系由一种工作、一种社会现象发展为一门科学的杰出人物，公共关系学科化的旗手，也被誉为“现代公共关系之父”。

早期的公共关系主要是一种防御工具，从第一次世界大战开始渐渐成为进攻性武器。当时美国公众消息委员会的工作，赋予了公共关系前所未有的功能，即在战争爆发后，引导公众和舆论支持政府参与战争。伯奈斯“一战”期间参加了公众消息委员会的工作。

伯奈斯非常看重“投公众所好”。即先要了解公众喜欢什么，对组织有什么样的要求和希望；明确公众态度和关注点以后，再选择策略进行沟通。因此在公共关系实践中，他很注意运用现代科学成果。伯奈斯认为，如果传递的信息符合公众的价值观和利益，他们是可以被说服的。“伯奈斯把公共关系描述为一门创造情势和发起活动的科学，这些活动被设计得具有新闻性，但看起来又不像是刻意而为。”[①]

小案例 1-3

全国肥皂雕塑大赛[②]

宝洁（P&G）是伯奈斯最大的客户之一，也是他最忠实的客户。双方合作初期，宝洁的“麻烦”很简单，但是伤脑筋。当时的孩子不怎么爱干净，所以几乎都不用公司的主要产品象牙香皂（Ivory）。伯奈斯的解决办法也很简单，但很聪明：“要设法让原本视肥皂为敌人的孩子，开始喜欢使用象牙香皂。”

当一名雕塑家给宝洁写信购买大块象牙香皂，以代替传统的石膏制作雕塑的时候，这个点子开始成形了。伯奈斯敏锐地发现这件事所具有的宣传潜力，组织了一个委员会举办全国肥皂雕塑大赛，比赛提供现金、奖品和大量的媒体报道。从 1924 年开始，参赛的雕塑家、建筑师及其他艺术家，纷纷“八仙过海，各显其能”，把重达 1 000 磅的肥皂转化为栩栩如生的各色人物，例如肥胖的塔夫特（Willam Howard Taft）、肌肉健硕的林白（Charles Lindbergh），或者梦游仙境的爱丽丝、纽约帝国大厦以及中古时代的战役场景。

注意力最后终于转移到了学童身上。他们收到传单，告知只要准备以下物品就可参赛：“一把拆信刀，两根橘色的棒子（杂货店随处可见，妇女用来保养指甲的用品），一些细线。”传单中还建议，“用剩下的肥皂来洗手、洗脸和洗澡。只要每天洗澡一次，你会爱上象牙香皂带给你的干净感觉”。

肥皂雕塑大赛一直进行到 1961 年止，持续了 37 年。每年都吸引了数千参赛者，使用了近 100 万块肥皂。参赛者年龄从 6 岁到 86 岁，他们花了无数时间，切削、雕镂象牙香皂，乐此不疲。尽管这一活动的商业贡献难以计算，但是很明显的一个变化，是象牙香皂成为美国人的肥皂象征。

伯奈斯是著名心理学家弗洛伊德的外甥，1891 年生于维也纳，周岁时随父母移居美国。他的思想受到舅舅的影响。1923 年，伯奈斯出版了《舆论明鉴》（*Crystallizing Public Pinion*）一书，被誉为公共关系理论的一个里程碑。同年又以教授身份，首次在纽约大学开设公共关系课程。公共关系理论开始形成自己的体系，并逐渐从新闻领域中分离出来。1928 年伯奈斯又写了《舆论》一书，1952 年出版教科书《公共关系学》。伯奈斯于 1995 年去世，享年 103 岁。

（三）现代公共关系的应用与推广

20 世纪 30 年代，经济大危机使美国企业受到严重的冲击。公共关系部门如雨后春笋，在许多公司应运而生。他们意在借助公共关系说明情况，争取大萧条时期社会的信任和理

---

① 丹·拉铁摩尔，奥蒂斯·巴斯金，苏泽特·海曼，等. 公共关系：职业与实践. 朱启文，冯启华，译. 北京：北京大学出版社，2006：35-36.

② 资料来源：赖瑞·泰伊. 公关之父伯奈斯：影响民意的人. 刘体中，译. 海口：海南出版社，2003：73-75（有改动）.

解，帮助企业恢复信心和力量。公共关系作为一种职业、一项艺术和一门科学，不再被视为可有可无的“雕虫小技”，被许多公司奉为经营政策和管理哲学。

艾维·李的早期客户之一，美国电话电报公司，1908 年便成立专门的公共关系部，把公共关系职能正式列入企业运营的管理序列。企业的一切重大决策，未经公共关系部门研究不做最后的决定。负责公共关系的副总经理，每周出席总经理召开的会议，以便在公司最终决策之前发表意见和建议。副总经理有四个助手负责日常工作，诸如公众事务、捐赠、顾客服务和媒体关系，消费者态度研究，会展事务，向员工、电影公司和学校等提供的宣传品，访问分公司等。经济大危机过后，人们注意到幸存的企业往往“公共关系”更好、更有成效，因而能够得到方方面面，包括员工、股东、政府和市民，以及社会舆论的理解、信任和支持。组织形象和声誉不仅是能否赢利的前提，也是生存的基础。这种认识肯定了公共关系的地位，促成了美国企业界的“公共关系热”。

第二次世界大战（后文简称“二战”）期间美国政府组建了战争信息办公室，其任务包括激励前方将士，向国内公众和社会舆论解释美军参战的意义，号召企业界支持政府等。在国外，美军也成立了公共关系机构，以沟通不同种族之间、官兵之间的关系，协调与欧洲、亚洲等国政府、民众的关系。公共关系在战时的作用给美国社会、公众留下了深刻的印象，也向国际社会展现了公共关系。

战后，美国政府、军队的公共关系人员，有许多转入了企业，活跃在市场和经济领域。20 世纪 50 年代开始，消费者权益在美国受到越来越多的重视，公共关系更是成为不可或缺的管理方式，甚至与资金、设备、人才一起被称为现代企业的“四大支柱”。60 年代，国际市场活跃，跨国公司发展迅速。它们纷纷在异国他乡设厂生产，开发市场，非常注意发挥公共关系的职能，又把公共关系的理念、做法带入了所在的发展中国家。

实践的需要，推动了公共关系研究和教育的发展，一批公共关系研究团体、机构纷纷成立。雷克斯·哈罗于 1939 年组建了美国公共关系理事会，1947 年并入美国公共关系协会（The Public Relations Association of America），会员必须是有声誉的专家。1947 年，美国波士顿大学开办了公共关系学院，招收经过两年大学文科的学习、又有一定技术素养的学生，专修公共关系理论和业务。1978 年，美国 292 所大学开设公共关系课程，有 10 所大学设博士学位，23 所设硕士学位，93 所设学士学位。20 世纪 80 年代，公共关系专业教育开始按企业、政府和媒体等分类、细化发展。

小链接 1–4

斯各特·卡特里普和詹姆斯·格鲁尼格

1952 年，美国学者斯各特·卡特里普等出版了《有效的公共关系》一书。在第一版和第二版，首次概括和描述了公共关系的“4 步工作法”；第六版又从系统论的角度，提出了“调整与适应”这一面向开放系统的公共关系理论模式，促使人们更深刻地理解组织与公众在开放环境中的动态关系，以及公共关系对协调这种关系的积极作用；尤其是关于公共关系“双向传播”模式的论述，在公共关系目标上将组织和公众利益置于同等重要位置，方法上坚持组织与公众之间的双向交流。此书不断再版[①]，被誉为“公共关系的圣经”。

詹姆斯·格鲁尼格是公共关系学领域又一位杰出的学者。[②] 1984 年他出版了《公共关系管理》一书，提出许多新颖独到的观点。其中最著名的是公共关系传播的 4 种模式，即新闻代理模式、公共信息模式、双向不对等（不对称）模式和双向对等（对称）模式。双向对等模式的提出，揭示了公共关系实践的发展方向，真正体现了公共关系的本质。格鲁尼格教授还主持了著名的“卓越公共关系和传播管理”课题，不仅衡量、测定卓越公共关系和传播管理的程度，而且提出了“普遍原则，特殊运用”的公共关系全球化理论，即“放眼全球，立足本地”。[③]

1955 年，国际公共关系协会（简称 IPRA）在英国伦敦成立，现总部设在瑞士日内瓦，会员遍布欧、美、亚、非各大洲 60 多个国家和地区，公共关系成为一种全球性的事业。近年来，公共关系作为一种经营哲学和管理职能，得到越来越多的理解和接受，在各国得到不同程度的应用和发展，一个又一个新兴的公关市场因此形成。互联网和信息化时代，更为公共关系提供了许多的新技术、新方法。

三、公共关系在中国

现有的研究认为，中国公共关系的教育和研究，其发端可追溯到 20 世纪 30 年代。1934 年，梁士纯教授在燕京大学开设了“实用宣传与公共关系”必修课；1949 年前后，又在上海圣约翰大学开设了宣传类课程。当时在国内外，人们普遍将“宣传”（publicity）与“公共关系”视为同一事物的不同名称。[④]

“二战”以后，公共关系概念传入我国香港。当时的驻港英军设立了公共关系部门，负责将有关军方消息、资料提供给媒体。20 世纪 50 年代初期，港英政府成立公共关系部门，负责发布政府的消息，并把各种中文报纸的要目译成英文，供政府机关参考。由于这个部门和媒体的关系密切，当时又叫“新闻处”。后来新闻界人士将其译为“公共关系”，并开办讲习班、发起组织公共关系团体。60 年代，公共关系概念传入我国台湾。70 年代，公共关系在香港发展迅速。特别是在酒店业和新闻机构，几乎都有公共关系部和专职工作人员。

20 世纪 70 年代末、80 年代初，随着中国内地改革开放，深圳、珠海等经济特区相继成立，一批中外合资的酒店宾馆先后在沿海和内地一些城市落成。它们采用国际传统的管理模

---

① *Effective Pulic Relations* 一书英文第八版于 2000 年由 Prentice Hall，inc. 出版，2001 年由我国著名学者明安香翻译，以《公共关系教程》为名由华夏出版社出版。

② 参阅：陈怡如. 格鲁尼格伉俪：卓越公共关系. 国际公关，2005（5）.

③ 詹姆斯·格鲁尼格教授等著的《卓越公共关系与传播管理》一书，在我国已由青年学者卫五名等翻译，2008 年由北京大学出版社出版。

④ 参阅：王晓乐. 民国时期公共关系教育创建始末：中国近代公共关系教育若干史料的最新发现. 新闻与传播研究，2010（6）.

式，包括导入公共关系职能、设置相应机构。一批来自海外的公共关系专业人员，也开始了在中国内地的公共关系职业生涯。一批国内管理人员陆续奔赴海外，进修和接受各种公共关系的业务培训。他们于80年代中期逐渐返回，开始形成中国内地的公共关系职业队伍。国有企业中设置公共关系机构的，首推广州东方宾馆。接着，当时的广州白云山制药厂率先在工业企业成立公共关系部，每年拨出产值的1%用作“信誉投入”。1984年12月26日，《经济日报》刊登了中国社会科学院新闻研究所明安香等采写的《如虎添翼——记广州白云山制药厂的公共关系工作》，并发表社论《认真研究社会主义公共关系》。

随着改革开放深入发展，许多大型跨国企业进入中国内地。一些长年为其提供服务的海外公共关系公司，开始向中国内地延伸业务，抢滩内地市场。它们引入专业公共关系的全新概念和操作方式，也催发了内地专业公共关系公司的出现。1985年，伟达公共关系公司在北京设立办事处。不久，博雅公共关系公司与中国新华通讯社合作，成立内地第一家专业公共关系公司——中国环球公共关系公司。

1987年，中国公共关系协会成立。1989年底，全国第一届高校公共关系教学研讨会在深圳大学召开。1991年，中国国际公共关系协会成立。此前，广东、上海等地相继成立了公共关系团体和协会。至1992年年底，除了西藏等边远省区，已有二十多个省、市、自治区先后成立公共关系协会学会，甚至出现了不少地市、县级的公共关系团体。中国与国际公共关系学界的交往和联系开始频繁，国际公共关系领域的权威人士纷纷来访。前国际公共关系协会主席、英国的萨姆·布莱克教授访华之后，两次在英国《公共关系》季刊发文，盛赞中国公共关系事业的发展。詹姆斯·格鲁尼格教授也多次来华，开展学术交流。1997年4月，在台北召开了海峡两岸公共关系学术暨实务研讨会，《海峡两岸公共关系理论暨实务研讨会论文集》在台湾出版。

1990年，广东电视台拍摄的电视连续剧《公关小姐》在中央电视台播出。其直感性强、覆盖面广，在普及公共关系概念、强化公共关系意识和推出公共关系职业等方面，起到了独特的作用。“公共关系”一词走进千家万户，家喻户晓。一时间公共关系职业成为改革开放以来，社会接受性最大、接受面最广的新兴职业之一。1997年11月，我国成立全国公共关系职业审定委员会。1999年初，成立国家职业资格工作委员会公共关系专业委员会。2000年，公共关系作为一种正式的职业，获得国家劳动部认可，编入《中华人民共和国职业分类大典》。

我国内地的公共关系研究、教育和培训也如火如荼，蓬勃发展。1985年年初，深圳市总工会举办了中国内地第一期公共关系培训班。1993年年底，大部分高校及部分中专、职业学校，开出了公共关系学或相关的必修、选修课，在许多学校成为最受欢迎的课程之一。1994年，中山大学创办了教育部直属高校第一个公共关系本科专业，2004年设置公共关系专业硕士点，招收研究生。一批公共关系专业报刊先后问世，如公开发行的《公共关系报》、《公共关系》杂志、《公共关系导报》和《公关世界》杂志，内部发行的《上海公关》杂志等。一系列优秀公共关系教科书陆续出版，如中国社会科学院新闻研究所编著的中国内地第一部公共关系学著作《公共关系学概论——塑造形象的艺术》，复旦大学居延安等的《公共关系学》，中山大学廖为建的《公共关系学简明教程》，深圳大学熊源伟领衔的全国通用教材《公共关系学》，等等。

进入21世纪，公共关系在国内重大事务、国家重大活动中的作用得到不断增强。在学术领域，中国学者与国际学术界同步，探索整合传播、战略性公共关系、国家形象传播、危机管理、议题管理和品牌价值创造等前沿课题。由于贴近国情，高校、协会、学会、专业公司、政府和企业，纷纷携手研究重大项目。如中国国际公共关系协会主持的“抗击非典危机管理”、北京“申奥”、上海“申博”和“国际贸易与公共关系高层论坛”等项目、活动，从理论和实践层面为政府、企业提供实质性支持，在国内外产生了较大的影响。

总的来说，中国内地公共关系实践在企业起步较早。伴随改革开放事业的发展，从沿海到内地，从宾馆酒店服务业到制造业，从跨国公司、中外合资企业到本土企业，蓬勃发展。近年来公共关系实践在政府机构、军队和公安机关等，也如星火燎原之势，起点较高。如北京市公安局成立“公共关系领导小组”，局长挂帅①；广东公安系统从省厅到21个地市局，皆开通公开的警方微博，发挥这一新媒体传播信息“短、平、快”的特点，促进警民之间互动，“粉丝”总数逾2 000万。②

第三节　公共关系的职能与作用

一、公共关系的职能

作为一种以传播和沟通为基础的调节机制，公共关系的原生性职能表现为由低到高发展、效果逐渐积累的四个层次（图1-3）。

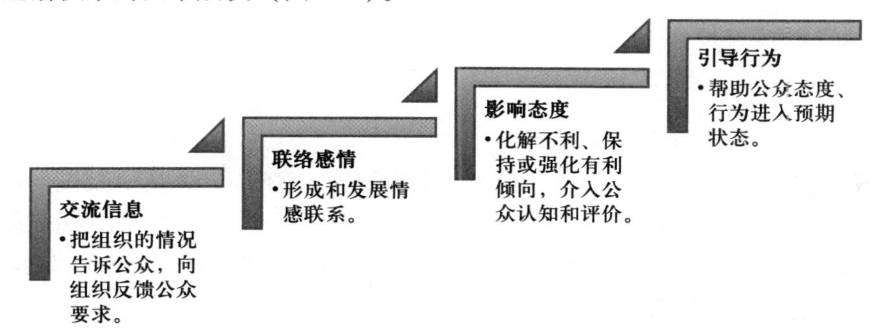

图1-3　公共关系的原生性职能

（一）交流信息

信息层次的公共关系职能，也是公共关系效果最基础的层次。一个组织及其公共关系人员，从事实出发与公众互通信息，既把自身的情况告诉公众，又把公众的要求、意愿收集回

① 资料来源：甘浩，涂婷婷. 北京市公安局成立“公共关系领导小组” 局长挂帅. 新京报，2010-07-14.

② 资料来源：李喆，刘博. 广东公安微博群：时时关注百姓大事小情. 人民公安报，2011-05-11.

来，在交流中求得双方的适应、理解和支持。比如一个企业创立之初，公众有的不知道，有的不了解，对其业务开展形成诸多不便。从公共关系的角度说，这是一个组织与公众环境之间的信息失衡。通过有效地传递和交流信息，使公众得以知道和理解，表现出应有的反应，公共关系便走向平衡。

（二）联络感情

这是感情层次的公共关系职能。以交流信息的效果为基础，组织可与公众之间建立感情的联系。生活中的人际交往普遍存在"话不投机半句多"，"越了解你就越喜欢你，越喜欢你就越愿意了解你"的现象，组织与公众的联系同样如此。一般来说，一个组织与其公众的交流越持续、频繁，越能够了解和适应对方，相处也就能够越发融洽，感情自在其中。当然，一个组织做了大量信息传播，公众未能收到或予以排斥，还是不能收到联络感情的效果。

（三）影响态度

态度层次的公共关系职能，也是公共关系效果的较高层次。一个组织通过交流信息和联络感情，可以化解公众中于其不利的一些倾向，或保持、强化有利的倾向，从而可影响公众对问题的态度。比如一个组织因失误而伤害了公众、社会利益，通过迅速纠正失误、调整行为，并使公众知道这一切，还是可能转化其态度的；同样，一个组织做了于社会有益的事，实事求是地让公众知道，就能够保持或加强公众对组织的信念。

（四）引导行为

行为层次的公共关系职能，是公共关系效果的最高层次。它通过前三个层次的效果积累，帮助公众行为进入组织的预期状态，与组织的要求达成一致。例如，一家商店开张大喜，会希望周围公众尽早惠顾，生意尽快转向红火；一家公司推出了质地优良的新产品，就会希望消费者踊跃购买，中间商积极分销，媒体给予报道和良好的评价。应用公共关系，有助于推动上述目标的实现。

小案例 1-4

英美名校"掐尖"的公关高招①

为了吸引到更多申请学生，很多英美名校注重自身宣传。2008 年，英国剑桥大学校方主动给编剧写信，希望他们在"肥皂剧"中把自己写得平易近人，澄清外界对名校高不可攀"精英形象"的错误认识；牛津大学也已联络《东伦敦人》的编剧，以确保编剧全面了解牛津大学的各项奖学金计划。

除此之外，常规的做法是几乎每所学校都会推出制作精美的宣传片，放在社交网络上吸引生源。比如 2010 年，美国耶鲁大学的招生宣传短片《我为什么选择耶鲁》广受好评，被誉为新时代招生宣传片的典范。与以往宣传片的全景扫描学校景观大不相同，学生们在耶鲁大学校园里每一个标志性景点前载歌载舞。每名讲解员的亲身经历，都是活生生的例子。

等到大学把热情洋溢的录取通知书寄出后，优秀的学生手中往往就有了多份录取通知

---

① 资料来源：程喆. 英美名校掐尖怎么亮高招. 中国民航报，2015-07-03.（有删改）

书。学生成为掌握主动权的一方，大学只能摆出“任人宰割”的样子，开始不遗余力展现自己的魅力。

据报道，发出录取通知书以后，大学接着会开展各种“攻心战”：在校学生与被录取学生主动联络，让他们感受大学的氛围；校友会组织聚会，邀请当地被录取学生和家长参加。聚会常常在事业有成的校友豪宅举办，以增强校友之间的亲密感和名校的荣誉感。比如在美国密歇根大学，在校学生可主动申请成为“学生使者”，利用假期回到高中，畅谈自己在大学的学习和生活，回答关于学校和录取的问题，鼓励他们申请密歇根大学。

其中最引人注目，同时对择校可能起到关键作用的，是大学“开放日”。这些“开放日”都集中在每年 4 月，有些学生和家长在 4 月的每个星期，都会乘坐飞机去一所大学“赶场”。“开放日”的内容实际上大同小异，都是极力展示学校最有特色的一面。这样考生和家长会对大学的很多情况，如校园及周边环境、气候、大学文化等有更多直接的了解，并在最短的时间里对学校产生好感。

公共关系的职能也限定了其作用范围，超出这个范围，公共关系也无能为力。假设一个组织的作为与公众利益背道而驰，又想文过饰非，“公共关系”便无济于事。它不是包治百病的灵丹妙药。

二、公共关系的作用

公共关系通过信息交流与沟通，使公众对组织的认知、态度和行为，与组织的追求和期望趋于一致。如果公众体验和看法处于空白状态或比较模糊，公共关系应当发挥建立声誉的作用；如果处于良性循环的和谐状态，就要力求维持，防止发生不利变化，发挥巩固形象的作用；如果组织因错误、过失等伤害了公众、社会利益而导致不满，或公众对组织的认识不够全面、有所误解而影响了组织的知名度和美誉度，公共关系就必须发挥调整认知的作用。

（一）建立声誉

建立组织声誉，是一个提高知名度——让公众知道、熟悉和了解，提高美誉度——使公众认同、喜欢和偏爱，两种努力相辅相成的过程。

1. 让公众知道、了解和熟悉

人们无法注意“不知道”的，也不会了解“没兴趣”的，更难以熟悉偶然看到的。建立声誉首先要求一个组织，主动、积极而又得法地与公众交流，引发公众注意和兴趣，并保持不断联系。

人的注意力或人们对注意的对象是有选择性的。一个人每天接触大量的信息，真正“知道”的只是少数。人的大脑构造有一层“过滤网”，时刻在筛选大脑“入口”的各种刺激。只有与当前的需要有关、正在等待的信息，反差强烈、对比醒目的信息，才容易“知道”。

知道源于注意，了解则与兴趣有关。必须调动公众好奇心，使他们产生进一步了解的积极性。人们对于不感兴趣的事物，自然缺乏了解的欲望。知晓停留在“知道”这一层次，知名度难以很好地建立。必须依据公众特点，设计对其口味、生动活泼的信息，引导他们更主动地去认识。

熟悉是公众知晓的较高层次，要花费较长时间、较多努力。使公众全面和经常了解某一事物，熟悉才有可能。

2. 使公众认同、喜欢和偏爱

认同是接受和认可，也是在知名度基础上建立美誉度的开端。人们对于知道、了解和熟悉的事物，未必都接受其意义、认可其价值，有的还会反对、不赞成。认为“合理”的才被接受，并内化为自己的信念。

喜欢是一种积极的情绪，是在接受、认可的基础上产生的愉悦感，也是建立美誉度必不可少的环节。许多时候人们会说“是应该这样，但我不乐意”“没有更好的吗”，可能就是认同却不喜欢。

偏爱表明美誉度的初步建立，是公共关系的主客双方已有感情的表现。常常有这种情况，顾客喜欢某个品牌、某家商店，却没有特别的感情，购买行为总是游移在几个品牌、几家商店之间。要使公众产生偏爱，就要帮助他们更深入地知道、了解和熟悉自己。

（二）巩固形象

组织形象大体可用知名度和美誉度衡量，巩固形象就是稳定组织的知名度和美誉度。强化公众的印象和保持公众的了解，主要从知名度入手巩固形象；稳定公众的态度和加深公众的感情，侧重于从美誉度方面巩固形象。在实践中紧密关联、难以截然分开，往往同时开展。

1. 强化公众的印象

印象来源于认识。公众对组织的认识是一个持续的过程，不断由浅入深、由表及里和由偏到全，是有阶段性的。当代社会“信息爆炸”，人们每天处于大量信息包括公共关系信息的重重包围中。通过建立声誉的工作，使公众对组织有了基本的认识，为树立形象奠定了基础。还要继续努力，争取在公众心目中为自己保有一席之地，防止公众认识的逐渐淡化。

2. 保持公众的了解

一个组织传递给社会、公众的信息一旦减少，原来的交流渠道便有可能被“压缩”和变窄。对于公众来说，在某一类信息需求的总量相对不变的前提下，各个信息来源的比例是可变化的。这个组织传递给他们的信息少了，就等于其他组织传递的多了。所以，一个组织纵然声誉已经建立，知名度、美誉度步入了鼎盛阶段，也仍然要保持一定水平、一定态势的公共关系沟通。

保持公众了解的重点，是稳定知名度。可通过扩大开放度、增加透明度等，保证公众的“知情权”。

3. 稳定公众的态度

态度反映人们对事物的信念和倾向，使人的行为表现出规律性。态度的形成有一个过程，一经形成不会轻易改变。如果以为公众已经形成对自己有利的态度，因此放松公共关系与沟通了，那将是很危险的。新知识或经验的引进，很可能使一种刚刚或正在形成的态度发生改变。即使态度较为稳定，由于“事实胜于雄辩”，某些被人们认作事实而接受的东西，如误解、谣言等，也会导致对原有态度的否定。必须通过交流和沟通，不断向公众提供新论据、新观点，证明其原有的认识、看法的正确性，防止其态度向中间或反面转化。

4. 加深公众的感情

公众认知不是一个冷漠无情、无动于衷的过程，而是充满鲜明的态度体验和感情色彩。他们在认知的同时，会对一个组织及其举止做出真、善、美或假、恶、丑的判断，并据以确定行为反应的倾向。因此，引导公众的感情倾向，增加感情深度并提高感情效能，大大有利于组织形象的巩固。

（三）调整认知

有时候一个组织也需要调整形象，甚至改变形象。

1. 挽回影响

一个组织出现了失误，在伤害公众利益的同时，声誉和自身形象也会受到损坏。此时需要努力挽回影响，减少受损程度。通过敢于担当、知错必改的行动和事实，展现对公众利益的尊重和关心，并让公众和社会知道、认可自己的努力。

2. 消除误解和偏见

公众对一个组织毫无理由地反感，优质品牌被看成了二流，往往缘于误解或偏见。不仅影响组织建立声誉，而且妨碍巩固形象，是一个组织所不希望的。

在许多情况下，可能组织本身并无过失，却被错误或不当认知，形象受到伤害。比如谣言或人为破坏，会使公众对组织失去信心。必须迅速行动，查明原因，澄清事实，还组织本来面貌。消除误解和偏见，是对公众不准确的认识和看法进行调整。通过改进、完善与公众的沟通机制，消除信息不对等现象。

3. 更新认识

组织的形象一经形成，会有相对的稳定性，也有可能使公众对组织形成固定模式、“刻板印象”。环境的变化或组织自身的发展，也会使构成组织形象的元素发生某些变化。这就要求在公众认知中注入新内容，使之与“今天”组织形象的变化同步。

小案例 1-5

食品巨头爱跨界①

星巴克卖辣椒味蛋糕和酒

今年星巴克在中国市场全新上市一款麻辣口味咖啡“辣意椒香摩卡”。星巴克官方称，辣意椒香摩卡的辣意椒香酱采自印度椒、新疆甜椒、河北天鹰椒。在口味上会先有一股香醇的巧克力味充满口腔，随后辣椒风味会在舌尖蔓延，带来别样的感受。配合这款摩卡，星巴克还推出一款“红辣黑森林蛋糕”，在巧克力中混入辣椒酱，根据星巴克官方说法，“从味觉到视觉都寓意‘新年红火’”。忍不住好奇尝试的人中，有的表示“尚可接受”，更多的人则封其为“黑暗料理”“老干妈咖啡”……

哈根达斯卖咖啡

继 12 月初宣布为所有来店会员免费提供卡布基诺咖啡之后，哈根达斯又紧锣密鼓，重

---

① 资料来源：李燕华. 去星巴克买椰奶，去哈根达斯买咖啡 食品巨头爱跨界. 一财网（http://www.yicai.com/news/2015/02/4574728.html），2015-02-10.（有删改）

磅推出融合了哈根达斯经典冰淇淋口味与 Illy 咖啡的咖啡豆的最新咖啡产品——“彩色拿铁”，正式吹响了进军咖啡业的号角。第一期口味是抹茶、香草、巧克力、草莓、夏威夷果仁、特浓咖啡口味等六款，口味多变而且颜色缤纷。这也是用色彩在传达多维的情感。据悉，哈根达斯未来将从产品推新、门店升级、文化倡导等多个抓手推动咖啡事业在中国市场的攻城略地。

可口可乐卖牛奶

有报道称，可口可乐将进军乳品行业。旗下的牛奶品牌将推出高档牛奶，倡导高蛋白质和低糖，期待消费者愿意以双倍的价钱购买。产品名为“Fairlife”，此款牛奶通过类似制造脱脂牛奶流程的过滤程序，滤除不想要的成分并添加更多的有益成分。最终乳品成为零乳糖，蛋白质增加 50%、钙增加 30%，糖分则减少 50%。可口可乐表示，将花一些时间深耕牛奶市场，培养品牌，所以未来的几年不会马上赢利。但是相信会像可口可乐的另一个果汁品牌 Simply 一样，逐步给公司带来稳定的收益。

更新认识与建立声誉在策略和方法上，有许多的相同之处。区别在于后者是在组织形象比较模糊，或公众的认知空白时，如何建立起清晰、明朗的形象；前者是形象已经建立或较为固定时，怎样突破公众原有的认知框架，充实或改变“过去”的印象，建立与“今天”匹配的印象。一张白纸好做文章，更新认识比建立声誉的难度更大。

更新认识与巩固形象也有不同。首先，目的不一样，前者意在调整认知，后者为了强化印象、加深理解。其次，适用场合不同，如一家国际知名快餐连锁店推出了从未有过的中式餐饮，只要保持公众了解即可；如果变化是根本性的，比如这家公司不再经营餐饮业务，开始从事手机经营，就必须改变公众过去的认识，建立全新的印象。

更新认识是调整公众认知的一个重要任务，目前尚未引起足够的重视。随着各种环境的急速变化，随着组织应变能力的进步和提高，以更新认识为目标的公共关系将大有用武之地。

本章小结

公共关系是一个组织与其公众之间的联系和交往。组织是公共关系的主体，公众是公共关系的客体和对象，传播是公共关系的手段。具体的公共关系不仅表现为双方如何相处的“状态”，也是一种与公众互动与沟通的“活动”，还是指导一个组织如何面对公众的“观念”。

公共关系虽然是 20 世纪的一个现象，却有着深刻的历史渊源，其原始形态几乎和人类交往的历史一般久远。但作为一门学科，公认公共关系产生于 20 世纪初的美国；作为一种活动，也以美国的实践最为世人瞩目。艾维·李启动了公共关系的职业化，爱德华·伯奈斯推动了公共关系的学科化。当今社会人们越来越重视公共关系，公共关系不仅传播到世界各地，而且被广泛应用于各行各业。

通过公共关系工作，一个组织与公众交流信息、联络感情，可以影响他们的态度，引导他们的行为。进而帮助组织建立相应的声誉，巩固良好形象，以及调整有关公众的认知。

关键名词

公共关系　公共关系状态　社会关系状态　社会舆论状态　公共关系工作（活动）　公共关系观念　公共关系职能

即测即练

请扫描二维码，在线测试本章学习效果

思考题

1. 如何认识、定义“公共关系”，它有哪些本质特征？
2. 什么是“公共关系 3 要素”，如何理解它们之间的关系？
3. 怎样理解公共关系的形象观念、公众观念和沟通观念？
4. 公共关系“4 步工作法”包括哪些步骤，每一步的任务各是什么？
5. 分析巴纳姆、艾维·李和伯奈斯等人的思想、实践以及对公共关系发展的影响。
6. 怎样理解公共关系职能的 4 个层次以及相互的关系？
7. 公共关系可以为一个组织发挥哪些作用？
8. 什么是“伪公关”，指出并评价现实中的几个事例。

案例分析

“华沙之跪”为德国赢得尊严

距离柏林勃兰登堡门不到 100 米，大招贴画上的一位面容坚毅的老人，透过橱窗“注视”着过往行人。另一张招贴画，是他在波兰犹太人遇害者纪念碑下跪的场景。维利·勃兰特论坛的工作人员说，这两幅画是前总理勃兰特最贴切的写照，前者代表着德国人对这位政治家的敬重，后者则是他代表德国人表现出的勇气和自尊。

维利·勃兰特论坛集中展示了勃兰特的一生和他所经历的德国政治生活。勃兰特 1913 年出生在北部海滨城市吕贝克，年轻时就参加了社会民主运动。1933 年流亡挪威，在异国他乡开展反法西斯斗争。“二战”结束后回到德国，并于 1969—1974 年间担任联邦德国总理。他任总理期间最令人瞩目的行动，就是 1970 年 12 月 7 日访问波兰，在华沙犹太人遇害者纪念碑前突然双膝下跪。

“毫无疑问，这个行为令人吃惊，并且在德国引起轩然大波。很多经历过第三帝国的老人认为这样做有些过。但更多人认为，应当下跪。”一位论坛工作人员表示。她强调，“华沙之跪”已经被视为一个文化和政治象征，即德国领导人代表全体德国人正视历史、承担罪责，向“二战”中被屠杀的犹太人和波兰平民忏悔。所有德国人和国际有识之士，如今都高度评价勃兰特的“华沙之跪”。记者问：不久前日本首相安倍晋三参拜靖国神社，你怎么看？她回答说，这两种行为形成鲜明对比，传递出的是完全不同的信号。勃兰特的下跪受到的是国际尊重，而安倍晋三的参拜引起巨大争议。

论坛展板上关于勃兰特下跪的条目写道：通过平静地下跪，德国总理承担了纳粹大屠杀的罪责。勃兰特政府勇敢地迈出了同东方邻国实质性改善关系的步伐。从1970年到1973年，联邦德国同民主德国、苏联、波兰和捷克斯洛伐克签署了缓和关系的协定。维利·勃兰特1973年接受意大利记者法拉奇采访时说：“尽管我很早就离开德国，但对希特勒上台搞法西斯主义，我也感到有连带责任。出任德国总理后，我更感到自己有替纳粹时代的德国认罪赎罪的社会责任。”他说，“下跪之举不仅是对波兰人，实际上首先是对本国人民，因为太多的人需要排解孤独感，需要共同承担这个重责……承认我们的责任不仅有助于洗刷我们的良心，而且有助于大家生活在一起。犹太人、波兰人、德国人，我们应该生活在一起”。

“华沙之跪”需要政治家的智慧和勇气。事实证明，承认历史罪责并不会伤害民族和国家，相反能赢来更多尊重和理解。

资料来源：管克江.“华沙之跪”为德国赢得尊严. 人民日报，2014-01-04.（有改动）

［案例思考］

1. 勃兰特的“华沙之跪”是“公共关系”吗，为什么？

2. 从公共关系的视角分析，为什么说“华沙之跪”为德国赢得尊严？

本章实训

一、实训目的

1. 能够区分公共关系与“伪公关”的根本差异和具体区别。

2. 了解“伪公关”的表现和类型，尝试分析成因、危害。

二、实训内容

1. 实训资料

通过互联网，以“公共关系”“公关”等为关键词搜索资料，并访问著名公共关系公司网站。

2. 具体任务

（1）了解社会上对“公共关系”的理解和认识。

（2）知道著名的公共关系公司对“公共关系”概念有什么表述。

（3）识别真正意义上的公共关系和“伪公关”现象。

3. 任务要求

（1）尝试对“公共关系”的各种理解、表述进行归类，评价是否合理、合适。

（2）明确认识哪些活动是公共关系、哪些是“伪公关”，探究原因。

三、实训组织

1. 任课教师说明实训的目的、任务，进度要求和评价标准。

2. 全班同学分若干小组，建议每组 5 人左右。
3. 实行组长负责制，自行安排工作内容、分工和控制进度。
4. 在任课教师指导下，开展班级的交流和讨论。

四、实训步骤

1. 分小组进行理论准备，包括复习相关教学内容，学习延伸阅读文献。
2. 在组长带领下，各小组分别完成现实资料、事例的收集、整理工作。
3. 组长组织小组课外讨论，形成包括观点、具体事例和理论依据等要素在内的小组报告。
4. 分小组展示与报告，进行课堂讨论。
5. 任课教师最后点评、归纳和总结。

延伸阅读

1. 郭惠民. 解码“公共 · 关系”. 国际新闻界，2002（12）.
2. 叶茂康. 公共关系：组织形象辨析. 国际关系学院学报，2005（6）.
3. 张雷. 公共关系学派. 杭州：浙江大学出版社，2013.
4. 斯各特 · 卡特里普. 公共关系史（17—20 世纪）. 纪华强，焦妹，等，译. 上海：复旦大学出版社，2012.
5. 弗雷泽 · P. 西泰尔. 公共关系实务. 10 版. 潘艳丽，陈静，等，译. 北京：清华大学出版社，2008：1-19，21-42，62-78.
6. 胡百精. 真相与自由：艾维 · 李与现代公共关系的诞生. 新闻春秋，2013（4）.
7. 纪华强. 中国大陆公共关系理论演绎. 国际公关，2005（4）.
8. 卢山冰. 公共关系理论发展百年综述. 西北大学学报（哲学社会科学版），2003（2）.

第二章
社会组织与公共关系

引例

"水门事件"与尼克松的失误

尼克松（Richard Milhous Nixcn，1913—1994），美国第37位总统。他共有43次成为《时代》周刊的封面人物，还于1968年和1972年两度荣登"时代周刊年度风云人物"。有人认为，导致尼克松因水门事件被迫辞去总统，关键或许是他对公共关系的误解。

很久以来，许多人把公共关系与虚张声势、弄虚作假混为一谈，甚至有人把公共关系人员看作商业广告的宣传者和只想赚钱的骗子。《时代》周刊在评论长达1 120页的《尼克松回忆录》时说，尼克松承认，他当时对公共关系也不十分了解。

美国民主党总部水门大楼窃听事件泄露以后，尼克松在处理这一事件的法律和政治问题时，明显地表现出对公共关系一无所知。窃听事件泄露于众，并牵涉到1972年为他争取连任总统的竞选班子和他的前白宫助手，他想方设法掩盖，试图回避对这一事件的调查。他的躲躲闪闪，没有恢复公众的信任。他以为窃听事件只是公共关系中的一个失误而已。他回忆说，掩盖了水门事件之后，他觉察到"一层疑云仍旧笼罩着白宫。我想，这既然是公共关系问题，那么唯一的办法还是以公共关系的方式来解决"。尼克松错误地把掩盖真相视为为了公共关系。水门事件结束前，事件的一些参与者，也都把对媒体、公众"封锁消息"看做一种公共关系的做法。他们根本不知道，公共关系必须以坦率、诚实的态度，处理和解决任何问题。

资料来源：杜·纽萨姆，艾伦·斯各特. 公共关系与实践. 罗建国，梅德明，等，译. 上海：上海译文出版社，1989：3.

阅读与启示

公共关系是“做好”自身并“告知”公众的行为和过程，“诚实”和“公开”是最基本的要求。诚如学者戴维·克拉克和威廉·布兰肯伯格对水门事件中尼克松的表现所做的评论，“理想的公共关系并非依靠说些好话，而是依靠良好的行动做出来的。尽管不少公关工作只在陈腐的蛋糕上加些白糖，为人傅粉施朱，但是最佳的公关人员往往能挖掘出经济的社会道德”。时至今日，其观点依然有重要的参考价值和借鉴意义。

本章知识结构图

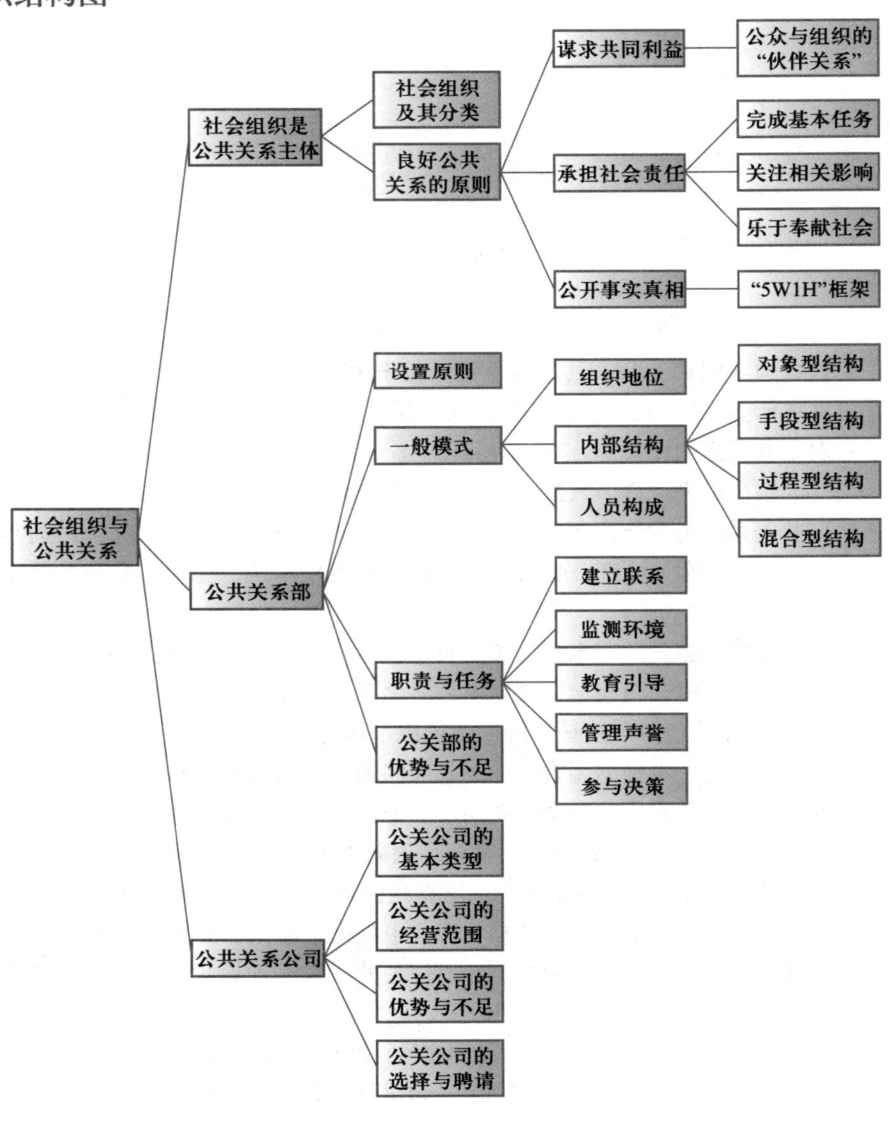

社会组织（social organization）是公共关系的主体。一个组织要和公众发展与保持良好的关系，在交往和互动中不仅要积极谋求共同利益，主动承担社会责任，还要善于公开事实真相。公共关系的具体事务，一般由组织内部公共关系部门承担；同时也会根据需要，借助于外部公共关系公司的力量，帮助开展一些工作。

第一节 社会组织是公共关系的主体

公共关系是一个社会组织与其公众的交往和联系。作为公共关系“主体”，社会组织是公共关系的承担者、实施者和行为者。

把社会组织界定为公共关系主体，也就是说，公共关系是一种组织行为和举动。公共关系涉及一个组织的目标、战略、政策、计划、人员和环境等一系列的要素。作为一种职能，管理的是与公众的联系和社会舆论对组织的认知，追求的是组织的整体的良好形象。理解公共关系，尤其要强调它的主体是社会组织。虽然它的许多观念、方法和原则，也能很好地应用于许多的私人交往。

一、社会组织

（一）社会组织的概念与特征

“社会组织”的概念，有广义和狭义之分。广义的泛指人类从事共同活动的所有群体形式，如氏族、家庭、政府、军队和学校等；狭义的专指人们为了实现特定目标，有意识地组合起来的社会群体，例如企业、政府机关、学校、医院、社会团体等。它们都是人类组织形式的一部分，是人们为了特定的目标组建的稳定的合作形式。

小链接 2-1

社会组织的形成与发展

人类社会早期，生产力水平低下。人们共同活动的群体形式，是以血缘关系为纽带的原始群、血缘家庭和家族，以及稍后出现的以地缘关系为纽带的村社等。它们是人类发展的初级社会群体形式。

社会分工的发展和阶级的出现，人们之间的社会关系以及人类的社会活动日趋复杂，社会组织因适应社会及成员的需要逐渐形成并发挥作用。这时人们的社会关系和共同活动的形式，还是初级社会群体为主。

人类进入工业社会以后，生产力飞速发展，分工越来越细，社会生活和社会关系越发复杂。初级社会群体在很多方面，已经无法适应社会发展和社会活动的需要了。完成特定目标和承担特定功能的社会组织的大发展，成为近代社会发展的必然趋势。

作为公共关系“主体”的“社会组织”或“组织”，是一种狭义理解的社会组织，即为特定目标建立的共同活动的群体。其一般具有以下特征：

（1）有明确的组织目的。组织是人们为了达成共同目的而组合的社会群体。一个组织的特定“目的”，是其追求的某种境界、预期状态，也是建立组织的意义所在。作为指明方向的愿景，目的可以是单一的，也可以是多重的、具有内在联系的体系。但它应该是为全体成员所认可，并愿意为之努力实现的，如组织的使命，战略目标和任务，以及指标、定额、时限等。组织成员正是为了共同的目的，并依据目的的性质和特定的功能，相互聚集和结合成群的。没有目的的组织是不存在的。明确的目的是组织的灵魂，是确定组织的活动的有意义、行动路线的依据，也是衡量组织成效的基础。

（2）有一定数量的固定成员。一个组织实现其目标，必须有一定数量的固定成员。人们进入或退出组织，也必须经过一定程序或手续。这种程序或手续，形成了一个组织的边界。它可以强化成员对组织的归属感、认同感，明确组织与成员各自的权利义务。组织通过这种程序或手续，才能对成员进行管理。

（3）有不同层次的分工、合作与制度化的结构。为了实现特定的目的并提高活动的效益，社会组织一般具有根据功能和分工而制度化的职位分层与部门分工结构。通过不同职位的权力结构体系，协调各个职能、部门或个体的关系，以顺利开展组织活动并达成目标。组织成员在一定的组织结构和制度安排中，互相之间不是简单相加或机械拼凑的集合，而是升华为一个新的有机系统的整体，按照同一目的、依据一定规则运动，整体功能更加优化。

（4）具有普遍化的行动规范。一个组织不应是一盘散沙，成员之间往往相互关联、相互制约。因此成员之间不仅有明确分工、职责和协调范围，还有相应的制度，使之规范化和便于工作协调。规章制度是关于组织性质、目的、任务、结构、组织原则、成员的权利义务以及组织活动的规则等的规定。社会组织自身构成的复杂性，决定了组织规章制度的复杂程度。在现代社会，一个组织的规章制度一般都是成文和成体系的，常常以章程的形式出现，作为成员行动的依据。要求每个成员遵守，并通过辅助的奖惩制度制约成员活动，以维护组织活动的严肃性、整体性和统一性。

（5）是一个开放的系统。一个组织不仅要和环境进行物质、人力和信息等的交换，还会根据与其他组织的关系形成不同的组织体系，在更大的范围和更高的水平上，与外界进行各种形式的能量交换。公众环境就是一个组织必须面对、联系和交往的环境之一。封闭的组织缺乏生命力。卓有成效的组织不仅自成体系，更是具备良好的环境适应性，善于与环境变化保持动态平衡。

（二）社会组织的类型

社会组织可从不同的角度分类。不同的组织有不同的公众，其公共关系也有不同的特点。

1. 依据组织的目标分类

美国学者布劳和斯科特（Peter M. Blau and W. Richard Scott），根据“第一受益人”[①] 的原则将组织分为四种。它们分别是第一受益人为成员的“互利协会”，第一受益人为所有者的“商业存在”；第一受益人为客户集体的“服务组织”，和第一受益人是自由人群的“公益组织”。[②]

（1）互利性组织。成员是组织目标的主要受益者，如政党、工会、俱乐部、退伍军人组织及宗教团体等。广义的股份公司亦属于此类。社会保险组织中一部分有互利成分在内，另一部分则含有服务的性质。

（2）商业性组织。直接从事生产、交通运输和商品流通等活动，其产生的价值可用货币表现。商业性组织的首要受益者是其所有者，典型的如各种企业组织。

（3）服务性组织。第一受益人是与该组织直接接触的特定人群，如社会工作机构、医院、学校、法律援助团体和脑保健诊所等，为他们提供专业性的服务。服务性组织也不同于营利性组织，重点在于如何为受益者提供最好的照顾，关注的是受服务者的利益问题。营利性组织的决策，往往受到所有者权益的控制。

（4）公益性组织。其对象包括该组织的直接接触者，也包括与其没有接触的广泛人群。如政府、大学、科研机构和消防队等公益性组织，一般的公众也都是它们的受益者。大多数的公益性组织都有保护社会的作用，并兼具一定的行政功能，是一种要对所有人的兴趣或利益提供好服务的组织。

2. 依据组织的性质分类

另一种常用的分类方法，是依据社会组织存在的营利性和竞争性。可将组织划分为以下四种（图 2-1）。

（1）竞争性营利组织。如生产制造业、商业流通业和服务业中的大多数企业。

（2）竞争性非营利组织。包括各级各类公办学校，公立医院，行业协会和专业学会，各种社会团体以及宗教组织等。

（3）独占性营利组织。主要是大企业，由于产品或服务具有垄断性，其他组织无法与之竞争，容易滋生伤害公众、社会利益的行为，陷入不利的舆论困境。

（4）独占性非营利组织。如政府、军队、公安机关等。

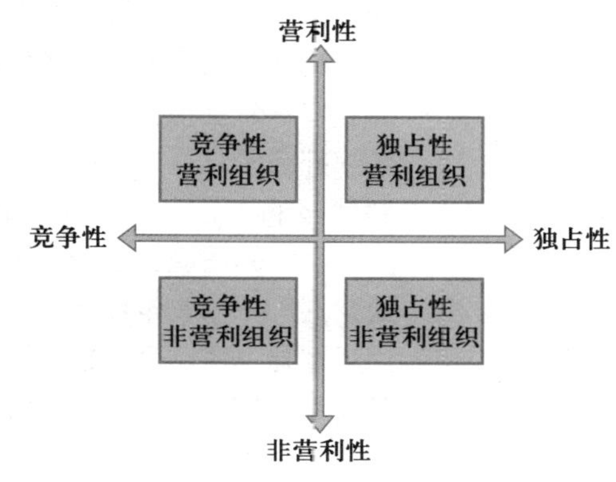

图 2-1 依据组织性质划分的组织类型

营利性组织即企业，谋求利润是其生存、发展的前提。非营利组织泛指不从事营利性活动的机构、社会团体，其存在的目的通常不是创造利润。应用公共关系也主要是为了扩大影

① “第一受益人”（cui bono），拉丁语意为“什么人得益，有什么益处？”

② 参阅：彼得 · M. 布劳，W. 理查德 · 斯科特. 正规组织：一种比较方法. 夏明忠，译. 北京：东方出版社，2006：50-65.

响、发展队伍，争取公众好感和帮助，获得社会的理解或资助。

一般来说，公共关系与营利性活动和竞争性行为的联系更密切。竞争性营利组织的生存和发展，必须通过市场、竞争赢得顾客，一般会有自觉的公共关系意识和行动，积极、主动争取公众，树立良好的社会形象。其公共关系的营利性也更明显，常常与营销活动密切结合。竞争性非营利组织没有营利性动机，但要在竞争中争取舆论支持和公众理解，也很重视公共关系。独占性非营利组织缺少竞争压力，相对容易忽视自身的社会形象，公共关系意识也相对薄弱。独占性营利组织居于行业、市场垄断地位，即便声誉欠佳亦可有丰厚盈利，往往不在意社会形象。容易忽视与公众的沟通，也容易做出违背社会意愿的举动。

小链接 2-2

非营利组织公共关系的特点[①]

（1）公共关系的根本目的，是追求社会效益和经济效益的统一。非营利组织由于其性质，决定公共关系的最终成果主要应该体现在社会效益。比如不仅要努力树立自身形象，还要致力于为所从事的事业提高知名度、美誉度，后者往往比前者重要。假如一所学校不能让公众知晓、理解教育事业在经济发展、社会进步中的作用，它的自身形象也难以塑造。而对于营利性组织，公共关系不能推动营销、产生收益，就难有持久的生命力。

（2）大多数非营利组织依靠政府拨款、社会和个人赞助，公共关系常常只能量力而行。依据少花钱、多办事、办好事的原则，逐步累积效果。公共关系人员少，经常临时组阁，专业能力也因人而异。所以大多数情况下只能选择经济、节约的做法，如张贴标语、散发宣传单等，开展公共关系工作的困难可能更多。营利性组织一般人员配备得较为齐整，多为专职，职业水准高。也有实力开展耗资多、规模大的活动，有条件使用能迅速产生轰动的方法、媒介。

（3）非营利组织与公众之间联系更为松散，相关性也不太迫切。例如，大多数人都会承认环保重要，但一个义务的环境保护主义团体，却未必能一下子招募到足够的志愿者，很快得到社会的广泛支持和响应。非营利组织的公众太过宽泛，面对的情境更复杂。缺乏相对固定的利益关系或利益色彩较淡，经常同一类公众对同一事物难以形成一致看法。营利性组织与其公众之间，维持联系的利益点较明显、密切又容易认识，如企业与顾客、供应商和社区之间，反映到特定公共关系工作中，则是营利组织的公众针对性较强。

二、公共关系的原则

公共关系是自身“做好”并“告诉”公众的举动。只“说”不“做”或只“做”不“说”，都不是真正的公共关系。社会组织无论其类型如何，要与公众保持理解、发展信任和维护良好的关系，在交流和互动中需要遵循以下基本原则。

---

① 参见：钟育南. 非营利组织公共关系若干问题探析. 北京工商大学学报，2007（4）：57-61.

（一）以谋求共同利益为核心

组织是环境的产物。它作为一种社会实体存在，那些与其生存、发展有关的条件和基础，构成了“环境”。环境对组织的运行产生直接或间接的影响，规定着一个组织的性质和活动范围，也制约它的目标和战略。

公共关系学认为，这些环境中“人”的因素，诸如其他社会组织、群体和个人，便是这个组织的公众。以企业为例，它必须合理有效地开发、利用资源，为市场提供适销对路的产品和服务。为了实现愿景、使命和目标，它需要招聘员工，采购资源，开发顾客和营销渠道，要保护自然和生态环境……作为公众，这些“人”与这个企业之间，就形成了某种“能量”的“交换”。比如顾客购买行为和“口碑”，影响到企业的赢利和声誉；他们希望产品满足需求、质价相符，服务完善、周到，体验良好。中间商帮助执行分销、物流配送等职能，影响到一个企业的销量、市场份额和收益；它们也需要这个企业为自己的努力提供回报，双方能够长期稳定地合作等。员工为企业成长奉献聪明才智，希望获得合理薪酬、职业保障和美好前程，能够与企业分享发展成果，等等。

一个组织与其环境包括公众的互动，表现在一方面都在为对方提供资源，做出“贡献”；另一方面又都有相应要求和希望，即有所“期待”。在这些千丝万缕的利益关联中，其实可以发现，不论“利益”的具体内容、表现形式是什么，往往一方的“期待”就是另一方的“贡献”，另一方的“贡献”也正是这一方的“期待”。可以说，一个组织与其公众之间是存在着“共同利益”的，彼此事实上应该并可以是一种“伙伴关系”（见表2–1）。

表2–1　公众与组织之间的“伙伴关系”

项目	公众于组织之贡献/组织对公众之期待	公众对组织之期待/组织于公众之贡献
员工	聪明才智	薪酬，保障，前途
顾客	金钱，口碑	货真价实，服务周全
社区	地方环境	保护环境，就业机会
中间商	有关服务	金钱，增加业务
供应商	人、财、物力资源	金钱，增加业务
政府	社会环境，基本建设	纳税，保障供给
新闻媒体	舆论支持	提供线索，协助采访
……	……	……

“共同利益”意味着双方在利益或潜在利益上的交集和关联。一个组织与公众之间彼此需要、互相满足，他们之间的关系是平等的，也可以是互利的，甚至“一荣俱荣，一损俱损”。双方期待和贡献一致、对等，关系必然是融洽的，组织形象也会是良好的；反之，期待与贡献不符和脱节，关系就会出现缝隙，组织利益和形象也就可能受到损坏。

社会组织是公共关系的主体，任何组织都会有其公众。管理公共关系，首先就是要不断与公众谋求共同利益，善于在组织与公众中发现、挖掘共同利益的具体所在，保持和发展双方的甚至多方的共同利益，使公共关系始终处于良性的循环之中。通过长期不断地努力，最大限度地满足“伙伴”，可为一个组织的生存、发展形成良好的公众环境。

（二）以承担社会责任为前提

真正的公共关系，始于一个组织的基本政策以及相应的行为特征。它帮助一个组织端正对公众、社会的认识，制定符合公众、组织自身和社会利益的政策，并据以建立公众和社会对组织及其形象的认同、喜爱。传播在公共关系工作中固然重要，但是公共关系绝不只是一种“说服”。组织目标与公众、社会利益达成一致，公共关系才能见效。

小链接 2-3

组织与公众之间的潜在矛盾

一个组织与其公众之间，总是会有潜在的矛盾。例如：

（1）组织没有满足公众，公众对组织产生不满。比如由于信息沟通障碍，一个组织没有真正理解公众的要求和意愿；由于组织的政策和行为失误，给公众利益造成了损害；由于客观条件限制，组织无法满足公众的某些想法；等等。

（2）公众没有满足组织，组织对公众感到失望。比如，组织的正确决策没有被公众理解，没有引起共鸣和反应；公众提出了认为不妥当的要求，组织无法接受；等等。

“承担社会责任”强调的，与“谋求共同利益”重心有所不同。谋求共同利益强调一个组织应当如何去“做”；承担社会责任强调的是“做”得如何才能算“好”。一般来说，一个组织的社会责任由低到高，可以分为三个层次：

1. 对自身基本任务的完成

任何组织的产生都源于某种社会需要。比如，企业为市场提供良好的产品和服务，大学为社会提供合格的专业人才。这是一个组织得以存在的理由、价值和意义，也是它们最为基本的社会责任。

小链接 2-4

什么是企业[①]

彼得·德鲁克认为，理解“什么是企业”，必须从企业的宗旨入手。“事实上，企业的宗旨必须存在于社会中，因为企业是社会的一种器官。实际上，企业的宗旨只有一种适当的定义，就是创造顾客。”

“‘什么是企业’是由顾客所决定的。顾客对一种产品或服务有付款的意愿，才能使经济资源转化成财富，物品转化成商品。企业本身打算生产什么并不具有十分重要的意义”，“顾客想要购买什么，他认为有价值的是什么，这才有决定的意义——它决定着什么是企业，它应该生产些什么，它是否会兴盛和发展壮大起来”。

“顾客是企业的基础，是使其持续存在的动力源泉。只有顾客，才能提供就业。正是为了满足顾客需要和欲望，社会才把物质生产资源托付给企业。”

---

① 参阅：彼得·德鲁克. 管理：使命、责任、实务（使命篇）. 王永贵，译. 北京：机械工业出版社，2006：62-63.（有改动）

2. 对与组织行为相关问题的关切

一个组织完成其基本的任务，需要动用和消耗资源，会与公众和社会有关方面形成直接的或间接的互动。这个运行过程，也就会给公众和社会，例如员工、顾客、社区、社会环境和自然生态等，带来一定的影响。这些影响，有的是积极的、"正能量"的，也有的可能是消极的、"负能量"的。比如一个企业在生产中产生噪声，污染空气、水源，过度消耗甚至浪费资源，存在安全隐患；亏待员工，欺骗客户，等等。作为社会大家庭的一个成员，一个组织要努力地满足社会的需要和公众的期待，就要对与自身行为有关的一切能够担当。这是一种延伸层次的社会责任，要求组织时时为社会着想，处处对公众负责，富有社会责任感。

3. 对一般社会问题的关注和贡献

组织与公众、社会的联系千丝万缕，也有不少是间接的，有许多在一定的条件下甚至是不关联的。比如一些社会和人类面临的共同问题，像抗病救灾、扶贫济困、支持公益和关注社会福祉等。一个组织是否积极和主动地"取自社会，回馈社会"，自觉自愿地"行善积德"，为建设更健全、更美好的社会尽心尽力，反映一种境界更高的社会责任态度。

可见"社会责任"是一个体系。一个组织能做好第一个层面，证明了其有存在的意义和价值；但是忽略第二个、第三个层面，往往会留下"自私"的口碑。能同时做好第二个层面，表明了一种对公众利益的担当。然而，一个组织只是立足于不产生消极的影响、"负能量"，仍有可能是"可敬不可亲"，或形成一种"不使人厌恶，也不讨人喜欢"的组织形象。同时兼顾三个层次并做到最好，才是合格的"社会公民"，才利于建立良好的声誉。

小链接 2-5

"企业社会责任"的研究和发展①

学术界公认的完整意义的"企业社会责任"概念，由英国学者 Oliver Sheldon 于 1924 年在 *Thephilosophy of Management* 一书提出。他认为，企业在生产商品、获取利润的同时，也应关注内外各和群体的需要；企业经营要有利于增强社区服务水平，为社区利益做出贡献；社区利益作为企业社会责任的一种衡量尺度，应远高于企业的盈利。

Bowen 于 1953 年指出，经营者的社会责任即经营者根据社会标准和价值观制定政策、决策并采取行动的义务。包含：企业存在的前提是社会的满意，它的行为和运营标准必须符合社会设立的标准；企业是社会中的道德主体。1960 年 Davis 又强调，经营者除了考虑企业的经济和技术利益，也要顾及那些受企业行为影响的人的需要和利益。就是说不仅要对自己负责，还要考虑与其发生联系的其他人的感受。

超越经济责任的社会责任，得到了大多数学者的认可。然而，针对经济责任之外的社会责任所应包括的范围，并没有达成一致共识。1963 年 McGuire 提出，经济责任作为企业首要的责任应加以重视，但也要将经济和法律义务之外、对社会的某种特殊的责任，纳入企业社会责任的范围。1975 年，Steiner 整合前人观点，提出了一个几乎串联了所有观点的定义，将企业社会责任从"传统的经济责

---

① 参阅：魏亚南，吴右. 国外企业社会责任定义发展的研究综述. 商业时代，2011（24）.（有改动）

任”拓展到政府指定的“法律责任”，再到“自愿的领域”，最后超越现实的期望。

20 世纪 70 年代后期，学者们由对社会责任定义和范围的研究，逐渐转向对社会响应的探讨。它强调企业响应外部环境变化的能力。同时另一个与社会责任相关又有区别的概念——社会表现，也受到众多的关注。它将社会责任和社会响应都吸纳为自身的组成元素。1979 年，Carroll 对企业社会表现进行了深入的研究，提出了一个包含三个维度的社会表现模型，分别是公司社会责任、社会问题以及社会响应。

（三）以公开事实真相为基础

公共关系还需要组织以负责任的行动为基础，沟通并争取公众、社会舆论的理解与支持。在现实中，一个组织与公众环境和社会的关系，始终处于平衡与不平衡、协调与不协调的运动中，信息的“对等”与“不对等”现象也会交错出现。因此，公共关系职能需要通过持续的信息交流，不断地变不平衡为平衡、不协调为协调，使信息的“不对等”转为“对等”，帮助公众和社会获得事实真相。

小链接 2-6

亚瑟 · W. 佩奇的经验之谈

1927 年，亚瑟 · W. 佩奇出任 AT&T 第一位专门负责公共关系的副总裁。他帮助 AT&T 维护了“一个谨慎而正当的企业公民”形象。佩奇是富有传奇色彩的公共关系专家，曾为许多出名的客户提供服务，如大通曼哈顿（Chase Manhattan）投资银行、肯尼科特铜（Kennecott Copper）公司、信诚保险（Prudential Insurance）公司和西屋电气（Westinghouse Electric）公司等。①

根据佩奇学会的文献，佩奇在其长期的公共关系职业生涯中，实践了 6 条基本原则：②

（1）告知真相。让公众知道正在发生的一切，为公众提供有关本公司特点、理念和实践的准确的画面。

（2）用行动来证明。公众对于一个组织的感知和认识，90%取决于其所作所为，10%取决于其所言所说。

（3）倾听顾客的话。要想很好地服务于这家公司，就必须知道公众的要求和需要。使最高决策层和其他雇员，及时获知有关产品、政策和实践的公共关系信息。

（4）未雨绸缪。预先构想公共关系，消除可能制造麻烦的任何做法，培育信誉。

（5）犹如整个公司离不开它似的实施公共关系。公共关系是一种管理职能，

---

① 参阅：弗雷泽 · P. 西泰尔.公共关系实务.10 版.潘艳丽，陈静，等，译.北京：清华大学出版社，2008：31.

② 参阅：斯各特 · 卡特里普，艾伦 · 森特，格伦 · 布鲁姆，等.公共关系教程.8 版.明安香，译.北京：华夏出版社，2001：103.

任何企业战略在没有考虑到其对公众的影响之前不得实施。公共关系人员是能够广泛处理企业传播活动的决策者。

（6）保持平静、耐心和良好的幽默感。对于信息和交往保持始终如一、冷静和足够的注意，为公共关系奇迹做好扎实的基础工作。一旦危机发生，要记住头脑冷静才能进行最好的交流。

良好的公共关系以公开事实真相为基础。包括：

1. 查清事实

以事实为起点，强调事实在先，全面客观地掌握事实至关重要。了解情况不能文过饰非、报喜不报忧，也不能偏听偏信、先入为主。尊重事实，不可出言无据，杜绝主观随意性，避免不准确的信息导致的偏差。

全面客观地掌握事实，可从以下思路着手，掌握细节：①“who”——事件涉及谁，都有谁；②“when”——事件何时发生的；③“where”——在什么地方，什么情境下发生的；④“what”——发生了什么；⑤“why”——原因是什么；⑥“how”——现在/后来怎样了（见图 2-2）。

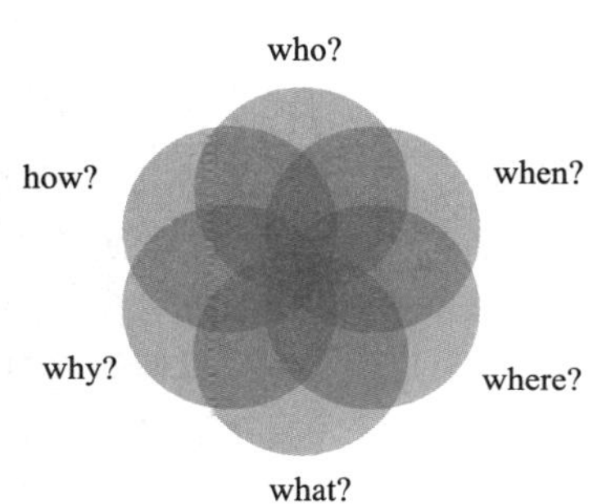

图 2-2 查清事实的“5W1H” 框架

一般来说，查清“why”常常最困难，也最需要时间；说明“how”，也容易出现遗漏。可这些都是公众和社会最关注、最重视的。缺少这些，即便都是“事实”也难以说明真相。

2. 据实说明

对待事实必须客观、全面和公正，努力还原“真相”。

（1）客观是指要反映实际，做到信息内容与客观事物本身相符。掩饰缺陷与过失，欺瞒公众和社会，不是公共关系。即便是失误也要实事求是，坦诚公布，积极补救，通过公之于众求得各方的谅解。

（2）全面就是要提供事实的全景图像，而不是一部分或某方面的“碎片”。片面的信息会引起公众的猜疑，影响一个组织的诚信，打击其公信力。

（3）公正是指对待事实以及各方，要一视同仁。尤其不能功利，厚此薄彼，隐恶扬善。

对一个组织来说，有意义的不只是公开所做“好事”，而是有无勇气面对所做“错事”。敢于公开于己不利的事实，不仅表明了对失误的反省和改正的决心，而且体现出对公众、社会利益的关心和责任感。这样的组织，在公众中往往更可亲、更可信，也更能得到社会的喜爱。

从根本上说，一个组织的政策错误、态度不当，不能满足甚至损害公众和社会的利益，是无法建立良好的公共关系的。组织的行为符合公众和社会的利益，又有良好的交流与沟通，不仅能协调关系，也有可能消除误会、化解矛盾。“如果一个组织是值得信赖的，那么，它在传播时就更具有说服力。如果公众受到组织行为的影响，那么，他们就会与组织展开更积极的沟通。如果一个组织对社会负责，那么，它就会较少受到来自政府的干预。”①

① 詹姆斯·格鲁尼格，等. 卓越公共关系与传播管理. 卫五名，等，译. 北京：北京大学出版社，2008：7.

小链接 2-7

美国公司怎么做“黑公关”①

万博宣伟资深副总裁兼首席策略官、中国企业“走出去”项目组负责人李蕾说，好的公关都应该是“白”的。“黑公关”的操作方式，不应该成为公关公司赖以生存的商业模式。

英文里没有所谓的“Black PR”。最相近的一词，主要被用在政治公关领域——抹黑。最明显的是总统大选，两党候选人互相辩论，甚至抹黑对方，用来凸显自己的不同。即使在这种情况下，抹黑的一方要承担法律和政治责任，所以任何所谓抹黑的政治广告结尾都有个申明，表明是谁支持并制作这个短片，也就是说“有问题我不怕，来找我吧”。

在商业领域，印象中竞争性企业针锋相对、最接近所谓抹黑式的公关（但绝对不是国内所理解的“黑公关”）的有这么两个。一个是20世纪80—90年代，百事可乐在超市挑头的试喝活动。消费者蒙上眼睛试喝百事可乐和可口可乐，最后发现观众无不偏爱百事可乐的口味。这让一直是可乐代名词的可口可乐措手不及。另一个是苹果Mac电脑针对PC的广告。广告中，使用Mac的人年轻、时尚，非常有个性；使用PC的人则是典型的中年上班族，呆呆胖胖。通过将两种操作系统拟人化，苹果很好地将品牌个性传播出去，成功聚拢了大批Mac的忠实粉丝。

这两个案例已成为商学院的经典案例，被反复研究。我认为，存在四个共同点：首先，无论百事还是苹果，都不是一个公关活动的幕后黑手，而是光明正大站出来，展示自己与对手之间的差异化优势。其次，百事和苹果公开“叫板”的方式，充满了幽默感。无论消费者还是对手，都不会觉得是在恶意攻击。不触犯商业道德，开个很高超的玩笑，你能拿我怎样？ 再次，百事和苹果都没有直说对方哪里不好，而是直接强调自己独特的地方。最后，百事和苹果都创造了一个很好的话题，从而启发了一场讨论，而不是采用直接下结论宣传自己的特色。

因此，在成熟的商业环境中，类似中国企业的“黑公关”手法并不多见。他们更倾向于用幽默的方式，公开透明地创造一个话题，让公众自己去发现他们不同于对手的差异化优势。特别是对幽默感的拿捏，我个人认为是最难掌控的。将直接决定一个公关活动最终达到的效果，是良性的还是负面的。

公开透明则是企业获得公众信誉度最基本的保障。中国企业目前普遍情况是缺乏透明。这种情况下，采用更加幕后操纵的“黑公关”打击对手，不仅不会让自己变得透明，反而让公司信誉雪上加霜，打击对手的同时抹黑了整个行业。

因此，在如今PR 3.0时代（第一代公关是press release，发稿公司；第二代是public relation，公共关系；第三代是protect/promote reputation，维护和提升品牌信誉），竞争性企业争取公众信任、提升品牌信誉度的主流操作手段，应该是公开

① 资料来源：李蕾. 美国公司怎么做“黑公关”. 一财网（http://www.yicai.com/news/2013/12/3187270.html），2013-12-06.（有改动）

透明的差异化策略。如果能够创造很幽默的话题更好，但公开透明的底线是不能践踏的，更不应采用目前的“黑公关”手法。同时，公关公司也应扮演中间的道德把控作用，承担一份社会责任。这样，整个行业包括公关行业本身，才能走上良性发展轨道。

第二节　公共关系部

公共关系是一种组织层面的行为与活动。一个组织可以根据需要和分工，授权特定的内部机构，行使公共关系的相应职能。这种隶属于某一组织、服务于自身的公共关系需要的职能部门，在不同的组织或有不同的称谓，但多数冠名“公共关系部”。社会组织是公共关系的主体，其中也包括了一个组织的公共关系部门。

一、设置公共关系部的原则

内部设置公共关系职能部门，需要考虑组织的性质、目标和战略等。并遵循以下的一般原则：

（一）正规性原则

无论对内沟通还是对外交流，公共关系部都要以组织正式代表的身份出现，一言一行皆直接关系到组织形象。因此在组织地位上，要体现权威性；组织形式和工作内容上，要保证其合法性、严肃性。要有人员、经费和办公条件等保障，纳入组织内部机构的正式序列。

从国外的经验来看，在许多组织，公共关系领导位于管理的最高层级。因为公共关系要发挥决策和参考作用，就要能够直接向最高管理层汇报和建议，并有权参与讨论和决策，必须责权对等。有权无责，会助长“瞎指挥”和决策的任意性；有责无权，会束缚工作的积极性、主动性和有效性。

（二）整体协调和主导性原则

开展公共关系工作，需要内部相关部门的齐心协力。公共关系部不仅要努力协调组织与外部环境之间的关系，还要善于协调与组织内部其他机构的关系。涉及公众、公共关系的许多具体事务，也有可能在由不同机构、部门分别承担。如行政部门负责接待来访，人力资源管理部门负责员工沟通，营销部门负责处理顾客投诉、开展售后服务……公共关系部必须有能力“整合”，并主导这些“涉公众关系”的事务。

公共关系部的人员结构和层级设置也要相互协调，以充分发挥整体效应。能够从其自身到组织，再到外部协调一致，这样设置的公共关系部才是成功的。

（三）精简以及适当管理跨度与层级原则

合适的机构，应当既能完成任务，组织形式又最为简单。所以要注意管理跨度，即领导者能直接、有效指挥的下级数量；还要注意管理层级，即一个组织上下构成的数目，即层次性。管理跨度大、层级少，组织结构扁平化；跨度小，则管理的层级可能较多。通常来说，管理的层级过多，容易造成信息失真与传递缓慢，可能影响决策的正确性、及时性；管理的跨度太大，超出领导者能够管辖的限度，又会造成内部不协调、不平衡。

设置公共关系部要根据具体情况，保持适度的规模。一般来说，大型企业的公共关系部，人数多，门类齐全，分工也具体；中等规模的企业，公共关系部一般人数不多，具有综合性的特点；一些小企业多是根据需要，在总经理办公室设置公共关系工作岗位，以专职人员为主。

（四）有效性原则

“效率”是指在一定时间可完成的工作数量，也是衡量机构水平的重要标志。效率高说明结构合理、完善，能在必要的时间，完成规定的任务；能以一定的投入，换取最大的业务成果；能很好地吸取过去的经验、教训，工作不断创新；能维持机构内部的协调，及时适应环境和条件的变化。

为保证效率，需要制定规章制度，包括奖惩条例。通过建章立制，明确每个员工职责，各司其职，奖勤罚懒，充分调动积极性。

小链接 2-8

詹姆斯·格鲁尼格关于“卓越公关”10 大原则①

（1）参与战略管理。富有成效的组织，公共关系部门通常参与战略计划的制定过程。以帮助组织了解影响目标和任务的战略公众，策划战略传播，寻求与内外公众的良好关系。

（2）公关人员有相应的组织地位，或向高层直接报告的权力。富有成效的组织设置独立的公共关系部门，公共关系经理有权和随时能接近最高决策层。

（3）整合的公关功能。很多组织都不只是一个部门涉及公共关系工作，这通常是历史原因而非战略性考虑的结果。卓越的公共关系，能把各种公众事务整合到一个部门；或建立一种机制，协调各个部门涉及的公共关系工作。

（4）公共关系独立于组织其他管理职能。很多组织的公共关系职能分散，并从属于诸如营销、人力资源管理、法律或财务等部门，不能有效使用传播资源。公关人员要能就公众沟通和关系问题影响其他的管理部门，就必须独立于它们。

（5）管理人员而不是技术人员担任公共关系领导。公关人员包括制定战略传播计划的管理人员和编写、制作传播材料的技术人员。没有管理人员协调，公共关系部门不可能成为战略管理的组成部分。

（6）公共关系工作采用双向对称模式。“双向对称”强调在调研、分析基础上，通过传播、沟通解决与战略公众的冲突，增进彼此的了解。

（7）内部交流、沟通有对称机制。卓越的组织实行开放政策，给员工以自主权，让他们参与决策。组织与员工通过双向对称的交流，提高员工的工作满意度，因为他们的目标可以融入组织的目标中。

---

① 转引自：佚名. 格鲁尼格：卓越公共关系十大原则. 国际公关，2006（5）：37.

（8）担任管理角色和双向对称地开展公关，需要足够的知识背景。他们一般掌握公关知识的理论体系。越来越多的公关从业人员，从大学的公共关系专业课程获取这些知识。

（9）公共关系工作角色有多样性。卓越的公共关系部门中既有男性又有女性，来自不同种族、不同文化背景，并参与所有公关工作。

（10）职业道德和社会责任感。公共关系工作的一个基本职责，就是确定与公众交往的社会责任，监测组织对其社会责任的落实。公关人员应帮助组织对这些情况有充分的认识。

二、公共关系部的一般模式

一般可从组织地位、内部结构和人员构成等层面，考虑和决定具体设置。

（一）公共关系部的组织地位

组织地位是指一个机构在组织内部的隶属情况，或它在组织内部的层级与位置，反映公共关系领导在组织体系中的地位。

1. 最高领导直接负责式

公共关系工作直接面对组织最高领导。例如一些小企业由于规模有限，通常在总经理的直接领导下，设置公共关系助理（秘书）岗位。负责一般的、日常的公众事务，协调重大公共关系活动中各参与方的工作（见图 2-3）。

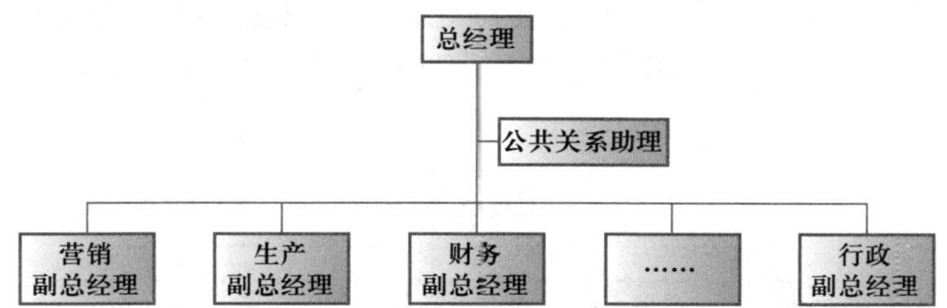

图 2-3 公共关系部的组织地位：最高领导直接负责式

也有一些组织，采取最高领导牵头、相关部门参与的形式，例如成立非常设、跨部门的公共关系委员会。作为一个协调机构，通常由委员会负责统一指导、全局协调公共关系战略和重大活动；相关职能部门分别组织、贯彻与实施；公共关系助理或设公共关系办公室，负责跟进、落实和反馈以及日常事务。

2. 部门领导负责式

公共关系部作为组织内部二级机构单独设置，与其他部门并列（见图 2-4）。其业务通常由一名副总经理联系和分管，公共关系部直接向其报告工作。这种类型可以保障公共关系部有正式的和常规的渠道参与、影响高层决策，有足够的职权调动资源，业务系统也比较完整、规范，能较好地与公共关系职能的独立性、重要性匹配。也是实践中常见的设置形式。

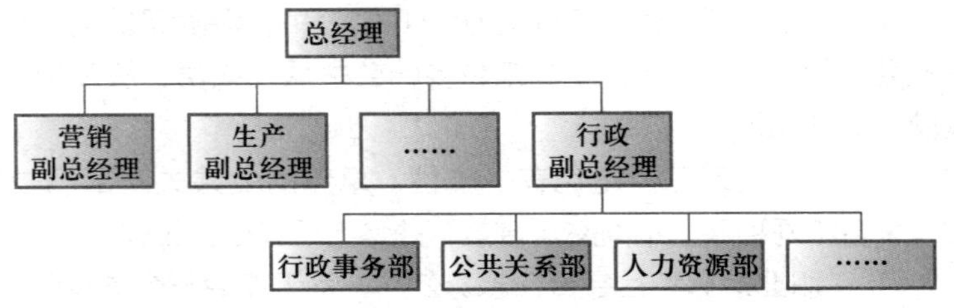

图 2-4 公共关系部的组织地位：部门领导负责式

3. 最高领导间接负责式

一些大型或特大型的组织如企业集团、跨国公司，规模大、业务多元和区域分布广。它们也会直接设置公共关系副总经理，统筹、主管组织全部的公共关系业务（见图 2-5）。

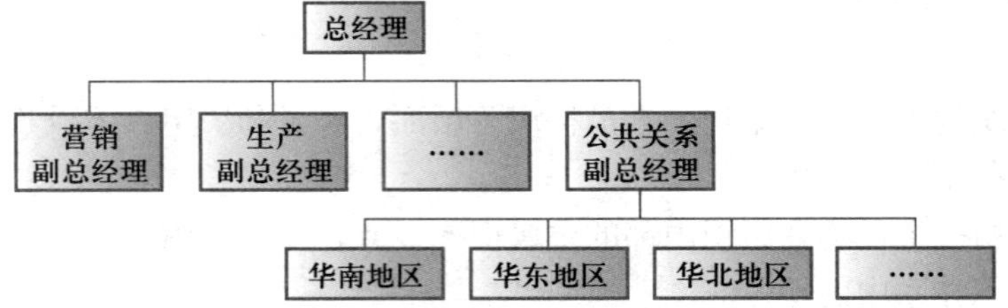

图 2-5 公共关系部的组织地位：最高领导间接负责式

（二）公共关系部的内部结构

公共关系部的内部结构，反映其自身的分工与授权。一般有以下类型：

1. 公共关系对象型

这种类型的公共关系部，其内部依据公共关系工作的具体对象，即面对的主要公众进行分工和设置（见图 2-6）。由于工作对象专一，职责分明，对公众的了解、研究可以更细致和深入。

图 2-6 公共关系对象型结构

2. 公共关系手段型

这种类型的公共关系部，依据公共关系工作的常用手段和主要方式，进行内部设计（见图 2-7）。特点是分工和任务明确。

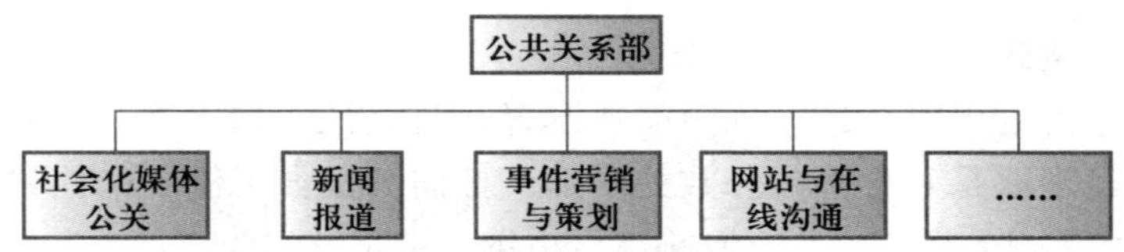

图 2-7 公共关系手段型结构

3. 公共关系过程型

即依据公共关系管理的一般过程和不同任务，按调研、策划、实施和反馈等阶段设置内部结构（见图 2-8）。特点是任务具体，责任分明。

图 2-8　公共关系过程型结构

4. 混合型

即根据自身的实际需要，混合使用前述标准进行结构设计（见图 2-9）。是实践中较为常用的内部结构形式。

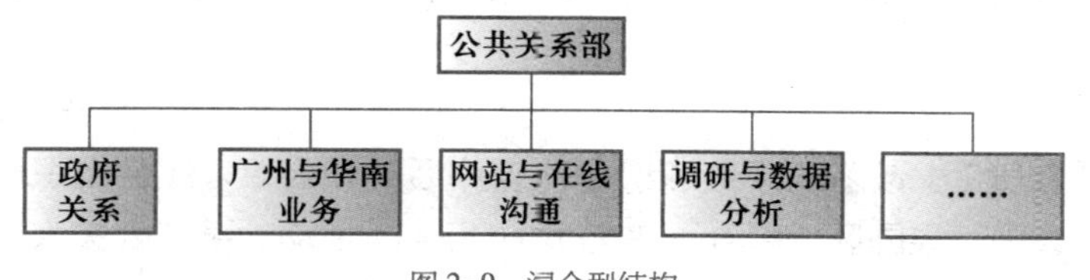

图 2-9　混合型结构

小案例 2-1

苹果公司公关团队的组织结构①

美国科技博客“9to5Mac”曾经撰文，对苹果“神秘的”公关模式详细解读。指出与微软、三星、Adobe、手机运营商或沃尔玛等大企业不同，苹果的公关和沟通战略自主制定，反映公司对软硬件战略的严密控制。虽然印刷、数字和电视推广活动与 TBWA 的 MediaArts Lab 等外部机构合作，却在通过加强内部营销资源来降低对其依赖。

苹果“体量巨大”，还在不断增长，但公关和沟通团队规模之小令人意外。总部大约 30 名公关人员，世界各地办事处只是零散聘用了几十名员工，帮助组织会议、翻译新闻稿，或回答各时区记者发来的问题。库珀蒂诺的公关办公室位于苹果产品营销大楼三层，墙上挂着苹果各个时期的广告海报。乳白色走廊的两侧各有几间办公室，不同办公室对应不同的团队，还配有两个公用区。十年前苹果公关只分 Mac、音乐和公司沟通三大团队。如今随着苹果重点从 iPod 转向 iPhone、iPad 和服务，新增了一个专门营造声势的部门。

声势和口碑营销

只有几名员工，负责将苹果产品整合为一套流行文化。如与大型体育联盟合作，将 iPad 变成教练工具，帮助音乐活动把 iPad 融入其中，并让活动组织者为参与者部署整合 iBeacon 的应用。每当有尚未上市的新产品出现在电视节目，都是这个团队在背后操纵。

把 App Store 应用发布到相关杂志，声势团队同样发挥着关键作用。倘若想让帮助高尔夫爱好者改善挥杆动作的 iPad 应用登上高尔夫杂志，那么声势团队便会将该应用推介给媒体记者，从而实现这一目的。

团队还负责把 iPhone 和 Mac 引荐给明星和公众人物。

---

① 资料来源：佚名. 长袖善舞　苹果神秘公关大起底. 腾讯科技（http://tech.qq.com/a/20140902/002250.htm），2014-09-02.

Mac

负责所有与 Mac 硬件、软件有关的公关事务。每个成员各管一摊，或者关注硬件，或者关注软件。

公司沟通

负责处理与整体公司项目、高管、投资者和电话会议有关的问题。

iPhone、iPad、iOS 和 iCloud

这个团队拥有最多资源。由于 iOS 还应用在 iPad 和 iPod Touch，所以也负责 iPad 的公关。iCloud 的事务通常也由 iPhone 团队处理。

iTunes

负责 iTunes 商店、iBook 商店、App Store、Apple TV、iPod 及 CarPlay 等合作服务的公关。

活动

也只有几名员工。该团队牵头组织各种媒体活动和会议，还会组织所有的内部活动，包括邀请官员参观苹果园区，周五下午的 Beer Bashes 活动。某些公关人员会与具体高管配对，引导他们参加苹果的媒体活动以及接受记者采访。

苹果的公关团队全方位控制了公司的言行，同时在很大程度上控制了他人对公司的评价和评论。

（三）公共关系部的人才与智力构成

人才与智力构成反映的是公共关系工作人员的配备与要求。一个能够独立担当、系统开展工作的公共关系部，人员配备应当各有所长并能优势互补。按角色区分，一般需要四类人才（见图 2-10）。

（1）领导型人才。具有领导者所需的一般特质，能够综合规划、领导组织的公共关系工作；具有战略眼光，能够总揽全局并预测趋势，提出公共关系工作的长期思路、方向和目标；有能力管理公共关系部门的日常运行。

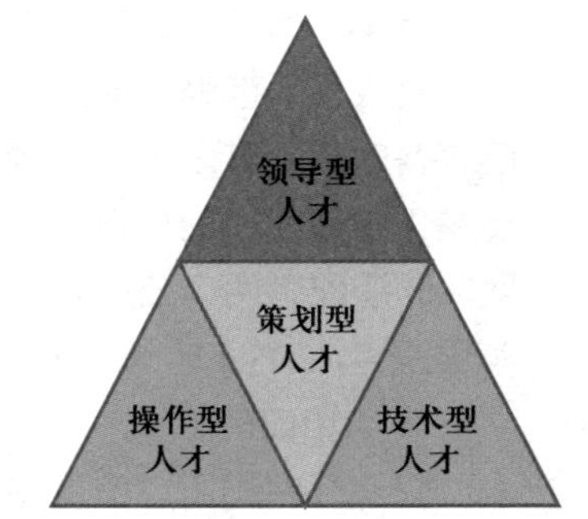

图 2-10　公共关系部的人才与智力构成

（2）策划型人才。主要任务是分析公众环境，研究各类公众心理和变化，制订具体的公共关系计划，设计公共关系活动项目。他们在领导型人才和操作型人才、技术型人才之间，扮演“承上启下”的重要角色，知道一个组织的公共关系“应该做什么”和“不要做什么”。这一类人才要求知识面广，思维活跃，有丰富的创造力和想象力，善于提出可实现组织战略意图又具有可操作性的公共关系方案。

（3）操作型人才。负责计划的“落地”，知道“怎样做好”。这一类人才善于领会策划意图，能够严谨地按照既定的方案管理公共关系过程，实施公共关系活动项目，监测公共关系效果。例如，每个项目采取什么方式，怎样传播组织形象与沟通公众，如何筹备和安排活动，等等。

（4）技术型人才。他们为操作型人才以及公共关系计划、方案的执行，提供专业性、技术性的支持。如撰写各类公关文字，设计和编辑形象手册，摄影录像，布置新闻发布和大型活动场所，以及维护企业网站，等等。

小链接 2-9

公关人到底做些什么事[①]

真正成为一个专业公关人，需要拥有以下 6 项技能：

（1）讲故事。公关人沟通能力必须很强，要为客户建立、维护其品牌的正面形象。得想办法将品牌故事免费出现在报纸、电视、广播、杂志和网站等媒体上。关键词“免费”，不是付费广告。你的讲故事能力的高低，决定了能否正确引导受众。

（2）控危机。公关的世界里并不总是顺风顺水。危机面前，每个企业都急需帮助。专业公关人应迅速反应，采取行动。

（3）说真话。记者每天要收到成百上千新闻稿，只会对消息来源可靠的感兴趣。新闻稿中撒点“善意的谎言”，也许可在危机时刻博得记者眼球。但优秀的公关人明白，这不仅会侵害品牌的公信力，同时也让本该成为你朋友的媒体对你嗤之以鼻。

（4）建关系。公关人最基本的能力，是与客户和媒体建立良好关系。公众希望与企业有互动，从而了解其产品和服务。媒体也有同样的诉求。媒体信任你，就更有可能与你达成合作。

（5）磨笔头。公关人不仅口头表达出色，笔杆子也得够硬。在数字媒体时代，得灵活运用写作技巧，根据不同形式的文章（邮件、新闻稿、信件、微博、微信）和受众，有效调整文风和措辞。在信息爆炸的当今，信任尤为重要。因此必须避免错别字、语句不通、表达有歧义等问题，以免被媒体或公众“取笑”。

（6）知全情。公关人得及时知晓全局，对品牌、客户、媒体和行业动态、趋势了如指掌。这样便能成为品牌的舵手，定位品牌故事的核心，更精准地抵达受众。

三、公共关系部的职责和任务

（一）建立、维护与公众的联系渠道

公众是公共关系的客体，传播是公共关系的手段。没有公众，公共关系就没有对象；没有传播，公共关系职能便无法发挥作用。公共关系部建立伊始，首先要完成以下任务：

（1）确定组织的全部公众与范围。不同的组织有不同的公众，同一个组织面对的也不只是一种公众。全方位列举组织方方面面的公众，即与组织生存和发展相关联、有影响的全部人群，厘清他们的来源与“边界”，从总体上界定公共关系对象的基本范围。

---

① 参阅：Hailey Hendricks. 公关人生存必备 6 大招. 美通说传播（http://www.prnasia.com/blog/archives/10809），2015-03-05.（有改动）

（2）对公众进行分类，并区别其特点。依据公众形成的某些内在规律，如对组织的影响力和作用等，将他们区别为不同的部分。同样的公众，可以不同的标准分类，有利于多视角认识公众的要求的看法，为谋求共同利益奠定基础。

（3）了解和掌握与不同公众沟通的交流方式，把握最合适的传播渠道。注意各种不同的沟通方式的作用与效力；区分不同公众的重要性，依据轻重缓急保持相应接触和联系。

（二）监测环境，随时了解公众要求和意愿

公共关系作为一种预警系统，通过监测环境、收集信息，帮助组织在复杂、多变的公众环境中，保持高度的灵敏性。因此，公共关系部要经常化、制度化和专业化地反馈舆论、预测趋势，客观、全面报告给最高决策层或有关部门，使组织能够随着公众环境的变化，不断调适自身的政策和行为。

小链接 2-10

亚瑟 · W. 佩奇关于公共关系的五大原则①

亚瑟 · W. 佩奇在 20 世纪 30 年代，提出了成功的企业公共关系的五大原则，如今仍然适用：

（1）确保管理层完整、仔细地分析企业与公众的关系。

（2）创建一个能将企业的总方针和活动告知所有员工的系统。

（3）为直接负责公众事务的员工建立一个系统，令其了解和掌握合理、礼貌地面对公众的所有知识。

（4）创建一个反馈系统，将员工和公众的批评和意见及时反馈管理层。

（5）确保将涉及公众的活动坦诚告知公众。

（三）教育、引导领导层和员工，树立并强化公共关系意识

公共关系以“自己做好”为根本，必然渗透到组织运行的各个环节。只有从各级领导者到基层员工都能正确认识公共关系的意义，树立强烈的形象观念、公众观念尤其是沟通观念，内部方方面面实现整体配合，与公众建立良性的互动关系才有坚实的基础。

1. 领导层的公共关系意识

没有领导层的关心和支持，公共关系难以有所作为。领导层对组织声誉和形象承担直接的责任，必须自觉地关注公共关系工作，主动提出有关公共关系战略的建议和要求，支持、指导公共关系工作。公共关系部应当帮助领导层强化公共关系意识，积极、正确地承担其公共关系责任：

（1）清楚公共关系与自身职责的关系，保持自身形象——从言谈举止到穿着修饰——与组织形象的要求相匹配；

（2）督促所辖部门、业务支持、配合公共关系的整体目标；

（3）及时向公共关系部征求建议和帮助，尤其在重大决策之前；

（4）向公共关系部提供自己管理范围的最新动态和有关信息。

---

① 参阅：弗雷泽 · P. 西泰尔. 公共关系实务. 10 版. 潘艳丽，陈静，等，译. 北京：清华大学出版社，2008：31.

2. 全员的公共关系配合

公共关系部应将公共关系经常性的事务，与各层级、员工的日常工作结合，使每个部门能在自身职责范围和决策、计划中，自觉体现、配合公共关系的目标和要求。可将公共关系的相应责任，分解并列入相关部门、员工的考评体系。例如，生产部门的质量问题，营销部门的服务问题，人力资源管理部门的员工关系，“窗口”岗位员工如门卫、保安等的个人仪表仪态……都会不同程度影响到组织的整体形象和声誉。需要经常对员工进行公共关系教育和培训，开展有助于提升公共关系自觉性的评比并予以奖励。

3. 组织的整体公共关系氛围

实施“全员、全过程 PR 管理”，激发员工的公共关系活力和“正能量”，内部形成浓郁的氛围，“人人讲公关，个个做公关”。要建设一种境界，即凡是为组织赢得声誉的言论和行为，都可得到赞赏和推崇；凡是可能损伤组织形象的想法和举动，就会被批评和制止。使公共关系成为组织的经营哲学和共识，而不只是公共关系部门、岗位的任务，形成蕴含公共关系观念“基因”的组织文化。

（四）管理声誉，传播形象

公共关系部要有计划、有目的和持续地，及时、准确地传播有关信息，争取公众认知和接受，提高组织的知名度和美誉度。

（1）创造舆论，告知公众。解释、说明组织有关政策和行为，介绍产品、服务，吸引关注和形成社会舆论。公众缺乏认识和了解的时候，尤其需要积极交流，主动满足他们的知情权，消除疑虑和避免误解。让公众知晓并正确地了解一个组织，是建立良好形象的前提。

（2）强化舆论，扩大影响。公众对组织、产品和品牌有了基本认识和印象，仍需坚持不懈，继续积累知名度和美誉度，进一步强化形象。否则，一旦忽略、减少和中断努力，公众印象也会逐渐淡漠。原本良好的组织形象，可能因传播不足而受损。

（3）引导舆论，控制形象。通过调节信息的流量和流向，引导舆论方向；并根据其反馈调整组织的行为，控制组织形象。比如组织的美誉度与知名度不能同步发展，或知名度过高脱离了实际需要，公共关系部要以低姿态，介入社会舆论，适当降低公众注意。组织形象不佳或遭遇危机，要根据具体原因，或诚恳地向公众道歉、解释，或澄清事实，纠正误解。

小案例 2-2

大连联通快速发声应对“跪雪讨薪”①

2013 年 12 月中旬，一则《实拍大连农民工跪雪讨薪》的视频开始在网上流传。说的是 20 多名农民工身穿白色文化衫，在大连联通门前打出“中国联通还我们血汗钱，我们要回家”的横幅，冰天雪地跪地讨薪。事件在网上迅速发酵，引起舆论的关注和网民讨论。

12 月 14 日凌晨，大连联通通过官方微博发表声明，告知起因。原来，大连世纪长兴公司承揽了大连联通通信综合楼建设工程，大连联通也已根据合同，按期向世纪长兴支付了相关工程款。12 日，“跪雪讨薪”的组织者为追回被拖欠的 600 多万元血汗钱，也为了引起

---

① 资料来源：田雪. 大连农民工跪雪讨薪　联通称实为与施工单位纠纷. 人民网（http://house.people.com.cn/n/2013/1216/c164220-23851077.html），2013-12-16.（有改动）

更多的社会关注，在未与大连联通有过任何沟通的情况下，组织人马直奔大连联通“找东家”“讨说法”……大连联通遭遇“躺枪”。

当天下午，大连联通又召开新闻发布会，再次向媒体澄清、说明，并表达态度：将以项目建设单位的身份，主动协调项目承建单位的内部纠纷，帮助农民工尽快拿到工资，保障农民工的合法权益……真相经过广泛传播，事件很快平息。

互联网时代加上社会转型期，企业遭遇危机似乎成了“常态”。有的是“中枪”，也有的是“躺枪”。但是不管怎样，不敢直面，不愿沟通，事情肯定会越来越糟；敢于直面，善于沟通，往往转危为机。

（五）参与决策，为管理层提供建议和参考

1. 站在公众的立场发现组织决策的问题

组织层面的决策所要解决的，是客观现状与发展方向的多样性之间的矛盾。处在不同的位置，人们会有不同的认识和感受，也会从不同的视角寻求解决的路径。多角度的探索可以开阔决策的视野，使决策更为周密和完善。公共关系部的参与，有利于从管理体制的层面，保障公众的立场和“声音”能有一席之地。

2. 使公众利益进入最高决策层的视野

一个组织的决策过程没有一定约束，就难免会有自身利益为大的倾向，甚至与公众、社会的利益发生冲突。社会舆论等是一种组织外部的约束，公共关系部的参与是一种内部的约束。公共关系的本质要求，组织决策必须考虑自身的社会责任，决策方案必须反映公众的利益，从而避免决策的片面性。

3. 在组织决策中确立公共关系的工作目标

公共关系职能参与组织决策，一是保障组织的总体目标和各部门的具体行动，与公共关系的要求不偏离、不脱节，使之更有利于协调组织与公众的关系；二是根据实现组织的总体目标以及与有关部门协同的要求，认识公共关系的任务，明确公共关系的工作目标，切实保障和发挥公共关系在组织全局中的作用。

小链接 2-11

公共关系部如何成为决策“智囊”

（1）准备资料。事先根据决策事项整理相关信息，进行归类、分析和概括，提交最高决策层和相关部门作为参考。重点是从公共关系角度和公众立场发现问题，提请注意。

（2）帮助决策层根据公众、社会的利益与需求斟酌、完善决策目标。如果可能对社会舆论状态、社会关系状态和组织形象产生负面的影响，公共关系部门有责任从全局利益出发，据理力争，发表意见和提出建议。

（3）论证和完善决策方案。对方案、目标和方法与外部环境、内部条件的匹配性，具体行动的必要性和可能性，以及经济价值、社会效果等提供信息咨询和补充，帮助分析、权衡和取舍。

四、公共关系部的优势与不足

组织内部设置公共关系部，业务上有其优势也有不足之处。因此，经常需要根据工作任务和性质，与外部的公共关系公司开展合作，优势互补。

（一）公共关系部的优势

（1）一般更了解组织的自身情况，包括历史、现状和问题；

（2）由于长期关注和职责使然，更熟悉所在的行业和行业环境，也有更丰富的行业知识和经验；

（3）拥有更发达的、通畅的内部交流渠道，能够更有效地收集内部的信息，沟通内部公众；

（4）在紧急情况下可立即启动，迅速介入并做出反应；

（5）可时刻保持与最高决策层的联系，随时提出建议，及时部署工作或调整安排；

（6）能保证持续和不间断地开展工作，有利于积累公共关系成效。

（二）公共关系部的不足

（1）容易受到内部因素、主观因素的制约，了解情况、做出判断等可能带有倾向性和感情色彩，有时难以客观、公正；

（2）一旦组织与公众的利益发生矛盾和冲突，容易因为公众、社会的偏见而不被他们信任；

（3）工作人员可能缺少重大公共关系活动的实践、历练和经验；

（4）由于是内部机构、内部人员，在组织内部可能受重视不够。

第三节 公共关系公司

一些组织没有设置公共关系机构，或是已有公共关系部门，但囿于人员、技术或经验而功能不全，也可以聘请组织外部的公共关系机构提供某些服务，弥补自身不足。这些机构即通常所称的公共关系公司，是专门为客户提供公共关系咨询，或助其开展公共关系活动的营利性组织。

一、公共关系公司的类型

（一）按业务范围划分

（1）单项业务公司。它们以某种专业人才、技术和设备为基础，为客户提供单项的公共关系服务。如社交媒体传播，事件营销策划、实施，庆典与会展活动设计，礼仪、礼宾服务，等等。这些公司一般规模不大，专长集中在几个服务领域，项目、内容灵活多样。

（2）专门业务公司。它们为特定行业提供公共关系服务，如电信行业、医药行业、汽车行业，或展览业、演艺界。一般为客户提供形象咨询、维护，组织、策划活动，等等。

（3）综合服务公司。这类公司规模较大，拥有各类公共关系专家和技术人才，可服务于不同的行业、领域，为客户提供多职能、全过程的公共关系服务。

（二）按经营方式划分

（1）合作型。这类公司与其他组织进行实体整合，实现资源共享和业务能力的优势互补。从 20 世纪 70 年代开始，与广告公司的合作经营，成为国际上的一种趋势。一些公共关系公司成为广告公司的子公司，也有的广告公司成为公共关系公司的分公司。因为广告公司的历史一般比较长，在社会上也建立了广泛的联系，特别是与各种传播媒介的密切合作。公共关系公司可借助于其基础，扩大自身影响和业务范围。

（2）独立型。它们在组织形式上独立存在，不从属或依附于其他机构，经营单项、专项、多项或综合性的公共关系业务。

小案例 2-3

伟达公关收购数字营销公司五斗米①

2014 年 3 月 31 日，伟达公关（Hill & Knowlton Strategies）宣布，与知名数字营销公司五斗米（Rice 5）达成收购意向。

五斗米公司成立于 2003 年，在上海和香港设有分公司。作为一家提供全方位服务的数字创意机构，为客户提供创意设计和技术、社交和数字媒体的独特组合。五斗米的作品包括阿迪达斯集团的品牌教育和社交部落建设，Anna Sui（安娜苏）的网站和移动应用程序开发，Friesland Campina（菲仕兰坎皮纳）网络和移动全覆盖的数字化活动。五斗米的客户包括纪梵希、欧莱雅、LEE Jeans、美心集团、雷朋与香港旅游发展局，等等。

奥美全球副主席和亚太区主席 Vivian Lines 表示："作为全球领先的传播资讯机构，我们在数字化领域的持续投资意味着，数字传播已经紧密地融入我们的战略服务体系。五斗米对我们现有的数字平台是个很有意义的补充。""随着数字领域发展不断地影响和改变受众与品牌、企业和事件的互动方式，不断拓展服务的多样性，对我们获得更多客户显得更为关键。通过收购，五斗米加入伟达公关是我们朝这一方向迈出的最新一步。"

伟达公关亚太地区的数字团队拥有强大的数字营销、传播和品牌内容生产基础。这次合作同样也为伟达公关提供了更多的客户，使公司壮大了现有客户关系并赢得了新客户。同时，伟达公关也为五斗米提供了多样化的客户组合并提高其全球覆盖。

二、公共关系公司经营的一般范围

公共关系公司的一般业务，包括公共关系策划与实施，公共关系专题调研和信息跟踪，

---

① 资料来源：佚名. 伟达公关收购数字营销公司五斗米已达成意向. 中国公关网（http://www.chinapr.com.cn/templates/T_Second/index.aspx? nodeid = 4&page = ContentPage&category id = 0&contentid = 6628），2014-04-01.（有改动）

组织形象专题咨询和策划，各种公众事务的处理、协调以及代理一般的公众事务。

(1) 咨询诊断。为客户进行组织或产品、品牌形象研究、诊断，制订公共关系专题计划，设计组织形象，提供专业化的公关顾问服务等。

(2) 联络沟通。协助客户与有关公众联络、沟通，建立和维护各种关系，诸如政府关系、社区关系和名流关系等。

(3) 信息收集。根据需要，为客户监测社会舆论，组织公众调研，分析环境趋势；整理和汇编有关信息、资料，定期或不定期提供一般性或专题性的新闻剪报、调研报告等。

(4) 新闻代理。为客户策划和传播新闻事件，包括撰写和发表新闻稿，组织新闻发布会，选择新闻媒体以及与媒体联系、沟通。

(5) 广告代理。为客户设计、制作公共关系广告、企业形象广告，撰写广告和媒体计划，分析、监测广告效果等。

(6) 产品推介。如主导或协助客户推广新产品，策划促销活动等。

(7) 会议服务。为客户筹划、组织会展活动，如信息交流会、经验研讨会、产品展销会、专题展览会和公众对话等。

(8) 活动策划。为客户策划、实施各种专题活动，如剪彩仪式、开业典礼、周年庆祝和联谊活动，组织和开展与社区、文化、体育、慈善和福利等有关的大型公众活动。

(9) 礼宾服务。如根据客户要求安排迎来送往等，包括贵宾要客的访问参观、大型宴会等。

(10) 印刷制作。为客户设计、编排和印制文字材料等宣传品，如企业画册、活页，招贴，产品或服务介绍，代表组织的标识、招牌和纪念品等。

(11) 音像制作。设计、拍摄公共关系交流、组织形象传播使用的音频、视频等。

(12) 培训服务。如举办公共关系和传播人员的技术培训，帮助客户提升公共关系专业能力和水平。

小案例 2-4

“蓝标公关” 更名“蓝标数字”①

2013 年 10 月，蓝色光标传播集团旗下蓝色光标公共关系机构，正式更名“蓝色光标数字营销机构”（简称“蓝标数字”，英文名 Blue Digital）。新的“蓝标数字”全面整合传统公关和数字营销的专业能力与资源，形成从消费者洞察到内容创意、全渠道应用和企业促销方案等全价值链服务体系，通过一站式数字整合营销服务，为客户在数字时代的品牌和产品沟通，提供更专业的解决方案。为此，蓝标数字组建了业务发展系统（business development）、客户服务系统（account service）、数字解决方案系统（digital solution）、资源合作系统（resource cooperation）四大业务模块。

蓝色光标传播集团董事长兼 CEO 赵文权称：“数字化浪潮势不可挡，也是各类传播公司未来生存与发展的关键点。未来十年，蓝色光标的核心战略是数字化、全球化，实现 10 年 10 倍增长。”蓝标数字总裁丁晓东表示：“未来不管是公关还是广告，都将在一个更加贴近

---

① 资料来源：佚名. 蓝标公关更名蓝标数字 向数字整合营销转型. 中国经济网（http://www.ce.cn/cysc/newmain/yc/jsxw/201310/12/t20131012_1609651.shtml），2013-10-12.（有改动）

消费者、更加强调互动沟通的营销环境下展开，Agency 将会被更多要求从营销效果出发。基于数字的专业整合服务能力，将成为更核心的竞争力。蓝色光标的数字业务战略，将是以消费者洞察为基础，以内容为核心，全渠道营销，直达营销结果。”

三、公共关系公司的优势与不足

（一）公共关系公司的优势

公共关系公司相对于组织内部的公共关系部，在以下方面更有工作优势：

（1）组织上的独立性。公共关系公司从客户外部介入，思考和分析问题可以摆脱客户内部因素不必要的干扰，做到旁观者清，更为客观、公正。处理客户与公众的矛盾、冲突，如危机事件，也更容易得到公众和社会的认可。

（2）社会资源丰富。一般更熟悉媒体关系等，也更了解新媒体等传播手段的应用，有实施公共关系传播的丰富经验和便利。

（3）技术全面，专业性强。公共关系公司客户多，自身人才也多，实践机会也多。他们拥有各种技术专长和专业经验，更开阔的思路和公共关系视野。可借助于更丰富的专业资料、更多元的传播方式和更广泛的社会联系，为客户提供更高水准的专业服务。

（4）灵活性与适应性。既可随时提供其经营范围的标准服务，还可根据客户的需要“量身定做”。

（5）提供的建议和方案，更容易被客户尤其是其领导层接受。

（二）公共关系公司的不足

与组织内部的公共关系机构比较，依靠组织外部的公共关系公司开展工作，也有一些问题和不足：

（1）有可能对客户的组织运行、内部机构和人员不够了解，对行业情况不够熟悉，对客户具体要求也把握不够准确，导致咨询和方案缺乏针对性、可行性。

（2）难以参与客户决策的全过程。不易深入客户的内部，不易得到完整的资料和完全的信任。

（3）在客户较多时，公共关系公司也容易“一心多用”。

（4）聘请成本高。由于费用限制，公共关系公司也不可能“全天候”跟进和全方位服务，包括深入调研，可能影响公共关系的效果和质量。

四、公共关系公司的选择与聘请

（一）公共关系公司的选择

选择公共关系公司的过程，一般会依次考虑以下因素：

（1）经营范围。备选公共关系公司的业务和服务，是否适合、能否满足组织的需要，与组织内设的公共关系机构可否优势互补、相得益彰。

（2）在业界的声望和权威性。可通过备选公共关系公司的历史和现状，如成立的时间、策划与实施过的项目和社会评价等，以及规模、名气和行业影响力等，了解和掌握其相关背景。

（3）客户与服务情况。分析备选公共关系公司有过哪些客户、什么样的客户，提供过哪些服务项目；这些客户的行业地位和影响力，他们对其服务的评价和满意度；这些客户与本组织的性质、问题的相似性；等等。

（4）人员素质。包括公共关系公司相关人员的教育背景、专业训练和实践经验，个人能力和服务意识，例如能否快速领悟客户要求并认真努力。这些会影响到公共关系公司提供的实际服务和水准。

（5）职业道德。例如能否为客户保守秘密，是否也同时在服务于竞争对手等。

（6）公共关系公司的财务健康。若财务状况不甚良好，或要担心挪用客户资金的情况发生。

（7）收费标准的高低。

（二）公共关系公司的聘请

聘请公共关系公司，要注意以下具体问题：

（1）专业水准要高，职业道德良好。

（2）要充分信任，为其工作提供真实准确的信息、资料和便利。

（3）尊重与沟通。虚心听取其批评、意见和建议，不予采纳的做出解释和说明。

（4）防火为主、防病为主。不是出了问题才急忙聘请。

（5）关系要相对稳定。达到合作默契的境界，双方都需要“磨合期”。可以定期或不定期邀请公共关系公司的人员，出席情况分析和决策会议。

本章小结

组织是公共关系的承担者、实施者和行为者。不同的组织有不同的公众，其公共关系也有不同的特点。一个组织要与公众保持理解、发展信任，维护相互支持的良好状态，互动中就必须积极谋求与公众双方甚至社会多方的共同利益，主动承担自身的社会责任，敢于公开事实真相。

一个组织通常根据需要和分工，授权特定的内部管理机构，行使公共关系职能。这种隶属于某个组织、服务于自身需要的机构，通常称为公共关系部。其设置可从组织地位、内部结构和人员构成等考虑、决定。公共关系部的任务，包括建立、维护与公众的联系渠道；监测环境，随时了解公众要求和意愿；教育、引导领导层和员工，树立、强化公共关系意识；管理声誉，传播形象；参与决策，为管理层提供建议和参考。

一个组织也可以借助于外部公共关系机构的力量，帮助开展公共关系工作。这些外部机构通常泛称“公共关系公司”，是专门为客户提供公共关系咨询，或助其开展公共关系活动的营利性组织。

当今值得关注的趋势是在组织内部，尤其是企业，其公共关系和营销管理两大职能的分工、融合出现了一些调整和变化。公共关系公司和相关传播类职能、机构，也在出现组织层面和业务层面的整合，并且业务在向互联网和数字化传播、整合营销传播领域等“升级”和变化。

关键名词

社会组织　营利性组织　非营利组织　谋求共同利益　承担社会责任　公开事实真相　公共关系部　公共关系公司

即测即练

请扫描二维码，在线测试本章学习效果

思考题

1. 怎样理解“社会组织是公共关系的主体”?
2. 营利性组织和非营利组织的公共关系有何异同?
3. 试述“谋求共同利益”“承担社会责任”和“公开事实真相”等公共关系原则的内涵与相互关系。
4. 试举例分析，怎样与公众实现“谋求共同利益”?
5. 如何理解社会责任的三个层次以及相关的联系，一个组织应当如何做好“承担社会责任”?
6. 公共关系工作应当怎样“公开事实真相”?
7. 怎样明确组织内部公共关系机构的职责和一般任务?
8. 如何选择和聘请外部公共关系公司为组织服务?

案例分析

公关传播和市场部职能进一步整合?

根据万博宣伟一项名为“整合前瞻：公关传播与市场营销合二为一”的调查，发现各行业和全世界都在发生一个细微但迅速的变化，即公关传播与市场部职能的整合。兼管市场部的公关传播主管比例日益上升，自 2012 年以来已增长 35%。这是品牌与公司声誉之间关联性日益增强，以及数字媒体发生巨大变化驱动下的必然趋势。

调查以电话形式，深度采访了 10 位负责整合公关传播和营销的首席传播主管兼市场部主管(CCMO 或 CMCO)。受访者主要来自美国、欧洲和亚太地区。

万博宣伟企业传播事业部全球总裁 Micho Spring 说："如今所有利益相关者都通过一个内部声音了解公司信息。对一些公司而言，市场部三管主要针对的是客户，公关传播主管则主要针对利益相关者，这种二元结构为已经高度分散的媒体环境添加了新的复杂性。数字媒体技术和渠道的蓬勃发展，使营销和传播职能的整合不可避免，这是就企业信息的一致性和原创性而言的。"

数字媒体加速职能整合

调查结果指出，这一整合趋势背后的推动因素，其中最普遍的当属数字媒体、内容创造和技术。社会化媒体和数字技术模糊了营销和传播之间的界限，这些集成后的新功能，能更好地满足不断变化和日益复杂的数字驱动下的媒体环境的需求。

品牌和声誉的不可分割性

品牌与公司声誉之间日益密切的互相依赖性，是促成传播和营销日益整合的另一因素。万博宣伟首席声誉战略主管 Leslie Gaines-Ross 说："由于人们能够通过网络获得及时信息，公司越来越意识到投资打造公司和品牌声誉带来的巨大价值。当涉及营销传播时，企业也意识到应出于战略需求整合公关传播主管和市场部主管。"

成功整合六部曲

"整合前瞻：公关传播与市场营销合二为一"结合并借鉴著名的公关传播主管兼市场部主管的整合经验，为成功整合提供了指导。

（1）为获得战略优势而整合。公关传播主管兼市场部主管发现，整合对于市场重新定位和恢复声誉具有宝贵价值。

（2）先确定共同愿景和使命。定义你的品牌识别，围绕这一公司或品牌使命建立新的综合部门。明确阐述变革理念——传承公司使命——不断传播最具说服力的整合案例。

（3）广泛深入的宣传。通过向内部分享新的综合部门的未来目标及如何运营，推广整合后的使命。最重要的是发现诸如业务部门等内部合作伙伴及外部客户的需求，表明自己能够为推广业务带来哪些价值。

（4）管理整合。管理更大的组织，需要更强的协调能力，因为它往往要进行跨地区和跨业务部门工作。无论公关传播主管兼市场部主管是否兼管品牌或地区工作，召集公司不同部门领导层、顾问小组都能够帮助管理需要优先解决的事情。

（5）快速按计划推进。加快采取措施，使整合后的新组织能流畅运营。许多调查参与者说，他们本应更快做出人事决定，后悔未能快速增添资源。

（6）提早并经常庆祝成功。尽早展示整合成果，想方设法在内部宣传整合效果。最重要的是持续不断地向管理层展示其价值，获得内部支持。

"整合前瞻：公关传播与市场营销合二为一"展示了，决定整合传播和营销职能时应考虑的许多因素。但公关传播主管兼市场部主管——已经通过该流程种种考验的主管——一般都认为，媒体环境的变化，将日益促使企业重新评估这两种职能之间的整合关系。

资料来源：管克江. 万博宣伟：公关传播主管和市场部主管职能进一步整合. 中国公关网（http://www.chinapr.com.cn/templates/T_Second/index.aspx? nodeid=4&page=ContentPage&categoryid=0&contentid=7946），2014-07-18.（有改动）

[案例思考]

1. 归纳并评价万博宣伟的调查结果和主要观点。

2. 一个组织内部设置的公共关系机构，如何与其他职能部门，如营销和人力资源管理等分工与协同，以适应时代的变化？

本章实训

一、实训目的

1. 了解组织内部设置公共关系机构的做法与过程。

2. 撰写成立公共关系部的论证报告。

二、实训内容

1. 实训资料

走访、调查一家没有设置专门的公共关系部门的企业，或其他组织如学校、医院和政府机构。

2. 具体任务

（1）了解该组织对“公共关系”的理解和看法。

（2）调查该组织目前的内部结构、部门设置，公共关系事务（即事实上存在的公共关系工作）的承担情况。

（3）就该组织的实际情况，分析成立专门的公共关系部门的利弊。

3. 任务要求

（1）完成该组织公共关系工作现状的调查。

（2）完成该组织独立设置公共关系部门的可行性研究。

三、实训组织

1. 任课教师说明实训目的、任务以及时间和要求。

2. 全班同学各自或分小组联系调查单位，自行安排工作内容，控制进度。

3. 任课教师组织班级交流、讨论。

四、实训步骤

1. 理论准备，包括复习相关教学内容，学习延伸阅读文献。

2. 现场调研，完成访谈和资料收集、整理。

3. 形成该组织公共关系工作现状的基本评价和主要观点。

4. 为该组织完成一份成立专门的公共关系机构的可行性研究报告。

5. 任课教师点评、总结。

延伸阅读

1. 詹姆斯·格鲁尼格，等. 卓越公共关系与传播管理. 卫五名，等，译. 北京：北京大学出版社，2008：1-24，171-196，254-275，361-370.

2. 廖为建. 卓越公共关系十五项标准. 国际公关，2006（5）.

3. 斯各特·卡特里普，艾伦·森特，格伦·布鲁姆，等. 公共关系教程. 8 版. 明安香，译. 北京：华夏出版社，2001：49-79.

4. 弗雷泽·P. 西泰尔. 公共关系实务. 10 版. 潘艳丽，陈静，等，译. 北京：清华大学出版社，

2008：102－118，121－137.
5. 丹·拉铁摩尔，奥蒂斯·巴斯金，等. 公共关系：职业与实践. 朱启文，冯启华，译. 北京：北京大学出版社，2006：76－103.
6. 陈向阳. 公关顾问职业指南. 合肥：安徽人民出版社，2004：25－37，71－76.
7. 迈克·比尔德. 公关部门运作. 2 版. 谢新洲，刘畅，译. 北京：北京大学出版社，2005：102－118，121－137.
8. 叶茂康. 环球：专业公关之路. 上海：复旦大学出版社，1997.

第三章
公共关系的对象与手段

引例

新媒体让百年老字号焕发青春

拥有345年历史的同仁堂，在全国有40多家医馆、2 000多家直营门店，以及上百万会员用户。其品牌在医疗方面有极高的知名度和美誉度，但作为现代健康产业综合运营服务商的形象则少人知晓。

作为一家百年老字号，同仁堂目前的核心消费群体年龄偏大。随着消费群体年轻化，应当如何拉近与年轻用户的距离？在互联网时代，应当如何随着用户习惯的升级，重新焕发同仁堂品牌的活力？

同仁堂以新老客户、健康养生爱好者和关注者以及内部员工为目标受众。首先通过微信服务号，构建客户服务与营销平台，实现品牌展示、老会员服务和沟通；将老会员导入微信服务号，积累原始粉丝和培育忠实粉丝。同时，通过微信平台创新服务功能，依托LBS（地理位置服务）技术将全国上千家门店的数据、渠道整合，把线下门店的客户导入线上的微信平台；通过线上互动将用户导入门店，上线医馆预约功能。做到方便用户便捷找到“身边的同仁堂”，意识到“同仁堂就在你的身边”，实现口碑传播。又在服务号有了一定用户的基础上，开通微信订阅号，传播健康养生资讯，吸引更多潜在用户；在有一定的内容积累后，开辟同仁堂健康数字App杂志。整个过程中不仅赢得同仁堂内部多部门共识，还尝试了内部全员社会化营销——借助微信服务平台构建员工个人中心，每个员工都成为同仁堂的代言人及营销触手，鼓励他们传播同仁堂健康的理念；每一次内容传播和用户导入进行积分统计，最终变为内部激励措施。

通过一系列活动，初步建立了同仁堂线上线下整合营销模式。同仁堂更加便捷和有效地与客户进行了连接和互动，传播人数和关注人数逐步增加，品牌认知度和传播范围不断增大。

资料来源：中国公共关系网（17PR）编委会，编著. 2014最具公众影响力公共关系案例集. 北京：企业管理出版社，2015：150-155.

阅读与启示

公众是公共关系的对象，传播是公共关系的手段。“到什么山上唱什么歌”，开展公共关系工作，具体使用什么媒介和传播方式，必须考虑与具体公众的匹配性，以保证信息有效送达和沟通。同仁堂公司需要拉近品牌与年轻客户的感情距离，增进社会和公众对其现代健康产业综合运营服务商形象的认知。大量使用新媒体和数字营销手段，以切合当今公众的变化和趋势，应当是正确选择之一。

本章知识结构图

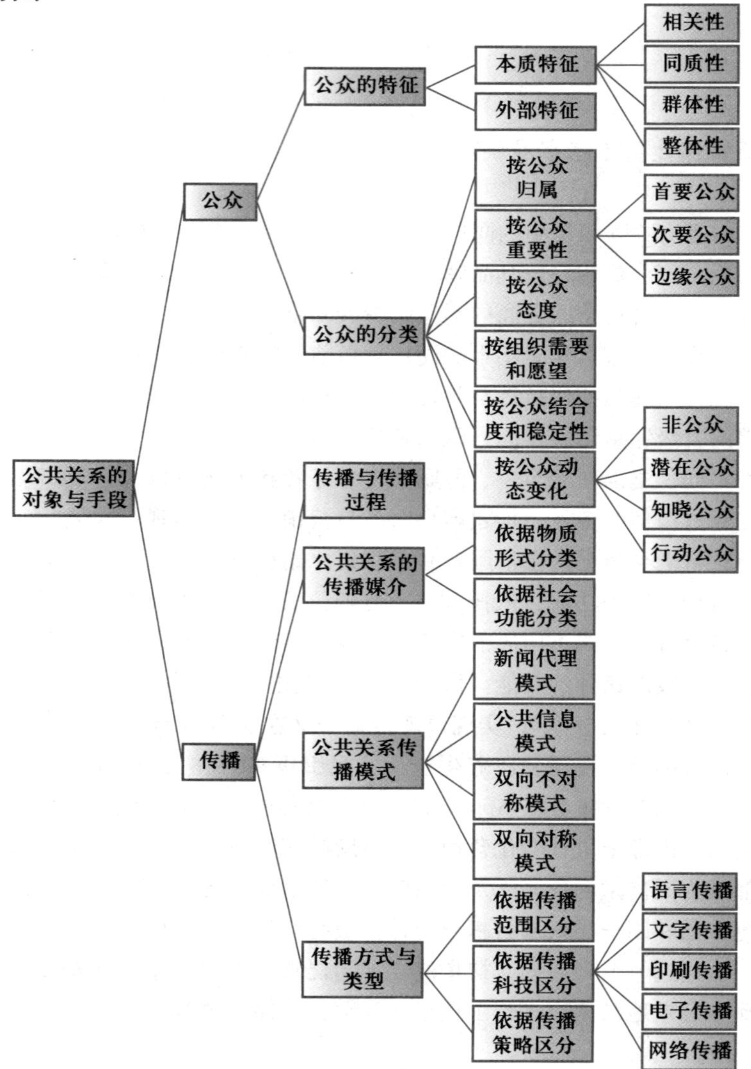

公共关系是一种社会“关系”。任何“关系”有其主体，也必然有其客体，以及建立、发展和维护“关系”的手段。“客体”回答的是主体“对谁”的“关系”，或公共关系的工作对象是谁，即一个组织的公众；“手段”泛指“如何”构建这种“关系”，传播是形成、保持公共关系的方式与过程。

第一节　公众是公共关系的工作对象

公众作为公共关系的客体，是一个组织的公共关系对象的总称。界定公众的含义，掌握公众的特征，确定组织面临的公众及其分类，是公共关系工作的基础和前提。

一、公众的特征

公共关系学意义的“公众”，不完全等同于“大众”“民众”和“群众”等概念。公众的含义有其特殊的规定，专指与特定的公共关系主体相互联系、相互作用的一切个人、群体和其他社会组织的总和。一个特定组织的公众，是与其生存和发展存在直接的、间接的或潜在的利益关系的所有“人们”的集合。一般来说，公众的外延比通常意义的“大众”“民众”和“群众”等要窄，仅指其中的特定部分，即与一个组织的利益有关的那些部分。

（一）公众的本质特征

“公众”是一个统称，不同的组织有不同的公众。认识公众的本质特征，可以帮助一个组织界定公众的范围，明确公共关系的基本工作对象。

1. 相关性

公众之所以成为某个组织的公众，首先在于他们与这个组织存在某种相互依存的交集，并以特定的利益点为关联产生来往、互动，形成某种相互影响、彼此制约的状态。表现在一方面，公众的利益和要求受到组织决策和行为的影响；另一方面，公众的意见和举动对组织的生存与发展也有一定制约。只是这种交互影响和制约有时候是现实的，有时候是潜在的；有的是直接的，有的是间接的。

因此，公众不是抽象的、各个组织“通用”的概念，而是具体的、必定与某个组织相关的范畴。不同的组织有不同的公众，公众总是相对于特定的公共关系主体而存在的。某些“人们”之所是这个组织而非另一组织的公众，那是因为他们是这个组织的利益相关者，与另一组织之间则不存在上述的联系。这种相关性，是一个组织与其公众之间形成“公共关系”的关键。

2. 同质性

公众不是一盘散沙，而是与特定的组织存在利益关联的聚合。他们成了一个组织的公众，就意味着由于这个组织的存在，他们具有了某种同质性和内在的联系。比如共同的利益，共同的需要，共同的目的，共同的问题，共同的兴趣和共同的背景，等等。这些共同点可能使他们形成相似的、一致的态度和行为。例如，表面上看似没有关联和交往的许多个人或团体，因为同在一个社区，假设都面临着一家企业的污染威胁，共同的背景、共同的问题，使得他们就有了共同的利益以及共同的需要、共同的目的，甚至共同的行为——对这家企业形成一定的舆论压力和行动压力。

了解和分析公众，要从相应的共同点，比如共同的问题出发，调查和研究他们之间的内在的联系。

3. 群体性

公共关系学意义的“公众”，是具有某种内在联系的“人们”。这些“人们”常常通过以下的形式表现出来，成为特定组织的公共关系对象：

（1）其他社会组织。一个组织在其运营中，不可避免要和其他社会组织发生这样那样的联系。公共关系处理的第一类群体关系，就是与其他组织的关系。

（2）初级社会群体。一般指面对面交往形成的、具有亲密人际关系的群体，最重要的如家庭等。一定数量的初级社会群体也构成公众，成为公共关系工作面对的第二类群体关系。

（3）其他同质性群体。由一定数量的个体构成，既不属于其他社会组织，也不是初级社会群体。是从公共关系角度，按人口特征划分的人群，例如不同年龄、性别、职业、地域、民族、国籍、爱好和习惯的个体。虽然他们没有因某种社会关系而被组织化，但同样面临着特定组织的行为带来的“共同点”，他们就成为了这个组织的公众。比如机场遭遇延误的旅客，新产品上市面向的、天南海北的潜在消费者……他们一般不是社会交往中结合到一起的，但在特定条件下也是特定组织的公众。

4. 整体性

这些不同的群体的关系相互交织，共同构成了一个组织整体的公众环境。与自然环境、地理环境不同，它是一个组织必须面对的社会关系和社会舆论的总和，涉及范围广泛，内外相互关联，极其复杂。比如一家企业既有内部员工公众、股东公众，又有外部顾客公众、中间商公众，还有社区公众、媒体公众等；既有其他的组织，也有大量初级社会群体和个体的聚合。

对于任何一种公众的忽略，都会程度不同地影响到整个的公众环境，甚至导致公共关系状态的恶化。因此不仅要看到公众是不同“人群”，更要认识到他们的相互关联、不可分割。要全面、系统地了解自己的公众，注意保持与公众整体之间的协调与平衡。

小链接 3-1

公共关系不是人际关系

人际关系是最古老、最基本的一种社会关系。从历史渊源来看，公共关系脱颖而出之前，是在人际交往的母体中孕育、培植的。由于公共关系与人际交往活动你中有我、我中有你的关联，往往容易把它们画上等号。其实，公共关系与人际关系尽管彼此渗透，两者的区别也依然明显：

（1）关系结构不同。公共关系处理的是社会组织与其公众的相互关系，一个组织的公众有许多就是其他社会组织；人际关系处理的是个体与个体之间的相互关系，人际关系的对象一般不会有其他的社会组织。

公共关系与人际交往又有密切的联系。因为一个组织与其他组织的联系，往往会表现为一个组织中的若干“个人”，与另一组织中的若干“个人”之间的交往。所以，公共关系也经常通过人际交往来实现，只不过此时的个人角色是特定组织的“代表”，必须代表所在组织的利益和愿望，不能以个人意志行事。不论是这个组织的领导者还是公共关系人员，同其他组织的个人交往、联系时，不但要处理好个人与个人之间的关系，还要透过这种个人关系将所在组织与公众联系起来，传播和反馈所在组织需要的信息。

（2）交往方式不同。公共关系工作有日常性活动也有许多专题性活动，如记者招待会或新闻发布会、开放参观等，以扩大影响。这比一般人际关系的交往复杂，范围也大很多。

（二）公众的外部特征

认识公众的外部特征，可以了解同一组织的公众，可能有不同的存在和表现形式。

1. 差异性

一个组织的公众会由于态度、地位和利益关系等的差异，在构成上会表现出不同特点。公众的差异性，要求有不同的沟通方式。

（1）态度的差异。由于价值观、利益要求以及对组织的知晓程度、看法各异，公众对组织的基本态度会有所不同。例如有的持赞同的态度，对组织表示理解、友好与支持；有的持反对的态度，甚至抱有敌意；还有的持中间立场，对组织不感兴趣，或漠然、无知。公众对组织的态度，反映一个组织及其产品、服务、机构、员工与管理水平等在公众中的形象。公共关系必须努力树立正面形象，转化反对态度和中间态度，创造“人和”的环境。

（2）位置的差异。在与组织的关系中，不同公众所处的位置是不同的。因此有的表现为直接影响，有的是间接影响，有的或是间接的间接影响；有的产生潜在的影响，有的产生现实的影响；有的影响是首要的，有的影响是次要的、一般的；有的是长期的影响，有的是短期的影响……不同的公众与组织之间这种关系程度的差异，对组织生存和发展的影响也有所不同。

（3）利益关系的差异。由于公众与组织之间利益的结合点及相互了解、适应的程度差异，双方的利益关系会呈现不同的格局。例如，有的公众与组织之间的利益一致、相近，关系是亲密的、和谐的；有的利益是互补的、相得益彰的，关系会是紧密的、协作的；有的与组织之间存在利益矛盾，关系就会紧张，甚至排斥、对抗……公共关系应致力于改善组织与公众之间的利益关系，形成良好的公共关系状态。

2. 可变性

一个组织的公众构成不是封闭的、一成不变的，而是动态的、开放的系统，其性质、形式、数量和范围等是在变化的。始终会是有的关系产生了，有的关系消失了；有的关系在持续发展，有的关系可能不断萎缩；有的关系越来越稳定，有的关系越来越动荡……甚至有的发生性质变化，如竞争关系转化为合作、友好关系转变成敌视；等等。

导致公众变化的原因，一是组织自身条件变化；二是组织所处的客观环境的变化，打破了原有的状态和平衡。必须以发展的眼光来认识和审视公众，保障组织的公共关系目标、政策和方法与时俱进。

二、公众的分类

不同的组织有不同的公众，同一组织的公众，也可以有不同的分类。不同的分类有助于从不同的角度，更深入地分析、认识公众的特点。

（一）按公众系统的归属分类

公众与组织的利益关系，一般会因是否存在归属关系，表现出很大的不同，所以可先从公众系统的归属分类，以识别一个组织的基本公众和大致范围（图 3-1）。

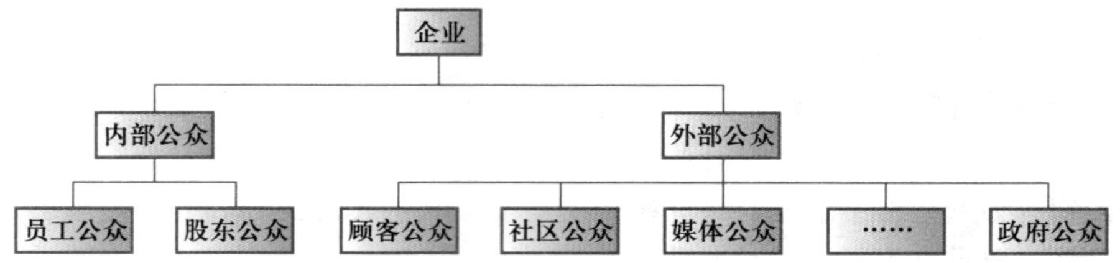

图 3-1　按公众系统的归属分类

（1）内部公众。指组织本身的所有成员，包括员工、股东等。他们与一个组织的关系最为直接、最为密切，对组织利益的影响最大。

内部公众还可以进一步分类。如员工按年龄、性别、岗位等，股东按持有股份、是否参与实际管理和经营决策等，再分为不同类型。

（2）外部公众。包括组织外部的所有公众，如一个企业的顾客、中间商、供应商、竞争者、新闻媒体、政府机构、教育界、金融机构、社区等。外部公众类型最多，与组织的利益关系最为复杂。

（二）按公众对组织或相关问题的重要性分类

根据公众所处的位置、作用和影响力，一般可区分为以下几类（图 3-2）：

（1）首要公众。他们能决定一个组织的生存与发展，或相关问题的解决。一般来说，首要公众最为关键，应当投入更多的关注。

（2）次要公众。他们对组织的生存、发展，或相关问题的解决有较大的影响，但不是主导性作用。

（3）边缘公众。他们与组织有一定的关系，或对相关问题的解决有一定的影响。

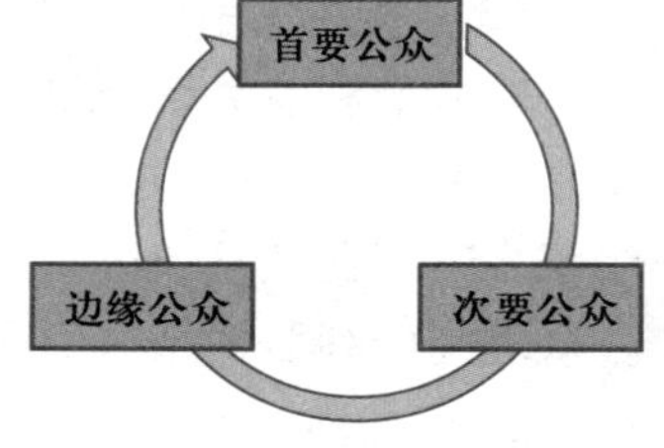

图 3-2　按公众对组织或相关问题的重要性分类

在一定的条件下，这三类公众是可以相互转化的。应当根据组织目标的变化和发展，适时跟进特定公众状态的变化，相应调整不同阶段公共关系工作的首要公众、次要公众和边缘公众的范围与构成。

（三）按公众对组织的基本态度分类

依据公众对组织的基本态度，一般分为：

（1）顺意公众。他们赞同、认可组织的政策，理解和支持组织的行为。是开展公共关系工作必须努力发现和依靠的对象。

（2）逆意公众。他们对组织的相关政策、行为表示反对，通常难以改变态度。大多数情况下，应用公共关系是为了将其转化为独立公众。

（3）独立公众。他们持中间立场，或态度不明朗。往往由于数量众多，又易于转化为顺意公众或逆意公众，常常是公共关系工作的重点对象。

（四）按组织对公众的需要和愿望分类

根据组织对公众的需要和愿望，一般分为：

（1）受欢迎的公众。是一个组织及其公众双方都愿意交往、合作的公众。他们主动对组织表示兴趣，组织也非常乐意与他们交往。

（2）被追求的公众。指一个组织对其有好感，他们不一定知晓，或缺乏交往的欲望。例如一个组织与媒体之间、一个企业与消费者之间，相互关系最初往往出现这种状况。与之建立联系，需要一个组织的主动。

（3）不受欢迎的公众。指对组织有兴趣，而组织却极力回避的那些公众。例如某些索取赞助的团体，纠缠不休的投诉者。他们对组织“一厢情愿”地互动，而组织却不愿意与其有交集。

小案例 3-1

印度的机床行业[①]

印度的机床行业由国营和私营企业组成，生产诸如砂磨机、钻床、冲床、车床等金属加工和切削设备。过去它的质量虽好，出口量却很小，主要销往一些第三世界国家。在国际市场上，由于发达国家对印度的偏见，它的产品不怎么受欢迎。

现在，印度已成为世界上最大的机床生产国之一。

印度被认为是一个经济只能维持生存的落后国家。在外国人的想象中，它依然是一个僧侣、玩蛇者和牛群自由悠游的国度。人们也会用这种形象想象其机床工业，潜在的买主们很难相信印度能制造复杂的重型机床。这些持怀疑态度的买主，主要集中在汽车、装卸（叉车和挖掘机等）和机械设备三个行业。它们需要大量金属加工和切削设备，对机床有三个基本要求：（1）维修要少——它们负担不起过多的停工时间；（2）多用途——它们希望机床能干多种工作；（3）价格便宜——它们需要减少固定资产投资。

尽管价格是重要因素，但只排在第三位。价格恰恰是印度机床的优势。制造非数字化的简单机床，只需要普通技术和并不复杂的技能。在印度，制造这种机床所需要的半熟练工工资很低，机床制造又正好是劳动密集型行业。因此印度机床价格比其他国家的便宜30%~40%，同时能满足国际上的技术标准。然而还是卖不出去，因为用户对印度印象不佳，认为低价格意味着劣等产品。

---

① 资料来源：杰格迪什·谢思. 夺回已失去的市场. 陈建，等，译. 北京：新华出版社，1988：55-58.

在劳动密集型行业中，具有竞争优势的其他第三世界国家也面临类似的问题。与印度一样，韩国、巴西、西班牙也生产高质低价的机床。但是这些国家给人们的印象产生了不良影响，使它们的产品在国际市场未能得到应有的公正评价，尽管制造机床并不需要尖端技术。实际上，机床出口的主要市场是由拥有大量半熟练工的波兰和捷克、斯洛伐克占据的。

看来，刺激最终用户直接购买是不可能的了。在这种情况下，印度的机床厂商不得不采取其他战略。它们决定借助于经销商的信誉来使产品得到人们认可，而不是花费巨资去努力改变人们对其国家的印象。在每个国家都有一些信誉良好的机床经销商，他们拥有完善的销售网络、良好的维修信誉及有利的融资渠道。

于是，销售工作就成了向经销商推销机床。

印度机床的优势在于低廉的价格。经销商的买卖是左手买进，右手卖出。他们具有商人的眼光，最感兴趣的是利润率和营业额。质量也很重要，他们需要维护自己的声誉。为了使经销商相信产品，可以作一次产品质量检验，实际上产品也确实能满足标准。由于经销商对印度机床本身还有怀疑、不肯马上决定，因此向他们宣传印度这个国家、而不仅是印度机床的实际情况显然很有必要。一个 15~20 位经销商组成的代表团应邀访问印度，他们看到了现代化的、高效率的工厂，高水平的管理以及灿烂的印度文化，改变了自己的看法。

与经销商合作是第一步，第二步是邀请正式的贸易代表团。这一次请了一些工业发达国家的潜在买主，和经销商一起访问印度，使他们也能了解印度的实际情况。邀请的目的是使经销商和潜在买主产生经销或购买印度机床的欲望。

为了使顾客确信机床的质量，从而进一步促进销售，印度制造商又在美国和欧洲的一些主要城市投资建立产品展览厅，还积极参加了一些工业贸易博览会，进一步宣传产品，并获得信誉。

由于亲眼看到实际情况，最终用户容易接受他们信任的经销商的建议，而经销商能够、也确实把产品“推”向了用户。经销商有信誉，机床也因而有了信誉。

现在，印度机床工业正在国际市场上健康地成长，特别是它向发达的欧洲国家销售大量机床。产品本身无须修改，只要改变营销方式，主要是建立一个新的分销系统。通过转向中间商，印度机床变成了畅销产品。

（五）按公众空间上的结合程度和稳定性分类

根据公众空间上的结合程度和稳定性分类，可以分为：

（1）流动性公众，又称流散性公众。他们分散、流动，不稳定，现实中如景点的游客和过往的路人等，网络虚拟空间里有“飘过”的网友等。作为公众，他们与组织之间常常是“一面之缘”，缺少深入了解和完整的认识；又因为数量巨大、分布广泛，成为了公共关系重要的“口碑”来源和四处流动的“自媒体”。

（2）聚散性公众，又称临时性公众。他们因某一事件、问题临时聚集成群，过后各奔东西。例如现实中球场、影院的观众，同一航班、同一列车的旅客等；在网络虚拟空间里，也常常有因某一网络事件的发生、解决而聚散的网友。他们与组织的利益关系，程度高于流动性公众。既是一个组织公共关系的工作对象，也是一种传播媒介——可以影响到组织形象传播范围的广泛性，迅速扩大一个组织的影响。

（3）周期性公众，也称为规律性公众。他们依一定的规律或习惯而聚集，如喜欢报纸的某一栏目、电台或电视台的某一节目的观众，节假日的游客和寒暑假的学生等。他们目标既定，需求较明确，行动成习惯。

（4）稳定性公众。他们与组织保持相对稳定的联系，如社区居民、报刊的常年订户，以及企业的熟客、常客等。

（六）按公众变化与动态分类

格鲁尼格等人提出，根据公众发展的阶段性，公众可以分为以下几类（图 3-3）：①

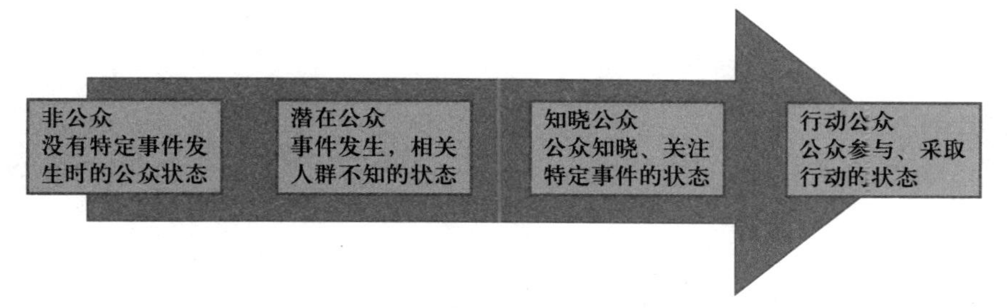

图 3-3　按公众变化与动态分类

（1）非公众。公共关系学中的一个特殊概念，他们在特定状态和条件下，既不受组织行为的影响，也不对组织产生任何后果。作为“非公众”，他们可以排除在特定时点的公共关系工作范围之外。

（2）潜在公众。在组织所处的环境中，当某些个人、群体和组织面临着由一个组织的行为引起的某个共同问题，但是他们又尚未意识到问题的存在时，便成为潜在的公众。

（3）知晓公众。由潜在公众发展而来，他们已经意识到问题的存在，急切地想要了解问题的缘由以及解决的办法。

（4）行动公众。由知晓公众发展而来，他们不仅知道问题的存在，而且准备或已经采取行动求得问题的解决。

从非公众到行动公众，是一个连续发展的变化过程。行动公众一旦形成，不会再回到非公众的状态。问题解决之后，他们也依然会继续关注事态发展，成为该组织的知晓公众。一旦新的问题产生，又会很快成为行动公众。

公众形成过程的动态分类，揭示了从非公众、潜在公众、知晓公众到行动公众的内在机制和规律，对公共关系实践有重大意义。一个组织应当时刻关注公众的变化趋势，及时区别问题的性质，制定不同阶段的公共关系目标，实施有效的行动。例如，一个问题的出现会对组织不利，虽然潜在公众不会马上构成威胁，但问题迟早会暴露。就应努力在潜在公众阶段，做好解决问题的所有准备和基础工作，争取主动，向知晓公众及时提供信息并采取有效的措施，尽快解决问题。改变知晓公众的态度，使他们不再向行动公众发展。一般认为，知晓公众是这种状况下公共关系的工作重点。一旦知晓公众成为行动公众，需要通过各种补救性措施，帮助组织走出困境，挽回影响。又如，一个问题的发生对组织有利，或是组织所希望看到的，公共关系就要积极促使和加速潜在公众向知晓公众、知晓公众向行动公众转化，例如企业新产品的上市和推广。

① 转引自：居延安. 公共关系学导论. 上海：上海人民出版社，1987：71-75.

第二节 传播是公共关系的手段

传播是信息交流的过程，也是公共关系不可或缺的纽带与桥梁。唯有通过传播，公众才能了解组织，组织也才能够了解公众，在此基础上联系、互动，彼此协调和相互适应。因此传播是公共关系的要素之一，也是开展公共关系工作的重要手段。

一、传播与传播过程

（一）传播

传播（communication）是人类交流信息，以期发生相应变化的活动。在不同的语种里，传播有不同的意义。不同学者对传播亦有不同理解和定义：[①]

（1）“共享”说。这一类的定义源于拉丁文communicare，意思是“使共同”。例如亚历山大·戈德认为，传播“就是使原为一个或数人所有的，化为两个或更多人所共有的过程”。施拉姆进一步指出，“我们可以给传播下一个简单的定义，即是对一组告知性符号采取同一意向”，强调传播者与受众对符号的共有性和共享性。

（2）“影响”说。霍夫兰、贾尼斯和凯利定义传播为“某个人（传播者）传递刺激（通常是语言的）以影响另一些人（受众）的行为的过程”。奥斯古德等人认为，“传播就是一个系统（信源），通过操纵可选择的符号去影响另一个系统（信宿）”。沃伦·韦弗说，传播是“一个心灵影响另一个心灵的全部程序”。

（3）“反应”说。这一类定义吸收了心理学“刺激-反应”论的观点，含义广泛和模糊。史蒂文斯定义传播“是一个有机体对于某种刺激的各不相同的反应”。理兹认为，传播是“一个来源透过对信息（不管是语文或非语文、记号或符号）的传达，能使接受众引起反应的过程”。

（4）“互动”说。格伯纳认为，传播就是“通过讯息进行的社会的相互作用”，强调传播者与受众之间通过信息传播相互影响的双向性和互动性。C. H. Mead认为“互动，甚至在生物的层次上也是一种传播，不然共同行动就无法产生”。瓦茨罗维克等人认为，“在互动的情境中，有讯息价值的所有活动都是传播”。

（5）“过程”说。希伯特认为“传播的确可视为一个过程，过程就是一系列的活动及运行永远向着一个特定的目标在行动。传播不是一个被时间和空间所固定的静止的实体。传播是一个恒动过程，用以运送意义，传递社会价值，并分享经验。”彼德等人的看法与此相近，“大众传播就是通过某种媒介，向许多人传递信息、思想和观念的过程。”

实践中，“传播”与“沟通”通常被作为同义语。在中文语境里，严格来说两者还是可以区别的。公共关系信息通过一定的形式和渠道，如何由组织一方送达公众，这是传播；公众是否理解相关的信息，并产生预期的反应，这是沟通。从这个意义上可把“传播”更多

---

① 邵培仁. 传播学. 修订版. 北京：高等教育出版社，2007：56-57.

地看做是信息交流的过程，“沟通”则是信息交流的“收获”与结果。公众按照组织的目的，接受、理解了信息并产生了相应的感情、态度和行为，传播才有价值，公共关系的效果才能实现。没有传播，不会有沟通；没有沟通，传播也就失去了意义。

（二）传播过程

对于传播过程的实现，一些学者根据各自的见解，提出了不同的传播模式。主要有拉斯韦尔的“5W 模式”，施拉姆的“循环模式”及罗杰斯和金凯德的“辐合模式”。

1. 拉斯韦尔的“5W 模式”

“5W 模式”最早见于拉斯韦尔（H. Lasswell）1948 年发表的《社会传播的结构与功能》一文。该文对传播学来说，“是一部纲领性的力作，一部传播学的独立宣言”，涉及传播学的许多基本内容。

拉斯韦尔认为，一个传播过程包括五大要素，即“谁（who）”“说什么（say what）”“通过什么渠道（through which channel）”“对谁（to whom）”和“产生什么效果（with what effect）”。它们之间的关系，可用图 3-4 所示的模式显示：

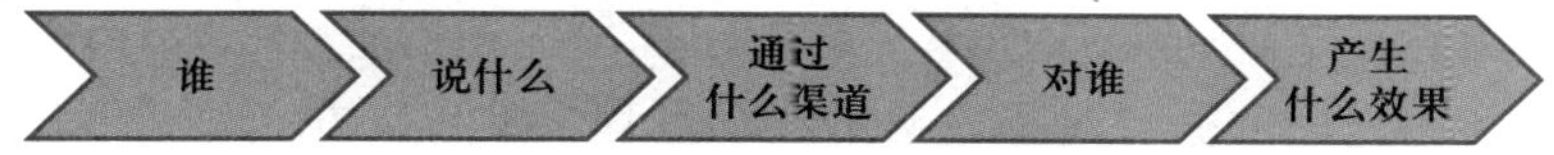

图 3-4 拉斯韦尔的 5W 传播模式

与五个要素对应，拉斯韦尔提出了五种与之对应的传播研究：（1）“谁”，传播主体——控制分析；（2）“说什么”，传播内容——内容分析；（3）“通过什么渠道”，传播媒介——媒介分析；（4）“对谁”，传播对象——对象分析；（5）“产生什么效果”，传播效果——效果分析。因而传播活动在外部功能上，具有环境监视（了解）、社会协调（沟通）和社会遗产传承（积累、保存）三大作用。

拉斯韦尔的 5W 传播模式，提供了一个简明、规范的方法，涵盖了传播研究的主要领域，具有广泛的实用性。其主要意义，一是从内部结构分析了传播过程的要素，二是从外部功能概括了传播活动的作用。[①] 但也存在三个明显不足：一是或多或少想当然地认为，传播者具有某种影响受众的意图，传播主要是一种劝说过程；二是它假定，任何信息总是有效的；三是忽略反馈要素，是一种单向传播模式。1958 年，布雷多克在《“拉斯韦尔公式”的扩展》一文中，又增加了两个 W——“在什么情况下?”和“为了什么目的?”——构成了“7W 模式”。的确又前进了一步，但是依然忽略了反馈要素。[②]

2. 施拉姆的“循环模式”[③]

1954 年，施拉姆（W. Schramm）发表《传播是怎样进行的》一文，提出了三个模式。其第二个和第三个模式结合起来，形成的循环模式颇有新意（图 3-5）。由于施拉姆宣称自己许多观点受到另一学者奥斯古德（C. Osgood）的启发，据此也有人将循环模式归入奥、施两人名下。

循环模式是一种双向传播模式。它强调信源与目的地即传播者和受众之间，只有在双方

① 李彬. 传播学引论. 北京：新华出版社，1993：17-20.

② 参阅：邵培仁. 传播学. 修订版. 北京：高等教育出版社，2007：76-77.

③ 参阅：邵培仁. 传播学. 修订版. 北京：高等教育出版社，2007：78-79.

共同的经验范围内，信号才能为双方所共享，实现真正的沟通。在编码、解释、译码和传递、接收信息过程中，传受双方相互作用、相互影响。传播信息、分享信息和反映信息的过程，往复循环，持续不断。

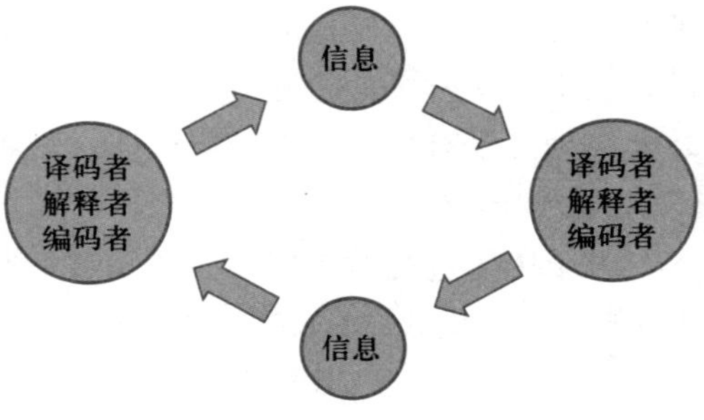

也有批评者认为，该模式较适用于人际传播，不太切合大众传播。大众传播是一种不对称的非等量的传播。该模式暗示的传、受双方平等、等量的传播概念，在大众传播中也是找不到的。

信息
译码者
解释者
编码者
译码者
解释者
编码者
信息

图 3-5　施拉姆的循环模式

3. 罗杰斯和金凯德的“辐合模式”[①]

当今人类社会进入信息时代，计算机、互联网以及层出不穷的各种移动通信终端，越来越多的成为社会日常生活的一部分。罗杰斯（Lawrence）看到一场“传播研究的革命”已经到来，认为必须打破以往的传播模式所引导的传播效果研究的框框，“代之以由传播辐合模式所引导的更阔的研究”。他和金凯德（Kincaid）描述他们于 1981 年提出的“辐合传播模式”——互动传播是一种循环过程。通过这个过程，参与双方（A 和 B）一起创造和分享信息、赋予信息意义，以便相互理解。“AB 重叠部分是指两人相互了解的程度。‘辐合’是两人或更多的人向同一点移动，或一人向他人靠近，并在共同兴趣或焦点下结合的一种倾向”（图 3-6）。

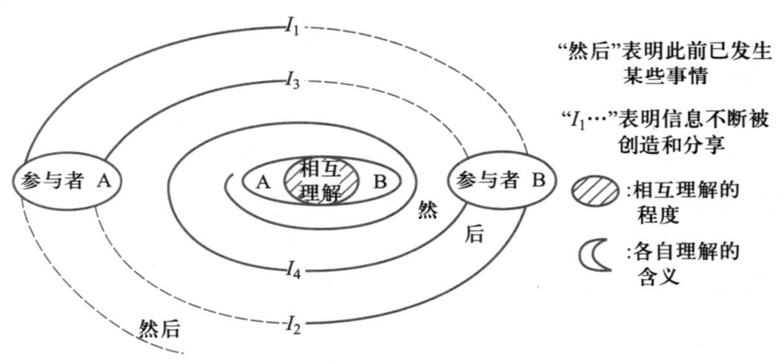

图 3-6　罗杰斯和金凯德的辐合模式

辐合模式再现了以计算机为媒介的参与者，双方创造和分享信息的动态过程以及结构形态。它不仅引导我们将审视、分析的目光转向一个更广阔的领域——互动（网络）传播，而且直接指引人们去追踪传播系统中某一特殊信息的流动与演变，进而探寻人类在认识上靠近与离散的原因和背景。

但这一模式较适合解释两人互动传播，以及几个人的网络传播，并不太适合分析“虚拟巨网传播”的现象。

---

① 参阅：邵培仁. 传播学. 修订版. 北京：高等教育出版社，2007：80-81.

二、公共关系的传播媒介

公共关系是组织与公众交流信息，调适彼此关系的过程。由于信息本身不能独立存在，必须附着于某个载体，才能传递和显现。信息的物质载体就是传播媒介，载有信息的任何事物都可视为传播媒介。

传播媒介是一个意义广泛的范畴，可从不同角度认识。在这里，主要依据媒介的物质形式和社会功能分类。①

（一）依据传播媒介的物质形式分类

信息传播要以一定的物质为载体。物质载体的类型不同，形成了不同类型的传播媒介。具体实践中，一个组织及公共关系人员主要通过以下三种物质载体，将信息传达公众：

（1）符号媒介。符号是一种抽象的说法，是包括自然语言在内、所有可能的特定的符号系统，如语言媒介、印刷媒介和技术媒介等。符号媒介在现代社会生活中运用最广，也是极其重要的公共关系传播媒介。公共关系的许多具体的工作，如撰写新闻报道、设计宣传材料（小册子、传单和海报等）和制作各种口语信息等，都要运用符号媒介。具备一定的语言文字能力，是对公共关系人员的基本要求。

（2）实物媒介。通常指为特定目标设计、制作和使用的物体，如企业的产品、公关礼品等。实物媒介有质地、形状和质量，使人可见、可触与可感，是具体的、真实的、有形的物质存在，当然也会有磨损、消耗和锈蚀。许多企业重视会展等大型公众活动，便是借助物体能够承载信息的作用，将其产品质量的信息传递给公众。一般来说，实物媒介的应用，范围不如符号媒介广泛，但更容易给人以牢靠、可信的感受。

（3）人体媒介。指人的言谈举止、行为和服饰等身体上的信息显示物。人体媒介可以拉近双方的心理距离，更容易产生直接的体验，有利于与特定公众建立亲近感，表达一个组织的直观形象。但其应用既不如符号媒介范围广泛，也不像实物媒介那样显得牢靠、可信。

（二）依据传播媒介的社会功能分类

由于信息载体的不同，各种传播媒介的作用也不尽相同。按其社会功能的大小，传播媒介又分为以下的类型：

（1）大众传播媒介。在社会分工中，专门负责向社会传播信息的机构。传统的大众传播媒介，包括报社、杂志社、电台、电视台、出版社、广告商等；互联网出现以后，又有了门户网站等，以及它们的工作产品。大众传播媒介的特点是空间跨度大，优点是广泛性。一个组织在大众传播媒介上出现的次数越多，正面“曝光”越频繁，一般来说知名度、美誉度也就越高，社会影响越大。公共关系工作极其重视大众传播媒介的作用。

大众传播媒介的特点，也会使一个组织接触并说服公众的能力受限。策划大众传播的有效做法，是确认通向传播对象的关键渠道，比如他们接触的媒体、所看的报刊以及所尊敬的人物等。比较、分析各种渠道对传播对象的影响力，以及用于向他们传播所需的成本，可以发展有效的媒介组合。

（2）社会组织自控媒介。是指一个组织自身所能掌握和直接控制的传播媒介，如内部

---

① 参阅：居延安，赵建华，胡振娥，等. 公共关系学. 上海：复旦大学出版社，1989：81-83.

报刊、宣传橱窗、标语牌、接待信箱和网站、官方微博，等等。凡是功能上体现了信息传播特征的这类实体，一般均可视作自控媒介。其调节与外部公众关系的能力，通常来说不如大众传播媒介；但用于内部公众的沟通，却更加方便、有效。

（3）作为组织成员的人员媒介。组织成员的社会表现、态度和社会行为，如员工的职业行为准则、待人处事的基本态度，以及作为特定社会群体成员的行为规范等，也具有一定的信息传播功能。组织成员与公众的接触，常常是最直接的，也往往可能是最广泛的。这类传播媒介的特点，是利于双方感情交流，反馈周期更短。

理解上述两种分类需要注意，符号媒介并非就是大众传播媒介，一般的实物媒介也不等于组织自控媒介。它们有相似之处，也有本质的区别。

三、公共关系传播模式

依据格鲁尼格等人的观点，公共关系传播模式“是一套价值观体系和行为方式，它代表着公共关系机构或工作人员在所有项目，或某些情况下在一些具体项目中所采取的实践取向”。格鲁尼格、亨特等人认为，作为实施传播管理的途径，这些公共关系模式的发展和代表性变化可以概括为四种类型。①

（一）新闻代理模式

新闻代理模式（news release）旨在通过新闻宣传，制造轰动效应，吸引媒体、社会的关注和公众的“眼球”。常用于一些在大众传播媒介争取正面宣传（publicity）的传播活动。

新闻代理模式形成于“公众要被愚弄”的年代，其著名人物如菲尼斯·巴纳姆。

（二）公共信息模式

公共信息模式（public information）也称“公开信息模式”。是利用大众传播媒介以及内部通讯、宣传册、信件和直邮等组织自控媒介，传播相对客观的消息，以便增进公众对相关事实的了解。

公共信息模式产生于20世纪初。当时美国的一些媒体和记者，发起了一场揭露大公司、政府部门黑幕的“扒粪”运动。一些受到抨击和影响的组织开始认识到，除了“新闻代理”宣传，还要有其他有效的方式来应对。他们聘用了“自己的记者”，撰写针对媒体的“声明”、稿件解释自己。虽然他们一般披露的都是好的一面，但他们提供的信息基本真实、准确。著名人物有艾维·李，他在这个“公众要被告知”的年代，充分运用自己的天赋，把“复杂的和容易被误解的事实，清晰地向普通公众说明白”，帮助客户解释和辩护。

格鲁尼格等人认为，新闻代理模式和公共信息模式，都是单向传播的公共关系思路。本质上是一种“独白”，即如何通过大众传播媒介把信息传向公众。

（三）双向不对称模式

双向不对称模式（two-way asymmetry）也称“双向不对等模式”“双向不平衡模式”。

---

① 参阅：詹姆斯·格鲁尼格，等. 卓越公共关系与传播管理. 卫五名，等，译. 北京：北京大学出版社，2008：19-20，287-291.

是运用科学的理论和方法，在调研、分析的基础上提高信息、传播的针对性，通过更有效地影响公众，使其接受某些观点，并进而支持组织的行为。

一般认为，双向不对称模式发轫于第一次世界大战以后。一些公共关系人员，吸收了行为科学、社会科学相关知识和最新成果，并用于公共关系实践。著名人物如爱德华·伯奈斯，他对心理学有着浓厚的兴趣。他当时相信，人是可以被操纵的，既然可以朝向邪恶的目的操纵，也就可以朝向美好的目的操纵。操纵要成功，秘诀在于理解人们的动机，并通过调研、分析确定最容易产生组织所期望的态度和行为的信息。

这种模式的信息交流是双向的，但在组织与公众之间依旧是不对称的。组织作为信息的提供者，了解公众及其反馈，只是为了提高诱导、劝服的有效性。换言之，是在组织依旧"我行我素"的前提下，求得公众态度、行为的改变，没有考虑组织一方的政策、行为的实质性改变。

（四）双向对称模式

双向对称模式（two-way symmetry）也称"双向对等模式"或"双向平衡模式"。这种模式强调对话，注重坦诚、完整和准确的双向交流。目的是促进相互理解，传播的性质是双向的，组织和公众之间信息是对称的。

双向对称模式也运用调研和其他形式，开展双向交流。然而与双向不对称模式不同的是，它通过调研是为了促进双方的理解和沟通，包括"告知真相""把客户（组织）与公众介绍给彼此"和"管理层能够理解员工和社区的意见，员工和社区也能够理解管理层的意见"，等等；而不只是用来形成最能刺激或劝服特定公众的信息。双向对称模式调整的是组织与公众之间的关系，公共关系的主要目的是沟通与分享，而不只是劝服。可以说，双向对称一是要开展双向沟通，即把组织一方的想法、信息对公众告知，又把公众的意愿、评价对组织反馈；二是求得双方的发展，要将组织和公众的利益置于同等的位置，在双向沟通的基础上形成一种对称、和谐的关系。

以上四种公共关系模式的特征和异同，可概括如表 3-1 所示：①

表 3-1　公共关系 4 大传播模式比较

	新闻代理模式	公共信息模式	双向不对称模式	双向对称模式
目的	宣传	散布消息	科学劝服	相互理解
调研	少量，新闻剪辑	少量，可读性测试、读者调查	倾向性反馈，形成与评估	理解度的形成与评估
传播性质	单向，真实并非必要	单向，真实非常重要	双向，信息沟通不平衡、不对称	双向，信息交流平衡、对称
历史代表人物	巴纳姆	艾维·李	伯奈斯	伯奈斯
目前应用范围	运动场、剧院和产品推销	政府机构，非营利组织	竞争性产品和企业	受管制的企业
估计应用的%	15	50	20	15

① 参阅：纪华强. 公共关系的基本原理与实务. 北京：高等教育出版社，2006：182-184.

第三节 公共关系传播方式与类型

公共关系实践中，传播活动的普遍性以及公众环境的多样性，决定了把握和选择公共关系传播方式与类型的重要性。

一、依据传播范围的大小区分

依据传播范围大小，传播方式与类型可分内向传播、人际传播、组织传播、大众传播与国际传播等。其中，内向传播又称“自我传播”，是人们头脑中“主我”与“客我”之间的交流，基本上属于心理学研究的范畴；国际传播是指国家有关部门，面向国外公众的信息传播活动，是不同国家、不同种族和不同文化之间的信息交流。人际传播、组织传播和大众传播，是公共关系传播的基本方式和类型。

（一）人际传播

人际传播是两个或两个以上的个体，借助于语言、非语言符号互通信息，交流思想的传播活动。它是人类最早和运用最广的传播方式，有面对面与非面对面两种。面对面的传播，顾名思义是传播过程的参与者在相同的时间、空间，在彼此可见的状态中，主要通过语言和一些辅助性媒介进行交流。例如拜访、约谈、小组讨论、对话和演讲以及联欢、座谈等。在非面对面的传播中，双方不在同一特定空间，彼此通过一定的媒介如书信、“捎话”、电话、图像和录音，以及交互电视、计算机网络等进行传播，基本上还是属于个人范围的交流。

人际传播通过传播者与受众交流、互动，使得人际关系得以建立、维持和发展。作为一种传播方式，其主要优点有：

（1）可留下亲切印象。人际传播多以单个的、面对面的形式为主，可在比较轻松、随和的氛围中进行。双方一般也不会像面对大众传播媒介那样，对内容加以选择，或有防范心理。

（2）可即刻反馈信息。在交流过程中，易于观察对方的反应，双方也可反问、讨论。反馈直接、及时和集中，传播效果一目了然。传递和接受信息的渠道多，方法更为灵活。适用于短时间需要改变受众态度和行为的场合。

（3）可及时调整内容。人际传播的交流性强，双方都可在现场把握信息的流向、流量和清晰度、准确度等。清楚了可立即认同，不清楚则可进一步解释、澄清和引导。

（4）可借助人脉拓展。人际传播的深层交流，一般在“熟人圈”范围，传播者与受众彼此熟悉、时有往来。因此，可由受众所信赖的或亲密者开展工作，有可能不必先行说服即可达到目的。

人际传播对传播者要求较高，传播面一般较小。在公共关系工作中，通常用于和数量不多的公众进行深度的交流。

（二）组织传播

也称团体传播。包括两个方面，一是组织内部的传播，即组织与其成员之间的信息沟通；二是组织外部的传播，即组织与组织之间的信息交换。特点是传播者以组织的名义“讲话”，有组织、有领导的进行，比较正式和正规。大多数的内容是指令性、教导性和劝服性的，传播范围也可有一定的规模。

组织传播的目的，在于稳定、密切成员之间关系；协调行动，减少摩擦，维持和发展组织生命力；疏通组织内外的沟通渠道，应对环境的变化。

（三）大众传播

指通过大众传播媒介，向社会、公众提供信息、知识、观念和娱乐等的传播活动。大众传播方式有以下特点：

（1）公众的广泛性。传播对象的分布广泛，面宽量大。虽然传统的新闻媒体有所“式微”，但各种网络新媒体一直方兴未艾。

（2）媒介的专业性。一般情况下，大众传播是由专业机构进行的。传播者既是个体又是组织，大多受过一定专业训练，具有大量生产、复制信息的能力。

（3）内容的权威性。大众传播媒介一般更重视客观性、真实性，在公众心目中一般具有更高的可信度。传播的内容更易于被接受，对受众的立场、观点、态度、行为和文化素养等影响较大。

（4）反馈的缓慢性。由于传播者与受众之间的联系是间接的、松散的，一般获得反馈信息不够及时。

二、依据传播科技的发展区分

从人类历史和传播科技的发展过程看，最早的传播方式应当是以表情、动作为基础的“非语言传播”。为了克服非语言传播在劳作中的不便，逐渐产生了语言传播。文字传播突破了语言传播在时空方面的限制，印刷传播又克服了文字传播的不普及和传播速度等问题。以广播、电视为代表的电子传播，克服了印刷传播的选择性、形象感等的制约。网络传播的出现，使人类信息交流变得更通畅，更为有效。同时也要看到，“尺有所短，寸有所长”。不同传播方式各有特点，甚至具有不可替代性，将长期共存、相互竞争和不断融合。公共关系职能需要扬长避短，善于整合各种传播资源，争取最好的沟通效果。

（一）语言传播

语言的产生是人类第一次传播革命的直接推动力，也是猿与人的分界线。人类社会形成的标志之一，就是社会交往的发生和社会信息传播的产生。当人类摆脱了仅靠手势、表情传递信息、互相交流以后，语言传播就占据了统治地位，至今仍是人际传播主要的表达方式。有学者认为，现代社会对公众最重要和最不重要的消息，往往都是使用口头方式传播。

1. 语言传播方式的优点

（1）简便易行，容易把握。作为人的一种与生俱来的能力，语言可以便捷、自在地用于表达喜怒哀乐和各种感受。不像其他的一些传播方式，如电子传播要有一定设备和信号，印刷传播要有文字符号才能传播信息。

（2）双向交流，有的放矢。语言传播一般要有清晰的，多数情况下是可见的传播对象。

传播者容易获得反馈，并可依据受众反应及时调整。

（3）可以释放人的情绪能量，发挥某种心理平衡的作用。

2. 语言传播方式的短处

语言传播方式也有其不稳定性、不可靠性。具体表现在：

（1）传播的距离短，覆盖范围窄。只能在很近距离传递和交流。

（2）消失快，难以直接保存。语言使用的音声符号，转瞬即逝。早期的保存和积累，往往只能靠人脑和记忆力。受众必须及时理解才有传播效果。

（3）容易失真。口口相传或代代相传，信息可能扭曲、变形和重组。难免丢失许多原来的意思，以至于变得不可理解或成为隐喻。

小链接 3-2

非语言传播

人们之间交流信息、相互沟通，除了使用语言符号，还会大量运用非语言符号。在面对面的人际传播中，大约 65% 的“社会含义”是通过非语言符号表达的。这些非语言传播媒介一般分为：

（1）标记语言。即用手势、代号等，代替文字语言的特殊标记系统。如在大多数的国家，人们跷起大拇指表示赞叹；也有一些地方，将拇指朝下表示“坏”或“差”等。

（2）行动语言。包括那些不特别用于代表某种信号的所有身体运动。不但显示身体的移动或完成某种动作的状态，而且表露出与动作有关的其他信息。例如吃喝、挥手、接吻和跺脚等，兼具功能上和传播上的双重意义。

（3）物体语言。如有意无意地摆设一些物体，其特定形态也能表达某种含义。如衣着打扮、环境布置、房间设计等，都具有表意作用。

在信息传递中，非语言符号表达无声的信息，是语言传播所不能替代的，还可对语言传播起到相辅相成的补充。因为在一个互动的环境中，一个人即便看似不动，他的非语言行为也总是在发送某种信息。人的情绪几乎是由整个身体来表达的，要身体的不同部位表达各不相同的情绪非常困难。非语言符号也常作为语言传播的补充，用来增强或削弱传播效果……常言道“说话听声，锣鼓听音”，有时候非语言传播的信息一样的丰富多彩。

由于语言信息一般受理性意识控制，非语言行为往往是一个人整体性格的表现，是其人格特性在外界刺激下的直接反映，常常难以掩饰和压抑。人们常说“听其言，观其行”，故一般具有更高的可信度。

与语言传播一样，情境因素也同样左右着非语言符号的含义。在不同的情境中，相同的非语言符号会有不同的意义。在跨文化交流中，这种情境因素的影响更为明显。

（二）文字传播

在第二次传播革命中，人类发明了文字，进入了文字传播的时代。文字的发明及应用，是人类传播史上一大创举，也是人类文明的重要标志。它引导人类由“野蛮时代”迈步进入“文明时代”，并从时间的久远性和空间的广阔性等两个方面，实现了对语言传播的真正超越，事实上延伸了人的视觉、听觉和记忆器官。

1. 文字传播方式的优点

（1）传播的距离延长了，影响的范围扩大了。文字能把信息传递到更远的地方，打破了语言的距离限制，扩展了人类交流和社会活动的空间。

（2）信息不再稍瞬即逝，得以保存。人类知识、经验的积累、储存，不再单纯依靠人脑和有限的记忆力。

（3）提高了信息传递的确切性、可靠性。人类文化的传承，不再依赖于容易变形的神话、传说，有了确切可靠的资料和文献依据。

2. 文字传播方式的不足

（1）速度慢、信息容量小且成本高。因此，早期文字信息的生产规模受到很大限制。

（2）信息传递的局限性。由于文字信息的昂贵性以及文字本身的复杂性，早期的文字传播基本上属于政府、官吏和统治阶级的特权。直到印刷传播方式出现以后才有所改变。

（三）印刷传播

经过漫长的探索，人们发明了造纸术和印刷术，从而为印刷传播时代的到来奠定了基础。印刷技术的出现，将人类传播大大推进了一步。文字传播的局限性被打破，书籍、报刊等印刷物逐渐在人类社会普及。

1. 印刷传播的优点

印刷传播可以大规模复制和传递信息，传播成本大大降低，传播速度大大加快。传播范围也不可同日而语，信息容量成倍增加，保存信息更有了新的技术条件。在印刷传播时代，受众可以直接对传播进行控制和选择，极大增强了他们在信息传递链中的自主性。

2. 印刷传播方式的不足

（1）印刷传播对视觉的刺激强烈，但缺乏动感、音响。传播形式单一单调，可能影响传播的效果。

（2）只有“读书”，才能“识字”。受过一定教育的人群，能够完成相应文字信息的接收和“译码”；如果是受教育程度偏低、文字能力有限的人群，使用这种方式必然影响传播的效果。

小链接 3-3

报刊传播

报刊是报纸、杂志的统称。报纸以新闻报道和评论为主要内容，以较短的时间间隔定期发行；杂志又叫期刊，是一种定期或不定期的连续出版物，每期版式、栏目基本相同。它们发行量大，携带方便，有较广泛的读者群。曾经是很重要、影响力巨大的公共关系传播方式。

1. 报刊传播的主要优点

（1）读者可根据能力和兴趣，选择阅读内容和调节阅读速度。不像广播、电视受到时间、空间限制，可以随时随地阅读。

（2）便于查考。广播和电视节目播放，通常是稍纵即逝；报刊可以重复阅读，加深理解。如有遗漏或记忆错误，还可重读核对。资料可以剪贴，归类保存，更易获得积累效果。

（3）报刊篇幅多，信息负载量大，可充分处理论题。如为新闻事件提供详尽细节和深入的背景介绍，对复杂的问题做详细的解释，便于淋漓尽致地达到传播目的。

（4）能适合特殊兴趣。报刊比广播、电视等的种类要多，如除了一般的报纸杂志，还有以特定范围读者为对象的专业报刊，发表他们最关心、最想知道的有关信息，读者常常将它们视为“代言人”“自己人”，容易接受它们的影响。

（5）制作相对容易，成本相对不高。

2. 报刊传播受到的限制

（1）读者数量的限制——必须具备一定的文化水平和理解能力，专业报刊还要求一定的专业知识和专门爱好。

（2）传播速度的限制——必须经过采编、印刷和发行诸环节，才能到达读者。期刊出版本来就有较长周期，报纸传播面对互联网、新媒体也往往要慢一个节拍。

（3）表达形式的限制——报纸、杂志主要靠文字传播，虽然可有插图、照片，即使不与互联网、新媒体比较，也是不及电视生动直观，不如广播亲切，感染力相对要弱。

（四）电子传播

电子科技的发展，为人类提供了新的传播方式。以广播、电视为主体的人类第四次传播革命，彻底突破了时间、空间的限制，信息传播可以瞬息万里。尤其是摆脱了印刷传播必不可少的物质要求（如书籍、报刊等）及物流条件的束缚，为信息传播开辟了一条便捷、高效、省钱和省力的“空中走廊”。

1. 电子传播的优点

由于信息借助于电波在空中传播，电子传播方式速度更快、范围更广，而且具备了多通道的特点，在公共关系工作中可以满足不同要求的受众。它往往可与突发事件同步进行，使受众能有身临其境之感，其感染力、接受能力大大增强。由于音响、画面的作用，不同教育程度的受众都能获得自己可以理解或需要的信息。其受众面更宽，每个人都可能成为一个或几个电子媒介的忠实观众或听众；渗透性更强，受众参与感也明显提高。

2. 电子传播方式的不足

电子传播方式也有其局限性，例如直接记录性差、选择性不够等。

小链接 3-4

广播与电视传播

1. 广播

广播传播主要优点：

（1）广播报道的过程最为简单。在各种传统的大众传播媒介中，它的传播速度最快，消息播出即可到达听众。

（2）广播是电波传播。能把信息送到报刊、电视等方式不能覆盖的地方，不受空间的限制。

（3）广播以语言、音响等为三要形式。不依赖于文字，男女老少、文盲或无阅读习惯者均可接受。口语除了传达内容，还能通过语音、语调的变化表现言外之意，比报刊更有感染力。

（4）广播以听为主。在许多场合，收听广播不会与其他工作冲突，只要现场噪声不致太强即可。生活中有许多商贩店主、家庭主妇等，常常一边劳作一边收听广播。

（5）费用低廉。比报刊、电视便宜、经济，节目制作方便、成本也低。

广播方式传播也有不足：

（1）信息稍纵即逝，稍不注意便无法找寻。不及时录音内容无法保存，缺少记录。

（2）受播出时间限制。收听某个节目，必须在节目播出的某个时间段，听众一般不能自由选择。

（3）受播出顺序的限制。一条消息往往要听完全，或至少听完大部分才能有全面的了解。不像报纸杂志可以自主确定阅读的顺序和重点，或者只看标题，或者挑选喜欢的内容反复接受。

（4）没有图像，不能展现图片、图表和形象。这方面不如报刊，更比不上电视。

2. 电视

电视传播的优点：

（1）文字、声音和动态影像结合。同时诉诸人的听觉和视觉，给人以身临其境的感受。因而更接近于面对面传播，容易引起公众兴趣并留下深刻印象。

（2）电视博采多种传播方式之长，具有其他方式难以比拟的诱导作用。它将多种艺术手法熔于一炉，综合运用文字、图片、动画、影像、音响和色彩等，利用具体场面以及动人的镜头影响公众。

（3）观众多，影响大。不分年龄、职业、性别和文化程度，人人可以接受。

（4）电视传播是电波发送信息，传播速度比报刊等快很多。

电视传播方式的不足：

（1）受时间，地点等条件限制，不如其他传播方式灵活。

（2）节目制作成本高，播放费用高。

（五）网络传播

被誉为第五次传播革命的网络传播，也即互联网传播。它以计算机通信网络为基础，通过互联网进行信息的传递、交流和利用。网络传播产生了很多新特点，也带来了许多新优势。

网络传播融合了大众传播的单向传播和人际传播的双向沟通，形成了一种散布型网状传播结构。在这里，任何一个节点都能生产、发布信息，所有节点生产、发布的信息都能输入网络。不仅具有人际传播的交互性，受众能直接、迅速地反馈信息，发表意见；还突破了人际传播中“一对一”或“一对多”的局限，可以“多对多”的实现网状传播。

小案例 3-2

“冰桶挑战” 浇入中国①

你愿从头到脚浇自己一桶冰水吗？ 他们已经浇了——连日来，从科技界的比尔·盖茨、马克·扎克伯格和蒂姆·库克，到体育界的勒布朗·詹姆斯、科比·布莱恩特，再到演艺圈的贾斯汀·比伯、奥普拉·温弗瑞……纷纷被浇了个透。

一个为唤起对 ALS（罕见病肌萎缩侧索硬化症）的关注的“冰桶挑战”，在席卷美国后“浇入中国”，并吸引到国内知名的企业家雷军、周鸿祎等的加入。与此前风靡人人网等社交网络的“点名游戏”类似，“冰桶挑战”要求被点名者往自己身上泼一桶冰水，并指定接下来 3 位要接受挑战的人，在 24 小时内重复这一过程。不接受挑战，就向 ALS 相关机构捐款 100 美元。

ALS 患者俗称“渐冻人”。这是一种渐进性的神经退行性疾病，科学家尚不明确其病因，暂时也无法治愈。知名物理学家史蒂芬·霍金，罹患的即是此症。这一活动的源起，就是要让公众体验到全身“冰冻”的感觉。

在硅谷科技界大佬、好莱坞明星和体坛巨星的“众筹”之下，“冰桶挑战”引发的连锁反应备受瞩目。18 日，奇虎 360 董事长周鸿祎、小米董事长雷军也在“围观”下分别应战，两人分别点名徐小平、黄章、马化腾和刘德华、郭台铭、李彦宏加入。雷军在微博中说，“我已向美国 ALS 协会捐款 100 美元，同时向中国的‘瓷娃娃罕见病关爱基金’ALS 项目捐款 1 万元人民币。希望大家一起为 ALS，行动起来！”

据世界卫生组织定义，罕见病是指患病人数占总人口 0.65‰～1‰之间的疾病。瓷娃娃罕见病关爱中心发起人王奕鸥说：“之前罕见病群体出现在公众视野也会有，但很少能成为一个社会热门的讨论话题。这次我们很兴奋的是，这个活动谁都可以参加，门槛很低又易于传播。”

“热火朝天”的“冰桶挑战”，也引发了过分“炒作”的非议。有网友认为，这已成为名人富豪新一轮炒作、作秀的平台。也有人认为，只要公益受益，“正能量”炒作再多也无妨。网友“鄭峻”说，即便他们存在私心杂念，意在维护自己的公众形象，但也切实带来了巨额善款、吸引了媒体及社会的关注。带私心的行动者，强过振振有词的旁观者。

第四节 公共关系与网络传播

一、网络传播的特性

与传统媒体的传播比较，网络传播表现出六个不同的特性。

---

① 王子辰，刘景洋.“冰桶挑战”浇入中国. 新华每日电讯，2014-08-20：5.

（一）交互性

网络传播提供一种双向传输的信息渠道，呈现环形分布的结构。

（1）结构中无中心节点。每个节点都可向其他节点发送信息，成为信息源。

（2）双向流动。即任何节点都可向发送信息的节点反馈信息。

（3）网络各节点之间不是孤立的，任意两点可通过网络双向交流信息。

（4）任意两点间的交流路径，不只一条。

采用这种逻辑结构的网络传播，本身就具有双向交流的特点，交流的发生更为经常，也更为深入。

小链接 3-5

传统媒体的单向传播

传统媒体将信息单向传递给受众，呈现星型结构。特点是“中心制作，四面传输”：

（1）中心节点——报社、电台、电视台等是传播中唯一的信息来源；

（2）单向流动——信息由信息源向终端点“受者”流动；

（3）终端点彼此孤立，没有联系；

（4）中心节点批量复制同样信息，单向传递诸终端点。

这种结构使得传统媒体基本上只根据自己的判定，决定什么样的信息；受众则照单全收，形成“我传你受”的传播定式。

（二）海量性

互联网将全世界的计算机连接，从而形成海量的数据库。世界上任一时间、任一地点发生的任一事件，都可能成为网络信息，广泛传播。与传统媒体相比，由于得天独厚的技术优势，它可以摆脱报纸版面、广播电视固定时段和节目容量等诸多的限制。计算机网络时空，几乎可将全世界的新闻信息全部包揽。

由于传播主体的多元化，“人人皆可成为信息源”，使得网络信息可以最大限度地源源不断；由于数据库的存在，可以纵向保存历史信息。信息集纳的广度与深度，形成了网络传播的海量特点。

（三）多媒体

网络传播的多媒体特性，最大限度地实现了各种传播形式的“兼容并包”，极大地丰富了传播手段。由于兼容文字、图表（片）、声音、动画、影像等，多种形式地保存、表现和发送信息，使受众有了更多的自由选择。他们可以根据喜好，选择有字无声、有声有像或图文并茂等多种形式，各种感官得以充分调动。

（四）即时性

（1）网络传播依靠光纤线路。数字信号的传递速度每秒可达 30 万千米，瞬间到达世界上任何地方。在技术环节上，保证了网络传播的即时性。而报纸使用纸质媒介传递信息，传播速度受制于交通、零售等环节；广播电视采用无线电磁信号形式，但受信号传输覆盖面的限制，传输范围之外的地方需其他手段辅助获得信号，增加环节也会大大影响传播的速度。

（2）网络信息可随到随发。24 小时不间断发稿，受众能在第一时间知道一切。传统媒介由于需要制作周期，有截稿时间的限制。

（五）个人化

网络传播技术带来的优势，使得受众可以从容地利用各种检索工具，在各类数据库“各取所需”；并可自由选择信息接收的时间，地点及媒介表现形式。作为网络传播另一端的传播者，也可通过“信息推送技术”，根据用户需求推送专门化的信息。

（六）超文本

网络传播是建构在超文本、超链接上的全新传播模式。与线性形式组织的传统文本信息处理方式有很大不同，它以节点（node）为单位组织信息。一个节点就是一个“信息块”，节点内信息可以是文本、图像、图形、动画、声音或其组合。它在信息组织上采用网状结构，节点间通过关系链链接，构成表达特定内容的信息网络。信息存储可按照交叉联想的方式从一处迅速跳至另一处，打破原文本系统只能按顺序线性存取的限制，可以方便灵活的检索。

超文本赋予网络传播许多优势，如形成网状的复杂信息结构，系统能按不同查询条件链接，从而具有强大的检索功能；多窗口编辑，使得网络编辑可方便地容纳更多元素。

二、新媒体与自媒体

（一）新媒体

新媒体泛指利用电脑（计算及资讯处理）及网络（传播及交换）等新科技，对传统媒体的形式、内容以及类型所产生的质变。是不同于传统大众媒体的，包含特定技术、实践和社会组织的信息与传播系统。

一般而言，新媒体传播有下的特点：

（1）以数字技术、网络技术为基础。主要以计算机信息处理技术为基础，以互联网、卫星网络、移动通信等作为运作平台，包括使用有线与无线通道的传送方式，如互联网、手机媒体、移动电视、电子报纸等。如果说传统媒体是工业社会的产物，新媒体就是信息社会的产物。

（2）以多媒体方式呈现信息。往往表现为声音、文字、图形和影像等复合形式，可进行宽媒体、跨时空传播，具有传统媒体无法比拟的互动性等特征。

（3）可以全天候、全覆盖。接收新媒体信息，大多不受时间、场所制约，可随时通过新媒体在电子信息覆盖的地方，接受地球上任一角落发出的信息。

新媒体的种类很多，包括网络新媒体、移动新媒体和数字新媒体等。融合的宽带信息网络，是各种新媒体依托的共性基础；终端移动性，是新媒体发展的重要趋势；数字技术是各类新媒体产生和发展的原动力。

小链接 3-6

网络传播的平台和媒体

在互联网时代，重要媒体或门户网站人气比较集中，担当着重要的网络信息传播途径。在其平台上开展的公共关系活动，容易引起网友参与和互动。因此许多组织常常选择这些网站，直接开展活动或者为线下活动互补。

1. 网上新闻发布

主要以网络门户或网络媒体为平台。一般有以下类型：

（1）综合性门户网站。如新浪、网易、搜狐和 TOM 等。特征是知名度高，网站各类信息全面，访问量大，覆盖面广。缺点是专业性不突出。比较适合于较为宽泛的目标公众沟通。

（2）行业性门户网站或媒体。如太平洋电脑网、中国仪器网等。这些媒体或门户网站基本锁定某一行业，在行业中有较大影响力，访问人群比较集中。比较适合“门当户对”、专业要求高的沟通。

（3）新闻媒体的网络版。如新华网、人民网、中青网、南方网及 CCTV.com 等。这些网站依托传统媒体的资源优势，也吸引了一定的访问人群，具有权威性较高、受众也相对稳定等特点。

（4）网络出版物。如数码杂志、电子书籍、网络音频视频节目等。这类出版物带有明显的网络特征，娱乐性、互动性较强，传播快速，受众面宽。

2. BBS 论坛或社区网站

主要以门户网站专业 BBS 论坛及专业社区网站等为平台。

（1）门户网站或行业门户的专业 BBS 论坛，如新浪、搜狐、TOM、QQ 等综合门户网站，均开设有不同专业角度的论坛。这些论坛一般具有较集中的人气。一些区域综合门户开设的论坛，也具有比较好的人气，比如上海热线社区、齐鲁热线社区等。行业门户社区如 IT 行业的天极社区、医药行业的三九健康网社区等。

（2）专业社区网站如西陆社区、天涯社区、榕树下、西祠胡同等，这些网站专业从事社区服务，受众群相对稳定，专业性比较强。

（3）网络媒体开设的论坛。如人民网的强国社区、千龙网的千龙社区、大洋论坛等。

（二）自媒体

自媒体也叫“个人媒体”。它是私人化、平民化、普泛化、自主化的传播者，以现代化、电子化的手段，向不特定的大多数或者特定的单个人，传递规范性及非规范性信息的新媒体的总称。

美国新闻学会媒体中心于 2003 年 7 月，出版了谢因波曼与克里斯威理斯联合提出的“We Media（自媒体）”研究报告。他们对“We Media（自媒体）”下了一个严谨的定义：“We Media 是普通大众经由数字科技强化、与全球知识体系相连之后，一种开始理解普通大众如何提供与分享他们本身的事实、他们本身的新闻的途径。”①

自媒体开展传播，有以下几个特点：

（1）平民化，个性化。互联网时代和新媒体的出现，每个人都可拥有自己的“网络报纸”（博客）、“网络广播”或“网络电视”（播客）。“媒体”成了个人的传播载体，人们

---

① 见：佚名. 自媒体. 百度百科（http://baike.baidu.com/view/45353.htm）.

从“旁观者”转变为“当事人”，自主地在自己的“媒体”上“想写就写”“想说就说”。人人都可以利用互联网、新媒体，表达自己想要表达的观点，传递自己生活的阴晴圆缺，构建自己的社交网络。

（2）低门槛，易操作。如在提供自媒体的网站，用户只需通过简单的注册申请，根据服务商提供的网络空间和可选的模板，就可利用版面管理工具，在网络上发布文字、音乐、图片和视频等信息，创建属于自己的“媒体”。操作方便，管理容易，使自媒体大受欢迎，发展迅速。

（3）交互强，传播快。得益于数字科技的发展，人们任何时间、任何地点都可以经营自己的“媒体”。信息能够迅速传播，时效性大大增强。自媒体能够迅速将信息传播到受众，受众也可以迅速对传播效果进行反馈。

（4）良莠不齐，可信度低。人们可以自主成立“媒体”，发布信息也能完全按照自己的意愿，各种信息可以“随心所欲”传播。人有千姿百态，代表个人的自媒体也难免参差不齐。优秀的自媒体，能让受众得到美的启发和感受，帮助人们发现生活的意义与价值。由于网络的隐匿性，也由于“有话要说”的人越来越多，可能有的自媒体过分追求发布速度，或为了点击率忽略新闻的真实性，甚至降低自身的道德底线。

小链接 3-7

微博传播[①]

近年来，以微博为代表的互联网应用异军突起。微博以人（用户）为节点，信息量大，形式简易，能将内容传播、信息流动与个人社交网络建设紧密结合，具有发布成本极低、杠杆效应明显和信息开放共享的突出特点。

（1）篇幅短小。单篇微博的字数严格以 140 字为限，多以片段式描述和评论为主。避免了主题的深度和内容的广度，从而吸引普通网民加入微博运用。

（2）运用自主。不同于互联网即时通信工具如 QQ、MSN，微博不需双方互相认证，允许用户单向对其他用户“关注”，并在用户页面实时推送被关注对象的信息动态。

（3）扩散性强。微博设置快捷方式，方便用户对关注对象的最新信息进行转发。这种操作又会实时出现在用户本人“粉丝”（关注者）页面，从而促成信息传播范围呈几何级数扩大。

（4）变异性强。微博用户对所关注信息，可随时评论，发表意见和看法，并同时出现在用户本人、被关注对象和“粉丝”页面上。配合微博的转发功能，信息极有可能在传播过程中变异。

（5）发布便捷。微博站点强化了互联网互动性内容的整合，设置了多种客户端接入方式，方便用户随时随地通过网页、手机、博客、即时通信软件、电子邮件等诸多应用实时发布信息，从而将信息时效性和传播速度发挥到极致。

微博诞生之初，许多人预测其将带来“人人都是记者”的“全民出版、全民共享”局面。然而，尽管微博提供了近乎无限的信息源，也提供了近乎无限组合

---

① 参阅：何霁. 从微博信息传播特征看互联网信息的评论引导. 新闻战线，2011（12）.

的传播渠道，但在现实的微博信息海洋中，用户关注和转发最多的，往往只限于少数人发表的少数信息和言论。从宏观上看，微博功能设置促信息传播在很大程度回归了“广播站”的特征，大多数微博用户充当着信息传播者和接收者的角色。一方面，微博以用户为中心，一批社会名人基于自身的知名度，往往成为微博世界的“意见领袖”，引导着微博的话题和走向，并通过微博言论又将这种意见中心地位不断强化；另一方面，为了吸引关注，微博领域不仅存在少数纯粹以经济利益为目的的推广团队，也产生了大量耸人听闻的谣言和虚假信息，给微博信息传播带来了巨大的安全隐患。

三、网络传播的挑战

开展公共关系工作，必须密切地关注传播科技、传播环境所发生的变化。计算机和光纤通信等改变了人类的生活及交流方式，世世代代的人际交往的时空界限几乎完全打破。全球性的信息交流变得轻而易举，世界成了“地球村”。

网络传播借助于新媒体、自媒体等，也给公共关系与传播带来了挑战：

（1）“共享媒体”挑战“一对多”的传播模式。传统媒体是“自上而下”“点对面”的传播，传播者与受众界限分明。自媒体打破了这种格局，新媒体不再有传播者和受众界限。人人都可以是传播者，人人都能够做新闻，所以“人人是媒体”。

（2）挑战传统媒体“把关人”作用。作为“零门槛”的传播方式，任何网络用户都可以成为传播者。非线性传播、零门槛和低成本等互联网的特性，决定了用户发布的信息内容不完全受网站控制。传统媒体对信息的筛选以及议程设置作用，面临前所未有的挑战。

（3）打破时间、空间局限，使得受众也成为新闻源。

小链接 3-8

“病毒式传播”①

病毒式传播（viral dissemination）也称病毒性传播，是当今被新媒体普遍关注的一种传播方式。

这种方式让人们“主动传播→自愿接受→主动再传播”。接收者接受信息的同时，自愿成为发布者、转发者，充分体现了受众的能动性和参与性。人们争做信息的发送端，因为懂得传播的内容，有意愿去传播，相信传播可给自己带来利益，或不传播会寝食难安；人们也争做接收端，因为第一次听说后觉得有价值，愿意去进一步了解。之所以受众在参与信息的制作和传播中能够受益，接收者愿意转为发布者、转发者，可以公众的力量席卷“熟人圈”，携带信息得到极速蔓延，在于这种传播方式的四大特性：

（1）有吸引力的“病原体”。病毒式传播的发布渠道是现成的，只是调动了公众参与的热情。受众乐意自觉担当传播渠道，在于作为“熟人”的第一传播者给他

---

① 参阅：刘文勇. 新时代传播的宠儿——病毒式传播. 东南传播，2007（9）.

们的是经过加工提炼、有强吸引力和高关注度，适合他们“胃口”的信息。突破了戒备心理的“防火墙”，完成从纯粹的接收者到积极的传播者的变化也就水到渠成。

（2）几何倍数的传播速度。大众媒介方式“一点对多点”的辐射状传播，事实上一直无法确定信息是否真正到达受众。病毒式传播是自发的、扩张性的推广，并非均衡地、同时地、盲目地传送给每一个人。类似于人际传播，信息被公众传递给那些与他们有某种联系的个体。例如读到一则有趣的短信，第一反应或许就是转发好友、同事。无数个参与的“转发大军”，构成了几何倍数广而告之的主力。

（3）有效的到达率和接受率。大众传播方式一直难以突破诸如信息干扰强烈、接收环境复杂和受众抵触心理等难题。例如在同一时段，不同电视台节目“撞车”现象屡见不鲜，大大降低了受众的有效接受率。“病毒”信息是从“熟人”获得或主动搜索而来的，人们接受过程自然积极。加上接收渠道比较私密，如手机短信、电子邮件和封闭论坛，病毒式传播能够尽可能地克服“噪声”干扰。

（4）容易被复制和转发的媒体介质。如 QQ、微博、微信或短信、邮件等，举手之劳就可实现向他人传递信息。易操作，低成本，目标明确。

在互联网上，病毒式传播通过现存的人际网络制造爆发式的信息传播，大大提升了线线相传、口口相传的速度和影响规模。移动通信的病毒式传播，首推手机短信，传播效果可立即得到反馈。交流方便、速度快，带来交流频率增加和交流内容扩大。

值得注意的是，传统的桌面互联网向移动互联网发展，手机正在从通信工具演化为重要的传播媒介，甚至有可能成为人类传播史上第六次传播革命的“导火线”。手机在利用自有网络传输能力结合互联网应用的优势，充分发挥自身的语言、文字、图像和视频传输能力的同时，又向传输和接收广播、电视节目和动漫、影视等大众传播领域发展。手机这一原本以便利性、携带性和私密性为特长的个人通信工具，逐步进化，成为又一种与社会沟通的个人通信平台和信息处理终端，从而再次改变人们与外界的信息联系和生活、工作方式。①

本章小结

公众是公共关系的客体，也是一个组织公共关系工作的对象。公共关系学意义的“公众”，专指与特定公共关系主体相互联系、相互作用的一切个人、群体和其他社会组织的总和。公众在本质上具有相关性、同质性、群体性和整体性等特征，并表现出差异性、可变性等外部特征。不同的组织有不同的公众；同一个组织的公众，也可以有不同的分类。

传播是信息交流的过程，也是一个公共关系的纽带与桥梁。对于传播过程的实现，一些学者提出了不同的模式，如拉斯韦尔的“5W 模式”。信息本身必须附着于

① 参阅：李一峰. 手机传播：第六次传播革命的“导火线”. 中国传媒报告，2002（6）.

具体载体才能传递、显现，传播媒介就是信息的物质载体，可依据媒介的物质形式和社会功能分类。在此基础上，形成了新闻代理模式、公共信息模式、双向不对称模式和双向对称模式等公共关系的操作模式。

公共关系实践中，传播活动的普遍性和公众环境的多样性，决定了把握和选择公共关系传播方式与类型的重要性。传播方式与类型，可依据传播范围大小、传播科技发展及传播策略的不同进行分类。

在互联网时代，尤其要关注网络传播给公共关系工作带来的影响和变化。

关键名词

公众　首要公众　“5W 模式”　新闻代理模式　公共信息模式　双向不对称模式　双向对称模式　网络传播

即测即练

请扫描二维码，在线测试本章学习效果

思考题

1. 怎样理解“公众”的概念和特征？
2. 如何识别、界定一个组织的基本公众，进行有效的分类并选择合适的交流方式？
3. 按公众对组织或相关问题的重要性，分为首要公众、次要公众和边缘公众，在公共关系工作中有什么实践意义？
4. 按公众的变化与动态，分为非公众、潜在公众、知晓公众和行动公众，在公共关系工作中有什么实践意义？
5. 大众传播媒介、社会组织自控媒介和作为组织成员的人员媒介，在公共关系工作中可以发挥什么作用？
6. 如何理解和应用格鲁尼格、亨特等人划分的新闻代理模式、公共信息模式、双向不对称模式和双向对称模式等四大公共关系模式？
7. 公共关系传播方式与类型可以怎样分类，有什么意义？
8. 怎样理解在互联网时代，网络传播的影响与作用？

案例分析

锋驭“自驾中国”

“锋驭”是长安铃木首款城市 SUV（sports utility vehicle，即运动型多功能车）。作为时隔 4

年推出的新车，整体配置在同级车中可称价值标杆。面临竞争日趋白热化的城市 SUV 市场，“锋驭”如何脱颖而出？

根据上市前的调研及对目标受众的分析，发现 SUV 车型的用户崇尚自由、喜爱旅行，却又受限于现实生活种种条件的限制，很难将心中对自由和旅行的渴望付诸行动。长安铃木从潜在顾客核心诉求出发，决定以具有公众影响力的事件为引爆点，结合系列互动进行推广。从而有效聚焦关注度、兴奋度，并通过品牌形象的系统传播，全面提升目标市场的认知，进而产生欲望和购买行为。

项目分三个阶段。第一阶段“帮你请年假”，长安铃木结合年底假期高峰创造社会话题。创意是帮助消费者争取一个“说走就走去旅行”的假期——只要参与活动，就能创建和分享各类创意请假条，还能通过许多红人和有趣名人、卡通人物的形象来“帮你请年假”。通过微博等自媒体手段传播，“帮你请年假”成为当时的热门话题，吸引到了大量人群对“锋驭”的关注和兴趣。

第二阶段“抢车夺金”。长安铃木紧密衔接第一阶段的互动效果，潜在顾客参加“抢车夺金”活动，赢取个人旅游基金、购车基金和旅行自驾车辆。用户通过玩游戏的方式在游戏中获得积分，“锋驭”赞助积分最高的参与者旅行。游戏过程轻松、有趣又便于分享，线上游戏和线下领奖结合，使人们对“锋驭”由兴趣转化为到店看车的热情。长安铃木还在游戏中植入“锋驭”的视觉形象和产品卖点，让参与者在游戏中进一步深入了解“锋驭”的优势和卖点。

第三阶段“自驾中国”活动。前期活动和游戏中胜出的消费者，赢取锋驭全程赞助的“说走就走去旅行”，驾着“锋驭”去到“平时最想去的地方”。旅行过程在网络全程直播，展示一路游玩的精彩过程。用户可在网站查询车手自驾路线和特色介绍，并欣赏车手拍摄的沿途风光以及舌尖美食，还有车手以及别具特色的试驾体验。通过驾驭“锋驭”穿行城市及乡村并感受其越野性能，进一步增加对品牌的认知。

在三个阶段的活动中，全国各大区经销商通过微博、微信等，同步发布及转发产品和活动信息，调动潜在顾客的关注，并吸引目标受众前来看车、试驾，同时结合有效的营销举措拉动销售。网上参与活动的用户数据经过筛选、分析，也形成了一个对产品有兴趣的用户群体，通过进一步发展最终成为有效用户。

资料来源：中国公共关系网（17PR）编委会. 2014 最具公众影响力公共关系案例集. 北京：企业管理出版社，2015：145-149.

[案例思考]

1. 在“自驾中国”活动的三个阶段，“锋驭”还可以怎样区分不同时期、不同目标任务下的首要公众、次要公众和边缘公众？

2. 在“自驾中国”活动中，长安铃木怎样选择传播媒介和传播方式，你认为有什么经验和不足之处？

本章实训

一、实训目的

1. 能够识别一个组织的基本公众。

2. 知道依据公共关系工作需要，对该组织的公众进行各种分类。

3. 能够针对不同的公众，选择合适的方式沟通。

二、实训内容

1. 实训资料

走访、调查一家企业或其他社会组织。

2. 具体任务

（1）了解该组织的基本公众与范围，能够根据公共关系工作的需要进行不同的分类。

（2）了解该组织针对不同的公众，根据公共关系工作的需要，可有哪些合适的公共关系传播媒介、传播类型和信息渠道。

3. 任务要求

（1）掌握识别一个组织的基本公众的思路和方法。

（2）能够根据公共关系工作需要，对其观众进行不同的分类

三、实训组织

1. 任课教师说明实训目的、任务，进度要求和评价标准。

2. 全班同学分为若干小组，建议每组 5 人左右。

3. 实行组长负责制，自行安排小组工作内容、分工和控制进度。

4. 在任课教师指导下，开展班级的交流和讨论。

四、实训步骤

1. 各小组进行理论准备，包括相关复习教学内容，学习延伸阅读文献。

2. 在组长带领下，各小组分别完成现实资料、事例的收集、整理工作。

3. 组长主持本小组的课外讨论，形成包括观点、具体事例和理论依据等要素在内的小组报告。

4. 以教学班为单位，分小组或抽取典型展示小组报告，进行讨论。

5. 任课教师点评、归纳和总结。

延伸阅读

1. 廖为建. 公共关系学. 北京：高等教育出版社，2000：101-126.
2. 李道平，等. 公共关系学. 北京：经济科学出版社，2000：101-122.
3. 邵培仁. 传播学. 修订版. 北京：高等教育出版社，2007：54-102，197-210.
4. 丹尼尔·麦奎尔. 公共关系的四种模式. 国际新闻界，1997（01）.
5. 谢尔·霍兹. 网上公共关系. 吴白雪，杨楠，译. 上海：复旦大学出版社，2001：12-65.
6. 迪尔德丽·布雷肯里奇，托马斯·J. 德洛夫瑞. 新公共关系手册：成功的传媒关系策略. 王日初，译. 北京：中国人民大学出版社，2003：55-121.
7. 斯科特. 新规则：用社会化媒体做营销和公关. 赵俐，谢俊，张婧妍，等，译. 北京：机械工业出版社，2010：13-23，85-97.
8. 特雷西·塔腾，迈克尔·所罗门. 社会化媒体营销. 李季，宋尚哲，译. 北京：中国人民大学出版社，2014：36-68，101-126.

第四章
公共关系调研与效果评估

引例

从“危机”到“商机”（1）

中美史克天津制药有限公司是一家合资企业。1987年10月建厂，年生产能力23亿片（粒、支）。康泰克为其支柱产品，年销售额6亿元人民币。

背景

美国的一项研究表明，PPA（苯丙醇胺）会增加出血性中风的危险。2000年11月6日，美国食品与药物监督管理局（FDA）发出公共健康公告，要求美国厂商主动停止销售含PPA的产品。10天之后，中国国家医药监督管理局（SDA）发布《关于暂停使用和销售含苯丙醇胺药品制剂的通知》（后文简称《通知》），并以红头文件形式发至各大媒体。在15种被暂停使用和销售的含PPA的药品中，包括了中美史克的康泰克和康得。

康泰克进入中国已有11年。由于独特的缓释技术和显著疗效，在国内抗感冒药市场有极高的知名度。中国SDA通告一出，顿时引起社会的极大关注。媒体争相报道，经销商纷纷来电，康泰克多年的优秀品牌地位陷入危机。

调研和发现

中国环球公共关系公司接受中美史克委托，立即开展调研。目的在于全面了解事件性质与中美史克的关系，评估事件后果，为危机处理提供依据。

调研对象：资深新闻记者（通讯社、电视台、中国医药专业媒体等）；业内人士；国家药品监督管理局；消费者、经销商。

调研方式：访谈；资料收集；热线电话反馈等。

调研中发现：

（1）康泰克一直是中国感冒药市场第一品牌，国内上市11年，累计销售超过50亿粒。这样一个高知名度、美誉度的品牌“被禁”，无疑会引起轩然大波，媒体报道势不可当。

（2）美国FDA发出公共健康公告10天，中国就发布暂停使用和销售的《通知》。行动迅速，态度坚决。

（3）政府以红头文件发至各大媒体，各大媒体必登无疑。由于康泰克的知名度，定会引起媒体全方位关注。

（4）红头文件使用苯丙醇胺这种专业术语，一般老百姓看不懂，但提到康泰克则众人皆知。因此媒体报道PPA事件必然提及康泰克，康泰克将成为PPA的代名词。

（5）中国实行非处方药管理时间不长。康泰克作为非处方药有极高知名度，因副作用“被禁”会产生一系列棘手问题。如：作为非处方药暂停使用和销售，是否回收？怎样处理回收非处方药……如果不能及时与媒体有效沟通，将成为炒作的重要题材。

（6）《通知》发布正值感冒高发期。暂停使用和销售对中美史克可说是致命打击，因此公司对中国政府决定的态度无疑会引起媒体密切关注，把握不好会引发更深层的危机。

（7）中国政府虽以红头文件通知暂停使用和销售，但中美史克作为企业不会因一次危机就退出市场，下一步如何打算会是媒体的兴趣所在。

（8）目前中国成为全球十大医药市场之一，其非处方药市场迅速成长。城镇居民非处方药消费中，感冒药占85%，属于当然的第一。如果康泰克被逐出，会留下近6亿元的市场，将成为感冒药市场重新洗牌的时机。

分析和结论

中国环球公共关系公司和中美史克都认识到：

（1）中国政府主管部门和各大媒体，均已直接或间接介入此次PPA事件。危机管理的效果取决于对舆论引导，只能引导不能控制，更不能使其产生抵触情绪。做到这一点的关键，是对中国媒体关系的把握。

（2）进行有效的舆论引导，避免媒体的进一步炒作。全力协调媒体关系的最终目的是保护品牌，更是为康泰克重返市场奠定基础。

资料来源：环球. 从“危机”到“商机”——中美史克PPA事件危机管理案例. 公关世界，2002（8）.（有改动）

阅读与启示

面对国家医药监督管理局（SDA）《关于暂停使用和销售含苯丙醇胺药品制剂的通知》，中国环球公共关系公司和中美史克迅速开展调研，分析其对公司及品牌形象可能的影响和问题，以指导下一步的决策和公共关系行动。没有调研，就没有发言权。否则，行动就是贸然的、盲目的，也会是无效的。任何公共关系工作都是如此。

本章知识结构图

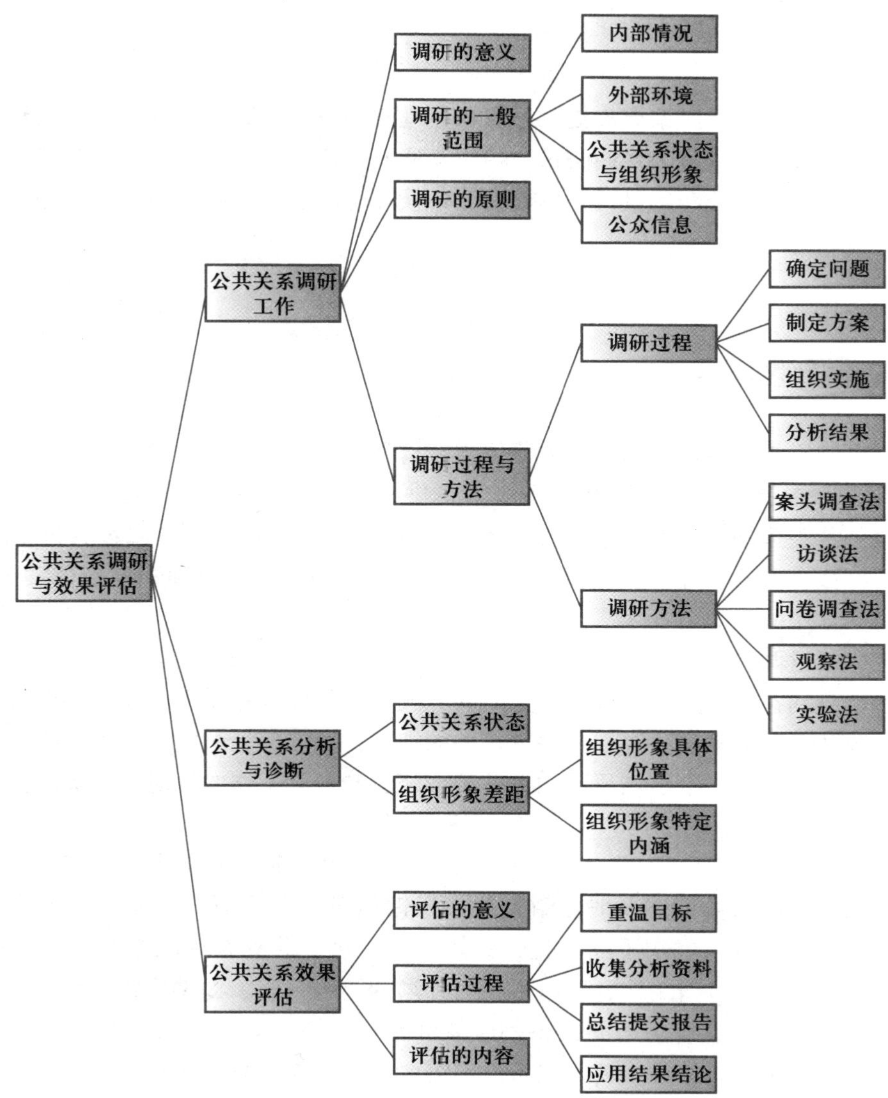

要发挥公共关系的作用，一个组织首先必须“耳聪目明”，善于把握自身与公众之间的公共关系问题。因此需要开展调研活动，了解公共关系的方方面面，把握现状、变化和趋势。在明确公共关系问题的同时，还要对公共关系工作未来的目标、效果评估等有所考虑。做到在决策和行动之后，分析、评估公共关系效果能够有据可依。

第一节　公共关系调研

调研是以科学的方法，系统收集、记录和整理有关资料、数据，分析问题及其原因并提出建议的工作与过程。公共关系调研是一种社会调研，是一个组织了解、分析其公众以及态度和反应，认识自身的社会形象，评估和预测公众环境的变化与趋势的重要途径，也是一切公共关系决策和行动的前提。

一、公共关系调研的意义

公共关系调研的重要性和作用，主要体现在以下方面：

（1）事前开展调研，可为公共关系决策提供科学、准确的依据。开展公共关系活动，是为了解决公共关系问题，解决问题就必须知道问题的所在和原因。通过收集组织内外信息，及时把握社会舆论，分析公共关系状态和组织形象的变化，有利于发现公共关系问题，探寻公共关系工作的方向。

换言之，通过调研，可在决策之前了解公众要求和期待，知晓公众意愿才能做出符合公众、社会和自身利益的决策，还可以防止时间、人力和经费浪费于不存在的问题或没有意义的项目。对公共关系活动的主客观条件有足够的把握，才能保证公共关系工作有充分准备和切实可行的计划。所以，事前调研活动有助于增强公共关系工作的针对性，提高公共关系活动的成效。

（2）事中进行调研，可为公共关系的实施提供控制依据。在公共关系工作的过程中，组织及公共关系部门需要始终及时了解情况、反馈信息，以保证计划能够被正确理解和执行。由于具体环境和情况也在不断变化，具体项目甚至公共关系计划本身也有可能需要修订、调整。通过事中的调研工作，可以不断为计划的实施补充、提供最新信息。

（3）事后开展调研，可为公共关系的效果评估提供依据。一项公共关系计划完成，或一个阶段的公共关系工作结束，公共关系部门需要积累成果、总结经验，找到新的公共关系问题和突破口。也就需要客观地评估公共关系效果，分析公共关系工作的得与失。所需的资料和信息，依然要通过调研工作获得。

公共关系工作中的调研活动，还有一个独特的作用。公共关系职能是通过信息的交流，与特定的公众实现沟通的。从主观方面来说，一个组织开展调研是为了收集信息，帮助决策；但在客观上，通过调研活动与过程，组织也在向调研对象和有关公众传递相关的信息，表现出对特定问题的关注和态度。作为一种公共关系活动方式，也被称作征询型公共关系。[①] 比如一个组织为处理某个不利的事件而进行调研，就可能使这部分公众同时也感受到，组织已在对其利益表示关切。这不仅有利于问题的解决，还可能帮助改善公共关系状

---

① 读者可提前阅读本书第五章“公共关系计划和实施过程”第二节“公共关系活动方式”，见“二、战术型公共关系”之“（五）征询型公共关系”的相关内容。

态，修补组织形象。

二、公共关系调研的一般范围

公共关系调研的范围，一般包括组织内部的情况、条件，外部环境的变化和趋势，组织形象与公共关系状态的现状与变化，以及有关的公众信息。

（一）内部情况调研

“知彼知己，百战不殆。”开展公共关系活动首先需要了解自身的资源，把握内部积累的公共关系条件。

1. 组织的历史与发展

（1）组织的历史。例如成立年代和背景；发展过程中的重要人物，他们对组织的创建、发展和社会进步的贡献；成长历程中的重大事件，它们对组织、社会的意义和影响；等等。

（2）组织使命、愿景和价值观。包括在组织的历史上有过的变化，调整目的、原因及效果；现有内容是否继续适应发展需要，能否服务于组织的利益同时也有益于公众和社会；等等。

（3）经营管理。例如企业的业务领域和经营范围，品牌影响力，具体的产品和服务，技术水平、质量和销售等情况；内部机构设置，领导者及部门主管的职权范围；组织整体的人力资源、财务状况等。

（4）目标与政策。包括现行目标、政策及其制定、实施，了解它们对组织的发展和社会的意义；还要掌握在组织发展中，目标、政策有过哪些调整，原因及效果。

（5）组织的贡献。如组织存在的社会价值和意义；曾为社会、公众做出的具体贡献，包括捐助、义务服务和人力支持等。尤其要关注组织为社会所做的贡献中，哪些对于公众认识组织、亲近组织和理解组织，效果更为理想，原因何在；组织在哪些方面、还有哪些能力可为社会多做贡献。

小案例 4-1

艾维斯（AVIS）租车公司的企业使命[①]

追求卓越的艾维斯

艾维斯经营汽车租赁业务，使命是“做到让顾客完全满意的程度”。

我们的目标是提供顾客最佳的服务，待客一如待己，还要超越顾客期望。

我们深信，唯有通过最佳的服务品质及最高的工作效率，才能为公司和员工创造最大利益。

我们实施严格的自我评估及改进制度。

我们不断努力，提供顾客更好、更新的服务，让顾客的旅行经验变得更美好。我们亦致

① 参阅：派翠西亚·琼斯，赖瑞·卡哈娜. 说到做到：50 家顶尖企业的使命宣言. 蒋西明，陈娟，译. 北京：兵器工业出版社，1997：24-25.（有改动）

力加强整个服务过程各个环节的联系，包括：顾客、供应商及所有同人。

我们理解，要达到顾客完全满意的程度必须所有员工同心协力，发挥集体精神，全心为顾客服务，绝不懈怠。

“我们比别人更努力。”

企业的终极目标

艾维斯租车公司要在以下各方面成为租车业的佼佼者：

- 顾客服务及顾客满意度
- 员工对公司的参与
- 股东收益

企业价值观

顾客满意——做到让顾客完全满意是艾维斯的目标。

满足顾客需求是本公司存在的最主要理由。每一位持股的员工都有责任提供高品质服务，达成顾客期望，并维持顾客与公司之间的长期关系。

尽全力提供顾客最高品质服务，以符合本公司股东的目标。

掌握时机，超越顾客对我们的期望，提升顾客对本公司的评价。

2. 组织成员的基本情况

包括领导层的基本情况、员工的知识背景和家庭背景、工作目的等。尤其要关注以下方面：

（1）领导层的公共关系意识、目标和要求。例如组织的主要领导者对公共关系的认识和重视程度，对组织进一步树立和光大形象的期望水平，以及为实现这一要求所采取的相关措施和政策。

（2）员工的要求和评价。例如员工对组织现状的认识和看法，基于这些看法提出的要求、批评和建议；对领导层提出的组织目标的信心、支持程度。

3. 其他有关内部情况

例如组织迫切需要解决的问题。当中包括公共关系问题，更要关注组织的发展战略、生产运营和营销管理等领域的问题。它们决定一个组织的公共关系职能“需要做些什么”。又如，一个组织开展公共关系活动的物质条件，包括经费、场地和设备等的情况。它们影响到一个组织的公共关系职能“可以做些什么”。

（二）外部环境调研

1. 宏观环境与趋势

宏观环境也叫一般环境，是影响、制约一个组织的最普遍、最广泛的外部力量，一个组织在运行中必然身临其境。这些相关因素又是组织所无法控制的，只能积极、动态地与之适应。

通常可从政治（political）、经济（economic）、社会（social）和科技（technological）等四个方面，认识这些因素和影响，揭示其变化的规律。通常称这一思路和框架为“PEST 模型”（见图 4-1）。

（1）政治环境。包括一个国家、地区的政治结构、政治气候和政治生态，其现状与趋势；国家、政府颁布或可能颁布的相关政策、法令，尤其是它们的具体内容和要求可能对组织运行的影响。

（2）经济环境。一般包括国际经济发展的状况和走向；国家的经济发展战略和发展趋势，资源、能源储量及开发情况；当前国民经济发展水平，国民收入现状和趋势；社会购买力、消费结构的特点和变化；等等。

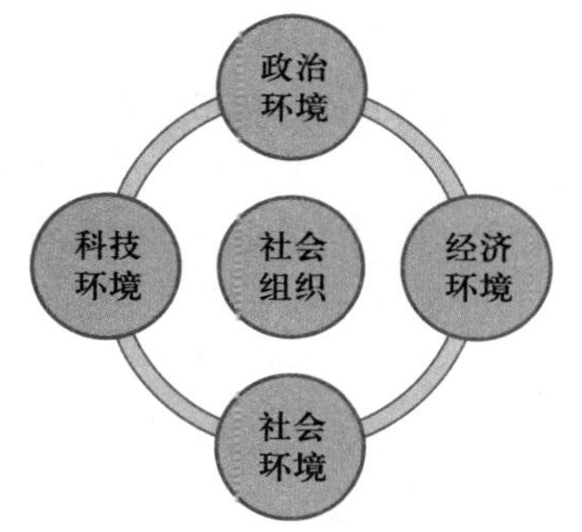

图 4-1 宏观环境与趋势分析的主要方面

（3）社会环境。指一定时期，整个社会发展的一般状况。包括社会结构，文化传统，社会道德风尚，以及社会观念和行为规范的变迁；人口变动与趋势，以及人们的价值观、行为方式和消费倾向；宗教信仰、文化素质和道德规范等。各国的社会与文化对一个组织的影响不尽相同，但要注意社会流行思潮以及可能对公众行为的影响。尤其要分析在这些变化和趋势中，可能对组织的发展带来的具体影响。

小案例 4-2

文化的影响①

无论哪个民族都有必须了解的独特个性。比如阿拉伯人对期限很反感，一旦受其约束便会产生一种受人威胁而陷入困境的感觉。相反，大多数美国人常常规定期限，以掌握事情的节奏。所以在中东的修理店，数百台美国人的收音机躺在那里“久病不愈”的原委便一清二楚了。美国人犯了文化上的错误，他们曾要求店方在期限内完成修理任务。

美国人在其他文化圈的国家里，也因过分看重时间价值，有过同样的遭遇。一家美国公司在希腊错失一笔很大的生意，原因在于他们欲将美国人的习惯强加于希腊的谈判者。在希腊人看来，这些美国人谈吐欠客气，措辞少含蓄，并且总想对会谈时间加以限制。他们认为限制时间既有失礼貌，又容易被人认为自己缺乏圆满处理事务的能力。美国人还希望希腊人在大的原则确立之后，细节由下属解决。而希腊人认为，这是美国人玩弄的欺骗性手腕。因为希腊人喜欢将问题当场解决，哪怕花更多的时间也在所不惜。

缺乏对文化差异的充分了解有时会导致深重的灾难。一个赴南太平洋某岛国任职的美国经理，事先没有对当地传统的社会结构进行任何了解，就过多地雇用了某一阶层的当地人。这个愚蠢的行动，致使社会力量的均衡和传统观念出现了动摇的隐患。岛上居民为协调这种难以接受的状况，自发聚集共商替代方案，商量完毕已是凌晨 3 点。在他们的文化意识里，时间概念并不十分重要，因此认为没有理由等到天亮再向这位美国人提交自己的方案。于是他们极自然地会集到美国人的住宅前。美国人对这种不合时机的造访深感恐惧，无论如何也想不到他们会在凌晨 3 点来谈公事，他确信岛上居民是为暴动或更糟糕的事情而来，最后竟然向美国海军求救。后来公司为恢复“正常业务”，颇费了些时间。

在国外的环境中，必须时常了解当地文化。知道该干什么和知道不该干什么一样重要。比如在印度，人们把在家里及社交场合谈论工作，看作是对热情待客这一神圣的社会风尚的亵渎。同时，一个印度商人对你说“请随时光临”，那是出于真心。这句话在美国或

① 参阅：戴维·A. 利克斯. 商业大失败. 裴学钊，高晓刚，译. 成都：四川人民出版社，1989：6-8.（有改动）

许纯属礼貌用语，在印度却表示诚心相邀。印度人即便邀请对方，也会礼貌地给予客人决定会晤时间的权力。如果没有得到时间上的答复，会认为客人拒绝了邀请。

有时，事情会仅仅因为拒绝了一杯咖啡而变得复杂。一家美国公司的经理在商谈一笔大有赚头的生意时，因毫无恶意地回绝了热情的沙特人一起喝杯咖啡的邀请，从而生意告吹。虽然这位美国人只是急于签订合同，但这种草率的行为却使对方感到屈辱。在后来的谈判中，这位沙特人越发态度冷淡，使原本大有希望的洽谈陷入僵局。

赠送礼品也有可能因礼品不妥而把事情弄糟。虽然送礼在多数场合颇受欢迎，但以为事事都须送礼才不失礼节，有时反而会挫伤对方感情。比如在拉丁美洲的许多地方，送刀具之类甚至送手绢意味着断绝关系或将有悲剧发生。向中国人送钟也是失策之举，因为在中国话里“送钟”与“送终”谐音。馈赠方式也很重要，在亚洲许多地方要避人耳目，以免对方难堪；而在中东地区，为了不使当事人有行贿受贿的嫌疑，要当着人面相赠。

（4）科技环境。在过去半个世纪里，人类社会最迅速、最重要的变化发生在科技领域。科技进步不仅对经济发展意义重大，甚至直接影响到一个组织的发展。更重要的是，其可能带来的世界和人们生活方式的变化。例如，互联网的发展和普及，已经给人类带来了许多的变化和影响。

小案例 4-3

诺基亚“跌落神坛”①

诺基亚前 CEO 乔玛·奥利拉（Jorma Ollila）在回忆录中承认自己任内所犯错误，例如未能发现消费者需求的变化以及推动新软件开发等。

回忆录名为《不可能的成功》。书中称 2001 年后，由于智能手机市场的激烈竞争以及亚洲厂商廉价手机的冲击，诺基亚无法继续扮演行业的主要创新者。几款产品被证明是失败的，公司没有跟上触摸屏和翻盖手机等潮流。

奥利拉领导诺基亚成为了全球最大的手机厂商。但诺基亚最终“痛苦地发现”，其手机平台落后于一些美国公司的软件，无法应对 iPhone 的挑战。尽管美国的一些服务提供商对诺基亚表示，价格超过 300 美元的智能手机没有市场，但苹果公司当时正在力推超过 600 美元的 iPhone。

奥利拉称：“苹果公司开发了一些全新的东西，包括出色的用户体验和解决方案，使手机成为服务和应用生态系统的关键。而诺基亚未能创造出这样的全新生态系统。”

对于手机业务出售给微软，奥利拉表示这是诺基亚董事会“戏剧性的、勇敢的”一步，但将芬兰拥有 40 多年历史的公司出售给国外公司“令人悲伤”。

2. 行业与竞争环境及其变化

一般要掌握组织所在行业的基本情况，在竞争中的地位，竞争者和对手的现状、趋势及其公共关系方面的动向。

---

① 资料来源：张帆. 诺基亚前 CEO 承认犯错：埃洛普曾是第二选择. 新浪科技（http://www.techweb.com.cn），2013-10-18.

了解和掌握一个组织所在行业的基本态势和环境，运用最广的是波特的分析方法。他把影响和决定一个行业、市场的竞争力量区分为五个方面（见图4-2）。这一思路和框架，人们通常称之为“五种力量模型（五力模型）”。

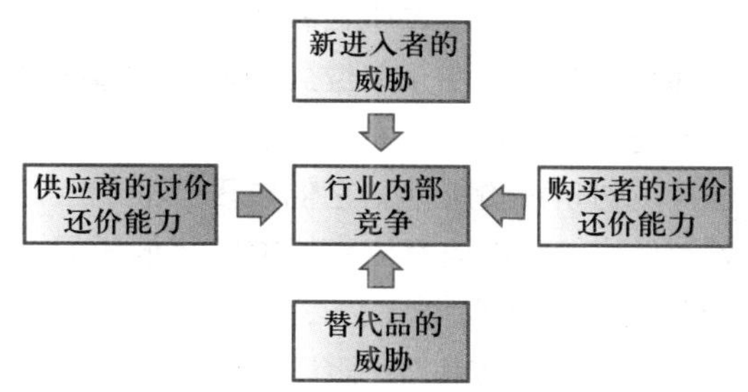

图4-2 影响行业吸引力的五种力量

小链接4-1

影响和决定一个行业、市场的五种竞争力量①

（1）行业内部的竞争。在一个行业内部，企业、品牌之间的竞争关系与强度，由行业的集中度、产品差异以及进入、退出障碍的高低等因素决定。如果已有众多强大的或竞争意识强的竞争者，这个行业就可能失去吸引力。市场处于稳定或萎缩状态，全行业生产能力还在扩大，或固定成本高、退出障碍大，竞争者投资太多不愿离去……这样的环境容易诱发价格战、促销战或广告战，企业将被迫不断推出新产品、新款式应对竞争。

（2）新进入者的威胁。也叫新竞争者，它们给一个行业带来新的产能、资源，要求市场重新“洗牌”，对行业秩序和现有的企业形成冲击。甚至导致产品价格下降，影响行业盈利能力。新进入者的威胁大小，取决于进入障碍和退出障碍。一个行业的进入障碍高、退出障碍低，新竞争者不易进入，经营不善的企业又可以方便地退出，留在行业的企业能有较高且稳定的收益。退出障碍高、进入障碍也高，潜在收益虽高，风险也大。因为新进入者虽然不易进入，但经营不善的企业也难以退出，会留在行业内继续“拼搏”。进入障碍、退出障碍都低，可以获得较低但稳定的收益。进入障碍低而退出障碍高，新竞争者容易进入，形势看好或有其他的意外吸引，容易招来大量的竞争者；一旦风云突变、环境恶化，它们又难以撤离，所以风险较大且收益较低。

（3）替代品的威胁。是指与本企业产品具有相同或类似功能的产品。质量相等的情况下，替代品的价格会比被替代产品更有竞争力。替代品投入市场，会使企业原有产品价格下降到较低水平，减少收益。替代品价格越有吸引力，价格限制的作用就越大，对企业构成的威胁也越大。为了抵制替代品对全行业的威胁，一些企业往往集体行动，如改进质量、提高营销效能等。

① 迈克尔·波特. 竞争战略——分析行业和竞争者的技术. 姚宗明，林国龙，译. 北京：生活·读书·新知三联书店，1988：11-38.（有改动）

（4）购买者的讨价还价能力。它们位于行业的下游，总是希望压低价格，对质量、服务提出更高要求，设法使供应商之间相互竞争。作为一种重要的竞争力量，不仅影响到一个企业，也影响到整个行业的盈利水平。购买者集中，或组织化程度高，或该采购在买方成本中占较大比重，或行业提供的产品难以差异化，或买方转换成本低，或买方由于单位盈利低而对价格敏感，或买方有可能后向一体化，购买者一方的讨价还价能力都会增强。

（5）供应商的讨价还价能力。它们位于行业的上游，为下游厂商提供所需的人、财、物和其他资源。供应商提高价格或降低质量，或减少供应，都会对作为购买者的企业产生一定的影响。例如劳动力供应，倘若缺乏大量训练有素的和团结一致的员工，企业的盈利能力也难以增加。

（三）公共关系状态与组织形象调研

1. 公共关系状态相关信息

可借助于以下信息的收集、整理，了解一个组织基本的公共关系状态：

（1）与各类媒体的交往状况，有关报道、评论的内容和观点。一方面，可以了解相关媒体对组织的知晓、理解程度和好恶；另一方面，可由此分析其他公众、社会舆论的态度和意见，了解他们关注、关心的事物。

（2）意见领袖的态度和意见。他们的所想、所说或许不一定有代表性，但对有关公众的影响很大。

（3）产品销售以及营销人员感受。顾客是企业最重要的公众之一，他们的态度往往通过购买的积极与否表现出来。产品的销路好，说明比对手更受欢迎，与顾客之间的关系一般也是理解、支持为主。一个组织直接与用户、客户交往的是营销人员。他们所感受到的受欢迎程度，销售工作的难易，听到的各种议论，也可用以分析公共关系状态。

（4）内部关系。可通过员工对薪酬发放，生产、生活条件的满意程度，对领导者的喜爱以及对组织的荣誉感等，了解他们的态度和意见，分析内部公共关系状态。

（5）竞争者的公共关系状态分析。对手之间在组织规模、性质和声望等方面比较接近，公众往往将它们一起比较、排序。了解对手在多大程度上得到公众的喜爱，也可用以推断自己的公共关系状态。

（6）股市行情。了解一般的股票持有者，并由此进一步了解其他公众、社会对组织的态度。一般来说，人们总是乐意购买前景看好、声誉良好的企业股票，抛出经营不善、名声不好的企业股票。股市行情的变动，也可反映一些公众和社会舆论对一个组织的信心和看法。

（7）政府有关部门的态度和意见。例如他们前来视察、指导和参观的次数，他们在工作中提到组织的频率，他们对组织的了解程度和提供合理支持的程度，等等。

（8）组织所处地理位置和环境。交通便利与否，可能影响公众的了解程度；环境优美，可增进组织的吸引力，也有助于加强公众、社会的好感。

2. 组织形象相关信息

组织形象是社会对一个组织的印象、看法和评价的总和，也是一个组织的表现和特征在公众心目中的反映。组织形象的基本信息，一般包括以下内容：

（1）公众对领导层的评价。诸如领导能力，决策水平，创新意识，办事效率，用人眼光，威望与可信任度，领导机构的完善程度和设置的合理性，等等。领导层是组织的“大脑”，公众对其评价往往代表了对整个组织的基本看法。

（2）公众对管理水平的评价。诸如决策是否符合实际，内部分工、生产管理是否合理、有效，市场反应是否灵敏，等等。一个组织的管理水平，直接影响到产品、服务质量和组织的竞争力。这类信息表明的，往往是公众对组织的基本态度。

（3）公众对产品、服务和品牌形象的评价。产品、服务是一个组织承担社会责任如何的重要表现，也是与顾客发生联系的根本原因。在产品、服务基础上构成的品牌形象，常常成为组织的基本象征，更与其生存、发展息息相关。公共关系部门必须时刻关心、密切注视相关评价，收集反映和建议。

（4）公众对一般员工的评价。例如精神面貌、基本素质、工作能力、行为特征、道德修养和文明程度等方面的整体表现。员工是构成一个组织的基础。公众关于这些方面的议论和看法，构成了组织形象的一个不可或缺的方面。

（四）公众信息调研

公众是影响组织发展的重要因素。在现代社会，公众日益分化，每个群体都有各自的爱好和价值取向。要与公众有效地交流，就要对公众情况“知其然，知其所以然”。

公众信息的调研包括了解：

（1）公众的构成。例如组织面对的基本公众与范围，不同类型公众的特点与组成，性别、年龄、文化程度、职业和消费层次，等等。

（2）公众的需求。例如公众对组织的期待和要求，被满足的程度；这些需求随着社会、经济和组织的发展发生的变化，等等。

（3）公众的态度。包括认知和评价两部分，认知是公众对组织的了解和认识，评价是公众在有所了解的基础上所做的主观判断。例如各类公众对组织的认知程度，他们对组织的不同评价，等等。

三、公共关系调研的原则

为了保证调研活动的科学性、有效性，必须遵循以下的原则：

（1）针对性原则。收集资料要有的放矢，调研工作要从实际出发。

（2）准确性原则。资料准确才能了解真实的状况，从而有助于做出正确决策。所以收集、整理资料要以科学态度和求实精神，去伪存真，分析工作要客观、真实、全面和公正，以还原问题的本来面目。

（3）系统性原则。资料要分类、合并和整理，使之系统化，便于分析问题和找出前因后果。特别要防止片面性。

（4）及时性原则。调研所得信息的价值，与提供信息的时间成反比。调研活动不仅要为决策获得必要信息，还要以最快速度提供可供参考的信息。

（5）计划性原则。调研活动工作量大，内容烦琐，必须注意计划性。要广辟信息来源，又要分清主次、突出重点；要持之以恒，又要考虑效益；要充分利用各方力量，又要有统一的管理。

（6）节约性原则。在效果相同或接近的前提下，选择费用更低的方式开展调研活动。

小案例 4-4

北京长城饭店的调研工作①

长城饭店 1983 年 12 月试营业，是北京当时 6 家五星级酒店中开业最早的，也是北京 20 世纪 80 年代的“十大建筑”之一。提到长城饭店，人们很容易想起当年的里根总统访华答谢宴会、北京市副市长亲自证婚的 95 对新人集体婚礼等，这样一些帮助长城饭店名声鹊起的经典的公共关系活动。其实长城饭店还有大量的公共关系工作，是围绕为宾客服务的日常事务展开的。这得益于长城饭店周密、系统的，尤其是日常性的一些调研活动。

日常调查

（1）问卷调查。每天将表放在客房，表中项目包括客人对饭店的总体评价，十几个类别的服务质量评价，服务员服务态度的评价，以及是否愿意加入喜来登俱乐部和客人的游历情况等。

（2）接待投诉。客务经理在大堂 24 小时轮流值班，接待客人反映情况，受理投诉，解答各种问题，随时随地帮助客人处理困难。

月调查

（1）顾客态度调查。每天向客人发送喜来登集团全球统一的调查问卷，当日收回，月底集中寄回喜来登集团总部，进行全球性综合分析，并在全球范围进行季度评比。根据量化分析，对全球最好的喜来登酒店和进步最快的酒店给予奖励。

（2）市场调查。前台经理与在京各大酒店前台经理每月交流一次旅客情况，互通情报，共同分析本地区市场形势。

半年调查

喜来登总部半年一次，展开全球范围的旅游情况通报会。所属各家酒店的营销经理，来自世界各地，带来大量的信息相互交流、讨论。使每家酒店都能了解全球旅游形势的发展和变化，可以站在全球市场的角度思考酒店的发展和战略。

第二节 调研过程与方法

一、调研过程

完整的调研过程一般可分四个阶段，每个阶段又包括若干步骤（见图 4-3）。

---

① 资料来源：熊源伟，等. 公共关系案例. 合肥：安徽人民出版社，1993：205-208.（有改动）

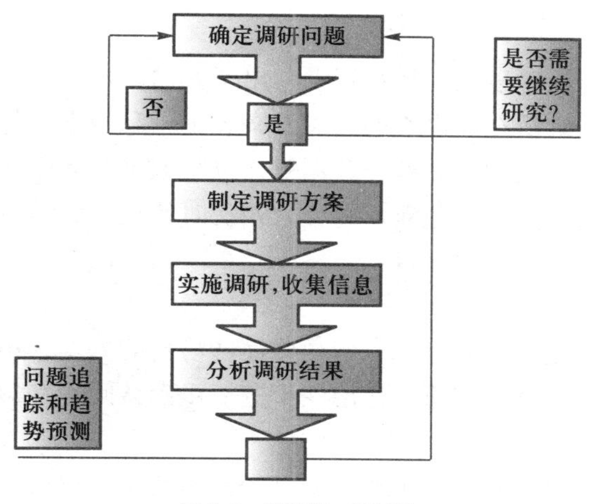

图 4-3　调研的一般过程

（一）确定调研问题

确定调研问题，也就是识别公共关系问题的存在与性质，并进行初步的分析和非正式调研工作。

1. 识别问题

通过公共关系调研，要能够回答以下的问题：

（1）是否存在公共关系问题。每个组织都有自己的使命、愿景和目标，其运行也是一个不断解决与此相关问题的过程。公共关系无处不在，无时不在。公共关系部门需要根据组织发展的要求和资源、能力等内部条件的变化，结合外部环境与变化，经常辨析是否有了“公共关系问题”——因这些内外“变化”，公共关系状态、组织形象已经或可能遇到的“事件”，决定是否需要行使公共关系职能，以及开展工作的具体的介入点。

（2）什么性质的公共关系问题。“问题”一词常常作为“疑问”“麻烦”等理解，在这里有更广泛的意思。“公共关系问题”是一切“变化”和“事件”，它们对一个组织的公共关系状态和形象等，存在潜在的影响。公共关系问题的性质是指这些影响将是正面的，会给组织发展带来促进作用；还是负面的，产生种种的不利。前者是机会，后者是威胁。

例如，一个企业在生产过程中不重视环境保护，受到社区公众和媒体的批评。作为“变化”和“事件”，必然会影响企业的公共关系状态和形象，是一个“公共关系问题”；由于是负面影响，问题的性质是威胁。企业应通过改正错误，重新争取公众和舆论的谅解。又如，一个企业推出新产品，也有一个“公共关系问题”，性质是机会。需要通过公共关系职能与目标顾客、社会舆论沟通，尽快地激发一般公众的认知和购买热情。区别问题的性质，可以决定如何应对具体的“公共关系问题”，是使其发生、加速发生，还是减缓或中止其发展。

（3）公共关系问题的相对重要性。一个时期、一定阶段，一个组织的公共关系问题可能不止一个。因此还要区别，哪些公共关系问题长期性的，哪些是一时性的；有哪些需要马上行动、做出反应，哪些可以静观其变、暂时不动，等等。按轻重缓急分类排序，依据统筹兼顾原则，分别予以不同的关注。

2. 初步分析

识别问题为整个调研活动以及计划和行动指出了方向。接下来，是根据掌握的情况对问题做初步分析，以明确关键所在。可查询有关档案、记录和报告，与了解情况的相关人员座谈、讨论，还可收集外部的报刊、文件和数据等，以掌握有关问题的更多背景。

这么做可以限定调研范围，避免涉及面太大，费时费钱。同时，还可提出一些与问题有关的假设。

3. 非正式调研

在初步分析、明确关键的基础上，可用一些简便易行的方式，小范围、非正式地征询有关意见和看法。这是一种探测性调研，作用在于进一步确认问题和假设，可为正式的调研奠定基础。

如果公共关系问题简单，通过非正式调研已经清楚明了，也可终止调研，转入下一问题的分析。如果是比较复杂的问题，还需要掌握更多的情况，就要制定调研方案，开展正式的调研工作。

（二）制定调研方案

制定调研方案，是为了形成能有效收集所需资料的工作安排。一般需要考虑以下方面：

1. 调研目的

这是调研方案的核心。调研目的表述要具体明确，尽可能限制在少数的假设上。对每一个假设，都要认真思考至少三个问题：

（1）为什么要开展正式的调研；

（2）通过调研活动想知道的是什么；

（3）知道了这些，对公共关系决策有什么作用。

2. 调研类型、范围、资料来源和方法

根据所需调研的问题和调研目的，要选择调研的类型。调研类型一般分为探测性调研、描述性调研、因果性调研和预测性调研，各有特点与适应范围。

小链接 4-2

调研类型

（1）探测性调研。对所要分析的问题不甚清楚、无法确定时，经常采用的一种做法。目的在于找出症结，缩小范围，为进一步的调研做准备。所以只是收集一些相关资料进行初步分析，然后再考虑进一步开展其他类型的调研。

（2）描述性调研。主要进行事实材料收集整理，目的在于回答“发生了什么”，并为因果性调研和预测性调研奠定基础。由于描述性调研能对某一专门问题提供答案，因而比探测性调研更为细致深入，可减少误差。

（3）因果性调研。目的在于弄清原因和结果之间的客观联系。它在描述性调研收集的因变数和自变数资料的基础上，进一步分析何者为因、何者为果，以及因果之间的相关程度，为回答一些“为什么”的问题提供资料。在因果性调研中，多以组织自身可控制的各种因素为因变数，不可控制的各种因素为自变数。

（4）预测性调研。通过收集、分析有关历史与现实资料，运用一定的数学方法推算有关问题未来的状况。

调研范围是根据调研的目的，确定的所需资料的内容和数量。例如，公共关系调研一般要掌握公众以下的情况：

（1）背景资料。如调研对象姓名、年龄、性别、籍贯和联系方式，以及受教育程度、职业、收入和家庭背景等。

（2）知晓资料。即调研对象对调研的具体问题和情况，如某个组织、某个事件、某个阶段、某种情势等的了解及其程度。

（3）态度资料。调研对象对具体问题的看法和意见等。

（4）行为资料。调研对象对具体的问题，已经或准备的行动等具体情况。

资料来源和调研方法，是指从哪些方面、用什么方式得到资料。资料来源有第一手资料，主要通过现场、实地调研获取。由于是原始资料，针对性强，但花费时间、精力和经费要多。另一种来源是第二手资料，可通过上网搜索、查询、下载以及索取、剪报等获得。资料通常已经他人其他用途的加工、处理，针对性不够强，但收集工作相对方便、经济。

3. 调研手段与设备

收集资料，必须准备一些工具和条件。调研方法不同，所用手段与设备也会不同。一般来说，要有调查问卷或提纲，电脑，影音摄录器材，计算工具，实验环境，以及电话、复印设备等办公用品等。

4. 抽取样本

以现场、实地为主开展的调研，多用抽样调查方法进行。就是在调研对象中，抽取部分作为样本，然后用以推算全部单位的数值。抽样一般依据随机原则，就是使调研对象中，每个单位都有同等的被抽到的机会，减少人为的主观影响。

小链接 4-3

抽样过程的注意事项

（1）抽样单位的问题，即向哪些对象调查。比如公众调查，抽样单位可依年龄分，也可依收入、职业分，等等。如何确定，直接关系到资料的有用性。

（2）样本大小的问题，就是对多少人调查。一般来说，其他条件相同，样本越大越有代表性。以 1 000 名对象为样本，当然比对 50 个人误差要小，结果也更接近于总体平均值。但无论样本多大，超过一定限度以后准确程度也会递减，而且要多花时间、经费。因此，只要抽样方法可靠，少于 1%的样本也能取得所需、够用的资料。

（3）抽样方法。即如何选择被调查者的问题，有概率抽样或非概率抽样等方法。

（三）实施调研，收集信息

在这个阶段，公共关系部门开始收集资料；或将具体工作“外包”出去，委托进行。

资料的准确性，与调研人员的素质和被调查者的状况等有关。应选派懂业务、有技术和一定经验的人手，必要时可进行短期培训。有的被调查者不愿合作，调研人员要妥善引导，或另找调查对象，或重新约定工作时间。

每一种调研方法的采用，都可能遇到一些问题和困难。要努力排除干扰，按预定要求落实每一步骤。

（四）分析调研结果

调研工作的最后阶段是对所得资料进行处理，开展分析并撰写报告，提交有关部门决策参考。同时要对问题进行追踪，监测发展动向。

1. 处理所得资料

处理资料的工作包括：

（1）整理。筛选调研所得的资料，剔除其中谬误、含糊之处。如调研人员的偏见，调查对象的敷衍了事和前后矛盾的答复等。

（2）分类。把资料中包括的问题，根据调研目的加以区别、归类。并要编号，以便查找。

（3）列表。把资料的内容，系统编制成各种统计图表，以备进一步分析之用。

2. 撰写调研报告

调研报告是调研活动的最终成果。完整的调研报告一般包括：

（1）前言。即调研报告的依据，调研目的的简短说明，所用调研方法和技术的介绍，以及必要的谢词。

（2）正文。包括调研目的的详细阐述，整个调研过程的具体介绍，调研结果与分析，有关结论和建议。

（3）附件。包括图表、附录等。

调研报告的撰写，既要客观、完整，又要简明扼要，还要紧扣主题，重点突出，层次分明。

小链接 4-4

调研报告的基本规范

（1）读者能够清楚了解调研过程的全貌。即报告要说明为何调研，使用了什么方法、技术手段，以及得到了什么结果。

（2）语言简洁易懂，有说服力。读者不一定完全懂得调研人员熟悉的专业词汇、技术和资料，也可能没有时间、耐心阅读全文。要充分考虑读者对象的阅历、特点，文字简明扼要，不拖泥带水，避免生僻的行话术语。可借助图表说明、显示资料。

（3）以严谨的结构和简洁的形式，将调研工作各阶段收集的资料组织在一起。仔细核对全部数据、统计资料，必须准确无误。切忌遗漏重要资料，还要避免把无关资料列入调研报告。

（4）对调研活动拟解决的问题，有明确的结论和建议。

二、调研方法

（一）案头调查法

案头调查法也叫文献调查法。是在“室内”收集、查阅有关文献、数据和资料，进行的公共关系调研活动。

这种方法主要依据的是第二手资料。虽然所得资料的内容与调研的目的可能不够合拍，原有资料的分类与自身调研的要求也不一致，准确性、时效性较差，数据对解决问题也不完全适用。但这种方法方便、快捷，费用要少。更主要的是，可为收集第一手资料的各种调研活动提供背景；有时还可部分甚至完全替代现场和实地的调研工作。因此，大多数的调研工作都始于案头调查法。只有第二手资料无法为分析问题提供充分的依据，才会着手收集第一手资料。

文献资料的种类很多。按其载体形式和记录技术，大致可分：

（1）书面文献。指通过文字或数字记录的资料，包括公开或内部发行的报刊、书籍、档案、报告、会议文献、统计资料等，是最广泛的文献形式。

（2）音像文献。指运用录音、录像和摄影技术，直接记录声音、图像的文献形式。包括电影、电视、录像、录音、唱片、照片等。

（3）电子文献。指通过电脑阅读、查询的数据、资料，包括磁盘文献和网络文献。

小链接 4-5

媒体监测

媒体监测，即对媒体中的特定对象、内容的集中性收集、分析和反馈。通过对传统媒体和新媒体，包括电视、报刊和互联网等反映的有关热点和焦点问题，有较强影响力、倾向性的言论、观点等进行整理、预测，可以间接了解有关公众的态度和意见。

在现代社会，发达的媒体和自媒体是影响社会舆论的重要工具。它们拥有众多读者和听众，提供的信息也容易成为热门话题。公众对特定事物的反应，又会通过记者采访、读者来信和微博、微信、跟帖等见诸报端、网络，所以能在一定程度上反映公众意向。对这些媒体内容实施跟踪，对各类报道评论的进行分析，既可在一定程度上掌握了解公众的反应，又可了解他们感兴趣的话题，为评价公共关系状态和组织形象提供参考。

媒体监测的主要方式有：

（1）整理各种媒体上有关信息，如收听、收看和录音、录像，剪报、摘录、索取和复制，并进行分析。

（2）参加媒体举办的各种相关活动，如读者、听众座谈会等，了解、掌握和分析公众的意向和动向。

（3）和媒体建立各种联系、保持接触，也可委托代为调研、分析有关问题。

（二）访谈法

访谈法是通过直接拜访，根据调查提纲当面向调查对象提出问题，以收集、核实有关数据、资料的调研方法。具体形式有个人访谈、小组访谈和会议访谈等。由于面对面进行，调研人员可根据具体情况，灵活决定提问方式、谈话内容和时间、地点，也容易消除调查对象不必要的顾虑。优点是方便建立融洽的交谈氛围，也有利于交谈向深度发展。不足是花费时间多，而且受调研人员素质影响很大，有时候调研人员的管理也很困难。

作为面对面访谈的变化方式，电话访谈也是一种选择。通过电话了解问题，反馈快，答复率高。但贸然的电话访问容易被视为“骚扰”，引起反感；而且受通话时间的限制，问题不宜太多，时间不宜过长，交流难以深入。

小案例 4-5

盖洛普民意测验[①]

有一天傍晚六点，白宫打电话告诉盖洛普博士，总统想要了解舆论对某一外交政策的看法。报告必须在 13 个小时内完成。

盖洛普找来 6 个得力的助手，指示给他们 3 个题目。6 个助手分别打电话给 6 个在不同地区的记者，每个记者再分别采访 10 个人。深夜之前，他们就有了回音。

盖洛普博士把资料列表、分析，写成报告。离截止时间还有两个小时，报告就送到了总统的办公桌上。

访谈法也可根据调研的目的，选取一些重点对象进行。“重点对象”一般应具备两个特征，一是在调查对象中只占极少数，即数量性；二是在调查对象中分量很重，即代表性，如意见领袖。

意见领袖是一些消息灵通人士，常常是其追随者重要的信息来源，并为他们的决策和行为提供参照。调查意见领袖的想法，了解改变和引导其态度的可能性，可以间接判断一般公众的态度、想法和倾向性。

小链接 4-6

深度访谈

深度访谈是直接的、个人的、无结构的访谈形式。访问过程中，调研人员与被调查者面对面、一对一地深入讨论，以揭示某一问题的潜在动机、信念、态度和感情。主要用于获取对问题的理解和深层了解。

深度访谈之前，需要准备大致的访谈提纲。由于访谈的方向完全根据被调查者的回答和调研人员的追问决定，调研问题的措辞和顺序也受被调查者的反应影响。为了获取更多有意义、具体的回答，调研人员要注意“追问”技术和方式。

（1）重复。同样的措辞重复提问，有利于引导被调查者的注意力，并有效地引出答案。重复被调查者的回答，可以刺激被调查者，帮助他们整理、继续原有的思路，发挥进一步的看法。

（2）适当的停顿与沉默。这样可以暗示被调查者作进一步回答，但要掌握好停顿与沉默的时机。

---

① 资料来源：王海成. 公共关系机构与管理. 上海：上海人民出版社，1988：114.

（3）中性词句引导。如“我想请教您对这个问题的看法”，“可以再谈一谈您的意思吗”，或“还有其他的吗”。被调查者要求解释某些用语，一般的做法也是调研人员尽量不予解释，请被调查者“就按您的意思谈您的看法”。

（4）适当的鼓励和支持。对被调查者的回答，使用诸如“有意思”“我在听”等话语，辅之以积极的表情，以活跃谈话的气氛。

（三）问卷调查法

问卷调查法借助于统一设计的调查问卷，以书面回答的形式向被调查者了解有关的情况，收集信息。这是调研活动经常使用的方法，多用于大规模的抽样调查。通过问卷，对公众的态度、行为和社会特征等进行准确、具体的测量，统计和量化描述。

问卷是收集资料的重要工具，一般是精心设计的、列有相关调查问题的表格。通常可分为两种，即自填问卷和访问问卷。前者由被调查者亲自填写，后者由调研人员根据被调查者的口头回答代为填写。它们分别用于问卷调查法和访谈法。

自填问卷除了当场发放、当场填写，还有其他一些做法：

（1）邮寄法。调研人员通过邮局系统或电子邮件发放问卷，请被调查者填写、寄返。一般可以提出较多的问题，调查较多的内容。被调研者有时间考虑、从容作答，还可消除因调研人员在场容易产生的“压迫感”。但对问卷设计的要求高，问卷回收率也相对较低；回收的问卷有时难以判断被调查者的性格特征；反馈时间也比较长。所以调查对象一般不宜太多，并可结合附赠礼物、抽奖等形式鼓励合作，提高问卷的回收率。

（2）留置法。调研人员在访问中留下问卷，约定时间过后收回。其性质介乎访谈法和邮寄法之间，有利于避免访谈法时间短、仓促和内容简单等问题，又可克服邮寄法回收率偏低之不足。

随着互联网的普及，有越来越多的调研将问卷放置于网上，如门户网站、组织自身的网站和专业调查网站等。其优势是快捷、经济，调研人员一般无须向被调查者支付费用，互联网可将问卷瞬间传遍全球范围网络用户；易于制作电子表格、统计数据；被调查者直接输入数据，减少因调研人员录入可能的差错；被调查者自主决定是否参与调查，对敏感问题可以诚实回复。缺点是难以核实被调查者的真实身份，样本选择可能普及性不够，回复率低，而且可能出现重复提交等问题。

（四）观察法

观察法是依据调研的目的和要求，通过对有关对象的观察和记录，直接收集、整理第一手资料的调研方法。调研人员进入现场，笔录事实，或使用音像器材与其他设备获取素材、资料，分析事实。这种方法相对简便易行，技术要求不高。在被调查者不知不觉中开展调研，不会使他们感到拘束。所得资料针对性强，并且客观。

作为一种专门的调研方法，观察法与生活中随意、无计划的观察活动不同。它是调研人员有目的、有计划进行的观察活动。是在特定调研的目的和假设下开展的，需要制订观察计划，对观察的内容、范围和步骤，以及使用的工具、手段等都有具体规定和安排。

常用的观察法有以下两种形式：

（1）直接观察。要求调研人员深入现场，如到商场观察、记录各类顾客行为。

（2）痕迹观察。可以不亲临现场，只是观察、收集事实发生留下的痕迹。例如在酒店，通过观察客房中不同设施的使用情况，分析旅客的喜好。

观察法的不足是只能说明事实的发生，所以多用于探测性调研和描述性调研。

（五）实验法

实验法源于自然科学的实验求证方式。通过小范围实验，记录事态发展的相关结果，收集、分析第一手资料。实验法一般要将实验对象分组，然后置于特殊安排的环境中，做到有控制的观察。比如选定相同或相似的两个小组，一个实验组，置于有计划变化的条件下；另一个控制组，保持原来的条件不变。然后比较两个小组因此发生的变化，以观察条件变化对实验对象的影响。在剔除外来因素或加以控制的前提下，实验结果与条件变化有关。实验条件是自变数，被试行的是因变数，所以实验法经多用于因果性调研。

常用的实验法有实验室实验和现场实验。前者是在实验室的环境中，利用专门的仪器、设备进行的实验；后者是在市场上进行的小范围实验。实验法客观性强，应用范围广。对于了解事物的因果关系，可提供其他方法无法获得的数据、资料。但实验法的时间长、费用高，选择合适的实验对象也不容易。而且某种现象的变化，往往是许多因素共同的结果，要创造两次完全相同的实验环境也很困难。这些都会影响到最终的实验结果。

第三节　公共关系分析与诊断

依据调研所得资料和数据，通过分析公共关系的状态和组织形象的差距，可以发现公共关系问题及其原因，寻求解决方案。

一、分析和诊断公共关系状态

公共关系状态反映的是一个组织与其公众的交往状况，以及公众理解、支持的程度。特定的公共关系状态总是由一定的组织行为引起，并通过公众相应的反应表现出来，形成这个组织的积极的或消极的内外环境。

（一）公共关系状态与公众态度

如前所述，公众与组织之间存在一定的利益关系，既表现为相互的期望和要求，也表现为某种社会关系状态和社会舆论状态。作为一种客观存在，公共关系状态因此包括了两个方面：组织有意或无意的“言行举止”，这是形成特定公共关系状态的根源；公众的认知与评价，即他们对组织的行为与公众、社会利益吻合程度的感受和反应。后者通常会综合表现为一定的态度。

态度是人们对他人或事物的较为稳定的一种心理倾向，一般经由好恶等情绪表现，如赞同、反对或不置可否等。对特定的组织行为和组织表现，公众常以敌意、偏见、无知、冷漠以及支持、合作等形式表达其态度，由此形成了具体不同的公共关系状态：

（1）敌意，一种坚定的负面的态度。公众中的持敌意者，一般与组织之间存在根本的利益矛盾。这些矛盾或大或小，或直接或间接，或已经发生、正在发生以及将要发生。需要分析特定公众的敌意程度和原因。一般来说，敌意难以一下子化解。通过公共关系工作，可以努力“化敌为友”，尽可能达成相互谅解。

（2）“偏见”，其实质是态度的一种中间状态。存有偏见的原因，可能是家庭、教育、环境和经历所致，也可能是传统习惯的影响，还可能出自误解。比如，大多数人对于新事物，通常总是趋于保守、观望，本能地抗拒即将到来的变革；一旦接受又容易变得热心异常，甚至有些盲目。消除偏见需要不断地、多方位地沟通和介绍情况，使公众能在信息交流和事实本身的双重作用下，逐渐认可、接受，最后放弃偏见。

（3）“漠不关心”，也是中间态度的主要部分。表现为人们对具体事物的不关心、无所谓。产生冷漠的原因不是缺乏了解，而是没有兴趣了解，甚至对了解本身也抱有抵触。冲破冷漠的阻隔，就是要使公众转变为有兴趣、想关心，并感受到事物的具体意义和价值。

（4）“一无所知”，也是一种中间态度。当今社会由于“知识爆炸”“信息泛滥”，人们不可能知道所有、对一切了如指掌。转变“不知”和“无知”，就是要努力使公众了解。争取了解，就是要使组织及其行为，能在公众心目中占有一席之地。有的时候这项工作非常的困难，因为必须与其他的组织展开信息的竞争。

（5）支持与合作，是一个组织希望的正面态度。必须考虑如何维护和增强这种关系，以使公众能够不断“点赞”。一般来说，人们不会突然改变态度，但也会逐渐地有所变化。要通过公共关系，不断为公众补充新的证据，以支撑、充实他们的认知和评价，防止向中间状态尤其是负面态度转化。

对组织涉及自身利益的表现，公众总是会有一套自己的理解和看法。由于这些感受主要是一种自我体验，难免带有一定的主观意识和非理性成分，也就有可能产生误解或不解。同时，由于不同公众观察、思维的角度、立场不同，对同一事物的感受也会有所差异。总体来说，一般情况下，一开始赞同者、反对者都不会太多，持中间态度者可能占大多数，即所谓“沉默的大多数”。完整分析、评价具体的公共关系状态，需要对组织政策、行为以及公众态度了如指掌。

（二）分析公共关系状态的不同类型

依据公众的态度不同，具体的公共关系状态一般可分为以下三种：

（1）协调状态。一个组织与公众的利益一致，互为补充，关系融洽，来往密切，也是理想的公共关系状态。比如一家企业的产品适销对路，价格合理，也就能够与经销商、消费者形成协调的公众关系。

（2）冲突状态。处于这种状态，关系的各方矛盾重重。由于存在利益的冲突，相互之间的联系可能在不断地削弱，甚至趋于断绝。在企业与消费者、经销商和供应商之间，在组织内部员工和领导者之间，都容易出现程度不同的冲突。这是一个组织要力求避免的状态。

（3）平行状态。即关系的各方始终保持稳定的“等距离”状态，虽无明显矛盾，也无更多交往。例如，员工对组织不闻不问、漠不关心，视为“路人”，表现出离心离德的倾向。一般来说，这也是组织必须力求避免的关系。但在某些时候，比如面对不受欢迎的公众，一些组织又希望能够处于这种可能“相安无事”的状态。

（三）诊断公共关系状态的影响因素

一个组织的公共关系状态总是多样化、动态化的。究其原因，一般可从以下四个方面诊断①。这些因素相互交错、互为补充，对公共关系状态的具体影响也是交叉的。

（1）地理距离。公共关系各方所处的空间远近不同，可能形成公共关系的不同状态。一般来说，一个组织与公众距离得越近，越有可能形成密切联系。例如与员工、社区公众之间，“远亲不如近邻”，建立融洽的关系有更多基础。也可能相处一旦恶化，彼此“老死不相往来”，甚至使组织的发展陷入困境。

（2）交流渠道。公共关系各方之间的沟通越方便，信息越通畅，越利于互相的了解。交流的途径多，沟通的方式多，有助于促进交往的深度和广度。也便于协调关系，维持或加强良好的公共关系状态，改变不良的状态。

（3）来往频率。反映公共关系的双方联系、接触或沟通的疏密程度。一般受到地理距离、交流渠道的影响，与距离的远近和渠道的多少成正比关系。现代传播科技的发展，可以弥补距离、渠道的不足，大大提高来往的频率。

（4）相互需要。公共关系各方之间，一般都存在相互的需要，有精神上的也有物质上的，有互补性的也有一致性的。相互需要关系的加强或削弱，会对公共关系的具体状态发生影响。一个企业的产品质次价高，顾客不能得到应有的满足，这个企业当然难以与之建立良好的公众关系。

二、分析和诊断组织形象差距

“组织形象”反映公众和社会对一个组织的基本看法，也是他们对组织在各种情况下的行为的总的期待。通常，一个组织对“我们是什么样的组织”也有一定的看法，对“我们应该是什么样的组织”也有一定的想法。分析组织形象差距，就是比较在这两个问题上，组织的自我认识和公众认识之间的异同，发现公共关系问题。

（一）分析组织形象的具体位置

公众对一个组织的看法如何，可简要归纳为两个方面，即知名度和美誉度。知名度反映公众对组织的了解、知晓程度，美誉度则是对其信任和赞赏的程度。一个组织要树立良好的形象，就必须提高和保持在公众中的知名度和美誉度。这是公共关系的基本任务，也是分析组织形象的重要指标。

一般可用“形象评估工具图”，比较、确认一个组织的形象目前所在的位置。图中纵坐标与横坐标，分别为知名度和美誉度，用百分比表示（见图 4-4）。

依据知名度和美誉度的关系，“形象评估工具图”分为四个象限。第 I 象限是知名度、

---

① 参阅：曹小元，黎岳梁. 企业公共关系必读. 广州：广东人民出版社，1986：19-20，27-42.

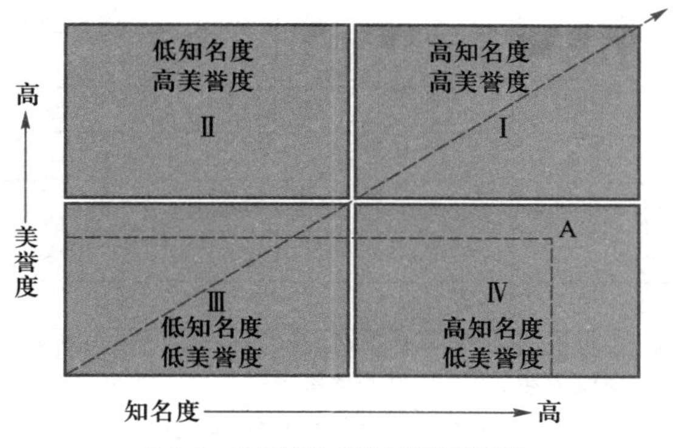

图 4-4 公共关系"形象评估工具图"

美誉度的"双高"区域，是组织形象较为理想的位置，也是公共关系追求的目标。第Ⅱ象限是低知名度、高美誉度的区域，说明知者虽有好感，但是人数太少。由于组织形象在公众中只是依稀可见，公共关系工作的重点是努力争取提高知名度。第Ⅲ象限是知名度、美誉度的"双低区域"，公众知者不多、影响不坏，公共关系在两个方面都要加强努力。第Ⅳ象限是高知名度、低美誉度的区域，组织形象不良的情况严重。公众知者甚多，好感者寥寥，怎样提高美誉度是其当务之急。因此，位于不同的象限，组织面临的状况不同，公共关系的任务也有不同。

假设调研发现，某个组织或其某个方面，在 1 000 名调查对象中有 400 人知道，则知名度为 40%，可由此大致推论其知晓公众在全部公众中的比例。如果其中的 320 人给予肯定的评价，则美誉度为 80%，可由此推论其顺意公众、支持者的大致比例。同样的方法还可分析其他的组织，如竞争者的组织形象目前所处的位置，从而据以比较组织与其他组织在公众认识中的一般印象，发现差距。

根据调研数据，可在"形象评估工具图"中找到组织形象的相应位置，如图 4-4 中的 A 点；由 A 点分别延伸至纵横坐标的相应处，可形成"组织形象区域"。一般来说，对角线上方区域的大小，反映组织形象美誉度方面的效果，更多地与组织的行为有关；下方区域的多少，则表现其知名度方面的效果，主要与传播、沟通有关。图中的某组织处于 A 点，形象区域大面积在对角线下方，大致说明其公共关系"说得多，做得少"，而且可能"做得不够好"。

（二）诊断组织形象的特定内涵

分析组织形象的具体位置，可以得到公众认识的一般印象。结合公共关系调研进一步探究特定的内涵，可以分析形成特定知名度或美誉度的原因。

分析组织形象的特定内涵，需要选择若干影响知名度或美誉度的具体因素，比如名气、质量、服务、创新、信用和可靠等。采用语义差别法，将每个项目分别划出若干标值，如名气一项分别设无（0）、较小（10）、一般（20）、较大（30）和很大（40）等，其余类推。标值数目为奇数，以便取其中值。由调查对象依据自己的看法，在每个项目相应的标值上做记号。汇总并取总和的平均值，可推论公众对各个项目的具体看法（见图 4-5）。

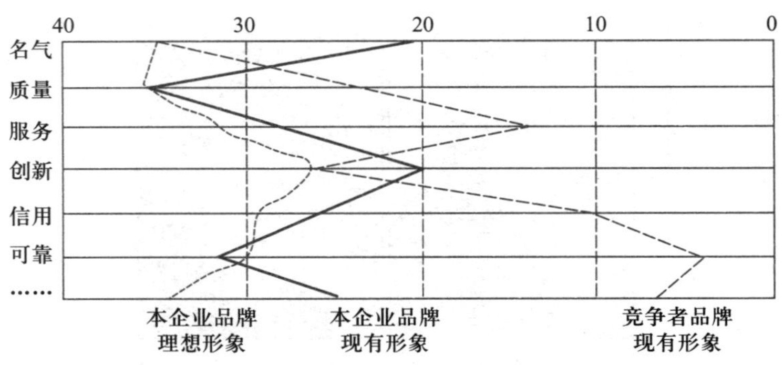

图 4-5 组织形象的特定内涵分析

在具体过程中，不仅要了解公众认识中的“你们是什么样的组织”“你们应该是什么样的组织”，还要结合组织自我认识中的“我们是什么样的组织”“我们应该是什么样的组织”，进行循环比较，交叉分析，以求客观、准确找出其间差距，作为明确公共关系方向的基本依据（见图 4-6）。

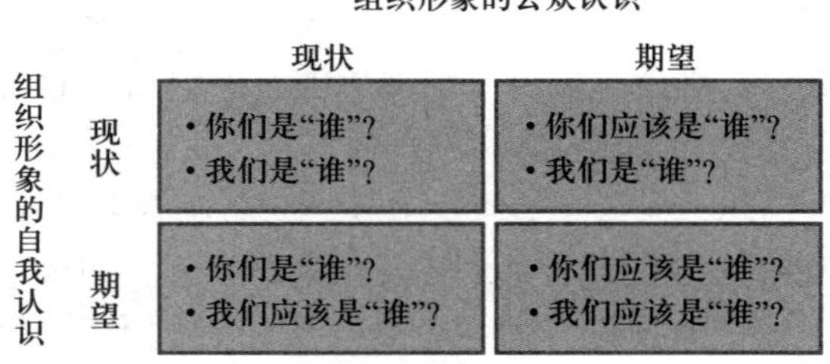

图 4-6 组织形象差距的环比框架

第四节 公共关系效果评估

公共关系效果评估是在公共关系计划完成，或活动告一段落，对公共关系的成效和结果进行的分析和总结。公共关系的调研活动和效果评估工作，在收集资料、分析内容的方法、技术上，有许多相同之处。区别在于，前者的任务是要发现公共关系问题，后者侧重检查、核实相关问题的解决程度。因此在调研活动明确了公共关系问题的同时，就要对未来公共关系工作的目标方向和效果评估的依据等有所考虑。

一、公共关系效果评估的意义

公共关系评估的重要意义，表现在以下方面：

（1）公共关系效果评估是改进公共关系工作的重要环节。一项公共关系计划实施或一个阶段的公共关系活动之后，必须反思“做得如何”，比较所费是否值得等。因为主观的努力和客观的效果可能不尽一致，只有经过测量、验证和总结，公共关系过程的一个循环才算基本结束。通过效果评估，发现超过预期，可以总结经验；未达到预期说明存在不足，需要吸取教训，有的还要开展补救。因此，效果评估成为公共关系管理过程不可或缺的环节之一。

（2）公共关系效果评估也是公共关系下一阶段工作的起始。一项公共关系计划、一个阶段的公共关系工作，是为了解决特定的公共关系问题。即使已经实现预期的公共关系目标，由于组织与公众关系的动态性，也往往会一个问题解决了、关系协调了，新的问题又出现、平衡又打破了。所以公共关系工作十分强调连续性。上一循环的效果评估，作为上一轮公共关系活动的最后步骤，往往因为能够发现新的公共关系问题，可为下一循环的公共关系工作，例如非正式调研和情况分析提供资料和依据。公共关系职能正是通过这样的看似周而复始，其实是不断螺旋式上升的循环，日积月累地产生公共关系效果的“迭代”效应。效果评估也成为开展后续公共关系工作的必要前提。

（3）客观地测量和报告公共关系的成效和结果，可以有效地鼓舞士气、激励公众。一方面，公共关系部门的努力，由此得到公正的评价和肯定，成功感和成就感有利于激励工作的积极性。一般员工对公共关系工作，通常不一定有全面的、深入的了解，评估和展示公共关系效果可以鼓舞士气，帮助他们进一步认识组织的利益和实现途径，激发他们把本职工作与组织的战略目标联系起来，产生“公共关系自觉”。向领导层报告公共关系工作的成绩、效果和价值，有助于他们更加重视公共关系工作。另一方面，在与外部公众的沟通中，这些成效和内容可以加强他们对组织的好感和正面态度。

二、评估过程与步骤

公共关系的效果评估需要根据一定标准，对工作开展和结果进行检查，分析上一阶段的成败和原因，总结归纳并写出报告。其过程一般分为四个步骤。

（一）重温公共关系目标

衡量公共关系工作的成效和结果，主要依据是公共关系目标。目标是为了解决公共关系问题所设立的，其实现与否、实现的程度，是公共关系效果评估的基本出发点。因此需要回顾公共关系目标，复习其内涵和特定要求；有的还要进一步分列、细化。

（二）收集、分析有关资料

通过运用相关的调查方法和技术，收集有关资料，然后开展分析。

（1）关于目标实现和活动结果的资料。通过了解公共关系短期目标、长期目标是否实现，社会关系状态、社会舆论状态是否发生预期的变化，以及计划和活动考虑的其他目标，如组织自身公共关系意识是否加强等，据以分析公共关系的科学性、可行性。

（2）关于实施阶段以及关键环节的有关资料。据以分析整个实施过程、各个主要阶段，工作是否到位、可否做得更好，存在哪些不足以及原因、教训。

（3）关于计划过程和准备阶段的资料。据以分析，相关项目的确立是否必要，依据是否科学，活动策划是否具有创意；准备工作是否充分，参与人员是否完全理解活动的意义和要求，是否投入足够的力量；等等。

（4）关于经费开支和资源使用的有关情况。据以分析，执行计划和实时活动实际使用的人、财、物力和时间等，与预算是否相符；每一项所费是否合理、值得，超支或节省的原因；等等。

（5）其他特定内容。例如公共关系活动带来的品牌等无形资产的提升，人员素质的提高，以及营销效果、销售和市场份额的变化等。

（三）总结、撰写和提交评估报告

将分析所得的情况，以正式报告的形式提交相关决策部门。一般来说，评估报告最重要的是说明“我们做得怎么样，为什么会这样”。所以应当精确描述整个公共关系活动过程，概括主要结果与不足，科学分析尚未解决的主要问题并预测其发展的趋势。尤其是对比实施前后的公共关系状态、组织形象位置和内涵的变化，形成结论并提出相应建议，作为今后组织制定战略尤其是下一循环公共关系活动的根据。所以在报告中，要善于将公共关系的效果评估，与组织的基本目标、任务联系起来。

（四）应用报告的结果和结论

要将评估报告的信息和结果，应用于有关决策当中。例如，帮助形成新的公共关系计划，指导下一循环公共关系工作的开展，衡量组织的具体政策、行为是否需要调整和改进，等等。

应用评估报告的结论，要注意两个问题。第一，倘若评估的项目、活动在公众知晓方面效果很好，但在公众行为方面收效不好，那么下一步的方向就应是以自身行为的调适为主，包括政策等方面的完善；第二，如果一个项目、活动在公众知晓方面效果甚微，可在公众行为方面的成效显著，那么下一步的重点就应是改进传播与沟通的具体工作。公共关系效果来源于“做”得如何以及“说”得如何，从根本上说是“自己做好”和“告诉公众”有效结合的程度与体现。

三、公共关系效果评估内容举要

公共关系效果的评估，既要考虑量的方面，也要分析质的方面。前者是了解具体的公共关系活动所带来的，公众在相应指标上的数量变化；后者是考察公众因此产生的性质变化，如是否从独立公众转为顺意公众等现象。

（一）信息交流与效果方面

1. 公众知晓方面

（1）发送信息的数量。例如在公共关系活动中，进行的电视、广播讲话和媒体采访的次数，发布信函、宣传材料以及新闻的数量，其他形式的信息发送情况，等等。

（2）信息被媒体采用、转发的数量。包括传统媒体、网络媒体等，反映一个组织的信息交流水平和利用各种渠道的能力。报刊索引、广播记录和网络转帖等，可以查对媒体采用、转发信息的数量，并衡量公共关系活动的具体影响。

（3）收到信息的目标公众数量。对收到信息的公众分类统计，从中找出目标公众的数量。从效果评估的角度，重要的不只是收到信息的公众数量，而是这些公众中目标对象所占的分量。例如，通过报刊发行量以及事件、会议、展览等活动的出席、参与人数，可以大致分析公共关系传播的潜在效果，更有意义的是找出其中的目标公众、重点对象具体有多少。

（4）了解信息内容的目标公众数量。信息交流的有效性，还要通过多少目标公众真正注意到相关信息来衡量。公共关系需要增进目标公众对组织的认识和理解，他们没有了解或者了解不全面，都会影响到对组织的态度和评价。

2. 公众行为方面

（1）改变观点、态度的公众与数量。

（2）发生期望的行为和重复的期望行为的公众与数量。

（二）公众态度与变化方面

弗兰克·杰夫金斯曾经提出一个衡量相关公共关系效果的框架。① 许多思路和做法，仍然可以结合现在的具体情况作为参考：

1. 社区

社区公众对组织的了解增进了、关系融洽了，就可能产生好感，他们会以组织能在当地为荣。可以这样衡量在社区公众中的印象和反应：

（1）要求参观的人数和次数。

（2）组织与领导层人士收到的参加当地活动的邀请与次数。

（3）当地学校对组织的兴趣。

（4）介绍当地城镇的旅游手册、名录和文章，以及其他有关的印刷品、出版物是否提到组织。

（5）社区公众是否了解组织需要，并愿意随时随地提供协助，等等。

2. 员工

（1）招聘新员工时应聘者是否踊跃，社会各界是否乐于推荐人才。

（2）在职员工是否安心，愿意在组织长期工作。

（3）员工之间个人关系是否融洽。

（4）内部有无应备的文化娱乐、体育健身设施，使用以及开展活动是否频繁，管理部门是否支持。

（5）员工对组织的政策、目标和任务，有无足够的了解和支持。例如用于沟通员工关系的内部报刊、网站等，他们是否喜欢阅读、投稿。

（6）组织的凝聚力和员工自豪感。例如，员工提及所在组织，多用第一人称（“我们公司”）还是第三人称（直呼其名，如“××公司”）。

（7）离职员工在外如何提及组织和他们过去的经历。

3. 供应商

（1）他们是否了解组织的性质，愿意尽力支持组织。

（2）彼此之间是否经常互访，双方的交流是否顺利。

---

① 参阅：弗兰克·杰夫金斯. 实用公共关系学. 徐百益，编译. 上海：上海翻译出版公司，1988：74-77.（有改动）

（3）是否经常听取他们的意见和建议，并随时改进自己的工作。

4. 经销商

（1）是否乐于接待组织的营销人员或其他人员到访。

（2）双方之间的信函往来，语气是否友好。

（3）对组织的营销计划、广告和促销活动，反应是否良好。

（4）对前来参观组织、参加组织的经销商会议等，态度是否积极。

（5）是否乐意展示、积极派发组织的宣传品，组织的产品陈列和货位是否“抢眼”、醒目，尤其是与对手的品牌比较。这意味着他们的实际态度，并反映出是否有与组织共同做好销售的意愿。

（6）是否随时向组织提出建议，以帮助改进工作和产品。

（7）如果组织有以经销商为对象的报刊，他们的反应如何。比如是否愿意积极提供材料和稿件，向组织反映市场和业务的动态信息。

（8）是否向组织提出要求，提供资料、信息，以列入他们的广告和促销宣传当中。

（9）是否愿意加入组织需要联名开展的促销计划等。

5. 消费者和用户

公共关系工作应当有助于营销活动，直接使消费者和用户对组织形象、品牌以及产品、服务产生良好印象，乐于购买。他们对一个组织怎么想、怎么看，他们的态度与变化，是衡量公共关系效果的一个重点。

6. 社会名流

他们对组织的印象如何，有何改变；原来持有偏见的，是否转化成为了支持者……通过访问，了解他们的看法，可以衡量公共关系工作是否产生了预期的效果。

本章小结

公共关系调研是公共关系的决策和一切行动的前提。调研范围一般包括内部情况、外部环境、公共关系状态和组织形象，以及公众的一般信息。

调研活动始于确定问题，关键是识别公共关系问题的存在、性质和轻重缓急等。如果非正式调研不足以掌握情况，就要制定调研方案，开展正式的调研活动。通过分析调研的结果，要形成调研报告以供决策参考。调研的过程可选择收集第二手资料的案头调查法，或收集第一手资料的访谈法、问卷调查法、观察法和实验法等。当今，有许多的调研活动依托互联网进行。

依据调研所得资料、数据，可分析公共关系的具体状态、其性质和成因。可从组织形象的具体位置和特定内涵等，分析组织形象差距。不能只是了解组织对其形象的自我认识，更要清楚公众如何认识及其原因。

公共关系的效果评估，是对公共关系成效和结果进行的分析和总结。它是改进公共关系工作的重要环节，也是公共关系下一阶段的起始。效果评估的过程分为四个步骤，其收集资料、分析内容的方法和技术，与公共关系调研工作有许多相同。不同的是，前者主要在于发现公共关系问题，效果评估侧重于检查、核实问题解决的程度。因此在通过调研发现公共关系问题的同时，还要对未来公共关系工作的目标、效果评估等有所考虑。

关键名词

公共关系调研　公共关系问题　非正式调研　正式调研　案头调查法　访谈法　问卷调查法　组织形象知名度　美誉度　公共关系效果评估

即测即练

请扫描二维码，在线测试本章学习效果

思考题

1. 公共关系调研通常需要了解和掌握哪些内容？
2. 如何识别一个组织的公共关系问题？
3. 怎样为公共关系调研活动制定调研方案？
4. 如何编写公共关系调研报告？
5. 公众态度如何影响组织的公共关系状态？
6. 如何分析组织形象的具体位置和特定内涵？
7. 如何客观、有效地进行公共关系效果评估？
8. 如何理解公共关系调研活动与效果评估之间的联系？

案例分析

苹果手表为何没火

即便大牌如苹果，要想真正实现与用户“全天贴身相伴”的目标，也还需要多琢磨琢磨用户的实际需求。

蒂姆·库克寄予厚望，“果粉”翘首以盼，苹果首款智能手表千呼万唤始出来。但一个季度过去了，苹果手表似乎并没交出亮丽答卷：亲朋好友中苹果手表的普及率远不及其智能手机，不少行业分析师也纷纷调低了预期。尽管宣称“拥有革命性的全新技术、开创性的用户界面、精美的设计”，但上市后并没有迎来一波热抢，反倒“收获”了一些吐槽：中看不中用；功能没有独到创新；等等。

是什么原因让苹果神话在智能手表上打了个趔趄？

当然不是品牌。苹果公司目前是全球市值最高的公司，称得上是品牌价值最高的科技企业之一。无论是创造跨时代的科技产品，还是对品质的极致追求，这个“被咬了一口的苹果”一直是全球 IT 和互联网领域的著名标志，尤其是在乔布斯时代更是创造了商业神话，开启了智能手机新时代。去年（2014 年）9 月发布 iPhone 6 手机时，首个周末销量就突破 1 000 万台，创造了销售纪录，如今销量已数以亿计。

恐怕也不是品质。客观来说，苹果智能手表的外观设计、功能和综合性能，以及它所集成的新科技成果，已经超越了大部分品牌的智能手表。

从用户反馈看，苹果智能手表这个趔趄，很可能是绊在了没有找到市场“痛点”上。尽管拥有丰富的功能，但有些功能过于超前，还不能契合大众的需求。同时，也难说有哪一个功能，让人印象深刻且能切实满足用户“刚需”。不少用户佩戴苹果智能手表，是为自己的时尚加分，而不是因为哪个功能爱不释手。

最先进的，并不一定是最受欢迎的。对用户来说，自己最需要的就是最好的。与用户“刚需”合拍的产品或技术，往往能在竞争中最终胜出。在电子产品大众化的初始阶段，大众的“刚需”可能比较类似，就像 20 世纪 90 年代微软的 Windows 凭借图形界面的操作方式，打败了其他个人电脑的操作系统，独领风骚几十年。诺基亚手机虽然已经成为历史，但它皮实耐摔的形象一直深入人心。直到苹果手机采用触摸屏技术和 App 应用，引领智能手机的发展潮流，其实也是满足了人们的时代主流需求——用更自然、更简便的方式，提升人和机器的交互效率，享受比以往更丰富的应用服务。如今，消费类电子产品市场不断成熟，用户需求变得更加多元化和个性化，一些专注特定需求的“小而美”产品或产品特质，往往也能获得一定的市场份额，如一些国产智能手机品牌营造的“粉丝经济”，某些智能手机打造的摄影或音乐功能，都是在激烈的同质化竞争中取胜的手段。

当然，单凭短短一段时间的表现，还不能说智能手表是苹果的滑铁卢。但即便大牌如苹果，要想真正实现与用户“全天贴身相伴”，也还要多琢磨用户的实际需求。这也给正在提升品牌影响力的中国企业提了个醒：品牌认知度、客户忠诚度如此之高的苹果，都有可能遭到冷遇，可见创新没有一劳永逸，只有摸透需求才能被市场接受。

资料来源：余建斌．苹果手表为何没火．人民日报，2015-07-20.（有改动）

[案例思考]

1. “苹果手表没火”是否存在着一个“公共关系问题”，为什么？
2. 可以怎样为苹果手表项目设计一份正式的公共关系调研方案？

本章实训

一、实训目的

1. 能够依据评估程序，为公共关系活动开展效果评估。
2. 知道根据公共关系效果评估的目的和要求选择依据。

二、实训内容

1. 实训资料

可以“苹果手表没火”为例，进一步收集和补充资料；也可另行选择有关案例。

2. 具体任务

（1）了解公共关系调研与效果评估之间的联系。

（2）能够根据调研阶段发现、明确的公共关系问题，公共关系工作大致的努力方向，考虑公共关系效果评估的基本内容。

（3）可以设计包括评估依据、指标体系等的公共关系效果评估方案。

3. 任务要求

（1）结合实训资料，提出公共关系效果评估的主要依据。

（2）结合实训资料，设计一份公共关系效果评估方案。

三、实训组织

1. 任课教师说明实训目的、任务，进度要求和评价标准。

2. 全班同学分若干小组，每组 3 人左右。

3. 实行组长负责制，自行分工和安排进度。

4. 在任课教师指导下，进行班级交流、讨论。

四、实训步骤

1. 分组进行理论准备，包括复习相关教学内容和学习延伸阅读文献。

2. 在组长带领下，分别补充实训资料、完成整理工作，组织小组课外讨论，提出公共关系效果评估的依据和主要内容。

3. 分组完成包括评估依据、指标体系等在内的公共关系效果评估方案。

4. 分组展示与报告，开展课堂讨论。

5. 任课教师点评、归纳和总结。

延伸阅读

1. 道·纽森，朱迪·范斯里克·杜克，迪恩·库克勃格. 公共关系本质. 9 版. 于朝晖，袁王珏，毕小龙，等，译. 上海：复旦大学出版社，2011：95-130.
2. 斯各特·卡特里普，艾伦·森特，格伦·布鲁姆，等. 公共关系教程. 8 版. 明安香，译. 北京：华夏出版社，2001：227-298，343-366.
3. 戴维·阿克，库马，乔治·戴，等. 营销调研. 7 版. 魏立原，译. 北京：中国财政经济出版社，2004：38-54，99-118，286-304.
4. 弗雷泽·P. 西泰尔. 公共关系实务. 10 版. 潘艳丽，陈静，等，译. 北京：清华大学出版社，2008：139-160.
5. 丹·拉铁摩尔，奥蒂斯·巴斯金，等. 公共关系：职业与实践. 朱启文，冯启华，译. 北京：北京大学出版社，2006：107-131，177-200.
6. 纪华强. 公关关系的基本原理与实务. 北京：高等教育出版社，2006：134-174.
7. 叶茂康. 公关关系写作教程. 上海：复旦大学出版社，2003：141-217.
8. 钟育赣，等. 公关关系学. 南昌：江西人民出版社，1989：92-123，139-144.

第五章 公共关系计划和实施过程

引例

“阳光育苗”校园行策划案[①]（概要）

项目背景

为帮助莘莘学子迎接未来的职场挑战，安利公司从2005年开始，以“学习—体验—实践”为体系，通过校园讲座和企业参观实习计划等，开展面向全国高校的“阳光育苗”公益活动。覆盖25省40个城市，走进70所重点高校，开展96场主题活动，超过3.5万名学生受益。

本案在对原有活动体系改造的基础上，结合当下大学生群体特点，对2010—2011年度“阳光育苗”活动进行探索与策划。

项目调研

在同类性质的校园公益性活动中，开展最早的“阳光育苗”虽然具备一定的知名度与受众基础，但活动受益人数经过前几年增长，2009年开始出现大幅下降。同时，线上线下活动体系失衡，使项目进一步发展的空间受限。因此，建议新一年度的“阳光育苗”首先需要解决好战略和战术层面两个问题：战略上，“阳光育苗”如何进行更精准的品牌定位，如何将雇主品牌形象的构建植入活动，使企业品牌、产品品牌、雇主品牌三者产生联动效应，实现三丰收；战术上，“阳光育苗”项目如何在活动内容、形式等方面创新，提升活动吸引力和影响力，使“阳光育苗”避免陷入衰退期。

项目策划

本案拟定三大目标：全年活动受益人数2万人，比往年最高人数翻番；树立

---

① 该项目获第三届全国大学生公关策划大赛一等奖，2010年12月获全国总决赛银奖。FK团队队长林靖，成员王瀚敏、占锐南、罗碧裕、田瑞芮，指导老师钟育赣。

"安利与社会分享成功，以助力大学生就业为己任"的企业社会责任形象；提升安利雇主品牌知名度与美誉度，扩大在大学生市场的影响力。

传播主题为"助你启航，职海扬帆——安利给力我成长"。采取"新闻宣传造势，校园拦截先行""线上线下配合，网络传统穿插"和"活动分级进行，宣传逐步推进"策略，使"阳光育苗"活动更好地覆盖拟定的目标受众——高校学生、校内外媒体、社区和政府相关部门及安利公司雇员。

项目执行

（1）结合"阳光育苗"五周年契机，通过新闻发布会高调宣布安利公司将打造一个全新多功能线上育苗平台——"阳光育苗城"，将此次校园行整体活动过程与学生、社会分享。

（2）通过结合低碳环保公益热点，在低年级人群开展"C计划——大学生综合素质选拔赛"，积聚人气并提升育苗城的用户数量。

（3）紧接着开展"求职岁月分享博客大赛"，通过"安利搭台，学生唱戏"，建立高年级与低年级之间分享成功经验的平台。

（4）结合当下热门电影《2012》中的诺亚方舟制造舆论热点，在高年级人群开展"'诺亚方舟职场号'安利实习生计划"，打造星级训练营，为学生提供实习机会及相关培训，把年度活动推向高潮。

项目评估

相比往届"阳光育苗"校园行，本案形成了更鲜明的活动策略，从以往公益性主题升华到雇主品牌形象塑造的高度；充分考虑了当下"90后"大学生群体特点，由以往线下活动为主向网络、线上活动和新媒体发展，由传统讲座形式向线上全方位体验育苗城项目过渡；对目标人群进行了进一步细分，区别于以往活动覆盖人群主要集中在大三面临就业群体的模式，分别针对低年级及高年级开展对应活动。最后，对实习生计划项目进行了大胆创新，将其演变为一个线上擂台赛，并通过"星级训练营"塑造安利雇主品牌形象。

资料来源：广东外语外贸大学（FK公关团队）."阳光育苗"校园行策划案［J］.国际公关，2011（1）.（有改动）

阅读与启示

安利（中国）日用品有限公司对外事务副总监李君评点，该案在充分的前期调研基础上，设定了明确的目标、清晰的策略和具体的模式。充分运用目标对象所信任和依赖的网络新媒体，将原有活动丰富、深化和升华。尤其是"战略上的品牌定位"和"战术上的创新突破"，强烈吸引受众仔细研读其具体模式和方法。对于几位尚未涉足社会、毫无实战经验的策划人来说，能够考虑如此全面周到，且没有显示高深的理论，没有炫耀多余的"才华"，更没有离题万里的赘述，实在难能可贵。该案提供的策略和方法，对企业进一步提升这一活动的影响力，具有显著的借鉴价值。

本章知识结构图

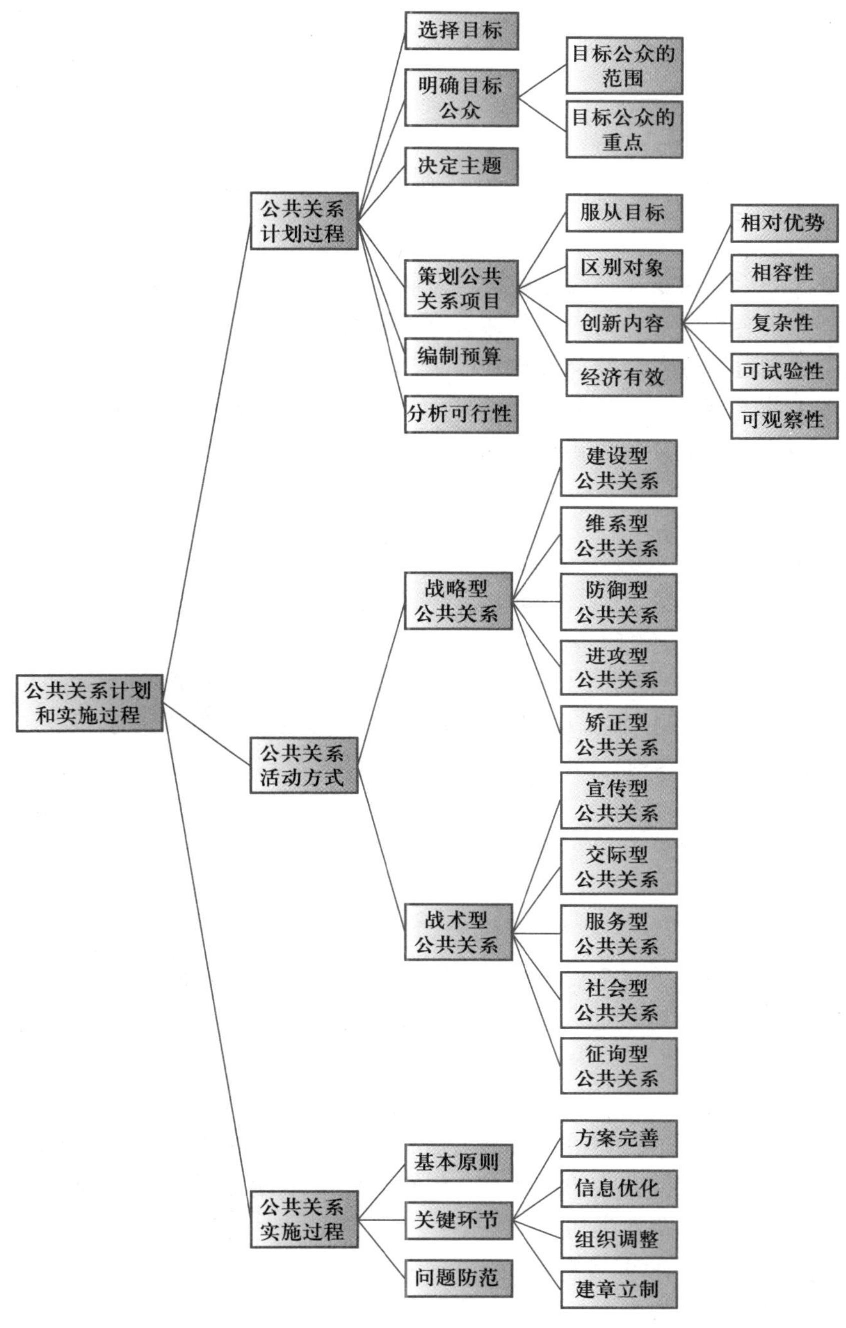

没有调研的计划是盲目的，没有行动的计划是没有效果的；而没有计划的行动，则可能是致命的。建立良好的公共关系，不仅需要善于发现和“预警”公共关系问题，还要根据解决问题的要求，制订公共关系计划，并把方案、措施落实到位，实现预期的公共关系效果。进行总结与评估之后，又是一轮调研、分析，发现新的公共关系问题，开始新的公共关系活动……这是一个循环往复，不断螺旋式提升并累积公共关系效果的过程。

第一节 公共关系计划过程

计划是事先的部署和安排。通过系统、有序地整合公共关系的专门活动和日常事务，统筹人力、时间和资金等资源，为完成公共关系任务奠定基础。

公共关系计划过程亦称公共关系规划、策划，包括选择公共关系目标，明确目标公众，决定公共关系主题，策划公共关系活动项目，编制预算以及分析可行性等关键环节。最后，按一定的文本格式，形成公共关系计划和策划书。

小链接 5-1

公共关系计划的一般类型

（1）长期计划。时间较长，使命宏观；一般是方向性、原则性和框架性的指导性计划。通常附有近期的年度计划。

（2）年度计划。以一年为期，目标具体。通常包含多项专题计划。

（3）专题计划。以应对具体“事件”“变化”为主要任务，目标、时间和公共关系的举措具体、详细。

一、选择目标

计划的起点是目标，是集聚资源、开展工作以追求并希望实现的某种状况，或预期达到的某一水平。目标也是计划的重点，是一个组织通过自己的努力“想要”获得的某种成效或结果。

（一）公共关系目标的类型

以公共关系名义从事的一切活动，不论是利用机会还是避免威胁，最终都是为了解决公共关系问题——影响特定的公共关系状态，树立某种良好的组织形象。因此，在性质上公共关系目标可以归纳为三种基本类型：

（1）以促使希望发生的事情发生为出发点。例如一家商场开业伊始，一家企业新产品上市，其公共关系活动通常指向的就是广泛告知，吸引公众关注和激发购买热情。

（2）以避免不希望发生的事情发生为侧重点。例如，一家公司战略转型已久，最不愿意看到的就是公众印象依然停留于过去，影响其未来业务与发展；一家企业在员工当中发现离心离德的苗头，也会通过努力中断这一倾向。

（3）以补救不希望发生但已经发生的事情为中心点。例如面对危机事实与伤害，积极行动，以防事态进一步恶化。

三类基本类型的目标，相互有一定联系，也有可能发生转化，尤其在前两类之间。一般来说，做好“希望发生”，也可以是避免“不希望发生”；做好“不希望发生”，也可以是促使“希望发生”。但在公共关系计划和具体的项目中，三者的工作重心、努力的重点是有所差异。

（二）企业常用公共关系目标举要

将上述三类公共关系的目标具体化，就形成了特定的公共关系目标。例如：

（1）推出新产品之前，使消费者、经销商等有足够的认识和了解。

（2）进入新市场时，谋求公众对其声誉、品牌和产品的了解，提高知名度。

（3）进入新的业务领域时，改变公众原有的印象，使其社会形象与新的经营活动相适应。

（4）当政策和行为被误解时，设法调整与相关公众的关系。

（5）向特定公众介绍企业，尤其是公众不熟悉又感兴趣的情况，以赢得公众的了解和赞赏。

（6）因管理不善出现问题，如生产过程、产品造成的不良后果，帮助企业内部找出原因、承担责任，帮助公众了解企业为此所做的积极努力，争取公众谅解，尤其是重新获得信任。

（7）增进企业的凝聚力、员工的向心力，加强内部横向交流，促进上下之间顺畅沟通。

（8）介绍企业关注社会福祉和社区发展，积极参加公益活动的事实。

（9）保持公众对企业发展的关注和了解，尤其是创新产生的技术进步和社会贡献。

（10）发行股票时，使社会和公众对企业特色、经营管理、发展前景、盈利状况和主要领导者、组织结构等有足够的了解。

（11）保持与政府、名流公众的联系和沟通，如党政领导、人大代表、政协委员、意见领袖、媒体人士和专家教授等，使他们充分了解企业的发展和社会意义。

（12）巩固顾客信心，争取支持，以强化市场地位。

小案例 5-1

港湾公寓（1）[①]

芝加哥在美国的中部，依傍着美丽的密歇根湖。当地的一家房地产公司，看中湖中一个景色秀丽的小岛，开发了几幢豪华公寓。小区命名“港湾公寓”，四面是水，与外界隔绝，恍如“世外桃源”。

三年来，港湾公寓只售出35%的住房，降价也不见起色。公司非常焦急，想不出个中的缘由。照理说公寓建筑质量上乘、设施良好，周围景色迷人，价钱也不算太贵，居民完全有购买能力……困境中，公司请来了一家公共关系公司。

公共关系公司就港湾公寓遇到的问题展开调研。他们设计了问卷，访问住户和周围的居民。结果发现，潜在买主以及对他们购房决策有影响的人，对港湾公寓缺乏整体了解，存有偏见。比如，一些老人觉得住在里面冷清寂寞，找不到年龄相仿的伙伴聊天；年轻夫妻觉

---

① 资料来源：王凤璋，方宏进. 公共关系实务. 长沙：湖南文艺出版社，1988：14-15.（有改动）

得环境虽然不错，但是交通不便，买东西难，孩子上学更难，又没有娱乐和夜生活。

他们制定了公共关系计划。整体目标是为营销港湾公寓形成良好气氛，使滞销公寓成为抢手货。根据整体目标的要求，分解出以下子目标：

（1）建立港湾公寓住得舒适、服务设配套完备的形象。

（2）在港湾公寓已有的住户中，推动良好的邻里关系，发展群体意识，形成彼此融洽相处、互相关心的小环境。

（3）改善港湾公寓的对外交通条件。

（4）说服本地的意见领袖入住港湾公寓，从而影响、劝说一般公众。

（5）开展活动，提高港湾公寓知名度；策划新闻，引发公众和社会舆论的关注度。

（三）公共关系目标的一般要求

（1）合理性。公共关系目标要符合实际情况，反映公众的真正意愿，社会能够接受并支持。具体目标要能为组织自身和公众、社会的利益服务，遵守道德规范和承担社会责任。

（2）层次化。一个组织在一个时期内，有可能同时追求几个目标。若干目标组成了目标体系，从不同角度多侧面地反映组织的追求。同时，一个较大的目标通常又会分解为若干较小的、次一级的目标。

选择公共关系目标，要清楚不同的目标之间的关系，以及它们各自的地位和作用。如一个组织有其基本的目标和特殊目标，使命、愿景等属于前者，营销目标、公共关系目标等属于后者。依据目标的作用和影响范围，有战略性目标和战术性目标；依据实施时限长短，有长期目标、短期目标；等等。必须从全局分析目标之间的关系，公共关系目标服从组织的基本目标，公共关系短期的、战术性的目标服从长远的、战略性的目标。同级目标要根据轻重缓急排列，并明确优先目标。换言之，要考虑目标之间的因果关系、主次关系，分层顺序排列；保持目标之间的一致性，防止出现相互不协调的、“鱼与熊掌不可兼得”的甚至彼此消长的目标。

（3）量化。目标不能只是概念，要结合数字、时间等，提出明确的要求。把目标转换为具体的指标，便于公共关系具体工作的筹划、管理。

（4）激励性。设定的目标必须有能力、有把握实现，能够调动参与各方的主动性、积极性，达到“全员公关”的境地。目标值的确定，既要考虑外部环境和内部条件，又要参照其他如社会的平均标准，同行业领先者、优秀者的水平，依据“平均先进”的原则决策。一般来说，高于社会平均水平并向优秀“标杆”组织看齐的目标，更能激发为之努力的潜能。

（5）弹性。目标要留有余地，情况变化时能够继续把握方向和大局，仍有指导和协调作用。

二、明确目标公众

基本公众或“一般公众”泛指一个组织的所有公众，目标公众特指其中的与公共关系计划、目标有关的那部分公众。一般来说，一份有期限等要求的公共关系计划，既无法兼顾也没有必要面向全部公众；一次具体的公共关系活动，也不可能解决组织与其公众之间所有的公共关系问题。明确目标公众，就是根据公共关系的任务找出基本公众中，实现目标必须给予相应关注，通过公共关系活动必须与之互动、沟通，才能实现具体公共关系目标的工作对象。

小案例 5-2

港湾公寓（2）[①]

根据计划，港湾公寓和公共关系公司确定了具体的目标公众，以及沟通方法和渠道：

（1）对于一般公众特别是潜在买主，通过实际行动加适当的内容传播达到目标。

（2）对于现有的住户，采用的方式是各种联谊活动，进行人际沟通。

（3）对于一般公众和政府部门，通过实际行动引起宣传。

（4）对于意见领袖，邀请参观、入住。

（5）对于记者及一般公众，方法是实际行动和大众媒介的宣传。

（一）界定目标公众的范围

明确目标公众首先要界定目标公众的范围，也就是思考和分析“他们都是谁，当中都有谁”的问题。通常可依据以下的思路：

（1）哪些公众与特定的公共关系问题有关？

（2）对于实现公共关系的目标，他们都有哪些具体的影响？

（3）他们相互之间，存在什么样的联系和逻辑关系？

结合调研获得的公众资料和数据，依据所要解决的公共关系问题、预期实现的公共关系目标，将“非公众”从中区别出去，可以明确公共关系工作涉及的具体公众与范围。还可依据公众系统的归属，组织对公众的需要和愿望，以及他们空间上的结合程度和稳定性等，分门别类，发现和挖掘其间的差异和共性，以描述他们的具体特征。

（二）识别目标公众的重点

不同的公众对于公共关系目标的具体影响，性质和大小等不会完全一样。所以还要识别目标公众的重点，区分优先对象和一般对象，为差异化地互动和精准地开展公共关系传播提供依据。

（1）依据目标公众的态度，可分顺意公众、逆意公众和独立公众。

（2）依据目标公众的知晓程度和变化动态，可分潜在公众、知晓公众和行动公众。

（3）依据目标公众的相对重要性，可分首要公众、次要公众和边缘公众。

通过厘清目标公众的构成、数量、性质与相互关系，分析他们对公共关系任务的相对影响力和重要性，可以合理配置公共关系资源，有利于公共关系战略、活动方式的选择和分类管理。

小链接 5-2

市场细分理论与方法

识别目标公众的重点，需要对目标公众分类、比较和选择。这项工作可以参

① 资料来源：王凤璋，方宏进. 公共关系实务. 长沙：湖南文艺出版社，1988：15-16.

考营销管理中，有关市场细分的理论和方法。

市场细分的理论

市场细分是温德尔·斯密（Wendell R. Smith）于1956年，在总结营销实践的基础上提出的概念。他认为顾客总是有差异的，表现出不同的需求，寻求不同的利益。因此应该对潜在的顾客细分，而不是只着眼于产品的差异。

市场细分致力于分析、确认顾客差异，从中寻找、发掘相似因素，把具体市场区别为有营销意义的不同部分，即细分市场（Market Segment）。简单说就是依据需求的不同，对潜在的顾客进行分类，使整体市场各个部分的内部异质性减少，同质性增多。每一个细分市场，是一个需求大体相近的顾客群体。

市场细分的依据

可依据顾客特征的不同（如地理因素、人口因素和心理因素等），也可依据顾客反应的差异进行市场细分。

（1）地理因素。生活在不同的地理区域，会产生不同欲望和爱好，对营销刺激形成不同反应。如气候条件不同、人口密度不同以及生活环境、地方文化不同，顾客行为都可能出现差异。

（2）人口因素。人们的需求和行为会因年龄、性别、收入、家庭生命周期和职业，以及教育程度、宗教信仰和民族等有所不同。

（3）心理因素。根据潜在顾客的心理特性，如社会阶层、生活方式和个性等考察和细分市场。

（4）行为因素。包括时机与场合，顾客追求的利益，使用者（如未使用者、曾经使用者、潜在使用者、首次使用者及经常使用者等）与使用率，品牌忠诚度，购买准备的阶段和态度等。

有些企业实施了“过度细分”。细分市场过多，导致产品种类大大增加，批量变小，成本上升。“反细分”应运而生，把狭小的“碎片”市场，依据其间的相似性重新“黏合”，以降低营销成本。

定制营销借助于现代制造和信息技术，同时兼顾批量化生产与个性化需求。一般的市场细分只是依据顾客的某些共性，把他们区别为若干同质群体即细分市场，以适应规模经济的营销要求。定制营销把每位顾客都视为一个独特的细分市场，力求包括产品开发在内的营销活动分别适应于每位顾客。

市场细分的方法

（1）单一因素法。选用一个因素进行市场细分，这个因素必须对顾客需要和行为的影响最大。

（2）综合因素法。一般采用两个以上的因素，同时从多个角度市场细分。

（3）系列因素法。也运用两个以上的因素，按一定顺序逐次细分。细分过程也是比较、选择目标市场的过程，下一阶段的细分在上一阶段选定的细分市场范围进行。

三、决定主题

公共关系主题是联结公共关系计划中所有的项目、活动的纽带。既是统率整个公共关系过程的主导思想，更是一个组织通过具体的项目、活动要向目标公众、社会表达的关键信息，其作用如同大型交响乐的主旋律。

提炼公共关系的主题，需要注意以下方面：

（1）体现目标。公共关系主题是公共关系过程所要传播的关键信息，必须能够表达公共关系活动的基本思想，诠释公共关系目标的社会意义和核心价值。要与特定的公共关系目标保持一致，相辅相成。

（2）生动形象。主题是公共关系目标的形象化，要融会贯穿于公共关系计划包括的全部项目，并可使用于公共关系过程的所有场合。必须鲜明、具体、得当，使人易于接受；使人感到可亲、可敬、可信，使人乐于接受。也就是能够打动人心，引起公众、社会共鸣、共享。

（3）新颖独特。主题要能展现公共关系目标的个性和独到之处，避免雷同和“跟风”，给人“不一样就是不一样”的印象。因此要力求创新，词句朗朗上口，易懂好记，过目难忘；语音语调悦耳动听，利于口口相传。

（4）简练通俗。作为关键信息，公共关系主题的具体形式可以多种多样，如一句口号、一条陈述或一个表白，应当选择目标公众喜闻乐见的语言和表述。遣词造句不可故弄玄虚，卖弄文笔，切忌晦涩、冗长。否则，容易造成不同的解读，不利于发挥统率全局的作用。

（5）合法合理。绝不违法违规，绝不违背社会道德和风俗习惯，否则公众和社会难以接受。

小案例 5-3

“世界的计时——精工钟表”①

1964 年，第 18 届奥运会在日本东京举行。精工公司不负众望，产品名扬赛场，并走向世界。

获得东京奥运会主办权之后，主办方决定的第一个事项，就是计时装置使用日本“国货”。此前奥运赛场的计时装置，几乎都被瑞士厂商所垄断。有人不安此举，担心出现故障会使大会难堪。精工公司决心消除人们的顾虑，以东京奥运会计时装置使用精工产品为动力，确定了“让全世界的人都了解精工计时是世界一流的技术与产品”的基本目标。公共关系目标是“荣获全世界的信赖”，公共关系主题是“世界的计时——精工钟表”。

整个计划实施长达四年。精工派员赴罗马奥运会，对欧米茄计时装置现状和使用进行调研。根据结果决定产品开发方向和程序，以及更为充实、成熟的公共关系计划。

公共关系活动分为三个阶段。第一阶段主要是全力以赴，提升技术、开发产品，并说服主办单位使用。精工公司一方面积极游说，另一方面将新开发的产品提供国内赛事试用。经过不懈努力，1963 年 5 月奥委会正式决定，东京奥运会全部使用精工计时装置。

---

① 资料来源：熊源伟，等. 公共关系案例. 合肥：安徽人民出版社，1993：238-240.

第二阶段，在改进技术、产品的同时，更多地传播“精工的竞技计时将被用于东京奥运会”等有关信息。为了国际上大造舆论，准备了奥运会预备会所需的宣传手册，广告活动也随之展开。预备会圆满结束，也证明了精工产品能够发挥良好功效。

第三阶段从进入东京奥运会的当年开始。公共关系的各种项目先后出台，宣传活动逐渐活跃。无论报纸、杂志还是广播、电视，报道奥运会有关消息或多或少都会提到精工……造成了“东京奥运会必须使用精工计时装置”的舆论。

整个公共关系计划顺利展开。东京奥运会使精工钟表声誉大大提高。

四、策划公共关系项目

一般来说，一个公共关系项目通常包括两大方面，即“做什么，怎么做”和“说什么，怎么说”，通过一定的活动内容、传播媒介和沟通方式等要素构成。制订公共关系计划，既要考虑个别的、具体的公共关系项目的设计，更要决定开展哪些活动、安排多少项目，厘清不同项目之间的逻辑关系，以承载关键信息、展现主题，完成公共关系的具体任务。

（一）服从目标

公共关系职能通过交流和沟通，从目标公众和社会获得特定的反应。一般来说，这些反应有可能是认知上的，也可能是情感性的，还可能是行为方面的。开展公共关系工作，就是把他们从目前的状态，导向预期的状态。因此每个项目都要在服从目标的前提下，找到具体的努力方向，以和计划中其他所有项目形成一种合力。

一般可由两条基本的思路入手：

（1）这个项目是为了与目标公众交流信息，联络感情，还是影响他们的态度，或者引导行为——也就是依据公共关系的职能，选择策划的出发点。

（2）这个项目是为了建立组织声誉，还是巩固形象，或者调整目标公众的有关认知——即依据公共关系的作用，选择策划的立足点。

小链接 5-3

“爱达”模式与效果层次模式

如何影响目标公众认知，改变他们的态度，促成他们的行为，理论上有许多解释。由于这是一个渐进和累积的过程，可以根据阶段性选择预期的效果，决定具体项目的目标。例如，参考“爱达”模式或效果层次模式。

“爱达”（AIDA）模式

“爱达”是英文字母 AIDA 的译音，也是四个英文单词的首字母。A（attention），引起注意；I（interest），唤起兴趣；D（desire），激发欲望；A（action），促成行动。

该模式认为目标对象受到影响，其反应会依次经过注意、兴趣、欲望和行动等四个阶段顺序发展，是一种循序渐进的变化过程。例如，首先必须吸引他们的注意力，然后才可能帮助他们建立兴趣，产生欲望，最后导致行动。

效果层次模式

该模式把目标对象的反应，依次区分为以下层次：

（1）知晓。如果大多数的目标对象还不知道，任务就是帮助、促使具体公众知晓。比如，可重复传播组织或品牌标识等简单信息达到效果。一般需要较长时间。

（2）了解。目标对象知道，但认识不多、不全面。要引导他们进一步认识和熟悉情况。

（3）喜欢。目标对象了解之后，有什么感受和评价？ 可能喜欢，也可能不喜欢，还可能无所谓。如果是负面看法，要查明前因后果再行沟通。如果不良评价来源于组织自身行为失误，仅靠传播就不能解决问题。公共关系要“做好自己，告诉别人”，才能使目标对象对事实产生正面、积极的情绪。

（4）偏爱。重在强化目标对象的情绪，在双方之间建立特别的感情。

（5）信念。是人们认为可以肯定或确认的观念、看法。公共关系活动要巩固目标对象心目中的良好印象，避免负面感受的长期驻留。

（6）购买。促使目标对象采取组织希望的作为。例如顾客已有信念，但也未必购买。他们可能暂时没有购买的意愿，或购买条件不成熟，也可能在等待时机……需要引导他们迈出最后一步，刺激其行为。

（二）区别对象

具体的公共关系项目，要对应目标公众的具体对象。所以不仅要清楚他们都是谁、都有谁，更要掌握以下的情况：

（1）具体对象的一般印象。即他们对有关事物的信念、感想等，例如对组织现有的认知和评价，对竞争者及其品牌的了解和看法，等等。作为客观事物在人脑中的基本迹象，一般印象在很大程度上影响到人们的态度和行为。

（2）具体对象的主要特征。可从人口特征、社会特征和心理特征等方面，分析他们的需求、态度与偏好。例如文化、亚文化背景，年龄、受教育程度、职业、婚姻和家庭状况，生活方式与主要参考群体，身份、地位与社会阶层，以及民族、宗教信仰，等等。

（3）具体对象的媒介习惯。即他们使用信息媒介、接触传播媒介的主要场合、方式方法。这是策划中设计具体的信息、选择传播渠道和媒体，以及决定何时、何地表达信息的重要依据。

（三）创新内容

策划公共关系项目，既要考虑关键信息如何表达，也要斟酌以什么形式具体展现，因此内容的创造性、新颖性非常重要。罗杰斯曾经研究创新的属性与采纳率的关系，指出创新（包括新技术、新观念和新事物等）能否得到采纳、被采纳的速度和范围，取决于创新的五个属性。[①] 同理，公共关系的内容创新，也可从这些方面探索：

---

① 埃弗雷特 · M. 罗杰斯. 创新的扩散. 4 版. 辛欣，译. 北京：中央编译出版社，2002：188-233.

（1）相对优势，即人们认为创新优越于其所取代的旧事物的程度。比如和以往的活动尤其是类似的项目比较，新项目的内容可被公众感受到的新颖、独特等越明显，价值、意义越突出，越能吸引“眼球”，接受、推广的速度也越快。

（2）相容性，指创新与社会环境和文化，人们的价值观、信仰和以往的经验，以及客户需求等因素之间的一致性和共存程度。公共关系活动的内容与公众的文化背景、生活习惯和观念越吻合、越相近，越利于得到推广；反之，与现有社会环境和文化相冲突，或需要改变人们的习惯和主流观念，导致较高的转换成本（conversion cost）等，推广速度就会大受影响。

（3）复杂性，即人们理解、使用创新的困难程度。公共关系项目及其表达的关键信息，越是简洁好懂、容易明白，越是有利于扩散；越是繁复庞杂，越不容易被接受，推广时间就要长许多。

（4）可试验性，指创新能被尝试、测验和操作的可能性，有利于人们了解创新的性能或结果的程度。一个公共关系项目的利益越是便于公众进行体验，越是容易感受到其意义和效果，也就越利于激发公众的热情、参与和互动。

（5）可观察性，即创新结果可被他人看见的程度。一个项目越是方便人们的概括和归纳，其特征和优点等越是容易描述和示范，其内容越是利于被扩散。这也是形成“口碑”传播的重要基础。

小案例 5-4

港湾公寓（3）①

根据公共关系的任务和目标公众的特点，港湾公寓和公共关系公司策划、实施了以下活动：

（1）加快完善公寓的配套建设，使小岛成为生活服务设施齐全、可以相对独立的小社会。于是商店、健身房和游泳池有了，酒吧、音乐厅和社区俱乐部有了，还开办了学校、幼儿园。通过广告向外界告知这些变化，帮助公众了解港湾公寓不再是生活不便之处，而是环境优美、宁静的宜居胜地。

（2）组织丰富的社区活动，增强住户之间的交流，融洽邻里关系。例如请来马戏团演出，教给大家小丑化装术。街坊们从中得到乐趣，左邻右舍又有了结识、攀谈的机会。感恩节来临之际，他们给每位住户发出问候信，并附上火鸡祝福。圣诞节是一年一度的盛大节日，公司又是组织居民举办圣诞家居装饰比赛，又是抢印港湾公寓景色的贺年卡和明信片。不仅为住户寄圣诞贺卡提供了方便，还增强了他们的自豪感，并且通过住户之手向其亲友宣传了港湾公寓……一系列活动下来，在居民中产生了很大反响。住户认为这家公司富有人情味，关心他们的生活，在这里住得舒畅安逸。最可喜的是大家能和睦共处，不像美国大部分地方那样人情淡薄。于是乎，街坊们越来越多地、由衷地向亲友、同事提到、赞扬和推荐港湾公寓。“口口相传”虽然传播面窄，可是一传十、十传百，滚雪球般的效果开始显现。知道港湾公寓的越来越多，大大强化了潜在买主的购买决心。

（3）对于港湾公寓的交通不便，公司耗资巨大，资助政府建造了一条连接小岛和陆地的

---

① 资料来源：王凤璋，方宏进. 公共关系实务. 长沙：湖南文艺出版社，1988：16-19.（有改动）

公路。不仅方便公寓住户上班、购物，还为芝加哥的社区建设做出了贡献。帮助政府改善交通条件，因此政府关系得到很大改善，在政府部门中树立了关心社区建设的良好印象。新公路建设是居民心中的大事，建造港湾公路这一行动引起记者关注，港湾公寓的名字由此得到很多报道机会。

（4）通过意见领袖现身说法。他们邀请芝加哥一些名流，如政府官员、知名教授、企业家以及体育、电影明星等参观港湾公寓，并向为芝加哥做出过杰出贡献的一些知名人士赠送公寓。在这些名人的崇拜者中，掀起了一股购买港湾公寓的热潮。

为了巩固以上公共关系活动的效果，进一步提高知名度，最后还策划了两大新闻。

首先，组织了一次“芝加哥历史纪念品大拍卖”活动，所得款项全部捐献给芝加哥建筑研究中心，作为建筑教育基金。他们在电视上大做广告，劝说市民捐献有芝加哥历史意义的纪念品。这一活动以支持公益事业为旗号，得到了广大市民支持，收集了不少的纪念品，其中不乏很有历史价值的东西。新闻记者追逐采访，港湾公寓得到更多“曝光”机会。一下子吸引了五百多户购买、入住，港湾公寓的形象开始深入人心。

其次，利用美国国旗制定二百周年纪念日，制造了一个令人瞩目的新闻。他们在港湾公寓楼前广场的空地上建了升旗台，竖了旗杆，请来附近海军学校的学员作仪仗队，请来乐队演奏。音乐声中开始了庄严肃穆的升旗活动。芝加哥市长特派代表主持，海军学员升起国旗，并在广场上用三角小旗变换出“港湾公寓”四个醒目大字，也为摄影记者提供了好镜头。当晚的电视新闻上，港湾公寓升旗仪式被报道，名声大振。

港湾公寓由此改变了滞销状况，成为了“抢手货”。

（四）经济有效

开展公共关系工作需要一定的人、财、物力的投入，但要注意节俭，防止过度消耗和浪费。所以应当考虑和比较各个项目的投入与收益，以有效实现公共关系的目标为前提，选择经济的做法和形式。例如，能有效果相同的不同传播媒介，就应择其花费较少者采用之。

五、编制公共关系预算

编制预算的意义，在于保证公共关系计划的切实可行，妥善安排轻重缓急。它也是公共关系效果评估的依据之一。

预算公共关系经费，一般有以下做法：

（一）固定比例法

按照一定的比例预算经费。比如企业可以根据上一年度的销售额，或对下一年度销量的预测，作为决定公共关系经费的依据。这么做，考虑了公共关系工作与企业发展如业务增长之间的联系。数额虽然会根据组织的具体情况，在不同年份有所不同，但总体上还是明确的、稳定的。不足在于，比例大小可能受到组织对于公共关系的认知和重视程度的影响；由于是“能有多少钱花”而不是“是否值得去花”的思路，也不能证明各项支出的合理性。

（二）量入为出法

根据组织的财务状况和承受能力，确定公共关系费用。虽然考虑了公共关系工作的必要性，但没有保证经费的稳定性和连续性。也忽视了公共关系具有的“投资”意义，以及必须不断努力、累积效果的特性。

我国曾有一家企业，当年以公共关系工作而著名。在公司和品牌都享有较高的知名度、美誉度之后，却因为经费原因，停止过一年的公共关系和其他营销传播活动，结果当年产品销量即大幅度下降。

（三）竞争对等法

根据主要对手或“标杆”组织的大致数额，同样或按一定的比例，决定自身的公共关系经费。主要为了保持相应的市场地位，或达成某种竞争“均势”。

（四）目标任务法

这种做法根据公共关系目标和预算期的任务，决定公共关系经费。首先，明确公共关系的目标；然后，根据目标的要求分解公共关系的任务，选择必需的公共关系活动项目；最后，提出各项具体工作需要的开支，其总和即为公共关系预算。每笔开支都有明确和具体的用途，在逻辑上更具合理性。

六、分析可行性

计划过程的最后一步，是通过比较计划的主要内容和基本条件，预测可能的问题、产生的效益和社会影响，提出需要完善的意见和建议。形成是否开展、如何实施的结论，并作为最终决定的依据。

分析公共关系计划的可行性，除了审查计划过程各阶段以及关键环节，还要注意再次确认以下的问题：

（1）人力资源方面。整个计划和活动的实施，有无足够、合适的人力资源保障。例如需要动员多少人力，什么结构的人力；不足的部分是内部培训，还是聘用外部的力量；通过社会直接招聘人才，还是与公共关系公司寻求合作……对这些都要有基本考虑，做出初步的估计和判断。

（2）时间进度方面。整个计划和活动如何划分阶段，不同阶段的具体任务与分工，完成任务的预期进度；各个项目起始、结束的恰当时点；同时进行的不同项目，相互之间是否存在潜在的冲突关系；活动是连续进行还是分段操作，前后如何“接驳”……要特别注意所谓的“时间陷阱”，即一些工作表面看来费时费力不多，实际开展以后根本无法按时完成，一拖再拖，影响整个实施进度。

（3）财力保障方面。执行公共关系计划，经费有无可靠来源；经费如何分割、列支，如每个项目的具体预算，信息资料制作、媒介使用、场地租赁和设备器材购置费用，以及人员报酬等要有基本准确的预算。一般可在总经费的基础上，加10%作为机动掌握。

小链接 5-4

高级主管应该对企划案提出的问题

科特勒指出，高级主管可以通过提出以下的问题，以判断一份营销计划是否稳健。[①] 同样，这些问题也适应于评价一份公共关系计划。

（1）计划列出一些令人振奋的新机会（公共关系机会）了吗？ 它同时也考虑到主要的威胁（公共关系威胁）了吗？

（2）计划清楚地定义目标细分市场（目标公众的范围、重点以及具体对象）与他们的相对潜力（对实现公共关系目标的相对影响力等）了吗？

（3）目标市场的顾客（目标公众）认为我们的产品或服务（包括组织形象）比竞争者的优秀吗？

（4）各战略彼此之间有连贯性吗，是否使用了适当的工具？

（5）这份计划达成目标的概率有多大？

（6）假如我们只同意 80%的经费，管理人员会删除哪些项目？

（7）假如我们给予 120%的经费，管理人员会增加哪些项目？

第二节　公共关系活动方式

公共关系活动是内容丰富、形式多样的工作实践。公共关系活动方式是根据一定的公共关系目标，将若干公共关系举措、传播媒介和方法等有机整合的系统框架，也是发挥特定的公共关系作用、争取预期的公共关系效果的操作模式。

不同的组织或同一组织面对的情况不同，或同一情况但面对的公众不同，或公共关系的具体任务不同，都需要选择不同的公共关系活动方式，以实现公共关系的预期目标。

一、战略型公共关系

战略型公共关系是依据组织发展的不同阶段以及公共关系的具体状态，配合组织整体的战略和目标实施公共关系活动的方式。它主要追求全局性、长远性的公共关系效果。

（一）建设型公共关系

建设型公共关系是一个组织为了开创新局面，向公众主动推介自身，以留下良好、深刻的“第一印象”，初步形成相关社会关系网络的公共关系活动。其目的是使目标公众、社会

① 菲利普·科特勒. 科特勒谈营销——如何创造、赢取并主宰市场. 高登第，译. 杭州：浙江人民出版社，2002：250.

对组织及有关的事业，产生明确的认知或新的兴趣，形成新的感受与体验。所以，多用于组织与公众交往的最初时期，如创始阶段；或某一重大发展过程，如战略转型阶段；或某项事业问世，如新产品、新服务上市的推广阶段。通过提高知名度，直接推动组织和事业的发展。

这种活动方式多以宣传和交际相结合的做法，吸引社会舆论和公众的关注，使之产生兴趣、愿意了解，形成好感并进而采取相应的行动。一般容易给人留下明显的"宣传"痕迹，所以应将活动的重点放在引起注意和提高认识上。并注意选择有利的时机、恰当的场合切入，既要把握"宣传"的分寸，又要力求新意，通过新颖别致的"曝光""亮相"，赢得公众和社会瞩目。要避免千篇一律、千人一面而使活动流于一般，更要防止沦为"噱头"和纯功利性的"炒作"。

小案例 5-5

北大录取通知书附游戏光盘①

在电脑上安装一款小游戏，开启后如同进入了真实的北京大学（见图 5-1），教学楼、图书馆、食堂等建筑尽收眼底……2010 年北京大学的录取通知书中，就附赠了这样一款名为"北大英雄"的游戏光盘，让不少学生大呼有趣。

图 5-1 "北大英雄"

打开游戏，以北大校门为背景的幻灯片上，两行字映入眼帘："北大、燕园，从今天起，这个名字将和你紧紧相连，或许它还能够影响你一生的轨迹。"

展示北京大学"春来鸟语花香，夏日荷叶满塘，秋后银杏纷飞，冬至满园银装"等如画风景后，游戏开始了。玩家在游戏中扮演一名北大新生，在校园内报到注册、领取校园卡，熟悉校内选课、学生资助中心、社团、食堂、图书馆等生活情景。游戏制作者还用 4 个学期模拟 4 个学年，并设计了相应的学分。

游戏还为每名新生设置了多种不同的能力属性：逻辑能力主要通过理科学习增长，文采主要在文科学习中获得，政治属性通过团委、学生会和党校来塑造，等等。

在游戏主人公闲逛虚拟的北大校园时，不少角色与其展开了风趣的对话。如"同学，你是来打酱油的么？""楼下买饭楼上坐，火爆餐厅常没座。"在"博雅塔"地图旁，一名"小

---

① 资料来源：高家龙，陈鲲鹏. 北大录取通知书附游戏光盘 虚拟校园角色扮演. 转自人民网教育频道（http://edu.people.com.cn/GB/116076/12470414.html），2010-08-18（原载荆楚网）.

女孩”感慨：“博雅塔下真知地，未名湖畔好读书。”“庞大”的理科楼群则被设计成了游戏“迷宫”。

记者致电北京大学，相关工作人员表示此举是为了让新生提前了解北大。记者在采访中发现，绝大部分受访学生认为，通过玩电脑小游戏适应大学生活，生动、新颖。

（二）维系型公共关系

维系型公共关系是在组织稳定、顺利发展的时期，保持与一般公众的“淡淡长情”，以稳定和巩固组织形象的公共关系活动。特点是立足于不动声色，却又十分执着；着眼于潜移默化，又不大张旗鼓。低姿态、不间断保持适度的联系和来往，使公众始终感受到组织的存在“如影随形”，维护已有的声誉和影响力。

在操作上，维系型公共关系有两种思路：

（1）“软维系”。活动目的虽然明确，目标公众并不限定于特定人群，通常也没有更多的、直接的要求。如保持一定的媒体曝光率，街头和建筑物长期竖立形象、品牌广告，分发服务性、知识性信息、资料，或无偿提供相关的便民措施，以及逢年过节的专访、慰问，等等。近年来，开设微博、微信，创建网络百科有关词条，公共场所提供免费 Wi-Fi 等，也成为“软维系”的重要做法。形式灵活多样，表现得自然、超脱，使公众不知不觉、自然而然地联想到特定的组织。

（2）“硬维系”。目的较为明显，公众也不难理解组织的意图。多通过实惠服务等举措，维护与特定公众的感情联系和良好往来。如在消费者当中实行“会员制”优惠，给小微经销商赠送含有组织标识的店铺牌匾，为社区提供健身设施设备，向学校食堂提供印有组织标识的餐桌，与重点客户定期不定期联谊，等等。选用的方式方法应当为公众所能接受、乐于接受，切忌演变为纯粹的、“变相”的商业性活动，以至于令人反感。

小案例 5-6

可口可乐馆“快乐工坊”①

顾名思义，“工坊”就是生产的地方。上海世博园的可口可乐“快乐工坊”，又是如何生产快乐的呢？

一看，感受来自企业文化的快乐。还未入馆，两个可爱的吉祥物就蹦蹦跳跳地出来迎接。以吉祥物为主人公的 4D 影片，把一瓶可口可乐历经千辛万苦生产的过程，描述得生动活泼。影片不仅吸引小朋友，许多成年人同样被吸引。影院里不时地发出一阵阵开怀的笑声。

二尝，感受来自企业产品的快乐。每位来到“快乐工坊”的游客，都能得到一小瓶可口可乐，品尝可口可乐产品中的快乐因子，体会公司“健康快乐、冰爽活力”的产品理念。

三体验，感受来自企业创新的快乐。亲手制作“可乐冰昔”的环节，是“快乐工坊”的亮点。一拧、一关、一摇，一瓶普通的可乐就变成了冰冻的“可乐冰昔”，很多游客大呼有趣、神奇。“环保轻量瓶”的“魔力”，是比普通的塑料瓶轻 30%。空瓶一拧再放进垃圾

---

① 资料来源：李瑶. 世博游可口可乐馆“快乐工坊”：生产快乐的地方. 中国网·旅游频道（http://www.china.com.cn/travel/txt/2010-08/18/content_20735930.htm），2010-08-18.

桶，减少所占空间。

可口可乐大中华区副总裁李小筠告诉记者，可口可乐公司作为上海世博会唯一饮料赞助商，倾注全力和热情打造“可口可乐快乐工坊”，就是为了展示企业文化和社会责任感，向所有参观世博的游客传递快乐生活、健康低碳的理念和企业不断开拓创新的品质。

（三）防御型公共关系

防御型公共关系是在危机与伤害发生之前，通过及时调整组织政策和行为，适应环境变化和异动，防患于未然的公共关系活动。特点是以防为主，避免公共关系状态继续失调，防止、减缓矛盾的爆发。通过及时发现威胁和不利趋势，采取防范措施，填补可能有损于公众、社会利益和组织形象的“疏漏”。

实施防御型公共关系，也有两种基本思路：①

（1）“强本固源”式。通过平时积极地建立正面的形象，强化公众的正面认识，增强和累积危机时的抵抗力。以防止组织身陷不利环境、舆论时，公众的信心出现大面积的动摇。

（2）“正本清源”式。通过预先告知危机时的相关情境，尤其是可能的负面信息，如谣言、中伤和恶意攻击等，使公众预先能有相应的心理准备，形成“危机抗体”。这种思路并不适合所有的组织。就像打“预防针”，一个人如果已经体弱多病，免疫系统无法抵御病毒疫苗，反而会对健康造成伤害。所以组织需要首先衡量自身“体质”是否足够强壮，能否经受相应的风险。

小案例 5-7

苹果推出回收计划②

2013 年 7 月 13 日凌晨 2 时许，“@ M 小静 1128”微博称，妹妹用正在充电的 iPhone5 接电话突然被电倒，随后不治去世。“原本她的婚礼将在 8 月 18 日举行，望苹果公司能给个说法。也请朋友们切记，不要充电时打电话。”

此微博立即引来众多网友的关注和转发。“@ 胖子不胖”留言，他的手机也在充电时发生过漏电，“拿起来感觉手被麻了一下，赶紧把手机丢到一边”。 在百度搜索“iPhone 漏电”，显示 1 550 000 个结果，不乏“充电时漏电”“iPhone 漏电很厉害”等帖子，甚至前些天重庆还有晚上 iPhone4 放枕边充电，手机发生爆炸的惊险事故。

随后记者联系苹果售后服务热线。工作人员告诉记者，iPhone 漏电的情况有可能，“可能是电池问题，也可能其他部件故障。建议充电时不要拨打电话”。

一家手机社区就此发起“你相信这是真是假”的投票。1 030 位网友参与，18. 62%的选择相信，11. 64%的怀疑事件的真实性，其他 69. 74%持观望态度、半信半疑。不过专家也建议，要使用合格手机、电池、充电器，不要在温度过高环境下充电，充电时最好不要长时间打电话。

8 月 7 日，苹果（中国）宣布推出电源适配器回收计划。苹果公司称最近的报告表明，

---

① 吴宜蓁. 危机传播——公共关系与语义观点的理论与实证. 苏州：苏州大学出版社，2005：69-70.

② 资料来源：郑诚. 23 岁空姐被电死 iPhone 充电惹祸？警方称在调查. 羊城晚报，2013-07-14；佚名. 苹果推出回收计划 加 68 元可换购苹果电源. 北京晚报，2013-08-07.

部分假冒和第三方适配器设计可能不合理，并会导致安全问题。“尽管并非所有第三方适配器都存在问题，但我们仍推出 USB 电源适配器回收计划，让客户获得设计合理的适配器。”

依照计划，从周五开始至 10 月 18 日，用户对自己的任何 USB 电源适配器存有顾虑，可送 Apple Store 零售店或 Apple 授权服务提供商处理，随后可以 68 元特价买到一个苹果公司的 USB 电源适配器。用户需要同时携带一件苹果设备，供工作人员验看序列号。

苹果公司没有对电源适配器做出限定。这意味着用户持有的任何品牌的电源适配器，都能前往以特价买到正品电源适配器。

（四）进攻型公共关系

进攻型公共关系是在组织与环境发生冲突、摩擦，与特定公众的关系出现严重的失调，主动出击以摆脱被动和困境的公共关系活动。特点是“以攻为守”，着力于改善原环境，或改变对其过分依赖，调整、改造与特定公众的关系，从而保证组织能够继续顺利地发展。

进攻型公共关系针对的一般是不受欢迎的公众。例如遭遇不正当的竞争、不恰当的舆论导向等，使组织面临着严重不利，声誉受到很大影响。公共关系无处不在，无时不在。无论是通过申请政府部门作为，还是采取法律手段或其他方式维权，都要努力掌握公共关系的主动权。一方面，主动公开事实真相，提请一般公众识别真伪、明辨是非；另一方面，更要积极争取舆论和民意，获得理解、同情和支持，以保护自身的合法权益和形象。

小案例 5-8

农夫山泉“有点烦”[①]

2013 年 3 月，历来不甚太平的饮用水市场，又爆发了农夫山泉“标准门”风波。14 日，21 世纪网刊登报道《农夫山泉有点悬：水中现黑色不明物　5 年来屡被投诉》。15 日，农夫山泉微博发布《就瓶装水含沉淀物的说明》，称第三方权威检测机构检测，该饮用水符合国家标准各项安全指标。18 日，21 世纪网继续报道，《农夫山泉回应公告撒谎　黑色不明物依旧是谜》。25 日，刊登《农夫山泉丹江口水源地上演“垃圾围城”水质堪忧》。农夫山泉随后发布《关于丹江口岸边杂物的说明》。28 日，21 世纪网再发《农夫山泉水源地调查二：藏污纳垢或因选址不佳》。

4 月 8 日，由 21 世纪网《农夫山泉自订产品标准　允许霉菌存在》开始，媒体转向质疑农夫山泉质量标准。随后 21 世纪网偃旗息鼓，“站一旁看热闹”。4 月 10 日，《京华时报》打响对战农夫山泉的第一枪，《农夫山泉被指标准不如自来水》，称业内人士接受采访表示，农夫山泉执行的浙江“DB33/383—2005 瓶装饮用天然水”地方标准，对比发现标准中有害物质限量甚至宽于自来水……至 5 月 6 日，《京华时报》与农夫山泉展开了 27 天、65 个版面的持久战。北京桶装水销售协会通知下架农夫山泉，北京市质监局介入调查，农夫山泉桶装水因标准问题停产……微博成为农夫山泉与《京华时报》等交战的平台。全国 10 多个省市、数十个渠道，1 个月内超过 120 个版面含有谩骂《京华时报》内容的公告，也是农夫山泉回击的“武器”。

---

① 资料来源：佚名. 农夫山泉标准之争：监管部门失声引发口水战. 人民网江苏视窗（http://js.people.com.cn/html/2013/05/10/226849.html），2013-05-10.（有改动）

6 日一早，农夫山泉微博宣布下午 3 点在北京召开新闻发布会，实证自己标准严苛于国标、地标，是目前国内执行最高标准的企业之一。农夫山泉已向北京市中级人民法院提起诉讼，要求《京华时报》赔偿名誉权损失 6 000 万元。

诸多财经媒体微博参与直播，焦点对准的都是《京华时报》和农夫山泉的所谓“八问八答”，以及由“滚出去”构成背景音的混乱现场。“火爆”“混乱”成为关键词。争吵看似复杂，但最核心的是批评者认为，农夫山泉的地方标准过低，甚至不如自来水标准；农夫山泉辩称，这不是他们的唯一标准，其内控标准高于国家及地方标准。

发布会上，农夫山泉董事长钟睒睒宣布退出北京市场，并称“不会为舆论暴力低头，农夫山泉的尊严比金钱更重要”。此后舆情逆转。原本一直遭质疑的农夫山泉，或因退出北京的“悲情壮举”，或因发布会上《京华时报》记者的死缠烂打，企业在“权威”媒体前的弱势地位，获得了一些为其鸣不平的声音。

按照@深蓝财经联盟的说法，在其进行的突击调查中，27 个财经记者有 20 个支持农夫山泉，3 个支持《京华时报》，4 个弃权。新浪微博关于“你支持哪一方”的调查，截至 5 月 9 日，支持农夫山泉的 21 457 人，支持《京华时报》的 5 610 人。

此前虎嗅网发布的《步步臭棋！ 农夫山泉是如何自投绝路的》，作者曾批评企业“示众角色错乱，时而苦情时而精英”，策略失误。6 日在微博中承认：“京华此后的应对更让人感到五雷轰顶，其记者对花白头发的钟睒睒‘大妈吵架’般的姿态，几乎完全逆转了整个舆论场。”

FT 中文网《“媒体监督”的黑色喜剧》一文，将农夫山泉与三鹿事件对比。称后者存在广泛明确的伤害，前者无论消费者方面还是质检部门，都尚未提出大规模的问题反映、起诉、审查或惩罚。三鹿奶粉的广大受害者在求偿之路上痛苦挣扎时，媒体的聚光灯却集中在一个普通消费者可以很轻松地面对的事件上，真是一幕“有中国特色的媒体监督”黑色喜剧。

作为自媒体代表应邀赴会的微博大 V@五岳散人，当晚发布长微博《农夫山泉的水军、京华时报的蛮横》，“京华时报的不专业、蛮横，让我这个新闻界退役老兵惊讶不已；农夫山泉不加掩饰的水军战术，也让我失去了对他的同情”。

新浪汽车特约评论员江南小宋，直接为农夫山泉开“药方”，如果刚开始被质疑时就承认执行的标准有问题，但水的质量没有问题（通过权威声音证实），事情也许就到此结束，消费者最多抱怨下管理部门不作为，就此了了。

5 月 7 日，《人民日报》以《农夫山泉有点烦》介入：“对于水质安全问题，虽然企业提供了检测数据自证清白，目前仍未有权威部门给公众一个交代：农夫山泉的水，到底能不能喝？”5 月 9 日，权威部门终于表态。据《人民日报》报道，浙江“DB33/383—2005 瓶装饮用天然水”地方标准，确有 5 项指标低于国家《瓶（桶）装饮用水卫生标准》（GB19298）。但浙江省一直按照“国标地标并行、就高标准执行”的原则，严格执行国家强制性标准。

开展进攻型公共关系，重点和难点在于解决好两个问题：

（1）“以防为主”还是“以攻为守”。例如，苹果（中国）推出的电源适配器回收计划，以应对“部分假冒和第三方适配器设计可能不合理”导致的安全问题，可视为防御型公共关系。农夫山泉与一些媒体针锋相对，基本上属于进攻型公共关系。一般的原则是，依据如何行动更利于护卫组织形象，通盘考虑和选择决定战略方向。

（2）首要公众和战略战术的选择。一般情况下，大多数组织会直接剑指不受欢迎的公众，例如农夫山泉面对《京华时报》等媒体。然而在王老吉与加多宝的品牌之争当中，后者实际上选择了社会上的一般公众，通过各种“悲情牌”以赢得他们的同情和支持。公共关系工作在短时间内，一般难以转化逆意公众，却可争取和团结更多的独立公众，并坚定顺意公众的信心。

（五）矫正型公共关系

矫正型公共关系是在组织形象受到伤害、公共关系状态严重失调，采取补救措施善后的修复形象的公共关系活动。通过查明原因、消除影响，努力恢复公众和社会的信任。重点是避免不利的社会舆论长期存在和继续蔓延，防止陷入进一步的困境或窘境。

一个组织在与公众环境的交往中，因主客观原因和内外部因素，可能会有失误，也可能遭遇意外或误解。因此，组织形象受到的伤害归结起来，既有可能是被公众误解，如因为媒体报道的失误，或遭遇谣言甚至人为的破坏；也有可能是组织自身的行为、政策失误。对于前者，公共关系的重点是澄清误解、揭示真相，以平息风波、挽回声誉；对于后者要敢于担当，首先承认错误、积极补救，调整政策、行为以杜绝危机重演，并积极与公众沟通、争取谅解。

小案例 5-9

35 次紧急电话[①]

一次，一位名叫基泰丝的美国记者，来到日本东京奥达克余百货公司。她买了一台索尼唱机，准备作为见面礼，送给住在东京的婆家。售货员彬彬有礼，特地为她挑选了一台未启封的机子。

回到住所，基泰丝开机试用却发现该机没有内件，根本无法使用。她不由得火冒三丈，准备第二天一早就去奥达克余公司交涉，并迅速写了一篇新闻稿，题目是《笑脸背后的真面目》。

第二天一早，基泰丝动身之前，忽然接到奥达克余公司打来的道歉电话。50 分钟以后，一辆汽车赶到她下榻的酒店。车上跳下奥达克余公司的副经理和提着大皮箱的职员。两人一进客厅便俯首鞠躬，表示特来请罪。除了带来一台新的唱机，又送了一盒蛋糕、一套毛巾和一张著名的唱片。副经理打开记事本，宣读了一份备忘。上面记载着公司通宵达旦纠正这一过失的全部经过。

原来，昨天下午 4 点 30 分商店清点商品，售货员发现错将空心货样卖给了顾客。她立即报告公司保安迅速寻找，为时已迟。此事非同小可，经理接到报告马上召集有关人员商议。当时只有两条线索可循，即顾客的名字和使用的信用卡号。据此，公司连夜开始了一连串无异于大海捞针的行动：打了 32 次紧急电话，向东京各大酒店查询，没有结果；再打电话到纽约信用卡发卡银行总部查询，深夜时分接到回电，得知顾客在美国父母的电话号码。再打电话到其美国父母，得知顾客东京婆家的电话号码。终于找到了顾客在东京期间

---

① 资料来源：熊源伟，等. 公共关系案例. 合肥：安徽人民出版社，1993：178-179.（有改动）

的住址和电话号码……这期间的紧急电话，合计 35 次！

这一切使基泰丝深受感动。她重写了新闻稿，题目叫《35 次紧急电话》。

二、战术型公共关系

战术型公共关系是根据公共关系业务的特点，对公共关系活动方式所做的区分。公共关系战略的实现，往往同时需要不同的公共关系战术配合。所以，战术型公共关系活动方式可交叉结合或顺序使用。

（一）宣传型公共关系

宣传型公共关系通过各种途径，开展自我“宣传”，帮助组织建立良好的公共关系网络。过去主要依靠大众传播和印刷媒介、电子媒介等，以及一些大型公众活动，目前越来越多地使用网络媒体和自媒体，如微博、微信公众号等。特点是组织在活动中的主导性强，社会影响面广，提高知名度见效也快。

宣传型公共关系的主要做法有：

（1）新闻式。以新闻报道、专题通讯、经验介绍、记者专访等形式，通过大众传播媒体、网络媒体等广泛告知，也称作“不付费的宣传”。通过“别人”宣传自己，易于被公众接受，有良好的沟通效果。但是“别人”是否愿意宣传，自己往往没有决定权，主要取决于媒体。因此，要将重点放在创造条件、促成机会上，如召开信息发布活动、投寄新闻稿件或素材等；还可策划新闻事件，吸引媒体和社会关注。

小案例 5-10

张家界市长“娱乐化” 引争议①

“作家娱乐化，学者娱乐化，现在连市长都开始娱乐化了”……

“2009 中国张家界国际乡村音乐节”揭幕在即，张家界市长赵小明可谓身先士卒。作为此次音乐节的“形象大使”，赵小明不惜“丑化”自己，在音乐节形象宣传片中以“龇牙咧嘴”的卡通形象示人。市长亲自代言一个大型音乐节，并“舍身触电”以分外夸张的卡通形象出现在荧屏（见图 5-2），在我国可能尚属首次。

对于市长“自毁形象”之举，不仅各大网站和网络媒体疯传，而且引起了褒贬不一的强烈争议。如海南某网友表示，“这让市长的权威和尊严何在”，旋即遭到其他网友驳斥。大多数网友认为，市长本是“人民公仆”，不一定非得“高高在上”才能体现权威，这样亲民的举动倍感亲切。山东某网友表示“创意很好，画得太糙”，意指市长夸张的卡通形象“不敢恭维”。广西网友则表示，“男人最性感的器官是思想，理应给赵市长评一个‘史上最帅市长’！”

部分网友的评论：

澳门网友：有争议也是有利的，至少提高了音乐节的知名度。

---

① 资料来源：王小杨. 张家界市长“娱乐化”引争议　网友称其史上最帅. 红网（http://hn.rednet.cn/c/2009/05/07/1756624.htm），2009-05-07.

图 5-2　张家界市长赵小明以夸张的卡通形象示人

北京网友：赞一个！　这样的举动能增添官员的亲切感！

上海网友：有什么大惊小怪的，国外的总统都亲自设计自己的卡通形象呢！

美国网友：这是一种进步、一种亲民，中国的官员很多时候看起来很高傲，多做些类似的事情吧，有益！

福建网友：把张家界的旅游环境治理更好些，比卡通还重要！

四川网友：湖南是中部地区，但这个图片上右边的伴舞打扮得好像西部民族女郎，不是当地苗族土家族服饰，很失败。

辽宁网友：挺好的，平易近人，勇于创新，大部分老百姓应该是喜闻乐见的吧。

新疆网友：这个市长好帅耶，偶喜欢，音乐也很好听，给人很震撼的感觉。

湖南网友：这是先进的管理理念与张家界原始自然风景完美结合，相信音乐节能与宣传片一样能取得成功，我们为此而期盼！　……

（2）广告式。即以广告的形式，以组织形象为中心内容，直接或间接地表现、传播自身的理念、追求，社会贡献、经济效益和管理经验，以及取得的各种荣誉和成就等，达到自我“宣传”效果。一般不直接进行产品、服务的促销，而是着力于展现组织的形象，所以也叫公共关系广告、形象广告。

还可通过其他一些方式和媒介，开展宣传型公共关系。例如借助于名人、明星等的声望，“搭车”吸引媒体、公众对特定事物、事件的注意力，同样能有良好的传播效果。常见有一些社会团体聘请名流担任名誉职务，许多酒店、企业邀请明星下榻或名人到访，借以扩大社会影响。

小链接 5-5

寻找名人代言的法则①

（1）代言人的商业价值。一般情况下，代言人大多是公众人物或意见领袖。选择代言人，首先代表企业方（或赞助方）对代言人的个人品牌形象和社会价值表示认同；其次，企业方通常更看重的是代言人背后的支持者力量。代言人的商

① 参见：闫益佳. 代言明星陷丑闻　企业该咋办. 国际新闻界，2014（10）.

业价值主要体现为公众关注度、公众影响力、曝光率、身份地位符号和与品牌契合度等。影响商业价值的主要因素，还是在于明星自身，三个关键角度分别是专业成就（如运动成就，获奖和公众荣誉）、个人品牌塑造（社会形象价值，如慈善、义演等社会责任活动曝光度）以及个人私生活。

（2）关键考量因素。取决于品牌、产品定位和目标客户与代言人的拥护者（粉丝）之间的契合度。选择代言人除了选择有名、形象正面，还需要考虑与品牌属性是否合拍。例如体育明星代言球鞋、运动饮料合适，代言家电、快餐就未必了。

（3）商业行为目的和代言人价值之间的平衡。选择代言人，要在商业目的和代言人价值二者之间寻找平衡。企业处于不同阶段、出于不同目的用不同的代言，需要代言人个性特点尽可能和品牌定位相似。如运动品牌要表现活力，就不应用比较柔弱的女性特点代言人；化妆品品牌尽可能使用形象较好的代言人。

（4）忌用品行不稳定的名人。作为品牌形象代言人，其形象与品牌形象息息相关。一旦爆出品行不端或恶性绯闻，必将连带影响品牌，“城门失火，殃及池鱼”。品行不端的明星不用，绯闻不断的明星慎用，品行不稳定的明星忌用。品行不稳定的明星就像不定时炸弹，不知道什么时候会爆出个什么问题。

（二）交际型公共关系

交际型公共关系活动以作为组织成员的人员媒介等为主要载体，通过社会交际和关系沟通，为特定的组织实现联络感情、协调关系或化解冲突的目的，广结良缘，创造“人和”的公众环境。传播一般不经其他中间环节，沟通可直接进入情感层次。由于有良好的亲切感和更多的灵活性，注重感情投资，在增进好感与缓解矛盾方面的效果突出。还能融合于日常交往的各个方面，成为使用最多、应用最广的一种公共关系方式。

交际型公共关系有两种主要的做法。一种是社团交际，指组织之间的联系和交往，具体形式有座谈、联欢、招待会、工作餐或宴会等；一种是个体之间、个体与组织的接触和日常往来，包括拜访、祝贺、信函和电话以及参观访问等。

交际型公共关系的优势是直接灵活、亲切温暖与富有人情味。因此，一要以礼相待，二要以诚相待。不仅要注意社交礼仪，做到文明礼貌、“入乡随俗”，让对方感受到应有的尊重，还要感情为重，不丧失原则，杜绝庸俗关系。需要注意的是，社会交际只是公共关系的一种工作方式，不是公共关系的目的，不可将私人之间一切的人际交往等同于公共关系。

小链接 5-6

公共关系人员的社交形象

精神面貌

- 有充分的自我意识，包括自尊心、自信心；
- 开朗、乐观和健康的情绪；
- 朝气蓬勃，富有感染力——周围的人能从你身上得到启发、鼓励，因你在场而兴奋、活跃；
- 精力充沛，头脑敏捷。

待人接物

• 谦虚；

• 理解别人，懂得默契；

• 热情，宽容。

仪表举止

• 做事稳重，从容不迫；

• 谈笑有节制，恰到好处；

• 语调温和，悦耳；

• 善于听别人说话，懂得“抱歉”和“谢谢”；

• “站有站相，坐有坐相”，大方得体；

• 穿着打扮与时节、地点、场合匹配；

• 善于留下良好的“第一印象”——与生人相识的前后几分钟，应表示极大关注和热情；

• “入乡随俗”，遵守相关社交礼仪。

道德风尚

• 尊重他人的人格、权利，生活方式，兴趣、爱好，绝不伤人自尊。因为别人对你的尊重，是以你对他尊重为基础的。

• 善于区分真善美、假恶丑，敢于坚持原则，旗帜鲜明地弃恶扬善。

• 积极关心别人，主动帮助别人。

（三）服务型公共关系

服务型公共关系以提供相关的服务为信息载体，向社会显示组织的宗旨、性质和胸怀，释放诚意和善意，亲近目标公众，感化人心。通过有意义的“实惠”举措，可在组织和公众中建设巩固的，看得见和摸得着的“桥梁”。它更容易被公众所接受，特别有利于提高组织的美誉度。

这种方式以行动为“语言”。一般来说，一个组织可从两方面，理解和担当相应的社会责任①：

（1）从“对自身基本任务的完成”方面，开发和提供与自身业务相关的延伸服务。诸如许多企业向顾客提供各种售前、售中和售后服务，一些非营利组织、政府机构努力提高其服务水平、服务效率。由于面对的是有直接利益关系的具体公众，有时也难以明确“分内”“分外”的边界，活动往往要做到出类拔萃、极其突出，才有显著的公共关系效果。例如当年的IBM，把周到、完善的服务奉为公司宗旨，提出“IBM意味着最佳服务”；美国的凯皮特公司规定“凡是购买公司产品的客户，不论在世界上任何地方，需要更换零件的话，公司保证48小时之内送到用户手中。不能按时送到，公司的产品就白送给客户”。

（2）从“对与组织行为相关问题的关切”和更进一步的“对一般社会问题的关注和贡

---

① 关于一个组织社会责任，读者可回顾本书第二章“社会组织与公共关系”之第一节“社会组织是公共关系的主体”中的“二、公共关系的原则”，尤其是“（二）以承担社会责任为前提”。

献”方面，发展和形成对自身义务认识的深化服务。例如一个组织开放其内部资源，免费或收费提供社会、公众使用。由于面对的主要是只有间接或潜在利益关系的一般公众，往往可以收到更好的公共关系效果。

服务型公共关系一般依靠人际交往方式，直接联系和交流。传播符号可多种多样，人情味较为浓郁，而且反馈及时、调整迅速。在举措“实惠”和公众、社会受益的基础上，通过更多的大众传播媒介和网络媒介，可以扩大活动影响面，沟通更多的公众。

作为公共关系的一种方式和载体，“服务”不能只是成了一般的促销。它更重要的意义是树立组织形象和维护声誉，必须实在、“实惠”，切忌过分掺杂商业性成分。

小案例 5-11

可口可乐媒体接待中心①

2010 年上海“世博会”期间，可口可乐在世博园区设立了一家媒体接待中心。在许多记者的口口相传中，这里是他们在世博园里的“另一个家”。

通体可口可乐红、不足 30 平方米的迷你新闻中心，左手边是 3 台存放饮料的冰柜，右手边是双人沙发，中间小小的吧台上放着糖果、小点心，周围 3 个吧台凳。最里边并排 5 个电脑工位可免费上网。正墙挂着的液晶屏幕，播放着可口可乐的历史和公益活动短片。侧面挂着世博园区导览图和记录牌。来过这里的记者，8 月 13 日中午 11 点 40 分，记录着 8 523 位。

记者有的是联系可口可乐馆的采访，有的可能是急着找地方发稿，有的是走累了、歇歇脚。只要是上海世博会的注册记者，都会免费提供可口的点心和饮料……小小的媒体接待室并不起眼，但从中折射出的细心和周到以及愿意主动与媒体交流的姿态，却是可口可乐一贯秉承的理念。

2008 年北京奥运会，可口可乐体验馆的媒体接待室就成为可口可乐发布信息的重要渠道。上海世博会的可口可乐馆沿用了这一设计，而且请专门的公共关系公司负责运营。

（四）社会型公共关系

社会型公共关系通过发起或参与特定的社会性、公益性、赞助性活动，达到组织与公众沟通的目的。特点是社会参与面广，影响相对较大。活动范围可大可小，方式可简可繁，也有的费用较高。一般来说，由于与公众交流的触点多，可同时提高组织的知名度和美誉度。

社会型公共关系活动多从以下方面入手：

（1）依托组织自身具有社会影响、社会意义的重要事件主办活动。如开业剪彩、竣工仪式、周年活动以及纪念日、开放日等，“自己搭台，自己唱戏”。有目的、有意识地邀请有关嘉宾、一般公众参与，不仅渲染喜庆气氛，更可再会老朋友以加深友谊、结识新朋友以建立感情。

（2）选择组织所在社区或其他组织的相关事件参与或举办活动。一般可利用传统节日、民俗和具有影响力的公益事业，其他组织的有关重要活动如公众论坛、文艺演出和知

---

① 资料来源：郑雨旸. 迷你新闻中心. 中青在线-中国青年报，2010-08-17.（有改动）

识大赛等，“他人搭台，自己唱戏”。更可以表现出一个组织的社会责任感与担当，更易于拉近与一般公众的普遍感情，扩大组织的正面影响。例如，安利（中国）日用品有限公司2006年以来，一直以“学习—体验—实践”为体系，面向全国高校开展“阳光育苗”公益活动。

开展社会型公共关系活动，重要的是引起公众兴趣和积极响应，以及社会的关注和重视。要选择好公共关系主题，公众感兴趣的内容和形式，尤其是传播方式；注重利他性、文化性以及趣味性、娱乐性，使之能够成为一段时间社会舆论的焦点、人们津津乐道的话题。要根据自身需要和实力量力而行，不可一味贪多求大；要从组织的长远考虑，服务于树立、保持良好形象，不可急功近利。

（五）征询型公共关系

征询型公共关系以了解社会舆论和相关信息为基础。但不只是听取民意、收集民情，保证组织运行中的“耳聪目明”，与社会发展的趋势和公众变化同步；更重要的是通过这一可以双向交流的过程，主动向目标公众传递和表达特定的信息，如对所征询的事实、事件的关注和态度等。

征询型公共关系分为两种基本形式：

（1）常规征询。特点是长期、繁杂，内容较为宽泛，重在通过持之以恒的努力和表现，体现组织的关心和诚意。如公开“总经理电话”“市长信箱”，定期不定期的“领导接待日”“员工茶叙”等，可随时获取公众意见并及时回应。通常属于公共关系的日常事务，但要有专门渠道和专人负责。

（2）专题征询。如听证会、座谈会和主题征文等。大多数涉及面广，通常列入公共关系专题活动的范围。常见的有一些企业举办“假如我是总经理”等献计献策活动。1988年11月，广州市政府曾以“让政府了解您，让您了解政府；住房是您的生存条件，参与是您的神圣权利”为主题，开展“住房改革千家谈”大型活动，以广泛了解民意。

开展征询型公共关系，必须要有公众的积极配合与互动。因此要站在公众立场考虑主题和关键信息，从社会利益出发选准切入点，以争取更多关注和多次传播。要采用目标公众喜闻乐见的具体做法，吸引他们自觉自愿和主动参加。

小案例 5-12

整治“走鬼”先求“走鬼”献计①

有30万“走鬼（流动商贩）”的广州，能否彻底解决“走鬼”管理的难题？

在昨日的新闻通气会，市城管委有关负责人透露全市主干道和重点区域共有268处流动商贩聚集“黑点”，存在污染环境、阻塞交通、带来安全隐患和扰乱经营秩序等弊端。过去“以堵为主”，始终绕不出“取缔→回潮→再取缔→再回潮”的怪圈。随着经济发展，广州对流动商贩聚集的“洼地效应”还将进一步放大，与流动商贩区域性特点叠加，给城市管理带来前所未有的困难，陷入疏堵都难以奏效的两难境地。

---

① 资料来源：裘萍，凌越，穗城管局，等. 又要整治走鬼 先求走鬼献计. 南方都市报（网络版），2010-08-17.（有改动）

市城管委负责人称，“光堵是不行的，一定得疏堵并举”，考虑在不影响居民生活、不影响市容景观、不影响交通通行前提下，筛选一批商业区域、市场周边和闲置地块等，作为流动商贩规范管理疏导试点。

在新闻通气会上，城管委就治理乱摆卖发起“媒体问计会”。与会记者提出“开辟公园等公共场所，限时限地开辟跳蚤市场，市民商贩皆可入场买卖，办好了还可吸引游客来参观”，以及“取消流动商贩疏导点卫生费，吸引更多流动商贩入场经营”等九条建议。市城管委副主任孙金龙称，“建议很有营养”。

他表示，市民问计会将于周五举行。市城管委通过南方都市报征集20名市民参加，提出意见并被采纳的将给予一定奖励。“十分欢迎流动商贩多提意见”，孙金龙当场拍板，20个名额中一半留给流动商贩。

第三节 公共关系实施过程

如何制订计划，反映公共关系思维的高度；怎样实施计划，常常是细节决定成败。公共关系部门和相关人员要以专业的精神、敬业的态度，创造性地在执行与控制环节，做好小事成就大事，精于细节成就完美。

一、公共关系实施的基本原则

公共关系实施是将“纸上谈兵”转为“实际用兵”，具体展开、落实计划各项要求和工作的过程。因此，必须注意坚持以下原则：

（一）目标导向

公共关系活动作为一个过程，实施中难免遇到意外和偶然事件。在排除它们引起的障碍或利用其带来的机会时，尤其容易偏离预定的方向，甚至以末为本。因此执行计划要统筹兼顾、不忘全局，大处着眼、小处着手，始终坚持以目标为导向，善于将意外和偶然事件纳入到计划的既定轨道。

（二）整体协调

公共关系实施过程涉及方方面面，必须努力做到互相协调与配合。

（1）保持公共关系涉及的方方面面，与公共关系的目标相协调。目标是一个组织与目标公众之间关系的症结所在，实现既定的目标就是解决公共关系问题，重新使组织与公众相互适应，引导关系进入预期的理想状态。因此，公共关系活动的各个项目，要始终与公共关系的目标保持协调。

（2）保持公共关系工作的一切努力，与目标公众的具体情况相协调。公共关系目标能否实现，取决于各个项目对目标公众的影响是否达到预期水平。任何偏离目标公众的做法都是徒劳无益的，会影响公共关系的效果。

（3）保持公共关系的各项活动，始终与公共关系主题相协调。使整个过程中的各个部分，形成一个有机系统，取得整体效应。

（4）保持公共关系工作的开展，和投入的人力、财力、物力、时间等相协调。公共关系活动要取得成效，就要使资源结合成最佳状态，以取得满意结果。

（三）控制进度

公共关系实施作为一个过程，同样具有多样性和阶段性。可能出现过度重视某一方面、某一阶段的现象，以至于忽视目标和全局，甚至误把次要的工作作为目标对待。这样虽能很好或出色完成局部的任务，但会影响整体目标的实现。所以执行中必须警觉这种倾向，及时协调和纠正，防止脱离目标、贻误大局。

控制方向和进度以及进行整体协调，可借助线路图、甘特图和时间进度表等工具和管理方法。

（四）实时反馈

计划的制订通常基于对现状的了解和未来的预测。无论如何周密，都可能与实际的情况存在一定差异。同时客观环境也在不断地变化，所以实施中仍有可能需要进行一些调整。因此，要不断地跟踪、监测计划的执行环节，及时反馈信息，根据新的情况修订计划、解决问题，保证目标和计划的实现。

实时反馈的主要内容，包括计划是否合理，符合预期；计划实现的程度、范围和效果如何；实施的方法、程序是否需要有所调整；所需的资金、人力等资源配置是否恰当；为了实现战略目标，在既定成本前提下，还有哪些方法、措施可以改进；既定的项目、过程已经对公众产生什么影响；还需要排除哪些沟通障碍；等等。

二、公共关系实施过程的关键环节

（一）执行方案的完善

无论是一个活动项目，还是整个的公共关系计划，其实施都应有详细、具体的执行方案，以明确关键环节和主要措施。一般可从何人（团队）负责（Who），每项工作的起始和完成时间（When），实施地点或场合（Where），工作任务（What）与预期效果（Why），活动方式（How）和资源配置（How Much）等七个方面，系统思考和反复斟酌，以明确执行方案的细节（见表 5-1）。

表 5-1　“5W2H”思考框架

	思考的维度	“一思”	“二思”	“三思”	方案的内容
Who	何人?	为什么	有更合适的吗?	的确如此吗?	责任人选
When	何时?	为什么	有更合适的吗?	的确如此吗?	起始结束
Where	何地?	为什么	有更合适的吗?	的确如此吗?	地点场合
What	做什么?	为什么	有更合适的吗?	的确如此吗?	工作任务

续表

	思考的维度	"一思"	"二思"	"三思"	方案的内容
Why	为什么?	为什么	有更合适的吗?	的确如此吗?	预期效果
How	如何做?	为什么	有更合适的吗?	的确如此吗?	活动方式
How Much	花多少?	为什么	有更合适的吗?	的确如此吗?	资源配置

(二)公共关系信息的优化

(1)信息的意义必须准确无误。包括检查所准备的各种信息、资料,是否符合解决公共关系问题本身的需要,是否与公共关系主题或关键信息相一致,等等。

(2)信息的内容必须充实、匹配。包括再次检查文字、图片、动画和音像视频等信息介质是否完整、全面,是否符合公共关系目标、媒介和传播平台的要求,是否适应目标公众的特点和习惯;在目标公众当中,是否存在与信息内容、沟通方式相关的负面情绪和对抗性心理、行为;不同公共关系项目之间信息的逻辑性、系统性,具体信息与公共关系任务的匹配程度;等等。

(3)信息的表现形式必须合适、恰当。检查有关信息传递的资料、宣传品设计等是否合理、新颖,能否引人注目、给人深刻印象,可否引起共鸣、激发分享的欲望……具体包括语言文字的运用,图表、动画和音像视频等的设计以及展示方式的选择,等等。

(三)组织结构的适应性

在公共关系实施中,组织结构应与公共关系的任务相一致,同自身的特点、环境相适应。因此,可能需要根据战略、计划和工作的具体要求,适时地调整、完善组织结构。

(四)建章立制

为了有效地实施战略和计划,行动方案、组织结构、规章制度等因素必须协调一致,相互配合。

要保证各项工作落在实处,还必须明确有关的各个环节、岗位和人员的责、权、利,明确要求与奖惩措施,并建章立制进行约束和管理。

三、公共关系实施中的问题与防范

(一)计划脱离实际

公共关系计划一般由公共关系部门与专业人员制订,执行则常常需要有相关部门、人员参与。专业人员可能更多地考虑总体的框架和基本原则,容易忽略操作、控制和一些细节,使计划显得笼统和形式化。专业人员可能不够了解具体问题,计划出现偏离实际的倾向。专业人员与相关部门交流不足,操作人员可能并不完全理解计划的内涵,执行中遇到困难……最终,导致专业人员与相关部门、操作人员产生对立和不信任。

所以,制订公共关系计划不能只靠公共关系部门、专业人员。可以由专业人员和有关部门、操作人员组成团队,一起讨论和共同制订计划。他们或许比专业人员更了解实际情况,参与计划的制订更利于计划实施。

（二）长期目标和短期绩效的矛盾

计划往往涉及长期性的目标。对于执行计划的具体人员，组织通常又会根据短期绩效进行评估和奖励。因此，有关人员可能不得不采取短期行为。必须考虑到这一矛盾的存在，设法求得两者的平衡。

（三）因循守旧的惰性

公共关系活动强调创造性、新颖性，因此常常由于不合传统、打破习惯，容易受到相关人员抵制。新旧战略、计划之间的差异越大，实施中遇到的阻力也可能越大。要推动与原来的工作要求、思路截然不同的新计划，往往需要打破原来的结构与流程，甚至重新再造管理机制。

（四）缺乏切实可行的操作方案

还有一些计划，在实施中之所以失败，是缺乏具体、明确的执行方案。没有可使相关部门、不同环节协调一致，“劲往一处使”的行动依据。

本章小结

计划与实施是公共关系过程的两个重要环节。公共关系部门根据调研的结果，需要制订相应的公共关系计划，并把方案、措施执行到位；总结与评估之后，开始新一轮的公共关系活动……公共关系工作就是这样一个循环往复，不断螺旋式提升和累积效果的过程。

公共关系计划过程亦称公共关系策划、规划。怎样制订公共关系计划，反映一个组织以及相关人员公共关系思维的高度。公共关系计划过程一般包括选择公共关系目标，明确目标公众，决定公共关系的主题，策划公共关系项目，以及编制预算、分析可行性等关键步骤，环环相扣。策划公共关系项目，通常要考虑“做什么，怎么做”和“说什么，怎么说”，应当遵循服从目标、区别对象、创新内容和经济有效等原则。

公共关系活动分为战略型公共关系和战术型公共关系。前者主要追求全局性、长远性的公共关系效果，具体包括建设型公共关系、维系型公共关系、防御型公共关系、进攻型公共关系和矫正型公共关系等五种方式。后者是根据公共关系业务的特点，对公共关系活动所做的区分。具体包括宣传型公共关系、交际型公共关系、服务型公共关系、社会型公共关系和征询型公共关系等五种方式。公共关系战略的实现，需要不同的公共关系战术配合。

如何实施计划，往往是细节决定成败。实施中要坚持目标导向、整体协调、控制进度和实时反馈的原则，抓住执行方案的完善、信息的优化、组织结构的适应性和建章立制等关键环节。

关键名词

公共关系计划　目标公众　公共关系主题（关键信息）　公共关系项目　战略型公共关系　战术型公共关系　公共关系实施

即测即练

请扫描二维码，在线测试本章学习效果

思考题

1. 公共关系计划与公共关系调研是什么关系？
2. 怎样明确具体的目标公众？
3. 决定主题（关键信息）在公共关系工作中有什么意义？
4. 如何策划公共关系项目，并分析其可行性？
5. 战略型公共关系有哪些活动方式？
6. 战术型公共关系有哪些活动方式？
7. 公共关系实施有哪些关键环节，需要注意什么？
8. 公共关系执行中容易出现什么问题，应当如何防范？

案例分析

从“危机”到“商机”（2）

面对 PPA 事件，环球公关公司协助中美史克，在调研、分析之后迅速启动危机管理系统，有效控制危机。在 PPA 事件 289 天之后，利用康泰克原有的品牌效应，将新康泰克推向市场。

项目策划

公共关系的具体目标，一是让公众了解中美史克为了人民健康，坚决支持中国政府有关部门的决定，立即停止销售和生产康泰克；二是积极、负责地面对媒体，在合作中有效传播企业信息，保护品牌，确保不再引发新的危机；三是为康泰克重返市场进行媒体关系铺垫，协助品牌重生。具体的目标公众包括媒体，如各通讯社，中央级媒体和重点城市的重点媒体，各地大众类媒体，医药类专业类媒体；中国政府医药主管部门；消费者和经销商。

公共关系的具体任务是通过有效沟通，强化中美史克的坚定态度：坚决支持政府决定，公司视消费者利益、人民健康为上——政府对保护人民健康有当然的责任，这与公司以及康泰克多年在中国市场的追求一致；媒体对政府决定和人民健康有当然的责任，这也是中美史克和康泰克的责任所在；消费者是上帝，品牌属于消费者，对消费者和人民健康的态度，是保护品牌和品牌重生的关键。

为此，公司必须做到、做好：

（1）迅速反应，争取主动。成立危机处理小组，第一时间开通热线电话，管理信息进出渠道；进行新闻发布，主动阐述事实，表明公司态度。经反复推敲，新闻发布会名称定为媒介恳谈会。“恳谈”，一方面传播亲和力，另一方面更表达真诚的态度。还可以把握主动权，确保对社会舆论的引导。

（2）密切监测，防患未然。全面监测国内各类媒体、网站及竞争对手消息，获取最新动态；收集有关报道剪报，及时汇总媒体情况；评估事态发展，为下一步行动提供依据。环球公关统一接听、处理媒体来电，对每一敏感问题准备准确的答案，确定统一的对外信息渠道、发言口径和发言人。

（3）以诚相待，积极沟通。恳谈会前后尽可能充分与媒体沟通，及时解答提问和要求。重点媒体重点沟通，提供充足资料并尽量满足采访要求。广交朋友，为重返市场进行铺垫。

项目实施

项目实施围绕媒介恳谈会和新康泰克重返市场展开。几个关键环节：

（1）媒介恳谈会会前准备。新闻发布定在2000年11月20日（星期一）下午，即国家药监局发布《通知》的第四天，有时间对媒体态度进行较深分析。公司总部在天津，但北京媒体集中，是许多国内外主流媒体的所在地，发布地点选在北京利于更全面、更直接与记者沟通。

准备工作包括媒体遴选，确定新闻发言人，提供敏感问题统一的标准答案，开通热线电话；以及准备会议文件，进行会前演练等。首先选择要求采访积极的记者。他们对PPA事件、康泰克和公司抱以极大兴趣，也准备大写特写，是需要迅速沟通的重点。同时主动邀请与公司有长期、良好关系的记者。外地媒体妥善接待，安排邮寄和传真各种资料。恳谈会以回答提问为主，新闻夹的资料少而精，只提供中美史克关于PPA问题的声明和康泰克的简介。

（2）媒介恳谈会的现场管理。新闻发布如期在北京国际俱乐部饭店举行。外地记者专人接待，大报小报、年轻与资深记者一视同仁；未被邀请而来的媒体单独登记并及时沟通，态度热情诚恳。记者纷纷就康泰克是否停产、公司如何看待事件，以及对消费者、经销商会有怎样的说法等提问。由于准备充分，发言人给媒体留下了深刻的印象。例如《生活时报》记者问，消费者手中康泰克可否退货。发言人、中美史克总经理杨伟强答："这是很多消费者关心的问题。首先，现在政府的要求是暂停销售和使用，因此消费者应该停止使用；其次，政府组织专家对有关问题论证、得出结果之后，中美史克会跟进工作。目前消费者可暂不考虑这方面问题，因为国家目前还没有进一步的结论，但应暂停使用。"在当时政府后续政策尚不明朗的情况下，安抚了消费者、解答了疑虑，又为中美史克今后的措施留有余地。

恳谈会开始前的一小时，CCTV《东方时空》栏目突然来电希望采访。环球公关立即协调，安排对杨伟强的专访。会后《东方时空》对PPA及康泰克做了客观报道。

（3）媒介恳谈会会后工作。包括协调CCTV《晚间新闻》栏目播发电视新闻。安排《天津今晚报》《天津日报》《北京晚报》《北京晨报》《科技日报》《羊城晚报》《新快报》等记者参加PPA事件座谈会，由杨伟强一一解答提问，并在其中加入公司对人民健康负责的形象宣传。为满足天津电视台、天津有线电视台和《广州日报》《羊城晚报》《新快报》记者的强烈要求，恳谈会当日还专门安排他们对杨伟强及公司特别专访。因故未出席的媒体，当日通过传真等发送中美史克声明、康泰克简介等资料。同时继续保持咨询热线，集中处理与事件有关的后续新闻采访，向媒体不断通报动态。在与媒体积极沟通中，传递了积极合作的态度。

（4）新康泰克重返市场。康泰克因PPA事件遭受重大挫折，但调查发现消费者依然怀有"康泰克"情结。因此新药加上"新"字，仍然取名康泰克。利用PPA事件处理中建立的良好媒体关系，表明公司为消费者利益、人民健康着想的态度；"新康泰克既是康泰克重返市场，又是一个新品牌进入市场"，把不含PPA的新康泰克告知消费者，首先是要媒体了解。

2001 年 9 月 3 日，同样在北京国际俱乐部饭店召开了“新康泰克上市北京新闻发布会”。共邀请了包括 CCTV、CETV、BTV 等在内的 69 家媒体、73 名记者，其中$\frac{2}{3}$均参与过 PPA 事件报道。后又在上海、广州和成都等地召开记者招待会，不只是为了新康泰克发布消息，更是要和媒体面对面交流与沟通。

项目评估

有效的媒体关系管理，帮助中美史克渡过危机，使康泰克再度重生。

（1）信息披露迅速有效。“媒介恳谈会”邀请 56 家媒体、60 多位记者，当中文字媒体 47 家（中央级媒体 29 家，地方媒体 18 家；北京当地的 14 家，外埠 7 家），电子媒体 7 家（包括 CCTV《东方时空》等 8 个栏目）。大多数对恳谈会做了如实公正报道，使公众能对公司立场和态度有比较清楚的了解。如《工人日报》10 月 21 日报道，“康泰克进入停产程序。中美史克天津制药有限公司愿意全力配合国家药政部门的有关后续工作，以切实保障人民群众的安全用药”。经调查，中国媒体和 SDA 以及许多消费者均认为恳谈会的召开及时，公司在会上表明的立场和态度更是值得称赞。

（2）媒体关系达到预期效果。通过一系列沟通工作，与媒体建立了良好的合作关系。《通知》之后铺天盖地的报道基本得到平息，避免了进一步危机的发生。恳谈会赢得了媒体支持和同情，他们转发《通知》的同时也纷纷转达中美史克的态度。第一时间畅通地将公司声音传到公众，有效引导了舆论、控制了局面。调查表明，媒体认为中美史克在 PPA 事件中应对准确，行动迅速，态度真诚。通过恳谈会，媒体对企业有了更全面了解，为康泰克的品牌保护、重返市场打下了坚实基础。

同时，恳谈会的召开也给中美史克带来喘息的机会，可与员工、股东进行沟通，为团结一致共渡难关做好思想和行动准备。

（3）新康泰克成功上市。2001 年 9 月 3 日，新康泰克陆续出现在各大药店，并取得了难得的销售业绩。新康泰克上市北京新闻发布会后的一个月，收到相关报道、各地转载报道文字剪报 314 篇。CCTV、BTV、中央人民广播电台、北京人民广播电台和北京交通台等电子媒体，也对新康泰克进行了积极报道。

资料来源：环球. 从“危机”到“商机”——中美史克 PPA 事件危机管理案例. 公关世界，2002（8）.（有改动）

［案例思考］

1. 根据公共关系计划的有关要求，你如何评价该项目的策划？
2. 依据公共关系实施的有关要求，你认为该项目的实施有哪些经验和不足，为什么？

本章实训

一、实训目的

1. 了解公共关系计划过程以及基本步骤、关键环节。
2. 能够按照规范，思考和撰写可行的公共关系计划（策划书）。

二、实训内容

1. 实训资料

自行选择一家企业或其他组织，了解其所需解决的公共关系问题。

2. 具体任务

（1）了解有关项目背景。

（2）开展调研活动，分析其存在的公共关系问题。

（3）按照公共关系计划过程的要求和步骤，进行公共关系策划。

（4）就该项目的实施过程和效果评估，提出建议和要求。

3. 任务要求

（1）完成该项目的公共关系调研，形成调研报告。

（2）完成该项目的公共关系计划，撰写策划书。

三、实训组织

1. 任课教师说明实训目的、任务，进度要求和评价标准。

2. 全班同学分若干小组，每组 5 人左右。

3. 实行组长负责制，自行分工和安排任务，控制进度。

4. 在任课教师指导下，进行班级的交流和讨论。

四、实训步骤

1. 理论准备，包括复习上一章和本章相关教学内容，学习延伸阅读文献。

2. 开展公共关系调研，整理调研结果并完成调研报告。

3. 以调研报告为基础，分组讨论公共关系策划的基本思路，并就公共关系目标、目标公众、主题（关键信息）、具体项目、经费使用和可行性等达成共识。

4. 分组讨论公共关系实施过程和效果评估有关问题。

5. 按照规范的文本格式，撰写并提交公共关系计划（策划书）。

6. 组织课堂讨论，分组介绍项目策划。同学相互提问、质疑和答辩，任课教师最后点评与总结。

延伸阅读

1. 斯各特·卡特里普，艾伦·森特，格伦·布鲁姆，等. 公共关系教程. 8 版. 明安香，译. 北京：华夏出版社，2001：299-342.
2. 道·纽森，朱迪·范斯里克·杜克，迪恩·库克勃格. 公共关系本质. 9 版. 于朝晖，袁王珏，毕小龙，等，译. 上海：复旦大学出版社，2011：318-348，408-427.
3. 丹·拉铁摩尔，奥蒂斯·巴斯金，等. 公共关系：职业与实践. 朱启文，冯启华，译. 北京：北京大学出版社，2006：132-176.
4. 菲利普·科特勒，埃迪尤阿多·罗伯托. 营销大未来：变革公共行为的方略. 俞利军，邹丽，译. 北京：华夏出版社，1999：291-354.
5. 钟育赣，万万. 品牌策划与市场传播. 广州：中山大学出版社，1997：157-194.
6. 钟育赣. 市场营销策划. 北京：中国商业出版社，1997：261-280.
7. 弗雷泽·P. 西泰尔. 公共关系实务. 10 版. 潘艳丽，陈静，等，译. 北京：清华大学出版社，2008：79-100.
8. 叶茂康. 公关关系写作教程. 上海：复旦大学出版社，2003：218-296.

第六章
员工公众与沟通

引例

坏天气下的内部公关

1998年12月9日，世界两大药业巨子阿斯特拉和捷利康宣布合并。合并后成立的阿斯利康公司，成为世界第三的制药公司。

合并并非总是皆大欢喜，将企业合并期间的内部沟通喻为“坏天气下”的内部公关并不为过。据统计，75%的企业合并后前4~8个月生产全面下滑。“人的问题”是陷入困境的最关键因素。分分合合给员工的冲击可想而知，不同背景的人带着疑惑和忧虑走到一起，如果不能同心同德、齐心协力，发展势必受到影响。

合并期间存在着诸多的不确定因素。上到总经理下至普通员工，都会关注与切身利益息息相关的“涉我事宜”（me issues）。如我是否失业，我的薪金是否受影响，我的新老板是谁等。天天萦绕脑际，容易动摇军心，影响整个公司效率。他们还急切地想了解新公司的生产、营销、管理和财务等情况，这类信息的匮乏会使他们感到组织缺乏管理和方向，影响对新公司的信心。虽然两公司产品非常互补，文化也有很多相似之处，但毕竟是两家而且国际制药行业均颇有建树的巨子，会有自己独特的工作方式和文化。

建立员工之间的信任，帮助他们尽快地了解新企业、熟悉新环境和投入新工作，成了传播部门的当务之急。阿斯利康公司制订了严密的内部传播计划，其公关目标是确保合并期间，内部沟通的一致性和连续性，争取沟通工作对合并进程的最大贡献，在员工心目中建立起新公司的形象，为新公司的内部沟通工作打下坚实基础。

（1）迅速成立传播工作组（communications taskforce），任命负责人。小组成员由两公司相关员工共同组成，确保正式沟通渠道的建立。

（2）制订了对内、对外沟通的计划。包括使命，小组成员，关键信息及工具，“最终产品”和期限，每个“产品”成功的定义，可能的问题与挑战。

（3）争取管理层对内部沟通的最大支持。传播组组长争取到中国区第一次合并会议第一个发言的机会。会上将沟通计划发出，征求意见和建议。

（4）合并会议后根据各小组反馈，设计“沟通责权表”。明确每个小组沟通方面的职责和相互关系，使沟通成为每个经理人的重要职责。

（5）除了使用电子邮件、定期公告等工具，还编制两周一期《快递》。通过透明的传播，遏制不确定消息的产生。随着合并的深入，丰富了《快递》内容，出版了《阿斯利康通讯》。

（6）建立内部沟通日志。阿斯利康在中国采用了其他地方不同的做法，保留了双方公司的总经理职务，实行双重领导机制。如何有效沟通，以确保他们的意图得到贯彻？内部沟通日志的目的，是明确他们在内部沟通中的角色和任务。

（7）积极进行员工反馈。如随《阿斯利康通讯》附反馈条，并针对员工反馈设“问与答”专栏；鼓励传播小组成员和不同部门员工接近，面对面了解他们的切身感受；调动各小组积极性，收集、反馈本部门员工的意见，预见本部门传播方面的问题；组织对员工的采访，将采访结果发表在《阿斯利康通讯》。

（8）组织阿斯利康生日活动。利用两公司员工首次面对面，传播新公司的企业文化。日期选择象征蓬勃、朝气、活力和光明前途的“六一”，在公司三大主要业务城市无锡、北京和上海举行。邀请了公司亚洲地区合并办公室负责人，以表现中国市场在亚洲的重要地位。两公司员工身穿新公司标识的T恤交叉入座，使大家有机会与新同事交流。特意为两位总经理定做特别的T恤，胸前绣上中国国旗和“1999年6月1日”字样，以表彰他们为公司发展创下的辉煌业绩。员工聚集一起，观看全球总裁讲话录像。在中国区合并办公室负责人悠扬的小提琴伴奏中，现场齐唱“生日快乐”；两位总经理共同切开印有阿斯利康新标识的生日蛋糕，员工举杯庆祝……现场录像寄到全国各办事处，使无法亲临现场的员工也感受到生日活动的气氛。

（9）开展新公司中文名称征集竞赛。员工通过参与活动，增强对新公司文化的理解。活动还推广到亚太区所有使用中文名称的国家、地区。每个参与者都有一份鼓励，即印有他们生活照的公司杯子，倒入热水便会显现照片。最终获奖的两位员工得到了特别的奖品——公司标识的纯金链坠及胸针。活动富有感情色彩，使大家感受到新公司如大家庭般的温暖。

（10）高层管理任命后立即组织对他们采访。针对员工反馈和提出的问题，新管理层做了相应回答，并展望了上任后本部门的发展战略等。

合并的步伐异常迅速。仅80个工作日新公司便告诞生，打破了船大难掉头的传说。各渠道的反馈表明，员工对有幸经历世界制药史上最大的合并案之一，并成为世界著名制药公司的一员而感到骄傲。

资料来源：郭惠民. 中国优秀公关案例选评（之四）. 上海：复旦大学出版社，2001：231-236.（有改动）

阅读与启示

实践中，许多公司的合并之所以失败，双方文化的差异性以及缺乏有效的沟通与整合，也是一大“瓶颈”。内部的公关关系和沟通工作，只是整个合并过程中的一部分，但却有着至关重要的作用。因为没有良好的沟通，员工就像是处在黑暗中；没有有效的沟通，员工士气必会受挫；没有充分的沟通，员工会始终被“涉我事宜”所困扰。

本章知识结构图

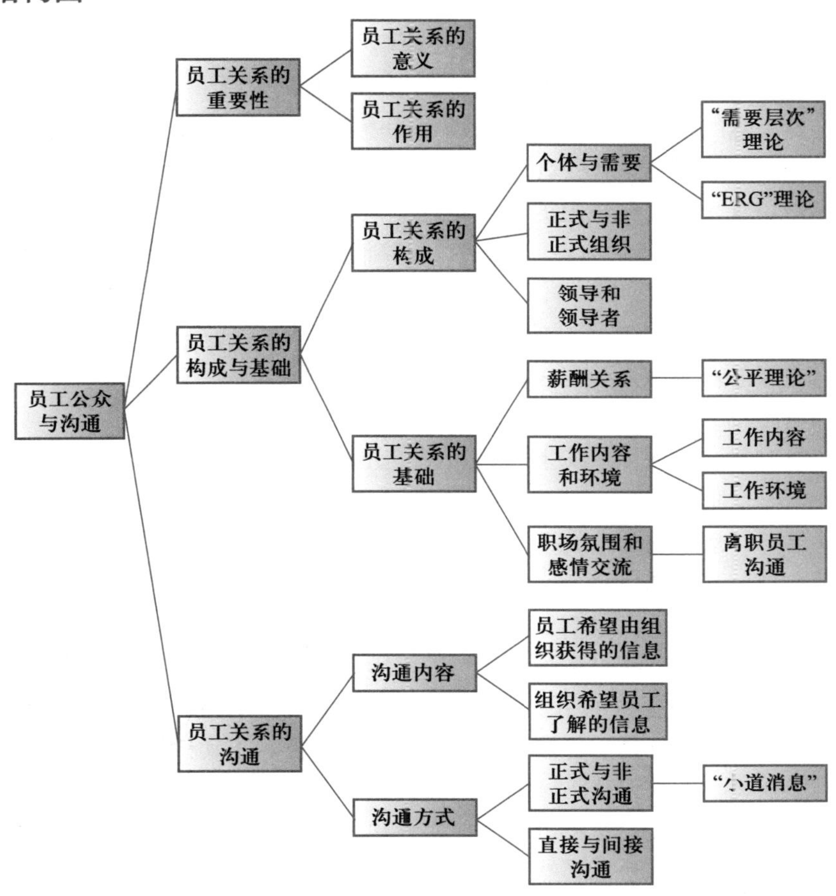

员工关系是一个组织以其员工为客体的公共关系。在任何组织，员工都是最为基本的公众，也是内部沟通的重点对象。

第一节 员工关系的重要性

一、员工关系的意义

员工作为劳动者，以各种具体的用工形式受聘（雇）于一个组织，直接通过脑力和体力劳动，为组织的生存和发展作出贡献。因此，员工关系的好坏直接关系到组织能否正常运行，并影响一个组织的目标实现。

（1）员工是组织最为重要的基础资源。他们是一个组织直接面对的、关系最密切的公共关系对象，是组织赖以存在的细胞。组织的一切方针、政策、计划和措施，要得到外部社会的认可和好评，必须首先获得员工理解与支持，并依靠他们的身体力行付诸实现。没有良好的员工关系，就不会有满意的员工；没有满意的员工，就难有满意的顾客；没有满意的顾客，就不会有满意的股东（见图 6-1）。一个组织对其员工没有正确的态度和制度，就等于一座大厦没有稳定的基础结构。只有全体员工的齐心协力，“拧成一股绳”，一个组织的基础结构才能牢靠。

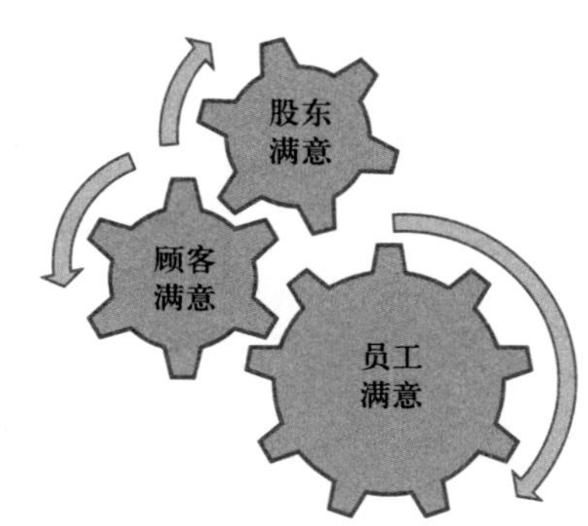

图 6-1 员工关系的基础作用

（2）员工是组织形象的具体代表。许多员工在“窗口”岗位，经常与外部公众接触，一言一行都会给社会留下或好或差的印象。他们充当了组织与外部公众互动的触角，直接展示着组织形象的某一方面，事实上也就站到了公共关系的第一线。在一般公众眼中，“组织”的概念是抽象的，“员工”则是具体的。谈到某个组织，必然联想到其员工；接触到某个员工，必然联想其所在的组织。员工的言谈举止常常会被认定为代表组织本身，其表现自然会对组织形象产生影响。即使在工作中不需要直接与外部公众来往，作为社会的一分子，他们在其他场合也会与社会发生联系。没有良好的员工关系，就不会有组织外部良好的公共关系。

（3）员工是一个组织智慧的主要来源。良好的员工关系，使员工具有强烈的责任心和决策的参与意识，也就能够调动他们的工作热情和积极性、主动性，发挥潜在的创造力，为组织的成长出谋划策、贡献智慧。

随着组织的发展和成长，业务可能更加多元化，组织结构也会更加复杂化。人员规模越来越大，组织与其员工的关系也必然更加复杂。因此要善于协调不断壮大的组织与日益增多的员工之间的关系，努力创造心情舒畅的氛围与环境，以保证组织内部的各种力量形成面向目标的合力。

小链接 6-1

员工参与的益处①

（1）如同本田汽车的创始人所说，如果说汽车性能是由马达决定的，那么组织的性能就是由“脑力”决定的。如果只有 CEO 想到改进的方法，这仅仅是一个“脑力”而已；如果整个管理层也开动了脑筋，那就会有 100～500 个“脑力”；如果鼓励每个人都为公司思考并提出意见，一个组织就能有 20 000 个或更多的脑力。

（2）在高度竞争的市场，只有为顾客创造良好体验的企业才会成功。顾客的良好体验，依赖于员工的满意度；不满意的员工不太可能令顾客愉悦，因为他们的愤懑或其他不良情绪会影响到他们的工作。因此，一个组织的成功离不开每一个人——制订战略的人，设计、生产或提供服务的人，营销人员，惹眼的迎宾人员，甚至接听电话的秘书等。

（3）要获得顾客、股东、社区以及其他利益相关者的信任，组织需要有统一的口径。管理层要避免官方渠道一种说法，员工与他们接触的人又另有说法。因此需要整个组织共享某种价值，这种价值要在员工中弘扬，并融入组织的一切决策中。

二、员工关系的作用

良好的员工关系像是“润滑剂”，可以和谐组织与员工之间、部门与员工之间和员工与员工之间相处的状态，调节、减少内部摩擦和损耗；良好的员工关系又如同“黏合剂”，使内部全体成员紧密联系，发展亲密无间的内部关系。

(1) 沟通组织内部上下之间的联系。增进领导者、决策层与下属部门、员工之间的相互了解，帮助他们更好地认识和执行组织的各项规定、章程和措施，强化他们对组织各项决策的理解和信心。

(2) 加强内部各部门、员工之间的联系。做好组织内部关系的横向交流，可以增进不同部门以及员工之间的相互了解，帮助部门、员工更好地了解自身的角色，培养分工与协作意识，强化整体观念，协调组织的正常运作。

(3) 培养员工为组织工作的自豪感。让员工知道组织的成就，了解在社会及行业中的地位，可以更好地激励员工。

(4) 提高员工的自信心和责任感。有效的公共关系沟通，可以使员工明确感受到组织需要他们中的每一个人，重视每个员工的贡献，珍惜每个员工的努力付出。因此，有助于调动他们的积极性、主动性和创造性，提高工作效率和服务质量。

(5) 增进员工的向心力和归属感。关心员工，使员工感受、体会到组织的冷暖关怀，

① 参见：阿伦·森特，帕特里克·杰克逊，斯黛西·史密斯，等. 森特公共关系实务. 谢新洲，袁泉，刘畅，等，译. 北京：中国人民大学出版社，2009：17.（有改动）

势必强化员工与组织之间的感情联系。

小案例 6-1

海底捞的秘密[①]

从无到有到在国外开店，张勇左手拿“以人为本”，右手拿“顾客至上”。正是坚持这种企业文化才有了为海底捞拼命的员工，有了消费者称道的口碑。

第二个“家”

技校毕业的张勇，一切经验都摸索自简陋的麻辣烫店。他的逻辑很简单，“公平”，把这口号贯彻到海底捞的治理中。员工视海底捞为第二个家，“人心都是肉长的，你对人家好，人家也就对你好。想办法让员工把公司当成家，员工就会把心放在顾客上”。怎样让员工把海底捞当成家？ 把员工当家里人。

信任是一种尊敬

人不仅需要爱，还需要尊敬。对员工的尊敬就是信任。在海底捞每个人都能有被信任的感觉，标志就是授权。张勇在公司的签字权是 100 万元以上；100 万元以下是副总、财务总监和大区经理；大宗采购部长、工程部长和小区经理有 30 万元的签字权；店长 3 万元。这种大胆授权在民营企业少见。

对一线员工的信任更让同行匪夷所思。普通员工也有先斩后奏的打折和免单权。只要员工认为必要，都可给客人免一个菜或加一个菜，甚至免一餐。等于服务员都是“经理”，这在其他餐馆是经理才有的权力。

赋予服务员免单权，意味着公司必须承担极少数权力滥用的风险；还必须承担滥用得不到制止，权力可能大面积滥用的风险。如何监控？ 海底捞特殊的干部选拔制度——除了工程总监和财务总监，所有干部必须从一线服务员做起，甚至极端到包括厨师长的职位。原因是不论厨艺多好，没有亲自服务过客人，就不知道服务员需要什么样的后厨支持。这样层层选拔上来的管理者太清楚了，什么时候才必须用免单这种极端的方式让客人满意。有心作弊的员工能骗过一次，但不可能逃过第二次。

除了有效监督，人的自律也使海底捞的免单权没有被大面积滥用。

双手改变命运

张勇不仅让员工相信“双手改变命运”的道理，还让他们享受了人“生而平等”的待遇。海底捞评价员工的标准不是学历、出身和背景，而是能不能干。只要能干，就能晋升到管理职位。

张勇还有一个不成文的规定，海底捞人真信。他许诺在海底捞做店长超过一年的，不论什么原因走，都要给 8 万元的“嫁妆”。他解释：“海底捞工作太繁重，能做到店长以上的，都有相当的贡献……应把人家那份给人家。小区经理走，给 20 万；大区经理以上的走，送一间火锅店，差不多 800 万。”然而海底捞十几年的历史、上百个店长以上的干部，只有 3 个拿走了“嫁妆”。

企业文化的形成与创始人有着千丝万缕的联系。张勇说得最多的是“双手改变命运”“把人当人看”和“人生而平等”之类的话。“我们的管理很简单，因为我们的员工都很简

① 资料来源：黄铁鹰. 海底捞的秘密. 中国企业家，2011（Z1）.（有改动）

单，是受教育不多、年纪轻、家里穷的农民工。只要我们把他们当人对待就行了。”

第二节　员工关系的构成与基础

“人”是一个组织不可或缺的资源，也是极其重要的资产。建立良好的员工关系，必须了解员工关系的构成和基础。

一、员工关系的构成

（一）个体与需要

组织内部的个体，一般是指员工个人。员工关系要引导个体行为，善于激发个体的积极性和潜能。人的行为受动机的支配。动机是推动个体行为的驱策力，行为的直接动因，促使个体行动并规定行为方向。

1. 马斯洛的“需要层次”理论

动机由需要而生。不同的个体有不同的需要，人们生理上、精神上的需要具有广泛性与多样性。心理学家马斯洛（A. H. Maslow）把人们的需要按重要性和发生的先后顺序，分为五个层次（见图 6-2）。

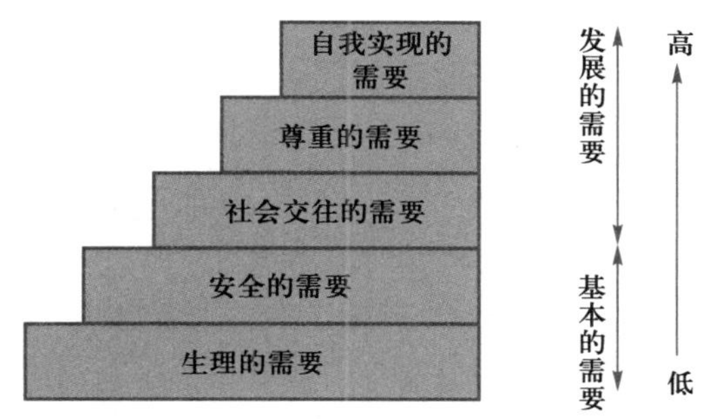

图 6-2　马斯洛的“需要层次”理论

（1）生理的需要。个体生存必须保障的“温饱”问题，如食以充饥、衣以御寒等。满足衣、食、住、行等最低限度的需要，使得一个人作为生物体得以存活。

（2）安全的需要。一个人对生理、心理等免遭伤害，受到保护、得到照顾的需要。产生于生理的需要满足之后，如人身安全、心理安全、财产安全、身心健康、职业保障和安居乐业等。

（3）社会交往或归属的需要。安全的需要得到保障，一个人会追求社会交往的需要，希望在社会上、生活中得到群体的承认、接纳和重视。这种要求强烈时，一个人会努力与他人联络感情，建立各种社会关系网络。

（4）尊重的需要。社会交往的需要得到满足，人会进一步追求荣誉、敬重与社会的认可，得到相应的社会地位。满足尊重的需要，一个人会产生自信、权威、独立、自尊等心理。

（5）自我实现的需要。在上述层次的需要得到满足以后，人会产生实现自己的理想和抱负，充分施展才华，成就一番事业的追求。这也是个体最高层次的需要。

按照马斯洛的观点，人会在同时存在多种需要，既有物质上的也有精神上的。对这些需要的重要性的认识，在不同时期会不一样。一个人首先会满足他认为最重要的需要，即需要结构中的主导性需要，这个需要因此成为他的动机。满足主导性需要以后，该需要会失去激励作用；下一个重要的需要，会占据主导性地位。个体对需要的满足，总是从较低层次向较高层次，从基本的需要向发展的需要变化。马斯洛的理论一定程度上指出了个体需要的一般规律，以及需要结构的关系。

2. 奥尔德佛的“ERG”理论

探讨“需要”从一个范畴到另一个范畴的发展，还可运用心理学家奥尔德佛的“ERG”理论。奥尔德佛认为，人会同时存在三方面的需要，即“存在”（existence）的需要、“关系”（relationship）的需要和“成长”（growth）的需要。同时，他提出了三个概念：

（1）“需要满足”。同一层次的需要中，某个需要只得到少量满足，一般会产生更强烈的需要，希望获得更多的满足。此时人的行为不会指向更高层次，而是停留在原有的需要层次，从量和质的方面追求更多满足。

（2）“需要加强”。较低层次的需要满足越充分，高层次的需要越强烈。

（3）“需要受挫”。较高层次的需要满足得越少，越会导致膨胀和突出，变得越发强烈。

奥尔德佛理论指出了一个事实，即个体需要的变化不仅是“满足—前进”，也存在“受挫—倒退”。

小链接 6-2

肯德基的人才培养之道①

首席人力资源官罗淑莹说，作为一家高速发展的服务型企业，肯德基以人为本的理念，充分体现在人才培养和发展中。

首先是强调自我发展，培养员工的主人翁精神。如果没有学习意愿，再好的辅导和培训机制也不会起到作用。因此员工从了解自己开始，了解自己的 EQ，需要怎样的培训来获得成长，有了这个基础，才会在员工中推行导师。

其次是全员领导。肯德基是一个关于人的业务，每位员工都是个人贡献者，不同的岗位需要不同的领导力和角色胜任力，因此在不同的发展阶段量身定制培育计划对每位员工都非常重要，不能厚此薄彼。但同时，肯德基强调的是培养“对”的人才。注意不是最好、最棒的人才，而是对的人才。每个岗位都有对领导力的不同要求，有些要求有洞察力，能带领团队，有些要求有策略性，把对的人放在对的岗位，就能造就胜任力。百胜特色的角色胜任力在于快速建立对岗位

---

① 钱丽娜. 探秘肯德基之道. 中国经营网_中国经营报（http://bmr.cb.com.cn/mba/2015_0703/1141783.html），2015-07-03.（有改动）

的知识（know how），既要知道是什么（know），也要知道如何解决（how）。

最后让员工成为行动的驱动者。百胜所用的人才培养公式是：百胜领导力=基本领导力+百胜特色的领导力，成为零售企业的黄埔军校。让人才从管理培训生和储备经理开始，在实践中全方位考查员工的能力，肯德基亦如此。在“立足中国，融入生活”的总策略下，人才培养也着眼“在中国，为中国”，以期获得对本土消费者的洞察。

一旦人才从评估考查中脱颖而出，企业会对其进一步加速培养。在整个培养的阶段，可以看到，个人贡献者强调的是专业能力，成为绩效管理者时要负责带团队，成为中层管理者后还需要管理更大的团队，履行更多的职责。昨天的成就并不能带领人们走向未来，而着眼未来的人才战略造就了肯德基的活力。

（二）正式组织与非正式组织

1. 正式组织

正式组织是有一定的结构、相同的目标和特定的功能的行为系统。作为社会组织设计出来的正式组织，有明确的目标、任务、结构和相应的机构、职能，成员的权责关系以及成员活动的规范。①

2. 非正式组织

非正式组织是正式组织的对称，也称非正式群体，最早由美国管理学家梅奥在“霍桑实验”中发现。是人们在共同工作的过程中自然形成的，以感情、喜好等情绪为基础的，松散的、没有正式规定的群体。人们在正式组织安排的共同工作和相互接触中，会以性格、气质、爱好、情感、信仰、志趣和观念等精神要素为纽带，形成若干人群，即“圈子”。它们不受正式组织中行政机构、管理层级等的限制，没有明确规定的正式结构，但是内部也会形成一些特定的关系结构，自然涌现出自己的“头头”，形成一些不成文的行为准则和规范。

一般来说，非正式组织内部会形成一种压力，驱使成员的行为趋于一致。因此非正式组织对个体的心理倾向和行为的影响，常常可能超过正式组织。非正式组织的需要和正式组织的一致，可以互为补充，有利于促进正式组织目标的实现；非正式组织与正式组织利益对立、矛盾，就会成为正式组织的障碍。

小链接 6-3

非正式组织的类型与特点②

通常可从“安全性”“紧密度”两个方面考察，划分非正式组织的类型（见图

---

① 有兴趣的读者，可参阅本书第二章“社会组织与公共关系”之第一节“社会组织是公共关系的主体”中，有关社会组织的内容。

② 参考：佚名. 非正式组织. 百度百科（http://baike.baidu.com/link? url = ZeXlyMgvoh1B8FIKzm85yvIdVIGHH1imQEn_B6I90GpTyUqM - V96Gu0bO - HZKCcm3se4OUlNZbSkBjvN1X - KWa）；佚名. 非正式组织. MBA 智库百科（http://wiki.mbalib.com/wiki/%E9%9D%9E%E6%AD%A3%E5%BC%8F%E7%BB%84%E7%BB%87）.

6-3）。积极的、正面的和有益的活动都是“安全”的，如满足成员的归属感、安全感，有益于成员之间的感情交流，增强组织的凝聚力，有助于组织目标的实现等；消极的、反面的、有害的，都是“危险”的。凡是有固定成员、活动计划和固定领导，小道消息又特别多的，都是“紧密度”高的；相反，则是“紧密度”低的。

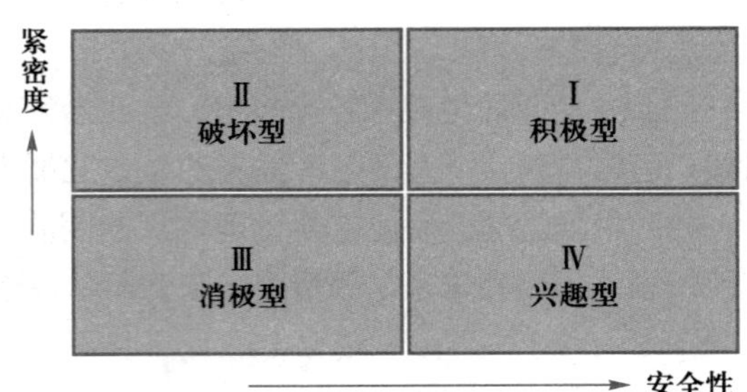

图 6-3　非正式组织的分类

（1）积极型。既积极，关系又很紧密的非正式组织。一般出现在组织文化良好的正式组织，员工和组织的命运能够紧密联系。比如当年日本本田公司的 QC 小组，完全自发形成。员工班后聚在一起，一边喝咖啡，一边对当天工作的问题和产品瑕疵畅所欲言，讨论解决的办法。

（2）破坏型。关系紧密，但很不安全。这一类非正式组织往往形成一种足以抗衡正式组织的力量，而且目的是出于自身利益，甚至为小团体利益不惜损害组织整体利益。其内部成员通常也不接受正式组织领导，听从于小团体领导。

（3）消极型。不安全，关系也不紧密的非正式组织。由于内部没有共同认可的领导者，“碎片化”为很多个小团体，每个小团体都有自己的“领袖”。同时，某些“领袖”并不认同正式组织，追求个人利益高于组织的利益。

（4）兴趣型。很安全，但关系不紧密。这样的非正式组织通常由于共同兴趣、爱好形成，成员之间重在自娱自乐。

虽然一般的非正式组织少有破坏型的，但若出现一定的外部诱因，消极型、兴趣型和积极型的非正式组织，都有可能迅速转化为破坏型。因此要对组织内部各种非正式组织有清晰的界定，比如它们属于哪种类型，“领袖”人物是否具备良好的思想道德和职业素质，核心成员有无高层领导，他们可否准确强化自身在正式组织中的角色……为监控和妥善处理非正式组织的“紧密化”和“危险化”奠定基础。

（三）领导和领导者

领导是引导和影响个体或群体在一定的条件下，努力实现一定目标的行为与过程。根据领导行为对被领导者的影响方式和影响力，领导者也可以分为正式领导者和非正式领导者。

1. 正式领导者

正式领导者由组织指定，并在组织结构中拥有正式的职位、职权和责任，通过领导行为实现组织的目标。他们通常依据组织赋予的权力，按照既定的要求和严格的章程开展工作，如制定计划、方针和政策，授权及进行奖惩、控制和监督等。正式领导者的职位设置相对稳定，不会因某一领导者的去留而消失，会由他人补位。不管是否拥有权威，他们都可运用合法的权力，影响下属的思想和行动，必要时可采用权力的消极形式影响下级的行为。

小案例 6-2

“一亿分给员工” 本质上是炒作①

上周末，许诺“拿一亿分给员工”而备受争议的超级课程表创始人余佳文，发文道歉称“一亿分红本质上是令人厌恶的吹嘘炒作”，并表示将从个人持有股份里拿出 10%，分给员工作为食言的补偿。

作为“90 后”创业代表，余佳文多次因大胆发言遭受热议，在网上显得有钱又任性，因此也被网友称为“90 后霸道总裁”。据了解，去年 11 月在做客电视节目《青年中国说》时，余佳文就表态自己在管理方式上，鼓励员工之间吵架，吵不了就打，住院了自己会负责掏钱。余佳文同时还豪言，“明年将会拿出一亿利润分给员工”。

然而在央视《开讲啦》最新一期节目中，谈及“一亿分红”的承诺时，余佳文公开反悔，称准备年底搞一大型“余佳文认㞞会”，表示自己做不到之前承诺的那样，“我就算做得到，我也不会去做。我认㞞怎么了”。此外，余佳文还称年轻人的企业就是玩出来的，不必过于认真。这一表态让 360 创始人周鸿祎在节目中直接“发飙”，直指余佳文讲话虚伪，称作为老板不能忽悠员工。节目播出后，余佳文这一言行也引发网友不满。有网友评论称，“全世界的牛皮都让你吹了，现在圆不上还这么横”。

上周末余佳文发长微公开道歉，称自己口无遮拦、年轻无知、价值观缺失，给很多人造成了伤害，给“90 后”贴了坏标签，并承认去年说“一亿分红”本质上就是令人厌恶的吹嘘炒作。余佳文还特别向超级课程表的员工道歉，称食言“一亿分红”给自己的信用打了一个折扣，为了重新取信于社会，将从个人持有股份里拿出 10%分发给团队，作为对“一亿分红”食言的补偿和道歉。

一个组织是否人心舒畅、士气高昂，员工是否态度主动、工作积极，很重要的就是有无“好”的正式领导者，能够在组织内部建立良好的氛围。因此，形成良好的员工关系对于正式领导者，是一种使命所在、职责所系，责无旁贷。

小链接 6-4

善于营建优秀的“领导文化”

作为领导者和上级，要善于在组织、团队中营建优秀的“领导文化”。如：

（1）明确目标以后，善于为下属合理分配有挑战性的工作任务。为了确保下级“做到最好”，要努力为他们提供相应的环境和工作条件，包括不断地为他们完成任务提供方向引导和信息支持。

（2）下级圆满地完成任务要及时祝贺，祝贺的内容要具体、得体。可以当面祝贺，也可亲笔写信祝贺，使下级看得见上级的赏识。表彰能激发下级渴求成功的欲望，当众表扬等于告诉下级，他值得所有的人关注和学习。表彰也不要忘了

① 顾梦琳. 余佳文致歉：“一亿分给员工”本质上是炒作. 京华时报，2015-08-17.（有改动）

团队成员，可以开会庆祝。庆祝会不一定十分隆重，关键是让团队知道他们的工作出色。

（3）经常与下级联系，了解他们的困难、需要并设法解决。不仅要关心他们的工作，还要关心他们的生活。多听下属意见，邀请参与决策，坦诚沟通，创造便于交流、诉说关心和获得答复的良好氛围。

（4）以业绩为标准发放薪酬、提拔下属。凭资历提拔下属不利于激励，反而容易养成坐等观望的心态。提拔的标准要公平公正、公开透明，任人唯贤。薪酬要有竞争性，依据贡献确定。

2. 非正式领导者

非正式领导者是在正式组织或非正式组织中，由其内部成员自发选择形成的。他们不具有正式的职位、职权和责任，其地位也主要是因为具有某一方面的才能而获得，如热心助人、知识渊博、技术高超和为人刚正不阿等。换言之，他们靠个人的魅力，赢得追随者的敬仰和拥戴。因此非正式领导者总是以满足成员的需要和情感为宗旨，主要帮助成员解决私人问题、承担某些责任，协调成员之间的关系，充当成员的代言人等，引导他们的思想、信仰并影响他们的价值观。

非正式领导者与其成员之间，具有内在的统一性与和谐性，适应组织和环境的能力较强。由于非正式领导者的影响力来源于个人的独特魅力所产生的权威性，所以非正式领导者的“离职”，很可能导致非正式组织的解体。

一般来说，正式领导者主要的角色是“工作领袖”，非正式领导者往往是“情绪领袖”。正式领导者和非正式领导者可集于一身，也可以分离。因此，一个有作为的领导者，应当能够同时兼顾“工作领袖”和“情绪领袖”两种角色。

二、员工关系的基础

一般来说，员工之所以愿意并乐意为一个组织工作，奉献自己的聪明才智，是因为他们也期望能从组织有所收获，可以满足自己的需要。

（一）薪酬关系

薪酬关系是员工关系的重要基础之一。能否获得合理的劳动所得、享受应有的待遇，是员工普遍关心的首要问题。能够与员工分享组织发展的成果和利益、给付公平的薪酬，也是一个组织保护员工积极性、激励其工作热情的主要前提。

薪酬由“薪”和“酬”组成。“薪”是薪水、薪金或薪资，指所有可用现金、物质衡量的个人回报，如工资、保险、实物福利、奖金和提成等。“酬”是报酬、报答和酬谢，一种着眼于精神层面的回报。“薪”主要为经济性因素，“酬”更多是非经济性因素。就像硬币的两面，它们必须同时存在、同时考虑。

薪酬是组织对员工做出的贡献，包括态度、行为和业绩等提供的各种回报。从广义上讲，既包括工资、奖金和休假等外部回报，也包括参与决策、承担更大的责任等内部回报。

外部回报是因为与组织的雇佣关系，员工从自身以外获得的各种回报，也称“外部薪酬”，包括直接薪酬和间接薪酬。前者是员工薪酬的主体部分，如基本工资，作为激励薪酬的绩效工资、红利和利润分成等；后者即福利，包括向员工提供的各种保险、非工作日工资、额外津贴和其他服务，如单身公寓、免费工作餐等。

内部回报也称“内部薪酬”，是指员工自身心理上感受到的回报，主要体现为一些社会和心理方面的回报。包括参与组织的决策，获得更大工作空间或权限，承担更大、更重要的责任，从事更有趣的工作，个人成长机会和活动的多样化等。内部回报往往看不见、摸不着，不是简单的物质回报。运用得当，能对于员工产生较大的激励作用。

员工对内部回报的要求，一般体现在对职业生涯和个人成长的关注上。员工为组织的成长做出了贡献，会希望自己的能力、表现得到组织认可，有机会在更大的范围一展身手，自然会萌发职务晋升的念头。同时，为了自身不断成长和提高，更好地适应时代和工作的要求，又会希望能有进修学习的机会。组织关心和合理地满足这些方面的需要，可以有很好的激励作用。员工由于感到前途光明，因而会更加努力工作。

小链接 6-5

亚当斯的“公平理论”

公平理论又称社会比较理论，由美国心理学家约翰·斯塔希·亚当斯（John Stacey Adams）于 1965 年提出，是研究人的动机和知觉关系的一种激励理论。

公平理论认为，员工的激励程度来源于对自己和参照对象的报酬与投入的比例的主观感觉。工作积极性不仅与个人实际报酬的多少有关，而且与人们对报酬分配是否感到公平更为密切。人们总会自觉或不自觉地将自己付出的劳动及所得报酬与他人比较，并对公平与否做出自己的判断。公平感取决于一种社会比较或历史比较。社会比较是指他对自己的报酬（包括物质上的金钱、福利和精神上的受重视程度、表彰、奖励等）与自己工作的投入（包括自己受教育的程度、经验、用于工作的时间、精力和其他消耗等）的比值与他人报酬和投入的比值进行的比较；历史比较是指员工对他获得的报酬与自己的工作投入的比值，同自己在历史上某一时期内的这个比值进行的比较。感受到公平的员工，会觉得待遇合理，因而心理平衡，心情舒畅，工作努力。感受到不公平的员工，会产生怨恨情绪，影响积极性。不公平的感觉强烈，员工会产生挫折感、义愤感，消极怠工，甚至产生破坏心理。少数时候，也会因认为自己的收支比率过高，产生不安或感激心理。

公平理论提出的基本观点，是客观存在的。但“公平”本身就是一个复杂的问题，它与个人的主观判断有关，与个人所持公平标准有关，与绩效的评定标准有关，甚至与评定人有关——不同的评定人会得出不同的结果。组织往往需要努力营造公平合理的氛围，使员工能有可以感受得到的公平。

公共关系部门一方面要努力协助组织，合理满足员工的利益要求，使多劳者多得、少劳者少得；另一方面又要通过交流与沟通，帮助员工了解依据的标准和条件，鼓励先进，带动中间，鞭策后进。

小案例 6-3

华为如何与奋斗者分享利益[①]

华为的核心价值观“以客户为中心，以奋斗者为本，长期坚持艰苦奋斗”。在实践中，这又是如何落地的?

在 2011 年 4 月 14 日组织的专门讨论中，任正非明确提出，可将华为的员工分为三类，三类人三种待遇。

第一类人，普通劳动者。这些人依据法律相关的报酬条款，保护他们的利益。并根据公司的经营情况给他们稍好一点的报酬，这是对普通劳动者的关怀。

第二类人，一般的奋斗者。允许一部分人不是积极的奋斗者，想小家庭的温暖，想每天按时回家吃饭……也是人的正常需要，给予理解。对这一部分人，有适合的岗位可以安排，没有适合的岗位可以到社会上寻求。只要贡献大于支付给他们的成本，就可以在公司存在，或许报酬甚至比社会上稍微高一点。

第三类人，有成效的奋斗者。他们要分享公司的剩余价值，分享方式是奖金与股票。这些人是事业的中坚，我们渴望越来越多的人走进这个队伍。我们处在竞争很激烈的市场，没有什么特殊的资源与权力，不奋斗就会衰落，衰落后连一般劳动者也保护不了。我们强调按贡献拿待遇，从来不强调按工龄拿待遇，也是基于这种居安思危。

（二）工作内容和环境

1. 工作内容

工作内容是指员工工作的业务性质和具体种类，包括工种、岗位、工作范围、工作任务、工作职责、工作定额和质量标准等。是一个组织聘用员工的目的，也是员工据以取得薪酬的缘由。

一般来说，人们总是更愿意从事有意义、自己又感兴趣的工作，希望在工作中发挥特长，个人能力得到提高。不同的个体，对于“意义”和“兴趣”的认识是存在差异的，更有可能与组织的要求不一致。一个组织根据自己的目标和发展分配工作岗位和任务，有时会与员工愿望脱节，甚至产生冲突。不注意这种矛盾的可能性并有效沟通、引导共识，既不利于调动员工个体的积极性，还有可能影响群体和组织的效率。

2. 工作环境

工作环境一般指可对组织运行和员工工作产生影响的周边条件。这种条件可以是人文因素，如心理的、社会的影响，构成了工作“软环境”；也可以是物质因素，如温度、湿度、洁净度、粉尘等。物的因素包括工作场所的房屋维护，设施设备，灯光照明，噪声，取暖、通风、空调和电器装置的控制，工作区域的绿化与绿化面积，以及与工作环境有关的安全隐患等，构成工作“硬环境”。就“硬环境”来说，员工一般希望的是有安全保障，舒适，令人赏心悦目。良好的工作条件，能使员工体会到一种“以人为本”的尊重，视工作为一种享受，从而迸发出更多的工作热情和创造性。

---

① 资料来源：网易财经综合. 华为如何与奋斗者分享利益. 网易财经（http://money.163.com/14/0609/08/9U9KO5JH00253G87.html），2014-06-09.

小案例 6-4

华为设首席员工健康与安全官①

你可能对企业的 CEO、COO、CFO 等了如指掌，但“首席员工健康与安全官”这个称谓，你恐怕是第一次听说。

从 2008 年下半年开始华为的员工发现，邮箱里会不时收到副总裁纪平的邮件，提醒大家注意安全（包括交通安全），要注意劳逸结合、注意身体健康。纪平之前是华为 CFO（首席财务官），现在新增头衔是“首席员工健康与安全官”。

就在几乎所有人都将“狼性”作为华为企业文化的第一关键词时，华为也逐渐在企业文化中加入更多的“温情”。其在刚发布的《2008 华为社会责任报告》中指出，2008 年首次设立首席员工健康与安全官，目的是进一步完善员工保障与职业健康计划。据华为内部人士介绍，首席员工健康与安全官之下，华为还专门成立了健康指导中心，规范员工餐饮、饮水、办公等健康标准和疾病预防，提供健康与心理咨询。

华为员工的工作状态问题，一度引起社会的极大关注。2006 年华为员工胡新宇猝死，让华为的“床垫文化”（有些员工为了方便加班，在办公桌下放置一张床垫）备受质疑。社会舆论也对华为员工的工作环境和工作压力给予很大关注。

据华为公布的数字，目前员工总数 8.75 万，有 43%从事研发，因此员工中的年轻工程师占了相当部分。“华为成长的道路上一直面临以小搏大、虎口夺食的压力，到今天都是如此。一路上都在充当鲨鱼堆里的‘鲇鱼’角色，公司压力以及员工压力可想而知。”一位华为员工评价说。

根据华为的数据，2008 年各种福利保障支出 14.4 亿元。2008 年，华为发布了健康报告，依据 2008 年度员工体检的结果，总结了华为员工高发的病症，并详细介绍了这些疾病的诱因、危害以及预防和治疗措施。

据记者了解，华为的“首席员工健康与安全官”职位在大企业中尚属首例。与一些公司设立的“健康保健顾问”相比，“首席员工健康与安全官”拥有更高的级别和更大的权限。

（三）职场氛围和感情交流

员工为组织工作不仅有物质的考虑，还有精神的需要。例如，希望能与同事之间建立相互信任、相互帮助的友好关系；能被正式组织和各种非正式组织所接纳，不会遭到排斥和孤立；得到组织重视和认可，意见和建议为上级、同事所尊重；工作中能够取得突出成绩，以体现自身的价值……所以，公共关系部门有责任创建良好的职场氛围，帮助员工健康成长。使其能够积极参与，树立自尊和责任感，潜能和积极性充分挖掘和发挥；在组织中获得安全感、归属感，形成感情的慰藉。

近年来，越来越多的组织开始将员工关系的沟通，延伸到离职员工管理。即使人各有志，依然视他们为组织重要的资源和一笔财富。因为他们可能“回头”；他们有自己的社交圈，对组织的信任和感知，可以传导给亲属、朋友，甚至为组织推荐人才；他们也许会成为

① 资料来源：马晓芳. 华为改良企业文化：设首席员工健康与安全官. 第一财经日报，2009-06-18.（有改动）

客户，给组织带来收益；尤其是他们也是重要的口碑媒介，传播组织理念、产品服务和待客之道更有影响力、说服力。他们的感同身受，往往对组织美誉度具有更重要的影响。

小案例 6-5

离职管理也是员工关系[①]

惠普公司：握手话别，陪送“嫁妆”

惠普公司对待跳槽员工，态度是不指责、不强留，痛快放人，握手话别。一个离开惠普出去创业的人说，惠普每年花不少钱在人才培训上，有的来惠普就是为了镀金，学了本事待价而沽。对此公司的管理层认为，愿意来，说明惠普有很大吸引力；人家想走，强留也不会安心。再说行业本来流动率就高，当初选进的人才不见得都符合惠普要求。退一步说，一些优秀人才到外面去服务，也是惠普对社会的贡献，符合惠普一贯坚持的互胜精神。

摩托罗拉：不计前嫌，好马回头

摩托罗拉非常重视好马的回头率，为此有一套科学完备的“回聘”制度。目的是给拥有公司需要的工作知识和技能的前任员工提供机会，适用范围是所有那些主动辞职的前任常规雇员。为了鼓励“核心人才”回槽，公司制定相应的服务年限计算办法，假如前雇员 6 个月内被重新聘用，以前的服务年限累计计算；超过 6 个月，仅按以前的服务年限提供奖励。如果 6 个月内重新聘用、辞职前已是正式员工，可以免除试用期。

麦肯锡公司：建立“毕业生网络”

麦肯锡咨询公司有一本著名的“麦肯锡校友录”，其实是离职员工花名册。他们将员工离职视为毕业离校，离职员工就是遍布各处的校友，其中不乏 CEO、高级管理人员、教授和政治家。麦肯锡的管理者深知，随着这些离职者职业生涯的发展，他们将会成为潜在的客户，无疑会形成一大笔资源。

麦肯锡一直投巨资于培育其遍布各行业的毕业生网络。事实证明，这一独特的投资为公司带来了巨大回报。

Bain 公司：真心牵挂，人走心连

国际著名的管理咨询公司 Bain 专门设立旧雇员关系管理主管，负责跟踪离职员工的职业生涯变化等。为记录这些情况，公司还建有前雇员关系数据库，存有北美地区 2 000 多名前雇员的资料，不但包括他们职业生涯的变化信息，甚至还包括结婚生子之类的细节。

Bain 公司定期向曾在公司效力的前雇员发送内部通讯，邀请他们参加公司的聚会活动。如此感情投资，也是为了有朝一日能利用这些“跑了”的人力资源。

一个组织及公共关系人员可通过多种方式，如文体、娱乐活动，积极型、兴趣型非正式组织等，为员工表现自我、展示才华搭建平台。为他们提供更多机会相互了解和接触，尽快缩短感情距离，消除心理隔阂。满足员工的感情需要，可使在职员工更加热爱组织，留恋组织；也可使离职员工怀念组织，“人走心在”。

---

① 资料来源：佚名. 离职员工管理：人才的延续管理. 中国行业研究网（http://www.chinairn.com/news/20121227/559017.html），2012-12-27.

第三节 员工关系的沟通

一、员工关系沟通的内容

公共关系部门要善于将与员工沟通的内容，区分为不同性质的两类。一类是员工希望知道的，一类是组织希望员工知道的。这是有效沟通的重要依据。

（一）员工希望由组织获得的信息

员工希望知道的信息，通常与他们的切身利益直接相关。因此急于知道，乐于知道，沟通要注意及时、迅速和准确。

（1）组织的基本情况和文化。包括历史和发展过程，组织文化，业务性质、规模和内部结构，社会地位和行业地位，经济效益和社会效益，财务成果的使用，等等。

（2）薪酬体系、制度和发放标准。

（3）与工作职责有关的内容。如具体的岗位职责和要求，圆满完成任务的明确标志，奖惩标准；职场关系和同事之间相处的规则；怎样适应组织并获得个人职业生涯的成功；上级的看法、要求和希望；等等。沟通此类信息有助于员工明确方向和目标，认识自身的不足并不断完善。

（4）人力资源政策。尤其是人事制度，比如人事变动以及职务升迁，原因和具体条件等。增强透明度有利于员工参与和监督，防止产生不公平感。

（5）员工新闻。如组织开展各项体育活动、文化娱乐的消息，员工工作、生活中的奇闻、趣闻和逸事，员工生日与祝贺等。可加强员工之间、员工与组织之间的情感交流。

（二）组织希望员工了解的信息

还有许多的信息，组织希望员工了解和知道。但由于与员工近期的、直接的利益未必明显相关，他们可能并不关心。因此要选择员工喜闻乐见的形式沟通。

（1）组织的价值观及其体系。包括组织的使命、愿景和存在的价值，组织承担的社会责任等。通过沟通，可以帮助员工理解日常工作的意义，并为全体员工提供行动的指南。

（2）发展中面临的问题。如生产、技术和营销等方面遇到的困难，竞争者的发展和挑战，外部公众关于组织的评价和看法……如实相告，才能争取员工谅解和参与，增强他们的危机感、紧迫感，凝聚人心。

（3）政策和重大决策。需要员工了解出台的背景和动因，预期效果与成果，组织需要的变革以及可能对他们的影响和要求等。沟通有助于消除员工疑虑，增添信心，争取理解、配合与支持。

（4）生产和业务知识。如安全生产、提升效率的技能，运用新技术、新装备的培训。

（5）领导者和模范人物事迹。如历任领导者的战略思想、领导艺术和历史地位，模范人物的荣誉和事迹，包括一些趣闻逸事等。以增强与优秀人物共事的荣誉感，因有优秀人物而对前景更有信心，激励员工奋发上进。

（6）法制教育。教育员工遵纪守法，维持良好的工作秩序，在社区为组织形成良好的声誉。

小链接 6-6

离职恳谈

离职恳谈是一种直接沟通的方式。一般员工离职，可能会有一些意见和不满。若有负面言行发生，会对组织的形象造成不好的影响。做好离职恳谈，可以化解、淡化矛盾，甚至预防危机发生。同时，通过离职恳谈体现出“以人为本”，不仅抚慰和挽留离职员工，也是对在职员工的信息传递。使他们也能真切感受到组织的情真意切，以及对成员的重视和关爱，意识到自身价值和对组织的重要性，防止“兔死狐悲”的情绪蔓延，尽量减少离职事件的负面影响。

与去意决绝的员工进行离职恳谈，需注意以下方面：

（1）真诚友好。首先要尊重员工的选择，其次要像对客户一样待他们。充分肯定他们的价值，感谢他们在职期间的贡献。

（2）足够重视。要选择合适的地点和场合，安排合适职级的管理者参与，甚至主谈。要有充分准备，不可做成了“应付”或“走秀”。让人感到温暖，是开展离职恳谈的目的之一，组织也才可能了解离职的真正原因等更多的情况。

（3）充分交流。员工即将离职，可能会道出许多“不平”和“不公”。管理者要善于倾听，不可引发争执。确实存在的问题应解决的要解决，该弥补的要弥补。不可让员工带着怨恨离开组织。

若双方能推心置腹沟通，无论对组织内部还是外部，都是一种正面的信息。通过离职恳谈可以了解离职的真实原因，导致离职的主要事件；离职员工对组织文化、职场氛围等的评价，对工作环境的看法和建议；离职后的个人职业生涯规划和需要的帮助等。对内，有利于改进工作，防止类似事件再次发生；对外，有利于进一步吸引人才。

（4）详细记录。离职面谈过程、主要内容要认真记录、详细备案。公共关系人员或相关部门，要分析原因、开展反思和提出调整的建议。同时，完备的档案记录也是与离职员工继续保持联系的依据。

二、员工关系沟通的方式

（一）正式沟通与非正式沟通

1. 正式沟通

一般是组织系统按照明文规定的原则、方式进行的信息交换活动，通常有事先计划和安排。例如组织内部的文件传达，定期不定期的会议，上下级之间的报告或汇报，组织之间的公函来往等。

按信息流向划分，正式沟通有下行沟通、上行沟通及平行沟通。

（1）下行沟通。传统组织里最重要的信息交流形式，一般是以命令的方式将决定、指示、报告等，传达至下面的层级。内容涉及组织的宗旨、目标、经营状况和重要事件等，帮助下级、基层了解组织现状。上情下达有助于增强组织的内部信任，员工与组织之间有喜同乐，鼓舞人心；是忧同愁，献计献策。

（2）上行沟通。下级依照有关规定和程序，向上级正式提出书面的或口头报告。信息内容可涉及各个方面，包括员工的意见和建议、要求等。下情上呈有利于领导者、管理部门及时掌握下级、基层动态，了解员工思想，并吸收、采纳有价值的意见和合理的建议；有利于实现民主管理，鼓励员工参与，通过宽松和谐的内部环境激发他们的积极性，并增强责任感。例如有的企业定期召开咨询会，征求员工的建议；建立“员工来访接待日”，听取意见和反映并责成处理；设置“董事长/总经理”信箱；等等。

（3）平行沟通，又称桥形沟通。主要是同层次不同部门之间的信息交流，目的是加强内部机构之间及其员工之间的联系。通过互相体验与交往，消除自我中心和本位主义，增进相互了解和谅解。常见的有部门联席会议、员工俱乐部等。

正式沟通正规、严肃，约束力强，易于保密，可使信息交流保持权威性。重要消息和文件传达及组织决策等，通常采取这种方式。不足在于较为刻板，倘若内部层级较多又要层层转达，则可能过程迟缓，造成信息扭曲甚至遗失。

小链接 6-7

正式沟通的几种做法

（1）定期书面报告。员工通过文字形式，向上级反映工作进展、发现的问题等，如周报、月报、季报和年报。可以当面递交，也可电子邮件发送。书面报告利于培养员工理性、系统思考的习惯，提高逻辑思维和书面表达的能力。

（2）一对一正式面谈。对于及早发现和诊断问题，寻求解决方案非常有效。管理者和员工可以深入探讨，包括不宜公开的观点和想法。员工有一种被尊重的感觉，有利于建立融洽的关系。面谈重点一般应放在具体任务和标准上，鼓励员工多谈想法，以一种开放、坦诚的方式进行交流。

（3）定期会议。通过会议，相互之间可以更好地掌握工作进展等情况，员工能够从上级获得“正式”的、更可靠的信息。是满足团队交流需要的主要方式。

2. 非正式沟通

非正式沟通是组织系统的正式渠道以外发生的信息交流，通常依靠非正式组织形成的网络。它的客观存在有积极作用，能增强内部的凝聚力。因为交流是“非正式”的，也往往更能促进不同观点、意见的沟通。消极作用在于非正式组织与正式组织的目标、期望可能存在差异，两者之间出现失调。信息歪曲或发生错误的可能性更大，而且不负责任、难以查证；不实的“小道消息”或办公室传闻，容易造成误会和猜忌，不利于团结。因此要积极引导、纠正，充分借助其积极的一面作为正式沟通的补充。

非正式沟通的途径是组织内部的各种社会关系，这种关系可以超越部门、单位和管理层级。形式有非正式会议、闲聊、随时随地的交谈等。方法灵活多样，不需刻意准备，因而更有弹性；交流及时，可使问题尽快解决；容易拉近上下级和员工之间的心理距离；还有可能获得更多有价值的信息等。

小链接 6-8

"小道消息"[①]

在群体或组织中，正式沟通系统并不是唯一的沟通网络。还会有非正式的沟通系统，即"小道消息"（grapevine）。一项调查发现，75%的员工首先通过小道消息获悉重要事件。最近的一项研究表明，从同伴那里获得的关于某家公司的小道消息或口述信息，对求职者是否加入该公司有重要影响。

作为一种重要的信息来源，小道消息有三个主要特点。首先，它不受管理层控制；其次，大多数员工认为它比高级管理层通过正式渠道发布的信息更可信、更可靠；最后，它主要服务于其内部人员的自身利益。

人们常常认为流言之所以出现，是因为有人好说闲话，其实很少是这样。如果情境对于我们十分重要但又模棱两可，因而导致我们产生了焦虑，流言就会作为我们身处该情境的一种应对方式而产生。事实上，工作情境中常常包含这三种要素——重要性、模糊性和焦虑。如果流言的基础未曾改变——也就是说人们由于不确定性而产生的需要和欲望得不到满足，或焦虑得不到缓解——那么流言就一直会持续下去。

对于一个组织的沟通网络来说，小道消息都是其中的重要组成部分。它可以使管理者了解组织的士气，找出员工认为重要的一些事情，并且有助于发现员工的焦虑。小道消息也能服务于员工的利益——闲聊有助于增进信息共享者之间的友谊和亲密感，尽管有研究表明这通常是以牺牲"圈外人"为代价的。

管理层能够彻底消除流言吗？ 不能！ 管理者应该做的是通过限制流言的范围和影响，从而尽量弱化流言的消极后果。以下是一些建议：

（1）提供信息——从长期来看，防止流言的最好办法是有效进攻。流言往往在正式沟通缺失的情况下盛行。

（2）公开解释那些让员工觉得不一致、不公正或隐秘的决策和行为。

（3）尽量避免严厉惩罚传播者——流言是组织生活中自然而然的组成部分，需要冷静、理性和宽容地应对。

（4）维持开诚布公的沟通渠道——始终鼓励员工向你表达他们的关注、观点和建议。

（二）直接沟通与间接沟通

根据沟通过程是直接交流还是经过一定传播介质，员工关系沟通也可分为直接方式和间接方式。

1. 直接沟通

直接沟通一般有领导层或相关人士参与互动。由于沟通的直接性、形式的灵活性和方法的多样性，可较好地展示"亲民形象"和传递亲切感。例如：

---

① 参见：斯蒂芬·P. 罗宾斯，蒂莫西·A. 贾奇. 组织行为学. 14 版. 孙健敏，李原，黄小勇，译. 北京：中国人民大学出版社，2012：296-297.

(1) 开通 QQ 群、微信朋友圈等。利用社会化媒体可随时联结、适时沟通的特点，与员工保持联系和交流。

(2) 领导层的员工开放日、接待日。如企业的“一日总经理”、地方政府的“一日市长”等活动。

(3) 门前迎候仪式。如在重大节日或事件之后，领导层与组织相关人士，齐聚公司门前迎接员工返回，并一一致以问候。

(4) 深入基层。如有领导层人士参与的工作餐会、“诸葛亮会”等。

(5) 领导层人士出席茶话会、恳谈会和家属联谊会等。

(6) 相关主题和内容的“通气”会、宣介会、演讲会和报告会等。

(7) 领导层或相关人士访问员工家庭，或邀请员工及其家属做客领导层人士家中。

(8) 组织各种集体性文艺活动、体育活动和娱乐活动。

小案例 6-6

北京警方设“爱警日”①

2010 年 8 月 14 日，北京市公安局启动“爱警日”。 局长傅政华和市局党委全体成员分别深入各自分管的重点地区、繁华场所，与一线民警共同巡逻、站岗、值班，维护治安、交通秩序。

市公安局透露，将每年 8 月第二个星期六定为全局“爱警日”，并安排各级领导干部替民警执一天勤、站一天岗，让一线民警适时倒休。

上午 9 时，傅政华来到天安门分局巡逻执勤车组，向执勤民警说：“今天是全局第一个‘爱警日’，由我们替换你们执勤。”巡逻途中，傅政华详细询问了民警的工作任务、职责、具体案事件的处置程序。执行完巡逻车组的任务，他又来到西长安街，替换一名正在执勤的西城分局民警，按要求步行巡逻至西单大悦城门前。市公安局其他领导也按照分工，分别在东城、西城、海淀、朝阳、天安门、西站分局等岗位参加执勤。

市公安局所属各单位按照分管、对口原则，合理安排勤务部署，全体处职领导干部按职责分工，深入分管单位或支援单位巡逻执勤。派出所、看守所、交通大队等一线单位领导，直接替换本单位一线民警执勤、值班。据统计，公安局 55 个单位共 2 000 余名处级干部参加了执勤，确保最大限度让一线民警得到休息和调整。

2. 间接沟通

间接沟通的方式相对中规中矩，但传播面要广。使用较多的形式有：

(1) 内部网站，有消息发布及时、迅速、广泛和生动的特点。

(2) 以员工为读者对象的出版物，如内部报刊、员工手册和年度报告等。

(3) 板报、墙报、广告栏和专题展览，如公司荣誉室。

(4) 意见箱、热线电话等，可随时受理员工询问、建议和投诉。

---

① 资料来源：安然. 北京警方设“爱警日” 傅政华上街执勤. 北京晚报，2010-08-14 (13).

小链接 6-9

有效沟通员工关系的指导思想[1]

尽管实现组织与员工之间交流的手段不计其数，但以下原则仍可作为公共关系的重要指导思想：

（1）首先告诉员工。对员工和他们的工作有影响的行动，应该事先告知他们。最好由雇主亲自说明。如果员工是通过外部信源得知这些消息，那么双方的关系就会受到不必要的影响，信任机制将受到威胁。

（2）不要报喜不报忧。利用内部信息载体报道“好”消息是最普遍的现象，但这种方法已经很过时了。类似的做法会让组织逐渐失去信用，动机受到怀疑。这会使员工寻求其他信源，以获得公正、客观的信息。要开放、坦白，以此建立信任机制，促进共同目标的实现。

（3）保证消息传播的及时性。要注意发布重要消息的时效性，通过及时的信息传播来建立交流和对话的可能。不及时会造成员工的怀疑，传播的拖沓也是许多谣言产生的原因。雇主一定使自己成为员工最主要，也是最值得信赖的信源。

（4）必须告知员工他们认为重要的问题。

（5）利用员工信任的媒体。一项实验表明，员工希望从哪个信源获取消息，排序依次为顶头上司，小型会议，高层主管，大型会议，员工手册或其他宣传手册，入职指南活动，当地正规的员工出版物，公告牌，针对员工的年度报告，正式的全员出版物，上行沟通计划，视听节目，社团，大众传媒，谣言。

本章小结

员工公众是内部公共关系的主要对象。他们是一个组织的重要基础，也是组织形象的具体代表和组织智慧的来源。良好的员工关系可以是“润滑剂”，和谐组织内部人与人的交往状态；可以是“黏合剂”，使全体成员联系更加紧密。

员工关系的构成包括个体，正式组织和非正式组织，以及领导者与其领导行为。能否有合理的所得、应有的待遇，通常是员工关心的首要问题。同时，人们总是愿意从事有意义、感兴趣的工作，希望工作环境安全、舒适和赏心悦目，还能很好满足精神的需要。因此，满意的薪酬关系、工作内容和环境以及良好的职场氛围和感情交流等，常常是员工关系得以良好维持的基础。

要善于将员工关系沟通的内容，区分为性质不同的两类。一类是员工希望知道的信息，通常与他们切身利益直接相关，沟通需要及时、迅速和准确；一类是组织希望员工知道但他们并不关心的信息，沟通必须选择他们喜闻乐见的形式进行。沟通方式有正式沟通和非正式沟通，直接沟通和间接沟通。不同的沟通方式各有特点，结合应

① 阿伦·森特，帕特里克·杰克逊，斯黛西·史密斯，等. 森特公共关系实务. 谢新洲，袁泉，刘畅，等，译. 北京：中国人民大学出版社，2009：13-14.

用能够优势互补、相得益彰。

关键名词

员工关系　非正式组织　薪酬关系　工作内容　工作环境　职场氛围　正式沟通　非正式沟通

即测即练

请扫描二维码，在线测试本章学习效果

思考题

1. 如何理解员工关系的意义和作用？
2. 试述马斯洛的需要层次理论与员工个体沟通的关系。
3. 非正式组织有什么特点，在沟通中需要注意什么？
4. 领导者对于形成良好的员工关系有什么影响？
5. 员工希望从组织获得哪些信息，组织又希望员工了解哪些信息，应当依据什么原则沟通？
6. 如何发挥非正式渠道沟通的积极作用，使之与正式渠道相辅相成？
7. 直接沟通与间接沟通各有什么特点，应当怎样使用？
8. 为什么要注意与离职员工的沟通？

案例分析

"90后"员工，你怎么管

2012年作为"90后"的职场元年，意味着"90后"将成为企业主力军。与"70后"和"80后"不同，他们有知识、懂网络又敢于创新，但同时不太成熟又要求多，缺乏稳定性。

"90后"：你读得懂吗

要想管好"90后"，得先了解"他时代"。根据相关的最新调查，"90后"有以下特征：

（1）拟成人化。很孩子式的成人，可爱的神情与语言风格背后，是一颗洞察一切、明白社会规则与实际利益，以求把握机会的内心。

（2）松圈主义。没有"70后"的团体意识，或"80后"的唯我独尊，更喜欢的是圈子里找到伙伴间的归属感。他们要有共同语言的人群，但并不意味着真的是组织生活动物；希望赢得圈子里的发言权，但不代表他们乐于听从于组织的要求；需要多元的可以联络的社会网，但又希望保持自己在圈子里的差异化和选择自由；希望自己成为一群人中的亮点，但又不希望做大家中的异类。

（3）在蹦极式体验中寻找自我。愿意在比较极端、新鲜、风险的体验中，自己确定适当的行为点。他们把这样的体验看做是“我的”。

面对“90后”：企业挑战多多

记者走访了一些企业。有的表示，“非常积极主动，乐意接受新任务，愿意贡献自己的见解”。一家IT企业表示，“他们会很快建立起各种新的非正式组织，是活跃的沙龙主义者与志愿者”。但同时也有抱怨，“他们觉得自己已经成人，特别反感倚老卖老的管理者。他们觉得谁也没有教训他们的权力”。

他们颠覆式的反传统思想，冲击着现有的管理方式。有专家指出，企业将面临五大挑战：

（1）自我性格和多元化的价值观。“90后”更强调“自我”存在的意义，最求自我个性，且比“70后”“80后”的价值观更多元化。

（2）工作抗压力。“90后”希望第一份工作可以带来安全感，能为他们展现一条光明的职业发展道路。不希望有任何压力，希望任何工作都容易上手、没有风险，抗压和应变能力明显不足。

（3）工作成就感。“90后”爱面子，不愿意落后、输给别人。工作上要认可，希望受到尊重。

（4）不稳定的工作心态。与“70后”“80后”朝九晚五、按部就班的工作节奏比，他们追求弹性化和灵活随机的方式。这种不稳定的工作心态不仅会体现在考勤等细节上，更会体现在缺乏长远职业规划、希望随时改变工作等方面。有专家提醒，“90后”频繁跳槽将是企业一大难题。

（5）自我中心。“90后”很多东西都从自己利益出发，以自我为中心。而现代企业强调团队合作，整体利益和个人利益恰当平衡。

有专家表示，“70后”追随潮流，“80后”选择潮流，“90后”更倾向创造潮流。如微博这样的自媒体崛起，为“90后”提供了展现自我、吸引关注和制造潮流的机遇。“90后”喜欢在网络上展现自我、创造话题，如何避免给公司带来诸如信息泄露、形象损坏等，也是需要应对的大问题。

稳定性：“90后”最需要的品质

虽然“90后”有着诸多问题和不足，但他们正在成为职场基层的生力军。

有企业招聘专员告诉记者，他特别注意员工的稳定性。“就是你能在一个单位干多长时间。如果在一个单位待的时间还不够去了解这个职业，我会觉得他根本没珍视这个职位。那么他对别的工作也会出现类似的问题。”另一位多年招聘的负责人也认为，要注意“90后”是否热爱这份工作，然后再根据他们态度决定是否录用。但也有认为不能戴有色眼镜看“90后”。需要了解岗位基本要求和任职资格，然后根据面试的“90后”个性和兴趣，看他们是否符合。最关键的是员工个性与岗位的匹配度。

在劳动力主体更新换代、企业产业转型的新时代，员工能力考查的核心也要相应升级。以往更注重员工忠诚度、稳定性及是否吃苦耐劳和服从等，现在更应考查那些能体现劳动力价值的方面，如灵活性、创新能力和学习能力等素质。

人性化管理：“90后”最爱

如何管好甚至留住要求高却又不太稳定的“90后”员工？有专家认为，与“80后”“70

后”比除了物质的要求高，“90后”也很注重精神层面，特别需要他人理解和尊重。企业要变家长式管理为人性化管理，管理者先跟他们交朋友；还要变被动式管理为参与式管理，让“90后”员工亲自参与管理。可以通过饭后会等形式征集他们工作中遇到的问题，帮助他们解决问题，让他们产生归属感。

也有企业负责人表示，应采取鼓励和引导的方式。“心智+情智+才智，将使员工愿意努力去工作！”他指出，由于时代的造就，“新生代”年轻活泼，热情丰富，思路开阔，敢想敢说也敢做，这些都是优点。所以企业管理者特别是直接上级，要充分看到他们的长处。对于“新生代”员工，要在执行规章制度的大前提下，多一些宽容、引导和培训。很多职场新人对工作环境和工作内容不熟悉，很容易导致自卑，应该给他们鼓励，告诉他们只要努力还是可以做得很棒的。同时，也要适当加压。“除了采用人性化管理，还要多给员工学习和培训机会。这样才能留住那些优秀的人才。”有专家补充。

对于企业，只要适合和适用就是人才。“新生代”崇尚个性，拥有激情；要让他们成才，就要让他们知道工作岗位的重要性，明白他们的工作状况对企业的影响。同时懂得运用适时、适当的方式激发、提升和鞭策他们。因此，富于动态的激励机制是企业有力的管理机制和理念。只要找到工作驱动力，恰如其分让他们发挥出热情和才干，企业定会不断焕发出新的生机。

在“90后”的时代，必须认同他们不仅仅是一个时代的标记，更像是一个青春的符号。

资料来源：李洁琼. 90后员工，你怎么管. 中华工商时报，2012-03-23.（有改动）

［案例思考］

1. “90后”员工成为职场主力军，会对员工关系带来哪些影响和挑战？

2. 你认为公共关系人员可以怎样与“90后”员工进行良好的沟通，为什么？

本章实训

一、实训目的

1. 能够明确内部沟通中，员工希望由组织获得的信息，其范围和重要性排序以及原因。

2. 能够明确内部沟通中，组织需要员工了解但员工并不乐意主动接收的信息，其范围、重要性排序和原因。

3. 能够根据以上两类信息的特点，有针对性地选择恰当的公共关系沟通方式。

二、实训内容

1. 实训资料

自行选择企业或其他的组织开展调查。例如，也可以所在学校、院系为研究对象。

2. 具体任务

（1）对于组织内部需要沟通的主要信息，了解范围并进行分类。

（2）指出员工希望由组织获得的信息的范围、内容，进行重要性排序。

（3）指出组织需要员工了解但员工并不在意的信息，其范围、内容和重要性排序。

（4）根据两类不同信息的特点，选择公共关系沟通的方式。

3. 任务要求

（1）对于员工想要从组织获得的信息，按重要性列举前5种，并说明原因。

（2）对于组织需要员工了解但员工并不乐于接收的信息，按重要性列举前5种，并说明原因。

（3）提出相应的选择公共关系沟通方式的建议和理由。

三、实训组织

1. 任课教师说明实训目的和任务，进度要求与评价的标准。
2. 全班同学分为若干小组，建议每组 5 人左右。
3. 实行组长负责制，自行安排工作内容、分工和控制进度。
4. 在任课教师指导下，开展班级交流和讨论。

四、实训步骤

1. 分小组进行理论准备，包括复习相关教学内容，学习延伸阅读文献等。
2. 在组长带领下，各小组分别进行调查设计和调查访问，收集、整理资料。
3. 组长组织课外讨论，根据本次实训的具体任务和要求，完成小组报告。
4. 在班级分小组展示与报告，开展课堂讨论。
5. 任课教师点评、归纳和总结。

延伸阅读

1. 彼得・德鲁克. 管理：使命、责任、实务（使命篇）. 王永贵，译. 北京：机械工业出版社，2006：238-253，274-320.
2. 斯蒂芬・P. 罗宾斯，蒂莫西・A. 贾奇. 组织行为学. 14 版. 孙健敏，李原，黄小勇，译. 北京：中国人民大学出版社，2012：200-317.
3. 桑德拉・奥利弗. 企业传播：原则、方法与战略. 谢新洲，王金媛，等，译. 北京：北京大学出版社，2005：2-88.
4. 桑德拉・奥利弗. 战略化公共关系. 李志宏，等，译. 北京：中国市场出版社，2008：100-124.
5. 詹姆斯・格鲁尼格，等. 卓越公共关系与传播管理. 卫五名，等，译. 北京：北京大学出版社，2008：407-437.
6. 阿伦・森特，帕特里克・杰克逊，斯黛西・史密斯，等. 森特公共关系实务. 谢新洲，袁泉，刘畅，等，译. 北京：中国人民大学出版社，2009：16-34.
7. 弗雷泽・P. 西泰尔. 公共关系实务. 10 版. 潘艳丽，陈静，等，译. 北京：清华大学出版社，2008：208-226.
8. 乔・马可尼. 公共关系：实践与案例. 赵虹君，魏慧琳，译. 北京：电子工业出版社，2008：86-99.

第七章
外部关系与沟通

引例

苹果的经验

《福布斯》杂志网络版的特约撰稿人、客户服务与营销专家米加·所罗门（Micah Solomon）曾经撰文，指出只需四个简单步骤，任何企业都能像苹果一样，建立强大的客户忠诚。

向其他行业借鉴经验

第一台 Mac 电脑的机箱设计，灵感来自著名的厨具品牌 Cuisinart。苹果还从酒店业借鉴了众多经验。史蒂夫·乔布斯（Steve Jobs）和零售大师罗恩·约翰逊（Ron Johnson）设计第一家苹果零售店时，在加州总部征求员工意见，“你一生中最棒的客户服务体验是在哪里获得的?”答案几乎都是四季、丽思卡尔顿等五星级酒店。苹果将所有的零售店主管送到丽思卡尔顿，参加酒店业培训和领导力项目。

丽思卡尔顿的创始人豪斯特·舒尔兹（Horst Schulze）说过，酒店业的秘诀在于满足“哪怕是未能直接表达出来的客户需求”。苹果员工极其重视这种“未表达出来的需求”，他们明白这是吸引优质、高忠诚客户最直接的办法。

永远比消费者所想更进一步

一名顾客使用苹果零售店的应用，就能提前预约，以享受专人服务。通过这种方式能预期顾客的到来。它提供了客户需求水平信息，可以更有效配置员工；顾客减少等待时间，并得到员工的专有服务——这是其他零售行业很难得的体验。即便没有预约，客户服务也几乎从顾客进店那一刻开始。消费者会在适当的时候受到一名苹果代表的欢迎。这个岗位的每个员工，必须拥有对计算机和卓越客户服务的极大热情。

员工必须做到，消费者进店后只要自我介绍一次。第一位员工会悄悄记下顾客的细节如穿着特征等，将信息发送到其他员工，使他们也能直接用姓名称呼顾客。员工会倾听顾客，理解顾客的目的，然后亲自指引。消费者因而有一种被理解的感觉。

结账的时候店员带着移动信用卡读卡器，到顾客跟前完成交易。消费者对苹果店最后的印象，与第一印象同样温暖。

精心打磨客户服务

零售店只是第一步。从呼叫中心代表到产品设计师，从产品包装专家到计算机程序员，都在预测消费者需求。

以苹果电脑的升级体验为例。上个月我订了一台 Macbook 替换老款产品。新款有更快的硬盘，更轻薄，体积更小。第一次，新 Macbook 屏幕上出现一个问题，“你是否已有一台 Mac?” 我回答“是”，随后电脑提供了两个将旧款的数据传输到新电脑的办法。……我所有传输到新电脑的程序都能完全正常工作，甚至序列号也能保存。

让消费者感觉宾至如归

苹果电脑的 Magsafe 电源线配备磁性接头，确保不正常拉扯时能够分离，避免绊到电源线摔坏电脑。这款电源线由乔布斯亲自设计并申请专利，使消费者感觉苹果就像一个考虑周全的母亲，自己像是享受母亲关怀的孩子。很少有孩子会想到“我希望我的新笔记本不会遇到危险”，苹果像慈母一样已经考虑周到并提供了解决方案。

你会指望一个孩子有意识地关掉玩具以节省电池寿命吗？从 iPod 开始，苹果所有移动设备不再需要用户手动关机，不使用时它们自动进入待机状态。还有 Siri 语音助手，我说“我感冒了”，Siri 就说“我找到了离你不远的四家医院急诊室”。如果这还不算母亲一样的呵护，那什么算呢？

资料来源：张晋艺. 苹果值得其他企业借鉴 4 点经验：预测消费需求. 腾讯科技（http://tech. qq. com/a/20120607/000207. htm），2012-06-07.（有改动）

阅读与启示

顾客在苹果零售店的购物经历，总是印象深刻；使用苹果产品之后的体验，也往往容易使他们成为“果粉”。看似只要四个简单的步骤，任何组织都能像苹果一样建立强大的客户忠诚。其实，满意的顾客来自满意的员工。有了满意的员工，才能有满意的顾客，也就会有满意的股东和其他的公众。

本章知识结构图

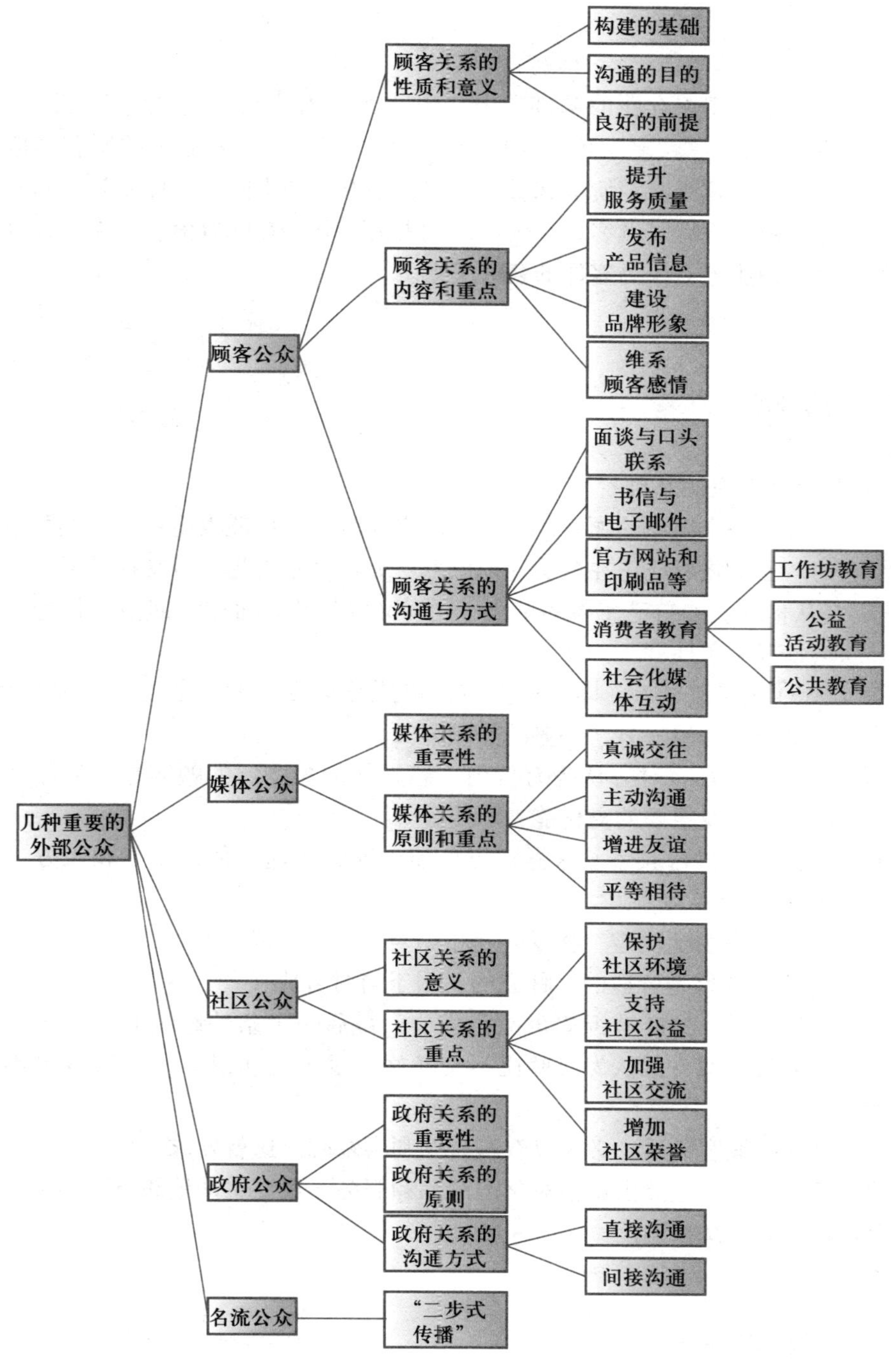

在一个社会组织的外部关系中，顾客即服务对象、媒体、社区与政府等，是需要经常保持联系和交往的公众。具体对象不同，公共关系工作与沟通的特点、重心和内容也会不同。

第一节 顾客关系与沟通

顾客也是任何组织得以存在的基础。中文中“顾”有拜访、光顾的意思，“客”指来宾、客人。在现代社会，“顾客”可以泛指接受一个组织的产品、服务的所有其他组织与个人。例如，制造商的顾客既有消费者和最终用户，还有各种中间商；即使是非营利组织，也有它工作的服务对象。没有了顾客，一个组织就失去了其存在的价值和意义。顾客关系是一个组织以其顾客，即服务对象为客体的公共关系。

一、顾客关系的性质和意义

（一）构建顾客关系的基础

人们之所以成为一个组织的顾客，在于他们之间存在或可能发生一种交换关系。例如准备或购买了它的产品，将要或正在享受它的服务。顾客关系首先是以交换关系为基础的。

“交换”是从他人获取自己想要的东西，同时又以某种东西作为回报的行为。交换的发生，至少必须具备五个条件：①

（1）有交换的双方当事人。即要有卖方，更要有买方。卖方是主动发起交易的一方，如企业；买方是接受交易的一方，一般的如顾客。

（2）每一方手中，都有对方认为有价值、感兴趣的事物。如顾客想要的品牌、产品或服务，良好的体验；企业想要的支付能力和赞誉等。

（3）双方之间能够进行联系。这样双方才能沟通、传递价值，卖方和买方各自拥有的价值才能交集和关联。

（4）每一方都可自由地决定，接受还是拒绝对方及其交易。

（5）双方都认同结果是合适的、称心的，乐于与对方成交。

前四个条件决定了，交换是否“可能”发生；最后一个条件影响的是，交换是否“肯定”发生。一般来说，双方都认为交换比不交换好，至少交换以后不会变得更不好，交换才能够实现。

换言之，良好的顾客关系，必须以双赢、互利为基础。这就要求一个组织，不仅要主动关注顾客的预期，随时随地提供适销对路的产品和服务，更要主动地履行法律义务和社会责任，积极保护顾客的合法权益。

小链接 7-1

消费者的权利

《中华人民共和国消费者权益保护法》（2014）第二章明确规定：

（1）消费者在购买、使用商品和接受服务时享有人身、财产安全不受损害的

---

① 参阅：菲利普·科特勒. 营销管理. 11版. 梅清豪，译. 上海：上海人民出版社，2003：15-17.

权利。

（2）消费者享有知悉其购买、使用的商品或者接受的服务的真实情况的权利。

（3）消费者享有自主选择商品或者服务的权利。

（4）消费者享有公平交易的权利。

（5）消费者因购买、使用商品或者接受服务受到人身、财产损害的，享有依法获得赔偿的权利。

（6）消费者享有依法成立维护自身合法权益的社会组织的权利。

（7）消费者享有获得有关消费和消费者权益保护方面的知识的权利。

（8）消费者在购买、使用商品和接受服务时，享有人格尊严、民族风俗习惯得到尊重的权利，享有个人信息依法得到保护的权利。

（9）消费者享有对商品和服务以及保护消费者权益工作进行监督的权利。

经过多年发展，当今的时代以及营销环境包括交换关系、顾客预期等，内容和形式都发生了很大的变化，也给顾客关系的构建带来了许多新机会和新威胁。这是组织和公共关系人员必须十分注意的。

小链接 7-2

进入营销 3.0 时代[①]

菲利普·科特勒等人指出，营销正在进入 3.0 时代。它不同于之前的 1.0、2.0 时代（表 7-1）。

表 7-1 营销 1.0、2.0、3.0 时代的综合对比

	1.0 时代 产品中心营销	2.0 时代 顾客定位营销	3.0 时代 价值驱动营销
营销目标	销售产品	满足并维护顾客	让世界变得更好
推动力	工业革命	信息技术	新浪潮科技[②]
企业看待市场	具有生理需要的大众买方	有思想和选择能力的聪明的顾客	有独立思想、心灵和精神的完整个体
主要营销概念	产品开发	差异化	价值
企业营销方针	产品细化	企业和产品定位	企业使命、愿景和价值观

① 菲利普·科特勒，何麻温·卡塔加雅，伊万·塞蒂亚万，等. 营销革命 3.0：从产品到顾客，再到人文精神. 毕崇义，译. 北京：机械工业出版社，2011：3-6.

② 根据科特勒等人在《营销革命 3.0：从产品到顾客，再到人文精神》一书的描述，自 2000 年底开始，信息技术逐渐渗透到主流市场，并发展成为“新浪潮科技”。新浪潮科技指的是能够帮助个体和群体保持互联互动的科技，包括三个重要组成部分：廉价的电脑和手机，低成本的互联网接入以及开源性软件。新浪潮科技允许个人表达自己以及与他人合作，标志着参与化时代的到来。在参与化时代，人们在消费新闻、观点和娱乐的同时也主动创造它们，意味着人们从被动的消费者变成了“产消者（生产型消费者）”。参见该书中译本第 6 页。

续表

	1.0时代 产品中心营销	2.0时代 顾客定位营销	3.0时代 价值驱动营销
价值主张	功能性	功能性和情感化	功能性、情感化和精神化
与顾客互动情况	一对多交易	一对一关系	多对多合作

在工业化时代，工业机械是核心技术，营销就是把工厂的产品全部卖给有支付能力的人。所以，“营销 1.0”是一个以产品为中心的时代。产品通常比较初级，其生产的目的是满足大众市场及其需求。企业的目标是实现产品标准化和生产规模化，通过降低成本形成低廉的价格，吸引更多的顾客购买。

“营销 2.0”出现于当今的信息时代，其核心技术是信息科技。消费者掌握的信息比以前更多，可以轻松地对相似的产品进行选择。这时的产品价值，是由消费者来定义的，因为他们的喜好存在巨大的差异。于是企业开始市场细分，针对特定的细分市场和目标群体，开发最具优势的产品。企业成功的黄金法则是“客户是上帝”，顾客可以在产品的性能、功效和特征等各个方面精挑细选，直到自己满意为止。这也是以消费者为导向的时代，企业和组织仍然坚持视顾客为被动的营销对象。

目前兴起的“营销 3.0”，是一个价值驱动营销的时代。企业不再把顾客仅仅视为“消费”者，而是看到消费者越来越关注、希望这个全球化的世界变得更好。他们需要的企业和组织、产品和服务，不但能满足自己功能上的、情感上的需要，还要能满足一些精神方面的需要，如内心深处关于社会、经济和环境等问题的需求。他们是具有独立意识和感情的完整的人类个体。企业和组织不仅要致力于满足消费者需求，还必须具备远大的、服务于整个世界的使命、愿景和价值观，努力解决当今社会存在的各种问题。“营销 3.0”把营销理念提升到了一个关注人类期望、价值和精神的新高度，认为消费者的任何要求和希望都不能忽视，把情感营销和人文精神营销很好地结合到了一起，更容易和顾客形成发自内心的共鸣。

（二）沟通顾客关系的目的

公共关系与营销职能需要密切配合、相辅相成，在企业尤其如此。任何与营销工作脱节的公共关系，在营利性组织都难以有持久的生命力。但是，建立良好的顾客关系，目的不只是促销和完成“买卖”，而是支持、协助营销职能，通过更好地理解顾客，共同创造、传递独特的体验和满足，保持、提升顾客满意和忠诚，开发顾客的终身价值。

顾客体验是顾客与组织及其产品、服务、人员和流程所有互动的总和。从表面看，顾客交换所得的是产品或服务，如一件衣服、一次旅游；实际上他们需要的是由此带来的满足，尤其是这个过程产生的愉悦和满意。所以，任何产品、服务即一个组织的“产出”，都可看做为特定的顾客获得满足、形成满意的特定“载体”或“平台”。沟通顾客关系的目的，也不只是呼吁“快来买我”，帮助营销职能“卖出”产品和服务；而是帮助顾客理解“满足”、积累满意，建立进一步的感情联系，让公众自然而然地“你要爱我”。

小案例 7-1

它们都在努力与顾客建立紧密的联系[①]

沃尔玛的总裁兼 CEO 迈克尔 · 杜克以及整个管理团队，定期到卖场和顾客家里访问，以了解他们的需求。麦当劳的高层管理者常常在推特（Twitter）上发起聊天，直接与麦当劳的粉丝们联系。无论褒贬，从中了解他们对从营养、可持续发展到产品、品牌和促销等各种问题的想法。波士顿市场（Boston Market）的 CEO 乔治 · 米歇尔经常巡视门店，在餐厅工作，与顾客交谈，理解“好的、坏的、讨厌的”。 他还通过阅读顾客在波士顿市场官方网站的留言与顾客联系，甚至随机给顾客打电话询问看法。“接近顾客非常重要，”米歇尔说，“我可以了解他们看中了什么，他们欣赏什么。”

在全球任何一家丽思卡尔顿酒店入住，你都会惊诧于这家公司揣摩顾客，哪怕是最微小的细节的热忱。每一天，顾客的偏好都会被员工，从前台接待到维修和客房保洁员细致地观察并记录下来。每个清晨，酒店查阅以前入住过任何一家丽思卡尔顿酒店的所有新到顾客的档案，提前准备好可能取悦于他们的额外服务。例如，据一位丽思卡尔顿的经理说，如果该连锁酒店得到一张顾客宠物的照片，会复制装框，摆在这位顾客入住的任何一家丽思卡尔顿酒店的房间。还有一个例子，一位到丽思卡尔顿奥兰多店出席会议的商人，在酒店点了一份最喜欢的碳酸饮料。服务生告诉他酒店不提供这种饮料，但他可以想想办法。很快，这位服务生带着商人需要的饮料回来了。接下来的日子，他都会为这位商人准备好这种饮料。更为精彩的是一年后，这位商人再次前来参加会议。第一个晚上，当他坐下来等候晚餐，还是那位服务生为他呈上了他最爱的饮料。

（三）良好顾客关系的前提

沟通顾客关系，应以满足顾客公众为前提，求得组织自身的发展。

顾客有其利益和预期，组织也有自身的利益和想法。良好的顾客关系并不要求组织单方面做出“牺牲”或让步，而是如何使得两者的利益协调，双方都能满足和满意。但是，考虑和协调这种利益关系，应以顾客和公众利益为先。否则，以自身利益和想法去要求顾客，永远不可能赢得顾客，也不能建立真正良好的顾客关系。就是说，只有满足顾客要求、维护公众利益之后，组织自身的利益和要求才有保障。以顾客和公众利益为重、时刻关心顾客和公众的组织，才会得到顾客和公众的理解与支持。

小链接 7-3

公共关系职能与营销管理[②]

公共关系与营销都是企业的重要职能。营销管理引导产品和服务流向消费者和用户，顺利实现交换，从而取得满意的经济效益和社会效益。营销管理是企业首位的管理职能，公共关系及其他职能应当主动配合。

① 资料来源：菲利普 · 科特勒，加里 · 阿姆斯特朗. 市场营销：原理与实践. 16 版. 楼尊，译. 北京：中国人民大学出版社，2015：8，16.

② 钟育赣. 试论公共关系在市场营销中的作用. 科学 · 经济 · 社会，1994（4）.

战略营销与公共关系

营销活动及其管理，存在战略和战术两个层次。首先是战略营销，包括：市场分析，一切营销工作的出发点；市场细分，即对需求进行分类；市场选择，评估、抉择目标顾客；市场定位，为品牌和产品、服务树立特色与市场形象。这一过程中，公共关系可在多方面发挥重要作用：

（1）营销环境的现状和趋势，对战略营销决策有着重要影响。传统上认为，营销环境属于不可控制因素，企业只有设法与之适应。但事实上，营销环境的某些因素虽然不能控制，却可施加一定影响。如文化环境是影响需求的重要因素，应用公共关系对其中某些因素施加影响，可在市场上倡导、推动某些于己有利的消费时尚。公共关系可以帮助企业更加主动地适应营销环境。

（2）定位的实质是一个沟通过程，向市场、顾客和社会展示其与众不同。公共关系不仅大有用武之地，而且作用独特。

（3）战略营销的决策和落实，需要方方面面的理解和支持。这些都是公共关系学意义上的公众。例如，应用公共关系可以争取内部公众的理解、支持，在战略方向上形成创造优势的合力。

战术营销与公共关系

战略营销的重点是找到合适的顾客，战术营销的任务是如何满足他们。经典的营销理论将可用于满足顾客的各种营销手段，分为产品、价格、地点（分销或渠道）与促销。并要求依据这些因素的可控性、动态性和复合型性，将它们一体化整合为营销组合。即依据目标市场和定位，提供合适的产品，制定合适的价格，选择合适的分销方式，采取合适的促销方式，使顾客获得满意的结果与体验。

（1）公共关系在产品决策中，作为一种技术方法普遍用于品牌命名、装潢设计等。但公共关系首先是一种意识，一种社会和公众利益优先的观念，要求无论何时何地，都必须考虑社会整体的利益和公众长远的利益，而不仅仅是顾客。一些有远见卓识的企业，倡导“绿色营销”“社会责任营销”等，提供有益于人类健康、有利于环境保护的产品和服务，赢得了良好的社会声誉。公共关系可以更广泛、更深入地渗透到产品决策的各个方面，发挥更大的作用。

（2）价格决策往往被单纯看做影响交易的手段。事实上也是一种信息载体，可用于树立企业形象——向社会、公众及顾客展示企业的理想和抱负，表明企业对社会责任的自我认识。包括运用公共关系方式，引导买方对价格的认知与理解。

（3）分销和促销直接涉及与中间商、消费者和用户的关系。但它们与公共关系并非是可以相互替代的手段，而是相辅相成又各有不同。分销活动本身就包括了大量与中间商的沟通。一般的促销活动由于商业色彩较浓，也可能难以获得买方信任，公共关系活动却能有效地突破这些屏障。它们可以相互结合，优势互补，共同实现营销目标。

二、顾客关系的内容与重点

（一）提升服务质量

一个组织必须为其顾客提供高质量的产品或服务，建立良好的顾客关系才有坚实的基础。提高服务质量的工作，并不都由公共关系职能承担，需要组织内部各个方面的理解与配合。因此，公共关系部门可在以下方面开展工作：

（1）普及公共关系观念，使全体员工和领导层都能一致理解顾客的重要性，从而形成以顾客为中心的文化和氛围，人人“从我做起，从我做好”，积极主动和自觉为顾客提供优质的产品、服务。

（2）妥善处理顾客投诉。任何组织无论如何努力，都不可能完全满足每一位服务对象。顾客多种多样，要求各有不同，难免出现差错和纠纷。遇到投诉，重要的不只是平息顾客抱怨和怒气，而是要认真、严肃、迅速并准确地给予清晰的答复。要将组织知过必改的信息，以适当的方式传递给顾客，使顾客感受到自己的意见被重视，理解组织为顾客服务的诚意和决心。公共关系部门要督促有关部门认真对待，纠正过错；要分析投诉内容和原因，提交给决策层参考。倘若事情过后组织依然故我，顾客再次受到不良待遇，会对组织彻底丧失信心。

（3）利用公共关系的信息双向交流机制，了解顾客需求、消费心理及习惯的变化，并将这些信息总结、归纳，报告给最高管理层及有关部门，使组织的服务得以进一步匹配顾客要求。

（4）通过以多种方式激励员工，为提高服务质量不懈努力，使之成为一种风尚。

小案例 7-2

丽思卡尔顿酒店①

丽思卡尔顿酒店在酒店行业的顾客满意度排行榜上，年复一年，一直名列前茅。其座右铭洋溢着这家豪华酒店创造顾客满意的激情，承诺为顾客传递难以忘怀的体验——“赏心悦目，体贴入微，甚至满足顾客没有表达的愿望和需求”。

在其官方网站上，有着以下醒目的陈述：

优质服务三步骤

热情真诚地问候宾客。

亲切地称呼宾客姓名。提前预期每位宾客的需求并积极满足。

亲切送别。温暖地告别并亲切地称呼宾客姓名。

服务准则：我以成为丽思卡尔顿的一分子感到自豪

（1）我与他人建立良好的人际关系，为丽思卡尔顿创造终生客人。

（2）我能敏锐察觉宾客明示和内心的愿望及需求并迅速做出反应。

（3）我得到授权为宾客创造独特、难忘和个性化的体验。

---

① 资料来源：菲利普·科特勒，加里·阿姆斯特朗. 市场营销：原理与实践. 16版. 楼尊，译. 北京：中国人民大学出版社，2015：15；丽思卡尔顿酒店黄金标准. 丽思卡尔顿酒店官方网站（http://www.ritzcarlton.com/zh-cn/Corporate/Awards/Default.htm）.

（4）我了解自己在实现成功关键因素、参与社区公益活动和创造丽思卡尔顿成功秘诀过程中所起的作用。

（5）我不断寻求机会创新和改进丽思卡尔顿的服务体验。

（6）我勇于面对并会快速解决宾客的问题。

（7）我创造团队合作和互相支持的工作环境，从而满足宾客及同事之间的需求。

（8）我有不断学习和成长的机会。

（9）我参与制订与自身相关的工作计划。

（10）我为自己专业的仪表、语言和举止感到自豪。

（11）我保护宾客、同事的隐私和安全，并保护公司的机密信息和资产。

（12）我负责使清洁程度保持最高标准，创造安全无忧的环境。

员工承诺

在丽思卡尔顿，我们的绅士淑女是我们向宾客提供服务的最重要资源。

我们以信任、诚实、尊重、正直和承诺精神为准则，培养并发挥员工的才能，从而实现每位员工和公司的双赢。

丽思卡尔顿致力于打造一个尊重多元化、提高生活品质、实现个人抱负、稳固丽思卡尔顿成功秘诀的工作环境。

（二）发布产品信息

市场供应的日趋丰富，新产品的不断涌现，给人们带来了更多的消费选择，也使顾客得以更好地满足自己。但是信息交流和沟通的不畅，往往使顾客面对琳琅满目的产品，陷入不知如何选择的境地。购买以后也有可能不知如何正确地使用，功效没有很好发挥，带来不便和损失。这样的消息一旦传开，足以影响品牌和企业声誉。还有一些企业，常常因为顾客不知或不了解，新产品缺乏购买者，被迫把本该有良好市场前景的产品过早地淘汰，造成损失。

通过公共关系工作，改变与顾客公众之间的信息不对称，其意义不仅是推介产品、促进销售，更是为了表达对顾客诉求的关切。帮助他们更充分地获得产品、服务可以提供的满足，更全面地了解组织及其宗旨。

（1）组织专题活动，如信息发布、产品展销和免费赠送等，为新产品上市创造良好的气氛，吸引顾客关注。

（2）协助有关部门，撰写清楚易懂、趣味性强的产品介绍或使用说明。通过各种传播方式，帮助顾客更好地了解组织及其产品性能、用途和服务。

（3）有针对性地通过一些互动方式，如免费电话咨询、微博问答等，及时解答有关的问题，消除顾客疑虑。

小案例 7-3

大堡礁用一次“招聘” 撬动全球①

当地时间 4 月 2 日晚 11 时，澳大利亚昆士兰旅游局在全世界几千万人的期待中，公布

① 资料来源：徐一. 波动全世界的大堡礁风暴. 现代广告，2009（5）.（有改动）

了入围“世上最好的工作”的16位候选人。此前入围50强的3位中国候选人，台湾女孩王秀毓以151 676份投票，在3月25日提前以“外卡候选人”身份晋级；广州一家世界500强企业工作的姚逸也成功入选。

昆士兰旅游局的彼特·拉威尔称，由于前50名候选人非常出色，最后入围人数由原计划的10人，扩大到16人。他们“来自15个国家，年龄20至28岁，包括10名男子和6名女子。职业分别是学生、记者、电视主持人、摄影师、接待、电台DJ、教师、慈善活动经理、演员”。

这确实是一份工作

现在旅游局承认，活动实质旨在提升大堡礁的国际知名度。昆士兰旅游局的 Desley Boyle 表示，全世界对此次耗资170万澳元的活动反响热烈，其带来的公关价值达7 000多万美元。她在一份声明中说，“活动很大程度上靠的是公关和社会化网络活动”。

尽管是精心策划的活动，但它确实是一份真实的工作，让人无法质疑其动机。金融风暴席卷全球，这时能有一份稳定、高薪的工作是很惬意的。昆士兰旅游局恰当其时推出这个职位。

为什么是“全世界最好的工作”？ 请看如下：

• 工作时间：2009年7月1日—12月31日。

• 工作内容：清洁鱼池，喂鱼；收发信件；每周发表文章及上传照片、影片；不定期接受媒体采访；巡游大堡礁水域内其他岛屿等。

• 职位薪酬：15万澳元/半年。

• 其他待遇：豪华住宿，来回工作地及申请人居住城市机票、合约期内保险、工作期间往来大堡礁水域其他群岛交通等费用。

• 申请条件：年满18周岁，英语沟通能力良好，热爱大自然，会游泳，勇于冒险尝试新事物。至少一年以上相关经验。

在澳大利亚，年薪5万—6万澳元已算中产阶级了。金融危机下，很多澳大利亚人没有全职工作，而是同时做几份按小时计酬的兼职。工作半年，15万澳元，可是“金领”了……报名期内，这份工作吸引了包括11 565名美国人、2 791名加拿大人、2 262名英国人、2 064名澳大利亚人和503名中国人报名。

不过，主办者的最终目的是“宣传”两字。如何向世界各地的游客宣传大堡礁，才是这个“岛主”的最终职责。这份工作要通过自己的冒险经历，替旅游局宣传大堡礁岛屿。这是一次别出心裁的策划，旨在提升大堡礁群岛国际上的知名度，但候选者必须经历真实的招聘过程。

最好的旅游策划

表面看赢家是最终入选的大堡礁护岛人。实际上，最大的赢家是昆士兰旅游局。

大堡礁尽管久负盛名，但随着海洋升温及游客增多，一度大堡礁的珊瑚虫濒临灭绝。经过一段休养生息，生态环境得到恢复，知名度却大不如前。哈密尔顿岛素有澳大利亚“大堡礁之星”美誉，终年气候舒适宜人，活动多姿多彩。由于受金融危机影响，旅客量大减。通过这样一个精心策划的活动，推广旅游产业成为最直接的目的。昆士兰旅游局上海办公室市场推广经理沈俐说，计划酝酿了一整年。

澳大利亚前五大客源国分别为新西兰、英国、日本和美国、中国。于是在昆士兰旅游局招聘网站上，建了 7 个版本的网站。招聘虽然面向广大的人群，但因中国游客是近年增长最快的，护岛人将“定居”的汉密尔顿岛，又是中国旅游团尚未开辟的旅游路线，中国作为重中之重，自然也受到了额外的待遇。比如海选的官方网站，仅中文版就分大陆简体、台湾繁体和香港繁体三种。昆士兰旅游局甚至在北京进行了现场招聘。针对第一客源的英国市场，还配套推出“世上最好的蜜月目的地”“世上最好的度假目的地”等系列活动。

没有网络哪来疯狂

“世界上最好的工作”所有关键环节都在网上展开。昆士兰旅游局一开始就建立了活动网站。在全球各处办公室的员工，纷纷登录所在国家的论坛、社区发帖，使消息在网友中病毒式扩散。

按照活动的规则，全世界任何人都可通过官方网站报名。“申请者必须制作一个英文求职视频，介绍自己为何是该职位的最佳人选。内容不可多于 60 秒，并将视频和一份需简单填写的申请表，上传至活动官方网站。”因此，很多人即使没有希望获得这份工作，也可能录制一段视频来参加或自娱自乐一下。

官方网站的合作伙伴是 Youtube。借助于其全球性的影响，活动本身又得到进一步的口碑和病毒式传播。

环环相扣的互联网应用层出不穷。主办方设计了网络投票决出“外卡选手”的环节。入选 50 强的选手，可以不断拉票；关注活动的人，也可以为心仪的选手投票……更多的人，会持续关注包括投票在内的活动进展。截至 3 月 10 日，网站页面浏览总量达 4 000 万。在这一环节中，王秀毓以高票成为“外卡”唯一候选人，票数比最接近的对手高出近三倍。

投票过程也进行了精心的设置。跟常见的点一个按钮不一样，要先输入邮箱地址，然后查收一封来自“昆士兰旅游局”（Tourism Queensland）的确认件，然后再行使投票权。通过确认，参与的网民都会好好浏览一下这个做得很漂亮，实质上是旅游网站的招聘网站，大堡礁的旖旎风光、万种风情马上让人心旌神移。更重要的是，邮箱未来还会定期不定期地收到来自大堡礁的问候。试想，有钱又有闲的话，难保不会动心。

发布招聘信息、选秀和确定人员，这几轮活动之后，估计新的高潮就是“护岛人”不断更新博客、相簿和视频了。一位网友在博客中写道：“7 月 1 日护岛人公布了，你会不会有想去看他/她的冲动？ 护岛人怎么上下班，工作餐怎么办，能不能一起合个影？ ……”

看来，这波从 1 月 9 日掀起的全球“大堡礁”风波并不会马上消停。

（三）建设品牌形象

（1）及时宣传新开发的技术、新推出的产品等，帮助顾客认识和了解组织的优势所在和独特之处，以及这一切对于社会和人们生活的积极意义。

（2）检查、审核组织使用的各种沟通方式是否合适，拟发布的内容是否恰当等。包括组织的广告、促销活动以及领导者的公开讲话等，要防止与相关法律或民风习俗发生冲撞，绝不许出现任何虚假浮夸的不实之词，以保障组织的良好形象。包括不可借重大灾害事件等，趁机植入组织的品牌传播。

（3）介绍组织艰苦奋斗、坚忍不拔的奋斗历程。如组织曾经如何渡过难关，如何在激烈竞争中胜出的经过等，增强顾客的信心，赢得公众的敬意。

（4）广泛传播模范员工、专家能手和高层管理者激动人心的事迹。鼓励这些带有传奇色彩的故事，在顾客中和社会上流传。例如，著名企业家褚时健人生经历的跌宕起伏和他的“褚橙”，苹果故事与乔布斯的故事，等等。通过顾客的仰慕，可以增强他们的好感和对组织的向往。

小链接 7-4

新广告法 2015 年 9 月 1 日施行①

4 月 24 日下午，十二届全国人大常委会第十四次会议表决通过新修订的《广告法》，2015 年 9 月 1 日起正式施行。新法修改幅度较大、涉及面广，对原来很多内容和规定进行了扩充和细化。

禁在大众传媒和公共场所发布烟草广告

新法明确规定，禁止在大众传播媒介或公共场所、公共交通工具、户外发布烟草广告，禁止向未成年人发送任何形式的烟草广告，禁止利用其他商品或服务的公益广告宣传烟草制品名称、商标包装、装潢以及类似内容。烟草制品生产者或销售者发布的更名、招聘等启事，不得含有烟草制品名称、商标、包装、装潢以及类似的内容。

加大对虚假广告的处罚力度

新法专门增加了虚假广告构成条件的相关规定，一是内容虚假，二是引人误解的内容引导、误导消费者。新法还进一步列举了四种典型的具体情节，增加了查处虚假广告的可操作性，同时法律责任方面也加大了罚款力度。

禁止十周岁以下未成年人代言广告

新法规定广告代言人在广告中对商品服务做推荐证明，应当依据事实，符合本法和有关法律、行政法规规定，并不得为其未使用过的商品或者未接受过的服务做推荐证明。在虚假广告中做推荐证明受到行政处罚，未满三年的自然人、法人或其他组织，不得再为广告代言。法律责任上还相应规定了广告代言人违法推荐或证明的行政责任和民事责任。

新法规定，不得利用十周岁以下未成年人作为广告代言人。

增加保健食品广告、大众传媒广告等规定

新法增加关于保健食品准则的规定，保健食品禁止代言，禁止涉及疾病预防、治疗功能。针对电台、电视台等变相发布广告的问题，新法明确要求大众传播媒介发布广告应当显著标明“广告”，与其他非广告信息相区别，并加重变相发布广告的法律责任。

针对垃圾信息泛滥，新法增加规定任何单位或个人未经当事人同意或请求，不得向其住宅、交通工具发送广告，也不得以电子信息方式向其发送广告，并明确了相应法律责任。

药品需标明不良反应

新修订的《广告法》与旧版比，增加了对药品广告准则的规定。规定任何人

---

① 刘潇潇．新广告法 9 月 1 日施行 N 多变化不看就改行吧．中国经济网（http://www.ce.cn/cysc/sp/info/201504/25/t20150425_5207048.shtml），2015-04-25.

不能代言药品广告，同时药品广告必须显著地标明禁忌不良反应。

（四）维系顾客感情

为了争取顾客和广大公众的理解与支持，公共关系部门应当善结良缘，通过广泛联络感情，让顾客时刻感受到组织对其以及社会利益的关心。由熟悉组织进而喜爱组织，并以享受组织的产品、服务为荣。

（1）向顾客公众介绍组织的愿景、使命、政策、行动以及结果，使他们了解组织以及对社会发展的贡献，培养顾客公众的亲近感。

（2）安排顾客公众参观访问，使他们有机会对组织内部环节、各项工作眼见为实，增强好感和对品牌的信心。例如丰田、沃尔沃等许多公司，均有相关主题的展览馆、博物馆，展示自己的历史和成就，并对顾客和公众开放。

（3）通过支持社会公益等，让顾客亲身感受组织的关心和不懈努力，与组织建立和发展“自家人”的感情。

（4）利用售后服务等方式，继续保持与顾客的联系。倾听其意见和建议，表达对顾客和公众利益负责的精神。

（5）组织或协助顾客，建立自益性或公益性团体并参与活动。如通过会员制俱乐部等形式，与顾客不断交往，全方位融洽感情。

保持与顾客的感情联络，可以使一个组织与顾客之间的利益关系，体现出更多的人情味和人性化元素。

小案例 7-4

可口可乐“快乐昵称瓶”①

2013 年夏，可口可乐“快乐昵称瓶”以“最炫的方式”横空出世。这些大家耳熟能详、广泛流行的“快乐昵称”，是公司的大数据服务商通过捕捉社交媒体上过亿数据，然后从多个维度如声量、互动性及发帖率等定量比较，初步选出的 300 个“热词”。经可口可乐品牌部、公关部等的二次筛选，确保选出正能量、积极向上的词汇，最终印在可乐瓶上。

可口可乐大中华区互动营销总监陈慧菱表示：“采用消费者的语言与其交流使可口可乐获得了认可，使得消费者自发、自愿地担当起品牌信息的传播者。”

三、顾客关系沟通与方式

沟通顾客关系与沟通其他公众在方式上没有本质的不同，甚至一些做法的形式也很相似。区别在于具体公众特点不同，使用中必须注意目标对象的差异。

① 资料来源：小皙，张凤莎. AdMaster 大数据服务助力可口可乐昵称瓶完美收官. 科技日报，2013-09-12.

（一）面谈与口头联系

这是最普通、最常用的沟通方式。不管是面对面交谈还是电话答复，都应注意尽量做到使顾客满意，同时积极介绍组织的相关情况。

近年来，越来越多的企业和组织开始借助于呼叫中心（call center，contact center）与顾客保持联系。作为一个为顾客提供友好的交互式服务的管理和服务系统，呼叫中心的工作人员利用计算机通信技术，处理各种顾客垂询与咨询。例如电话咨询具备同时处理大量来话的能力，可以主叫号码显示，并将来电自动分配相应人员处理，还能记录、储存所有来话信息。电话呼入型呼叫中心的特点是接听来电，为顾客提供一系列服务和支持，如 IT 行业的技术支持中心、保险行业中的电话理赔中心等；电话呼出型呼叫中心则一般以营销和电话销售活动为主。典型的客户服务为主的呼叫中心，可兼具呼入呼出功能，处理顾客信息查询、咨询、投诉等的同时还可进行顾客回访、满意度调查等业务。作为面向客户的前台和“窗口”，呼叫中心的工作强调的是服务，注重的是顾客关系和组织形象，已经逐渐成为一些企业或组织与顾客以及一般的外部公众日常沟通的主渠道。

（二）书信与电子邮件

书信和电子邮件等方式，也是一个组织尤其是公共关系部门与顾客公众等沟通的常用做法。一个组织收到顾客的来信，不论是抱怨还是询问，抑或表扬，都要有及时、认真的回复。措辞要友善，语气要中肯，情况要解释，要感谢顾客并表示会更加努力。一些信件可以转发到内部有关部门、人员，或在内部媒体上刊载，公开表扬或引以为戒。如果组织确有失误，要注意真诚道歉，并提出合适的补偿建议。

组织还可以主动给顾客发函，或介绍新产品，或征集意见，或祝贺节日……重点是表达关心。如一些商场对曾经光顾的消费者，打折换季时寄去精美的明信片问候；一些酒店在客房留置总经理亲笔签名的问候信，联络顾客感情。

（三）官方网站和印刷品、报刊

在互联网时代，一般的组织都有自己的官方网站（official website，亦称官网）。它是一个信息公开的“窗口”，具有正式、专用和权威等特点。主要用于一个组织的概况介绍、信息公开和新闻发布等，包括展示组织风采、推广品牌形象和传播产品消息，以及客户服务和网上销售等。有的官网还会开放顾客、公众留言、评论板块，作为互动与沟通的“触角”。

一个组织还可单独或与其他组织联合，编辑出版各种形式、包括或超出上述内容的印刷品、报刊，以印刷传播方式与顾客公众沟通。

（四）消费者教育

消费者教育是将产品和服务、品牌、组织政策等希望消费者掌握的信息，通过一定的方式传播给消费者公众，并获得其认同的过程。消费者教育可以创造忠诚客户，并使新产品得到更大的投资回报。

1. 工作坊（workshop）教育

工作坊是目前流行起来的一种提升自我的学习方式。引入公共关系和营销活动领域以后，也有不同的叫法。一般以 1 名主讲人为核心，10—20 人在其指导下共同探讨某个话题。通过各自发表意见和看法，相互交流和讨论，逐步凝聚共识。

利用工作坊进行消费者教育的活动，具有以下特征：

（1）话题更有针对性。工作坊通过介绍相关知识和产品使用，现身说法交流消费经验与心得，达到对一群消费者进行教育的目的。企业和组织可以根据公共关系工作的需要，找出顾客公众感兴趣的相关话题选择主讲人。

（2）形式更有趣味性。工作坊可以让每个参与者发表意见，可以游戏方式带动参与的积极性……寓教于乐，在一种生动、活泼的氛围中，轻松地帮助目标对象了解、掌握有关的知识和信息。

（3）组织更有灵活性。例如地点可以在会议室，也可以在某人家里；形式有演讲、讨论和答疑等；时间选择也可以灵活。

工作坊的角色一般有三种，即参与者、教育者和促成者。参与者为参加活动的顾客公众；教育者必须具备一定的专业知识、技能和相关经验，担任工作坊的主讲人；促成者主持工作坊，并推动工作坊活动的开展。例如，他们负责召集参与者，在活动中促成他们的互动与沟通，在讨论中启发他们发现、提出问题等，但不可有任何强迫参与者做出决定的行为。这种方式不与任何推销、购物直接关联，参与者没有心理压力，还能增长见识、陶冶情操和提高审美能力，并有可能得到小礼物。只要组织、实施得当，不仅费用可能低廉，而且公共关系效果一般更好。

2. 公益活动教育

这种方式是在组织开展的公益活动中，加入消费者教育的适当内容。例如在设点开展义务咨询、免费维修活动过程中，帮助顾客认识和熟悉产品的性能、技术，了解维修和保养的知识；学习、掌握辨别产品真假、优劣的知识和技巧；知道怎样理性选择满足适合自身需要的产品、服务，接受科学的生活方式和适当的消费方式，提高生活品位和质量。

3. 公共教育

这种方式主要通过大众传播媒体，在更大的范围内，将消费者教育的内容传播给顾客和一般公众。例如在媒体开辟专栏，发布商品知识的连续介绍；开通消费者热线，举办有关消费知识的有奖问答；播放企业和组织的品牌专辑、公益广告等。

有奖问答是一种较为有效的做法。可以通过电台、报刊等媒体，组织顾客和潜在顾客参与；或委托电视台组织部分公众，在演播厅现场竞赛。并由组织提供相关礼品和奖品，使参与者引以为荣，从而自觉宣传组织和品牌。

（五）社会化媒体互动

社会化媒体可以分为两大类。一类是表达性社会化媒体，例如博客、“脸书”（facebook）、推特（twitter）、微博和播客等，以及照片、视频分享网站等社交性网站；一类是合作性社会化媒体，如维基百科、互动百科和“知乎”等网站。微信朋友圈、公众号和QQ群等，也越来越多地被用于顾客公众的联系与互动。

小链接 7-5

微博与微信的不同特性[①]

（1）微博偏重于建立弱关系，微信更能够建立强关系。“弱关系”带来的是

---

① 根据网络资料整理。

信息传递，“强关系”产生的是互相信任。

（2）微博更具媒体属性，如同拿着喇叭筒在街上呼喊；微信更具社交属性，像是朋友之间娓娓交谈。

（3）微博传播是随机的，微信传播是稳定的。微博就像广告位，“你来不来我都在这里”；微信就像邮递员，“你来不来我都得去你家”。

（4）微博需要人工应答，微信可以机器人对话——输入关键词，可自动反馈预先储存的资料。

通过社会化媒体与顾客公众沟通，可以形成组织的亲和力和吸引力，培养长期的高忠诚度的顾客，从而建立相对稳定的市场。这也是沟通顾客关系的较高层次——组织与顾客能够相互依靠，发展亲密无间的伙伴关系。

小案例 7-5

微博营销 Yes & No①

到目前为止，有超过 4 万个品牌在新浪微博开设官方账号。那些来到微博的大品牌很快发现，微博不是随便说两句就能受到欢迎的地方。

易为明思力的数字营销总监刘苏，遇过一件事。团队一名新手回复网友私信时，客气地用了“你好”等很官方的词汇，结果立刻遭到投诉：“没想到你们用机器人回答问题！”——网友不仅需要品牌有回应，还要求谈话有氛围。刘苏在手机上看到后，及时修补了这个问题。不用官腔跟网友沟通，也成了刘苏的一条原则。如今她的团队有专人负责，把客户的产品问答手册转化成网络语言。

杜蕾斯的官方微博看起来就很贴心。几乎每条内容都配一张有趣的图片，网友看到最多的不是移植而来的广告，而是好玩的测试或转帖。

杜蕾斯官方微博跟网友互动时，还会自称“杜杜”。这是微博团队赋予品牌的人物角色——男性，“有些小清新，小坏坏”，以幽默传递一些性知识，也时不时说个笑话。这个人物设定，让杜蕾斯的微博团队有更多的操作空间——只要是符合人物性格的内容，可以随时转发。比如一个 ID 叫“作业本”的用户，晚上 11 点发了一条看似无厘头的内容，“11 点前睡觉的人怀孕”。杜杜很快转发，并加了评论，“有杜蕾斯不怕”。

杜蕾斯的母公司、英国消费产品集团利洁时家化（Reckitt Benckiser）的数字营销经理觉得，微博对杜蕾斯是个很好用的工具。杜蕾斯官方微博由一家叫博圣云峰的广告公司配合维护，这个团队借力北京大雨策划的“杜蕾斯鞋套事件”，成为当天新浪微博转发第一名。

2011 年 6 月 23 日，北京地铁站因暴雨积水关闭，“京城大堵车”和“暴雨”成为当天的热点话题。创意团队头脑风暴之后，想出了用杜蕾斯做鞋套涉水回家的故事。他们请 @ 地空捣蛋在下班时间发了这张杜蕾斯做鞋套的图片，之后官方微博参与转载。20 分钟后杜蕾斯成为新浪微博一小时热榜第一名，这次事件营销帮助杜蕾斯覆盖了 5 000 万新浪用户。

---

① 资料来源：朱小坤. 微博营销 Yes & No. 长沙晚报，2011-11-15.

“最关键要网民感觉到你在跟他说话。”该营销经理说，“杜蕾斯的原则是先微博后营销，不生硬地植入产品信息，用一种亲切的方式跟网友沟通。我觉得微博营销没有太多秘密，在各种技巧之余，本身就是深度微博用户的创意团队”。

杜蕾斯每天至少发 3 条微博。看起来很随意的内容，都经过精心设计，甚至根据网友习惯制定更新时间，不会一个小时内发太多帖子。还有一些绝对不能涉及的注意事项：“我们希望杜蕾斯给人的感觉，是柔软地分享一些性感趣事。永远不会用官方微博发出任何攻击性的回复，转发的内容一定要署名版权信息，所有发布的内容不涉及政治和宗教。”

宜家不谋而合。它们的营销团队也给官方微博虚拟了一个角色，“是个 30 岁左右的女人，真诚、简单，有瑞典传统。所发内容是否合适，都要按这个角色去衡量”。 宜家常会发打折促销信息，中午发美食分享，这都是用户喜欢的。

刘苏所服务的客户，在社会化营销的投入最多可占营销总预算的一半。一条微博内容不仅要博网友喜爱，还要帮客户传递信息。宜家会定期发给刘苏一些产品手册，里面有当季主推的商品。刘苏的团队配合这些主题发微博。如有特别需要，比如一张小清新风格的配图，就会请摄影师专门拍摄。定期在微博上搜索“宜家”关键词，也让她发现不少值得转发的网友原创体验。

互动活动也是微博抓注意力的重要手段。“转发降价”和“惊喜送礼”是两种最常见的活动。新加坡旅游局官方微博曾推出一个越转越便宜活动——列出 10 个浪漫景点，网友每次转发降价 1 元，活动结束随机抽取一名中奖者。9 月份的越转越便宜获得了 4 222 个转发。宜家也推过一个“惊喜送礼”的活动——通过微博搜索，以“我想要宜家的……”为格式的网友帖子，随机抽选一位中奖者实现愿望。

别以为只要“有奖”就会有人关注。想要用户买账，还得拿出点创意。博圣云峰的创意负责人金鹏远，每天要带领创意团队头脑风暴。他们会把可能引爆眼球又符合品牌特性的话题一一列出，也会不断考虑各种社会化媒体。他们正准备把杜蕾斯带到知乎上，“不同的平台需要不同的内容和营销手段。在知乎上我们就叫小杜，可以帮你解答与性相关疑问的这么一个人”。

第二节 媒体关系与沟通

媒体关系是指一个组织以各种新闻媒介为工作对象的公共关系，也称新闻关系、传媒关系和媒介关系。传统上，媒体关系的范围包括新闻界的从业人员，如记者、编辑、节目主持人和专栏作家等；也包括新闻机构，如通讯社、电台、电视台、报社和杂志社等。随着互联网的普及和新媒体的发展，一些组织和公共关系部门也开始将一些自媒体名人、“大号”等纳入其媒体关系的视野。

一、媒体关系的重要性

媒体公众是一个组织的外部公众中，最重要也最为敏感的一部分；媒体关系也是组织外部的公众关系中，最为特殊的一种关系。一方面，媒体是一个组织必须努力争取的重要公众；另一方面，又是组织与其他公众实现广泛沟通的主要渠道。这种双重性决定了，任何一个组织要树立良好形象，营造有利的舆论环境，都必须努力与媒体公众保持良好关系。

（一）良好的媒体关系有助于形成良好的社会舆论

媒体报道的热点往往成为公众话题，直接影响社会舆论的导向。一个组织或其领导者、品牌、产品和服务等如果成为新闻热点，必然会是具有一定的社会影响力的话题，获得较高的知名度。通过媒体的客观报道，一个组织也更容易获得公众的信任，有利于提高美誉度。公共关系部门的一项重要任务，就是为组织创造良好的社会舆论，获得公众、社会理解和支持。

（二）良好的媒体关系有利于大范围、远距离的传播

大众传播媒介借助于现代印刷、电子技术等，可大批量、高速度复制和传播信息，可跨越时间、空间的限制。这依然是一个组织实现大范围、远距离传播的重要技术条件，一般来说这种条件也是许多组织本身所不具备的。一个组织的信息能否被大众传播媒介采纳，它们报道的角度、时间和频率等，一个组织与其公共关系部门通常也没有决定权，而要取决于媒体及其工作人员。因此，与媒体建立良好的关系，是成功利用大众传播力量的必要前提。

小链接 7-6

企业与媒体的关系①

台湾《直销人》杂志主编余素珠认为，“水能载舟，亦能覆舟”，媒体与企业也如水与舟的关系。从正面看，因为媒体的报道，公众得以认识企业，对企业无疑是免费的宣传。老企业借以巩固消费者的忠诚度，新公司则借以建立品牌的知名度。从负面看，现代企业强调品牌、形象，最怕一旦发生弊端，或产品出了问题，经过媒体“报道宣传”，再苦心的经营也会对企业造成伤害。

如果断然不与媒体有任何的接触，媒体无从得知企业实际情况，即使运用各种渠道收集相关的信息，仍然难免为企业“揣测”出来一个不真实的形象。因此要与媒体建立联系，广交朋友。

首先，必须不抗拒媒体。凡是用心的媒体在平时必会与各界互动，或搜寻报道题材，或广结善缘以扩大影响。媒体主动与你接触，你可敞开心扉，与媒体交朋友，建立日后可以持续沟通的渠道。

其次，可主动与媒体接触，这对新企业尤其重要。企业相对于媒体是多数，若界定在行业、专业媒体范围，可接触的对象更为有限。可以找一个懂得媒体文化的专职人员负责媒体关系，公司庆典、人事变动、新产品上市和公益活动等，皆可主动通报媒体。发布信息不可以报道采用为目的，应以和媒体保持密切互动

① 参见：余素珠．企业与媒体．知识经济（中国直销），2006（4）．（有改动）

为原则。不可因信息发布屡屡不得媒体青睐而放弃，自断与媒体的沟通渠道。

最后，通过大规模的活动，让媒体主动与你接触。像营销活动、公益活动等，可以将企业的资源与社会联结，一来是做回馈社会的善行，再者通过活动与社会、公众接触，也是促销产品和营销企业理念的好机会。这些活动若再加上媒体的报道，扩散效果将呈倍数增长。

二、媒体关系的原则和重点

组织与媒体公众的互动，应重点遵循真诚交往、及时沟通、相互了解和平等相待等原则。

（一）真诚交往

与媒体公众交往，首先需要真心诚意。媒体是“社会的守望者”，最大的忌讳是新闻失真。因此，要为记者工作提供真实可靠的数据资料，不夸大成绩也不掩盖失误，更不制造假新闻。如确系保密信息，或一旦报道可能给组织带来巨大的损失，应如实向记者等说明利害关系，请他们酌情把握。媒体不能了解真实、准确的情况，也就无法帮助一个组织宣传或是澄清，也无法信任这个组织。

小链接 7-7

怎样与媒体人士融洽相处

- 礼貌接待，承认他们有权向我们提出任何问题。
- 对新发生的事件，首先实事求是、简单明确发布真相和消息。
- 提交媒体的所有材料，要用新闻体裁。
- 永远不用“交情”交换“利害”。例如，任何情况下都不得以广告费等影响任何媒体的采访、编写。
- 所有重要的新闻，要同时公平地提供给所有媒体。
- 不得偏颇、歧视，绝不采用“高压”手段。
- 切忌人走茶凉。

（二）主动沟通

在社会交往中，组织与媒体之间事实上是存在相互需要的，因而也就可能建立相互支持的关系。一个组织需要媒体的力量形成有利的社会舆论，以树立良好的组织形象；媒体也需要社会各界包括各种组织的理解、支持，以获得准确、有价值的新闻信息。所以，组织以及公共关系人员应主动、积极地与媒体联系。例如主动将组织内部网站资讯、报刊资料和宣传品等，定期、准时送达记者；撰写、拍摄一些高质量、有新闻价值和可读性高的稿件等，提交媒体以丰富其版面、栏目和节目内容；有重大的事件，及时通知、邀请媒体和记者采访，帮助他们了解一些技术性、专业性的问题……通过这种方式，可以和媒体建立常规的沟通机制。尤其是让记者始终感受到，组织一直在惦记和关心他们。媒体也可通过这种联系逐渐了解、熟悉组织，关注这个组织的发展，甚至产生某种好感。这些往往需要长期不懈的努力，不是“临时抱佛脚”就能一蹴而就的。

与媒体公众主动保持不断的联系，目的在于保持他们对自己的了解，时时处处能对组织的情况心中有数。一旦记者报道了正面的消息，要及时、主动表示感谢。如果播发了负面的报道，立即核查事实。倘若属实无误，也应立即联系，承认错误和表达谢意，同时说明整改意愿和可行的措施，并力邀记者事后再次采访。如不合事实可诚恳陈述、恰当解释，以求澄清，但注意方式方法。例如心平气和指出失实之处，理智地承担自身配合采访不力的责任，邀请记者、相关人士一起再次调查。切忌简单加以指责，一般不要轻易对簿公堂。一般来说，与媒体合作而不是对抗，相互交流而不是自说自话，可以获得更多的机会说清楚问题。

小链接 7-8

重新定义“新闻价值” 的 4 个关键点[①]

公共关系人员需要转变观念，重新定义传播内容的新闻价值。一些看来缺乏“新闻价值”、无法用于主流媒体的内容，或许仍能吸引受众关注。

碎片化信息

有价值的观点、技巧和建议等，都是可利用的素材。可巧妙地将这些五花八门的零散信息，编纂成有用的白皮书、博客或深度文章，在社会化媒体推广。内容为王，要创作优质的内容。

企业内部数据

对记者和博主而言，来自内部的调查数据及市场趋势报告具有巨大价值。他们对与调查结果有关的内部评论也颇感兴趣。有效收集并分析之，转换成有意义和可操作的见解，然后利用它们讲述一个引人入胜、切实可行的“故事”，这样数据才有价值。

信息图和视频

将数据、文字信息转化为更直观的可视化形式，是提升传播效果的最优途径之一。IDC 数据研究表明，在社会化媒体传播中，使用图片将提升 15%的转发量。小到一篇新闻稿，大到一场线下活动，利用多媒体增加传播效果的例子越来越多。

内部专家观点

《引爆点》的作者、著名畅销书作家马尔科姆·格拉德威尔(Malcolm Gladwell)将拥有专业知识的影响者称为“内行”(mavens)——影响力不仅取决于粉丝的数量，专业知识、信誉同样非常重要。从对产品或服务的熟悉度及专业度来讲，企业内部专家无疑更有发言权，因此往往也是记者、博主谈论和引用率较高的信息源。

公共关系人员可从以下内部资源挖掘传播素材：通过营销团队，从大大小小的数据中提取有实际价值的讯息，以多种方式运用数据——比如告知消费者的偏

---

① 资料来源：Stella Shi. 重新定义公关人眼中的“新闻价值”，不妨看看这 4 条 Tips. 美通说传播(http://www.prnasia.com/blog/archives/16947#respond)，2015-07-22.

好，将人物与营销渠道和接触点匹配，帮助企业更好决策并获得竞争优势；让业内专家提供资深行业看法和观点；一线团队分享新产品、新技术讯息，这类传播内容记者往往很感兴趣；通过客户引言，侧面证明企业价值及可信赖度；也可让意见领袖充分发挥其舆论引导作用，进一步提升影响力和传播效果。

移动互联网为公共关系人员带来了史无前例的机会和随之而生的风险。面对并迎接新媒体环境的挑战，还需重新评估品牌传播的内容，不断扩大“新闻价值”的外延，使公共关系传播在每一阶段发挥出最佳作用，协助品牌与消费者之间建立维系不散的长期关系。

（三）增进友谊

组织与公共关系人员要与媒体建立相互尊重、相互支持的稳定关系，还必须增进相互之间尤其是对媒体工作的了解。不同的媒体有各自的背景、特点和风格，它们的性质、对象和传播范围各有不同，对新闻报道的要求、方式等也会不同。只有了解并熟悉这些情况，才能根据它们的性质、要求和特征，更有针对性地提供资料、素材和新闻，更好地满足它们。

所以，公共关系人员需要经常思考，媒体人士与组织交往，真正的需要是什么，有什么。例如，是对其业务能力、工作水平的认同，还是知识、兴趣和心情的分享，或者独家报道的机会。要设身处地多为他们着想，例如会面尽量不安排周一，大多数媒体都有选题会或其他例会。发送电子邮件不可以群发方式，显得更为尊重；邮件主题清楚，至少包括组织名称和邮件的核心内容，使他们一眼可见，节省时间；必需的附件可将内容也粘贴于正文，避免不能打开、无法阅读。经常联系的记者注意数量适度，以保证沟通效率为原则，而不是简单的认识、面熟。可建立 10 人左右的“核心圈”，不是要他们“帮忙”解决具体问题，而是从他们获得媒体的视角和建议，“求教”而非“求助”。

小链接 7-9

靠什么沟通媒体

（1）提供新闻信息和采访便利。组织和公共关系人员可选择以下主题，撰写稿件或提供素材，如各种庆典或纪念活动，公益活动；社会名流、知名人士到访；组织的模范先进人物与事迹；组织发展的重大规划和决策；生产经营中的重大成就，以及其他有社会意义的重大事件。

（2）举办新闻发布等活动。把组织重要的成就和消息，及时通报所有媒体。

（3）邀请参观访问和联谊。通过实地考察，使媒体对组织运行、发展等有更全面的认识，为他们了解组织提供一手资料；通过交谈，从媒体获知公众对组织的反应，利于组织工作的改进和完善。亲切、诚恳的接待，可以增进媒体人士的好感。

（4）赞助节目和提供其他支持。可使组织与媒体关系更为融洽，还可在公众当中传播组织关心社会的良好形象。赞助和提供其他支持，切忌播放、刊登广告，以免因商业味太重而削弱公共关系效果。

（四）平等相待

（1）对待媒体和媒体人士不分厚薄亲疏，一视同仁。媒体不分大小、纸媒网媒或电子媒体，媒体人士不分名气大小、资历深浅，都要尽可能保证他们能够获得同样的信息量和平等的采访机会。任何“势利”的表现，都是极其伤害媒体感情、影响媒体关系的。

（2）尊重媒体工作的独立性、特殊性和重要性。公共关系人员与媒体之间，职业特点和目的不同，有时甚至会是矛盾的。这种情况下，尤其要以尊重媒体的职业道德为先。媒体的职业性质要求重视新闻的客观性、及时性和公正性，特别反感受到其他势力的左右。因此，绝不要对媒体提出不切实际的要求，不要强迫记者按组织的意思写稿、报道。

（3）友好热情，但不以利相交。公共关系人员要为媒体人士采访、写稿、核实等工作，积极提供必要的服务和帮助。媒体人士为了方便工作，及时了解组织的政策和行动，常常对组织的高层人士而不是公共关系人员发生兴趣。公共关系人员要努力牵线搭桥，使媒体人士充分体验组织对其的重视和友好。在交往中可以准备适当的纪念品和工作接待，但不可成为变相的送礼贿赂、宴请拉拢等。尤其要注意的是，无论他们是来报道组织工作的成绩还是失误，无论是来采访高层人士还是普通员工，都要抱有同样的热情。

小案例 7-6

一个市委书记如何与媒体打交道①

有一组数据可证明刘悦伦乐意和媒体沟通。调任佛山市工作 3 年，上规模的“专访”就有 23 次。他还开创了佛山市主官微访谈时代，接受过 5 次微访谈。主题分别为城市升级（13 次），产业发展（11 次），社会民生和改革（均为 10 次）。身为全国人大代表，他参加全国“两会”时仅中央电视台专题节目就有 2 次。

刘悦伦说，和媒体沟通得好可以很好推动工作。比如巡查城市升级、产业升级，他喜欢带着记者。做得好的可以推广，做得不好会给下面压力。“他们就怕记者来。”他直言，“很怕我当着媒体说他不好的话，登上报纸后很没面子。”

“设身处地为记者想想，他们也不容易。”刘悦伦开玩笑说。记者过来，你对他不客气，不好好把信息给他，他们没法弄到权威渠道的消息，就会弄些负面报道出来。

他说自己和媒体相处，原则是第一次来如果没时间，再来一般都会接待。他觉得官员和媒体应该像朋友，建立互相支持、互相合作的关系，把政府的东西尽量客观地通过媒体传播出去。

前不久接任佛山市委书记。开完宣布人事任免的干部大会，他离场前特意朝台下记者作揖，“我来佛山 3 年，大家很支持我的工作。十分感谢，希望以后继续支持我的工作！”

有位佛山记者记得，刚接手“跑”市政府，有个策划题材需采访刘悦伦。趁市政府会议结束，马上“堵”住刘悦伦。对一个根本不认识的记者，刘悦伦非但没有说 NO，还把他领进办公室，并排坐沙发上谈了半个多小时。

媒体邀约采访，刘悦伦基本不回避。在 2014 年全国“两会”上，甚至有某网站记者拿着手机冲过来：“市长，能不能接受我们的秒拍？ 只要 10 秒钟。”刘悦伦第一反应是一惊，“10 秒钟？ 让我说什么啊？”众人一笑，但他还是“就范”了。

---

① 参见：程俊. 市委书记刘悦伦如何与媒体打交道. 南方都市报，2014-06-19.（有改动）

对于一些敏感的话题，他也不回避。2011 年 9 月，佛山名镇项目陷入停滞。市委、市政府召开老干部中秋座谈会，多位老干部批评："没那么多钱，不要铺那么大的面。搞不起来，给老百姓带来很大不便。"南都记者想找当时代市长的刘悦伦回应。当天无法见到本人，于是硬着头皮拨打手机。一个陌生的记者，电话里问这么"敏感"的问题，刘悦伦刚来佛山一个月，对情况也不一定熟悉，记者做好了被拒或敷衍的准备。没想到电话里聊了 5 分钟。他说佛山名镇还是一个好项目，既然搞开了就不能半途而废，要给老百姓一个交代。他坦言自己还没有去名镇做过深入调研，但已经列入计划。后来在他建议下，佛山名镇发展策略有所调整，改为分步改造，不再"一口吃成大胖子"。

第三节　社区、政府与名流公众

一、社区公众与沟通

"社区"一词源于拉丁语，意为共同的东西和亲密的伙伴关系。一个社区通常包括一定的地理区域，一定数量的人口和文化特征，居民之间有共同的意识和利益，以及较为密切的社会交往。社区是聚居在同一个范围的人们所组成的社会生活共同体。社区公众既包括周边的居民、家庭等群体和个人，也包括当地的政府机构、学校、医院和企业等其他各种社会组织。

（一）社区关系的意义

社区公众与一个组织地域上互邻、利益上相关，成为一个组织生存与发展不可或缺的重要公众。

1. 社区关系的优劣，直接影响组织的生存环境

社区是一个组织"扎根""发芽"的土壤。社区关系在性质上也是一个组织的区域关系、地方关系和"邻里"关系。

（1）良好的社区关系，可以帮助组织获得可靠的物质保障。任何一个组织运行，首先都要依托当地的资源和服务。例如厂区的选址与建设，供水、供电、交通、治安和消防，原材料、设备的供应等。一些地方性的组织如中小企业，其活动可能完全依赖于社区资源。跨区域的大型组织如跨国公司，也不可能脱离特定的社区，甚至更要善于和文化背景不同的社区公众交往，适应各种社区环境，以争取社区的各种地方性支持和服务。

（2）良好的社区关系，可以帮助组织维护和谐的社会环境。一个组织在日常中，需要与社区公众发生各种联系，诸如与其他组织的协作和工作交往，员工以及家属和社区居民之间的生活接触等。倘若舆论怨声载道，社区公众唯恐避之而不及，一个组织就会形同"孤家寡人"，导致工作、生活条件的恶化，影响组织的效率和员工的工作热情。如果组织为社区公众所喜爱，受到敬重，对内可以稳定员工"军心"、增强组织的凝聚力，对外也更易于得到支持和配合。

（3）良好的社区关系，可以帮助组织建立基本的人力资源储备。一个组织在当地存在和发展，往往需要在社区招聘员工，或为了降低劳动力成本，或由于他们熟悉和适应本地环境。良好的社区关系，有助于提升组织的吸引力。

2. 社区关系的好坏，直接影响组织形象的根本

社区公众由特定的活动空间所确定，区域性、空间性很强。由于处在同一社区，其利益和期望涉及当地社会的政治、经济、文化和教育等各个方面，类型繁多，对一个组织客观上也就会存在各种的要求和评价。他们对一个组织的看法又极容易相互传播，彼此产生共鸣，形成区域性的影响。尤其在互联网时代，易学好用和发达的社会化媒体，更容易将这些影响“超视距”地扩散。倘若一个组织左邻右舍关系都处理不好，形成不良口碑，那也无法在社会上获得良好声誉。

（二）社区关系的重点

组织的生存和发展得益于社区，组织的利益与社区的利益息息相关。建设和发展良好的社区关系，需要一个组织主动承担社会责任，做一个“好公民”；还要积极造福社区公众，成为人们认可和喜爱的“好邻居”。

1. 保护社区环境

社区也是所有社区的公众工作、生活和居住的地方。社区环境尤其是生态环境和生活环境，会直接关系他们的生活质量和身心健康。所以，社区公众包括社区内的各种组织对“邻居”最基本的要求，“底线”就是不破坏、不污染环境。这也常常是社区关系矛盾产生、组织危机爆发的重要原因。

2. 支持社区公益

一个组织能够保护环境，可使自己不被社区反感。倘若进一步满足公众的一些想法和要求，比如力所能及地提供一些人、财、物力资源，帮助社区绿化、美化公共环境；支持社区基础教育、卫生设施和全民健身等活动；赞助社区文娱活动、文艺晚会，丰富社区的文化和精神生活；参与维持社区秩序的工作，保障社区公共安全；等等，就有可能得到社区公众更多发自内心的认同。

一个只是关心自身义务、对公共利益没有兴趣的组织，很可能给人留下的也只是一个自私的印象，即使不令人讨厌，也难以让人喜爱。这样的组织在社区公众心目中，往往是“可有可无”——有它不多，没它不少。所以，建设良好的社区关系要求一个组织，积极做好“热心人”，与社区公众一起建设“我们的家园”，共同为提升社区的吸引力而努力，提高当地生活的满意感、幸福感，以此不断强化一个组织“好邻居”的身份角色。

3. 加强社区交流

一个组织还要善于在社区中“亮相”，使“邻居”能够认识和了解自己。与社区公众互动和沟通的方式很多，例如自办报刊在社区免费赠阅，邀请社区公众参观访问、参加重大活动，对社区开放组织的一些体育、文化和生活设施，如游泳池、图书馆和俱乐部，等等。通过加强联系和交流，增加组织的透明度，减少在社区公众中的神秘感。不仅使他们对组织的基本情况和要求产生印象，还要帮助他们认识组织的使命、愿景和存在的价值，特别是了解为社区、社会所做的贡献以及“睦邻友好”的强烈愿望，并征求他们的意见和建议。培养与社区公众之间的良好感情，同时扩大组织在社区中的影响。

开放组织是社区关系沟通中，较为常用的一种方式。即通过将组织自身的工作场所、工作过程等，以一定的形式，对社区或其他外部公众进行开放。可以增进社会对组织的认识，加深了解和密切与公众的往来，还可消除误解或扭转不良印象。

作为一种公共关系活动，开放组织的缘起可追溯到第二次世界大战结束的法国。在战后建设和复兴中，一些企业发现对市民和家属开放组织，收到了意想不到的效果。接待客户、媒体和社会人士访问，有助于树立良好的企业形象，提升亲切感和知名度。于是它们纷纷制订开放和参观计划，从封闭的“象牙塔”，走进开放的“玻璃房”，主动加强与各方面的联系。在我国，许多酒店宾馆也是“门户开放”，门口只有“衣履不整，恕不接待”的提示。里面除了宾客下榻和配套设施等注明“游客止步”，其余公共空间皆可自由出入、随意浏览。一些著名的酒店宾馆，更是从早到晚，慕名而来的公众络绎不绝，流连忘返。外部公众了解了它们的内部“奥秘”，形成了好的口碑，也带来了应接不暇的客源。近年来，我国公安系统也纷纷开放组织，推出生动有趣的各种“警队开放日”活动，增进了社会各界的了解、熟悉程度，也极大地联络了公众感情。

小链接 7-10

开放组织

开放组织的具体做法，主要有经常性开放与“开放日”开放。内容通常根据开放的目的，尤其是参观对象的需要和兴趣来考虑和决定。例如，企业可以开放其设备、工艺流程和生产过程，管理经验和措施，员工队伍素质，产品和服务项目，厂区环境以及娱乐、福利和卫生设施等。

开放组织的活动要有成效，策划中必须注意以下的环节：

（1）明确目的。这是决定开放主题、关键信息，选择互动形式，制作宣传资料，以及确定开放时间、范围等的依据。

（2）划定路线。设计合理的参观路线与地点，开放区域要能保证全面、清楚了解参观内容，又不影响正常的工作。要注意处理好公开与保密的关系。开放区域的人员、设施和装饰等，应处处体现公共关系意识，时时给公众留下良好的印象。

（3）选择时间。开放日活动最好与某些特殊日期联系在一起，如组织的周年纪念、开业庆典或公众节日；经常性开放一般在工作日，如果在节假日则要注意相应的服务保证到位。此外，还要注意气候变化。

（4）制作资料。包括展品、展牌和展室设置，标语、图片和图表制作，解说词的编写以及有关印刷品、纪念品的设计与制作，等等。不仅要精益求精，而且要能充分体现组织风格与特色。

（5）把握人数。可通过事先联系、主动邀请等方式，掌握大致的参观人数，做好准备。重要来宾，需要逐个落实。

（6）进行预演。重要的开放日活动及首次推出经常性开放活动，需要事先组织相关人员按预定方案演习，以熟悉开放流程和工作要领。尤其要考虑、检验危机防范和应急措施。

（7）做好接待。即实施过程要准备好所需宣传资料和小礼物等，配备足够的训练有素的接待人员，为参观者提供交通、饮食、休息、娱乐和咨询等方面的便利与服务。

（8）事后总结。

4. 增加社区荣誉

一个组织自身的发展和良好的形象，同样也是社区公众骄傲的资本。例如，当地能有国际或国内著名的品牌、企业，而且它们还是有口皆碑的“好邻居”，他们同样会引以为荣，并为它们的不断成长和兴盛由衷地高兴。

二、政府公众与沟通

政府是国家行政机关，国家权力的执行机构，包括行政、立法、司法以及代表国家管理的各级权力机构，承担国家事务的指导、管理、监督、协调、保卫和服务等职能。政府公众包括各级政府机构、部门以及政府工作人员。在公共关系学中，政府关系与政府公共关系或“政府公关”，应看做不同的概念。政府关系是一个组织以政府为客体或工作对象的公共关系；政府公共关系则是政府以自身为行为主体，以其他社会组织等为客体或工作对象的公共关系，简称“政府公关”。

（一）政府关系的重要性

任何组织作为社会的一分子，都不能超越或脱离政府的管理，都会与政府机构、部门或其工作人员，发生这样那样的联系。建立和保持与政府公众之间的良好沟通，对于一个组织极为重要。

（1）可为组织形成良好的法律、政策和社会管理环境。政府是社会公共权力的象征、承载体和实际行为体。一个国家的法律、政府政策和条例等，是一个组织决策的依据和基本规范。沟通良好的政府关系，可使组织更加理解有关法令、政策的背景、内涵和相关信息，自觉使一切活动保持在许可范围，并根据法规条文和政策条例的变化及时适应。

（2）能使组织争取有利的政策和相关支持。良好的政府关系，可以帮助组织对法律、政策和政府行为有更多了解；也因此可有更多的渠道，将组织、行业的实际情况和具体问题通报政府部门。能够参与和影响有关决策，获得更有利的政策执行和资源支持。

（3）有利于组织获得良好的社会舆论和媒体关注。政府掌握制定政策、执行法律和管理社会的权力职能，具有强大的宏观调控力量，可以代表公众的意志来协调各种社会关系。一个组织的决策、行为和产品等，若能获得政府支持、鼓励或表彰，会对社会各个方面也产生一定的影响。由于政府认可的权威性、客观性和全局性意义，容易成为播媒追踪报道的内容，形成有利于传播组织形象的舆论环境。

（二）政府关系的原则

（1）接受指导。一个组织在宏观上，首先要自觉做到接受政府指导。要及时学习、掌握政府的有关方针、政策和法令，工作中要关注其具体要求和变化，制订或调整组织的决策、战略和一切行动。

（2）遵纪守法。组织开展的一切工作，包括与政府公众的来往，都必须自觉地遵纪守法；同时，任何组织皆有教育员工增强法制观念，做守法公民的责任。一个组织或其员工屡屡违法违纪，是得不到政府也得不到公众喜爱的。

（3）沟通信息。组织及其公共关系人员，要努力建立与政府相关部门联系的常规方式，以保障上情下达、下情上达的信息畅通无阻。

（4）协调利益。组织与政府的关系，也常常表现为公共利益和组织利益的一致与矛盾。政府关系的重点，应当致力于协调好这种关系。不能单纯强调一方的利益，而是要在坚持公共利益、大局利益为重的基础上，使两者的利益得到较好的兼顾。

（三）政府关系的沟通方式

1. 政府关系的直接沟通

政府关系的直接沟通，是指将一个组织的情况、问题和看法等，直接上传政府的有关部门。

（1）熟悉政府部门的职能、工作范围和具体办事程序。政府部门的内部分工复杂，有的业务也会互相交叉。不了解情况，轻者影响办事效率，重者容易违背管理权限与能级，徒增不必要的麻烦。

（2）与政府工作人员建立良好、健康的合作关系。

（3）为政府决策提供支持和帮助。要争取政府理解与支持，组织也要树立支持政府工作为己任的观念。

小链接 7-11

政府关系沟通的主要内容

（1）组织的基本情况和要求；

（2）组织遵纪守法的情况；

（3）组织承担社会责任和义务的情况；

（4）本组织对社会发展的影响；

（5）本组织在精神文明和物质文明方面所做的贡献；

（6）本组织需要政府部门帮助解决的问题。

2. 政府关系的间接沟通

与政府公众沟通，还可采用以下的间接方式：

（1）争取各级人民代表、政协委员等，充分了解组织和所在行业的贡献、作用和问题等。使他们在提出、审议和表决有关的法规或议案、参政议政过程中，能够考虑到组织、行业的利益和具体情况。

（2）通过媒体、行业协会等相关的社会团体等，向社会介绍组织及其行业地位等。由此增加政府公众对组织的了解和重视，也可通过社会舆论等影响有关的政府决策。

（3）与权威专家、“智库”和著名学者等保持交往，密切联系。使他们能够及时了解组织的情况，借助于他们的社会地位和影响力，争取政府支持。

小链接 7-12

政策游说[①]

“游说”的本意，是向人陈述自己的建议、主张，希望被采纳和实施。

从大量的政府关系实践来看，政策游说主要指那些为影响公共政策（制订、实施、终止和修改等），所进行的各种沟通活动和交流工作。游说的主体，可以是个人，企业，组织或各种利益集团；客体是立法机构（如各级人民代表大会）、政府部门（各级政府行政管理部门）等。它的活动要受国家法律、权力机构规程和一定道德准则的约束，一般会委托有资质的专业机构来开展和完成。

政策游说工作过程可分为六个阶段，即发现问题，制定策略，提出建议，影响决策，政策评估和政策修订。主要的工作内容包括：

（1）政策舆论监测。对涉及的行业或领域，通过主要新闻媒体和特殊工作渠道，了解、掌握和预测政策宏观面和基本面的变化。尤其是对组织可能产生重大影响的政策变化。

（2）政策问题诊断。对已出现的或潜在的政策问题进行诊断，评估并锁定问题实质，提出初步建议。

（3）目标对象研究。对问题所涉及的目标对象进行调研，掌握目标对象的工作特点、工作规律，了解政策可能变化的空间和时间表。

（4）游说策略建议。制定具体的目标要求，分阶段目标和工作策略，游说对象，传播策略，具体行动方案以及评估手段和费用预算等。

（5）建立战略同盟。根据政策影响的普遍意义，争取同业和专业人士的支持，组成“统一战线”。代表广泛的利益，用一个声音说话。

（6）特定对象游说。根据行动方案，针对特定对象展开游说活动。如安排会晤，提交报告，进行说明等。

（7）公众舆论引导。落实相关媒体文章报道，邀请专家发表言论。引起社会关注，形成舆论环境，争取广泛支持。

（8）政策影响评估。监测、评估政策影响工作的进展，适时调整行动方案，争取更大的工作主动。进行民意调查，并适时公布调查结果。

（9）游说善后工作。保持继续关注，显示政策修订和修改的工作成效，积极推进政策的落实和执行。

在政策游说中，要特别注意中国政府的权力架构、立法程序，政策制定的背景、决策过程以及影响政策制定的障碍，以及中国的媒体环境与特点；注意物色战略同盟，重视“草根”组织和社会公众；善于使用各种传播手段；尊重中国的政治特色，保持与政策修订部门的联系，重视建立与政府部门的长期沟通机制，善于利用官方或官方背景研究机构的特殊作用。

① 参见：陈向阳．公关顾问专业指南．合肥：安徽人民出版社，2004：151-153.

三、名流公众与沟通

名流公众是指那些对社会舆论能够产生重要的影响力，对社会生活具有较大的号召力的有名望的人士。例如政界、金融界和工商界的首脑人物，科技、教育和学术界的著名专家、权威学者，宗教界德高望重的著名人士，文艺、体育明星，等等。名流公众一般数量不多，但往往是某一方面的意见领袖，能够引导社会舆论迅速“聚焦”，对一般的公众和舆论的影响力很强。

建立和发展良好的名流关系，可借助于名流公众，扩大自身公共关系网络，提升在社会上、公众中的影响，丰满组织形象。①

（一）借助于名流的见识和特长

与名流公众建立良好的关系，组织可充分利用他们的见识、专长，为自身的发展获取有益的经验、建议和意见咨询。社会名流见多识广，或是某一领域的名人名家。与他们的交往，一个组织可以获得广泛的社会信息或宝贵的专业知识，无形中增添了一笔知识的财富、信息的财富。

（二）借助于名流的社会资源和关系网络

一个组织与名流公众建立良好的关系，可通过他们的社会资源和关系网络，帮助自身广结善缘。有些名流虽然不能直接提供专业的信息或管理咨询，但与社会各界有广泛接触和联系，或对某一方面的关系有特别重要的影响。公共关系人员可以通过他们建立、疏通渠道，与有关的公众发展关系，扩大社会交往的层次和范围。

（三）借助于名流的声誉和名望

良好的名流关系，使一个组织能有机会通过名流公众，提高自身的知名度和影响力。因为社会名流有较高的社会地位，或某方面的权威性，或由于对社会的特殊贡献、突出成就等，具有较高的声誉和名望；一般公众也存在“崇尚英雄”“崇拜明星”的心理。

与社会名流建立良好的关系，可在无形中将一个组织的名称、形象等，与名流公众联系在一起。可借助他们的影响力，提高组织在公众心目中的位置。例如，通过名流公众的“二步式传播”，可以大大提高公共关系的沟通效果。

小链接 7-13

“二步式传播” 策略

“二步式传播”策略是有意识地通过第三方，对目标公众施加影响，以达到传播的目的。它将需要传播的信息通过人际传播，送达知名度高、影响力大的人士如社会名流；通过他们的再次传播，可以影响大众传播媒介，将信息扩大到范围更广的一般公众。也可首先经过广播、电视和印刷等大众传播，使信息进入意见领袖的视野，通过他们的人际传播、网络传播，再次传播给那些主动性不足的公众——意见追随者。

“二步式传播”的兴起，是人们认识到大众传播方式对舆论的影响，不如想象

---

① 参见：廖为建，主编. 公共关系学. 北京：高等教育出版社，2000：124-125.

的直接、有力和自动，它们的影响经常要通过“意见领袖”这个中介。意见领袖是群体中，有能力为大家提供指导和参考的人士。由于他们在某些方面的见多识广，或拥有更多的知识、经验，成为“圈子”里公认的、可信度高的信息来源。他们可以扩展大众传播媒介的影响范围，当然也有“把关人”作用，可以决定传播哪些、不传播什么，甚至改变信息和内容。

应用“二步式传播”传播，需要注意以下问题：

（1）以往认为影响他人意见的顺序，是从社会地位较高者开始，依次向下传递。事实上并不总是如此。多数时候，人们主要的接触对象在同一阶层。他们主要追随并接受同一阶层的行为方式和思想方式，即认同的意见领袖。也就是说，“圈子”的影响更大也更直接。

（2）在“圈子”里，意见领袖与追随者经常难以截然区别。所有的人都可能在某一方面是意见领袖，在另一方面则是意见追随者。尤其在当今的传播环境中，公众获取信息的方式更多、更便捷。所以，追随者的信息来源也可能并不局限于意见领袖，他们也会或多或少受到大众传播方式和其他媒介影响。有效的大众传播方式，也同样可以针对群体中每一个人，刺激他们寻求意见的欲望。

（3）通过“二步式传播”，可以更有效、更经济地把信息送达意见领袖，由他们转达到“圈子”里通常效果更好。但是，不能确保意见领袖一定说你“好话”。

本章小结

顾客公众泛指接受一个组织的产品、服务等的所有其他组织或个人。建立良好的顾客关系，目的不只是促销和达成买卖，而是支持和协助营销管理，共同为顾客创造独特的体验和满足，提升顾客满意和顾客忠诚。通过公共关系的作用，可以提升服务质量，发布产品信息，建设品牌形象和维系顾客感情。

媒体是一种特殊的外部公众，既是一个组织公共关系的客体或对象，又是沟通其他公众的渠道。良好的媒体关系，有助于形成良好的社会舆论，有利于实现大范围、远距离的传播。沟通媒体关系要真诚交往，主动沟通，增进友谊和平等相待。当前自媒体名人、“大号”等开始纳入媒体关系视野。

社区公众与组织在地域上互邻、利益上相关，社区关系就是“邻里”关系。一个组织不仅要做“好公民”，还要成为社区伙伴的“好邻居”。开放组织是沟通社区关系等公众较为常用的形式。

政府关系是组织以政府为客体或对象的公共关系。良好的政府关系，可为组织形成良好的法律、政策和社会管理环境，争取有利的政策和相关支持，有利于获得良好的社会舆论和媒体关注。

名流公众对社会舆论能产生重要的影响力，对社会生活有较大的号召力。组织可借助于名流公众，扩大自身的公共关系网络，扩大社会影响，丰满组织的形象。

关键名词

顾客关系　交换关系　消费者教育　媒体关系　社区关系　开放组织　政府关系　名流关系

即测即练

请扫描二维码，在线测试本章学习效果

思考题

1. 怎样理解构成顾客关系的基础?
2. 试述沟通顾客关系的目的。
3. 形成良好顾客关系的前提是什么，为什么?
4. 怎样认识媒体关系的双重性?
5. 沟通媒体关系的原则和重点是什么?
6. 一个组织应当怎样努力，在社区关系中既做“好公民”，又做“好邻居”?
7. 沟通政府关系的原则和重点是什么?
8. 一个组织可以怎样发挥社会名流的作用?

案例分析

农夫山泉与《京华时报》事件

2013 年 5 月，来自新闻、公关、法律等领域的专家、学者，就农夫山泉与《京华时报》事件（可参阅第五章小案例 5-8：农夫山泉“有点烦”，并自行补充背景资料）在广州进行了讨论。

参与这次报道的《京华时报》总编辑助理苏宁，电话连线中以“个人名义”表达了看法。她认为：

（1）整个报道是关于农夫山泉标准门，从未涉及农夫山泉的质量。

（2）系列报道使用了很多版面，开创了媒体批评企业的纪录。而据不完全统计，农夫山泉刊登了至少 123 个版面的公告，其中大部分含有谩骂《京华时报》的内容。与农夫山泉相比，《京华时报》使用的版面数量并不过分。

（3）对于《京华时报》创下批评企业的纪录或者被批评为舆论暴力。这个问题首先不能把舆论监督和舆论暴力混为一谈，不能随便扣帽子；其次，批评企业的纪录也是广大同行、前辈努力争取来的，《京华时报》不敢掠美。

（4）《京华时报》的系列报道有自己的指导思想，归结为两个关键词：标准和农夫山泉。站在维护消费者利益和知情权的立场上来，“标准可能还是一个尚未从消费者维权意识中唤醒的概念，可能是一个很多企业还未足够重视的概念，可能是一个在我国战略层面越来越重要的概念，而且标准问题又十分复杂。假如我们通过系列报道让消费者、企业、地方政府都对这个概念作出足够的反应，这个系列报道将非常有意义”。至于为什么是农夫山泉，“不是我们选择了农夫山泉，而是我们遇见了农夫山泉”。像农夫山泉这样市场占有率达四分之一的企业，应该承担企业的社会责任。

资深公关人士高明认为，《京华时报》如果是以公信力、追求事实真相为标准报道，要做的第一件事情是先拿水样去测一测。如果讨论的是标准门而不是质量门，那为什么不一开始就告诉我们“标准标得不对”，而是说“水质不如自来水”？另外，《京华时报》报道中频频援引的“中国民族卫生协会健康饮水专业委员会”，并不是一个真正的全国性的权威性机构。它的主要职责并不是对全国人民的卫生状况或者指标负责，成立的初衷是国家对民族地区的卫生健康习惯作更严格的规范或更好地推动其发展。

在事件中农夫山泉召开了新闻发布会控诉媒体，并通过法律手段起诉了媒体。有人认为这破坏了企业公关的传统，可能会破坏企业与媒体的关系；也有人认为企业没有问题，就该站出来并坚持到底，打破企业通过经济手段控制媒体的传统。有参会的公关业界人士认为，企业跟媒体的博弈中是非常弱势的。农夫山泉采取了强势反弹、多次博弈，从农夫山泉的角度应该是选择了一个正确的方式。

高明认为，在事件中面对质疑，农夫山泉其实很容易就能说得清楚。第一，不管我标没标，我必须执行国家标准。如果没有，我就没有进入市场的资格。第二，除了国家标准，我还有严格的企业内控标准，比国家标准还高，我现在公布给你看！第三，道歉！农夫山泉应该承认，我标的是浙江省标准。这个标准是低的，是过去的。但是，农夫山泉的做法“不大气、不专业，却有些江湖气”。比如：

（1）在事件之初，很快就把矛头指向怡宝。

（2）北京市质监部门指出，农夫山泉在北京生产必须遵守北京标准或全国标准，不能用浙江省标准。但农夫山泉回应称因为“被伤了感情”，不能没有“自尊”地在北京市场活下去。

（3）有人发表了对农夫山泉的质疑后，疑似遭到来自“水军”的攻击。

（4）从自媒体发布的消息可了解到，农夫山泉扬言在新闻发布会现场把《京华时报》的人一定要钉死在第一、二排，现场安排人还叫他们滚出去。

（5）大字报式的广告“人在做，天在看”，让人感觉似乎回到了“文化大革命”时期。

高明认为，农夫山泉的公关表现太不专业。“他们不知道大家都关心什么。实际上，消费者首先关心你的水是否符合标准，重金属有没有超标；其次，你有没有关心过消费者有没有喝出问题？这次标识问题风波中，农夫山泉有没有向一直支持自己、一直买产品的人，表达过一点点关怀？农夫山泉永远都像一个受委屈的小孩！你们是受冤枉的，消费者该怎么办？”

资料来源：管克江. 转型期的中国媒体与企业关系重构——“农夫山泉与《京华时报》事件”研讨会综述. 新闻记者，2013（6）.（有改动）

［案例思考］

1. 从公共关系的角度分析和评价农夫山泉在此次事件中的得失。

2. 你认为农夫山泉应当怎样妥善地处理媒体关系，为什么？

本章实训

一、实训目的

1. 能够认识社区关系中“好公民”的具体内容和要求。

2. 能够了解社区关系中“好邻居”的具体内容和要求。

二、实训内容

1. 实训资料

可以一家企业或其他社会组织为例。例如，也可以所在学校或所在的校区为例，开展调查与分析。

2. 具体任务

（1）了解社区公众对组织的基本评价、主要看法和要求。

（2）可以区分当中的一般要求（作为“好公民”的内容）和特殊要求（作为“好邻居”的内容）。

（3）能够根据实际情况，考虑组织与社区公众具体沟通的公共关系方式。

3. 任务要求

（1）能够认识社区关系中，公众对组织是否“好公民”的一般要求，以及是否“好邻居”的特殊要求。

（2）能够分析社区关系现状的成因，考虑并提出公共关系工作的建议。

三、实训组织

1. 任课教师课上说明实训目的、任务，工作进度和评价标准。

2. 全班同学分成若干小组，每组 5 人左右。

3. 实行组长负责制，对小组成员进行分工，安排工作和落实进度。

4. 在任课教师指导下，开展班级交流和讨论。

四、实训步骤

1. 分小组进行理论准备，如复习相关教学内容、学习延伸阅读文献等。

2. 组长召集成员，设计调查方案，开展调查工作和资料收集，完成资料、数据的归纳、整理。

3. 以小组为单位自行讨论，就具体任务和要求达成共识，形成小组报告。

4. 分小组展示与报告，参加课堂讨论。

5. 由任课教师点评、归纳和总结。

延伸阅读

1. 阿尔・里斯，劳拉・里斯. 公关第一，广告第二. 罗汉，虞琦，译. 上海：上海人民出版社，2004.

2. 菲利普・科特勒，何麻温・卡塔加雅，伊万・塞蒂亚万，等. 营销革命 3.0：从产品到顾客，再到人文精神. 毕崇义，译. 北京：机械工业出版社，2011：3-48，53-70，89-102.

3. 特雷西・塔腾，迈克尔・所罗门. 社会化媒体营销. 李季，宋尚哲，译. 北京：中国人民大学出版社，2014：69-100，237-257.

4. 弗雷泽·P. 西泰尔. 公共关系实务. 10版. 潘艳丽，陈静，等，译. 北京：清华大学出版社，2008：275-290，229-250，252-273.
5. 阿伦·森特，帕特里克·杰克逊，斯黛西·史密斯，等. 森特公共关系实务. 谢新洲，袁泉，刘畅，等，译. 北京：中国人民大学出版社，2009：91-109，110-141，35-67.
6. Simon Cottle. 新闻、公共关系与权力. 李兆丰，石琳，译. 上海：复旦大学出版社，2012：37-59.
7. 李兴国. 政府公共关系. 北京：中国人事出版社，2014.
8. 桑德拉·奥利弗. 战略化公共关系. 李志宏，等，译. 北京：中国市场出版社，2008：80-99.

第八章 危机管理与公共关系

引例

强生公司“泰诺” 危机

1982年9月30日清晨，有消息说芝加哥地区有7人因服用“泰诺”胶囊，死于氰中毒。据称，美国各地还有250人生病和死亡。“泰诺”是强生公司旗下“拳头产品”，年销售额4.5亿美元，占公司总利润的15%。

在镇痛药市场上，强生的份额一下由35%滑到了7%。面对严峻局面，公司拒绝了所有“保守的做法”。董事长伯克组建了7人战略委员会，其中包括1名公共关系官员。事件后的前6周，每天2次开会，讨论、定夺危机中的一些关键决策，包括包装、广告和电视形象等问题。

处理这一危机的公共关系行动，分两个阶段：

第一阶段是危机处理。媒体是向广大公众报警的最佳途径，公司选择与媒体通力合作，并得到高层全力支持；敞开公司大门，积极主动配合官方调查；花费1亿多美元，回收了3 100多万瓶“泰诺”……稳妥、合理及对社会负责是公司的原则，也是这一阶段几乎所有公共关系决策的基础。

第二阶段是重返市场。博雅公共关系公司1978年以来，一直服务于“泰诺”镇痛药。根据他的提议，以卫星转播的电视发布会开场。1982年11月11日，董事长伯克面对30多个城市的500多名记者发表讲话，感谢媒体公正对待“泰诺”悲剧，并介绍了重返市场的“泰诺”抗污染新包装，然后请记者提问。现场还播放了新包装录像……（它被称为美国新闻史上“难度最大的”发布会，揭开了“未来新闻业的新篇章”。此后电视发布会成为美国各大公共关系公司常用的工作手段。）各大电视网、地方电视台、动态和报纸，纷纷报道有关信息。强生还向消费者免费赠送新包装药品，此举花费就达5 000万美元。

由于重新获得公众信任，一年后强生收回了危机前市场的大部分份额。《华尔街日报》和《时代》周刊分别以“迅速复原，‘泰诺’重新赢得市场领先地位，使厄运断言者惊叹不已”，“‘泰诺’神奇地重返市场”等为题，做了报道。

资料来源：郭惠民，主编. 危机管理的公关之道［M］. 上海：复旦大学出版社，2006：247-253.（有改动）

阅读与启示

公共关系是“做好”自己并“告诉”公众，危机管理过程也是如此。强生公司面对“飞来横祸”，果断拒绝所有“保守的做法”。他们坚持消费者和公众利益至上，积极配合官方调查；主动联系媒体，公开警示勿用任何泰诺产品；停产，停止相关广告和促销；执行全国回收……当时有一家著名商业杂志曾经评论：“对一个企业来说，如果大街上巡逻的警察都举着电子扩音器警告购买它的产品等于自杀，还有什么比这更可怕的?”然而到1984年末，泰诺销量恢复到了危机前的95%。强生公司成就了一段危机公关的经典案例。

本章知识结构图

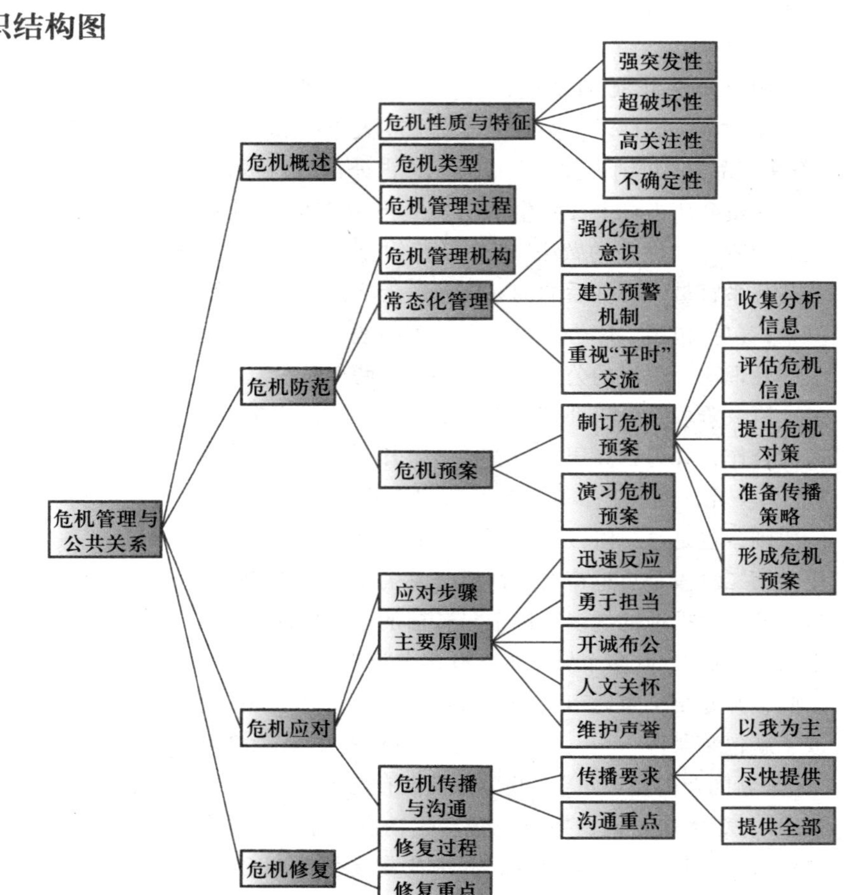

危机管理（Crisis Management）是一个组织根据自身情况和外部环境，对可能的危机预测、预防、干预和规避，对发生的危机控制、处理、化解和善后等的一整套系统思路和管理机制。在危机管理中，无论是事前防范还是事中应对以及事后修复，公共关系职能都不可缺位，发挥着极其重要的作用。

第一节　危机与危机管理

"危机"源于医学用语，一般指的是濒临死亡、生死难料的状态。面临死的威胁，也有生的可能，故后来被演绎成不可预期、难以控制的局面。由于危险和机会的并存，危机也是一种人生、组织和社会发展的生死攸关的转折点。

一、危机的性质与特征

在学科意义上，"危机"（crisis）一直有着不同的解释。如罗森塔尔（Rosenthal）和皮内伯格（Pijnenburg）认为，"危机是指具有严重威胁、不确定性和危险感的情境"；巴顿（Barton）认为，危机是"一个会引起潜在负面影响的具有不确定性的大事件"，"这种事件及其后果可能对组织及其员工、产品、服务、资产和声誉造成巨大的伤害"；格林（Green）指出，危机是"事态已发展到无法控制的程度"。① 吴宜蓁认为，"危机就是在无预警的情况下爆发的紧急事件，若不立刻在短时间内做出决策，将状况加以排除，就可能对企业或组织的生存与发展造成重大的威胁"。②

危机通常具有突发性、破坏性、高关注性和不确定性等性质与特征。

（一）事件的强突发性

危机的形成有一个过程，其爆发则带有强烈的突然性。虽然"千里之堤毁于蚁穴"，但由于危机的征兆在初始阶段的显现过于细枝末节，缺乏系统、完整的预警表现，平时容易忽视。因此一旦发生，会给社会带来巨大的震撼和冲击，涉事的组织更因始料不及、猝不及防，感到极度愕然，甚至张皇失措。

并非所有的突发事件都是危机、都会演变成危机，但危机的爆发点肯定是突发性事件。因此在危机爆发的初期，一个组织承受的压力尤其巨大。一方面信息有限、时间紧迫，可以决策和反应的时间很短；另一方面"事不等人"，危机事件会很快地引起公众、舆论和社会更多的关注，发生难以预料的变化。

---

① 转引自：罗伯特·希斯．危机管理．王成，宋炳辉，金瑛，译．北京：中信出版社，2001：18-19.

② 吴宜蓁．危机传播——公共关系与语义观点的理论与实证．苏州：苏州大学出版社，2005：17-18.

（二）后果的超破坏性

并非所有的突发事件都是危机，只有构成严重威胁、造成重大伤害的突发事件才是危机。不论是什么原因而起，会有多大是规模，只要是危机，就会产生一定范围、一定程度的破坏性。其后果不仅是一定的人员、财产损失和精神伤害，更会对一个组织造成巨大的负面影响。

处于危机状态时，一个组织不能及时、有效地发布有关的信息，公众会因信息不足而产生不满，甚至通过口传、互联网等传播流言、谣言，引发舆论危机；在强烈的舆论压力下，公共关系状态会变得更加恶劣，公众不满也会逐渐转向对组织的不信任，产生信任危机；产生了不信任，就意味着与公众开始失去交流、沟通的基础，组织最终会面临形象或声誉的危机。

小案例 8-1

三鹿奶粉事件①

一起极其严重的食品安全事件，也称 2008 年中国奶制品污染事件或奶粉污染事件、毒奶制品事件、毒奶粉事件。起因是很多食用了三鹿集团生产的奶粉的婴儿，被发现患有肾结石，随后在奶粉中发现化工原料三聚氰胺。

有资料显示，2008 年 3 月以来，三鹿集团先后接到消费者反映，婴幼儿食用三鹿奶粉后出现尿液变色，或尿液中有颗粒现象。2008 年 9 月 11 日上午，三鹿集团传媒部依旧表示，无证据显示这些婴儿是吃了三鹿奶粉而致病。据称，三鹿集团委托甘肃省质量技术监督局进行了检验，各项标准符合国家质量标准。不过事后甘肃省质量技术监督局召开新闻发布会，声明从未接受过三鹿集团的委托检验。很快，在同一天的晚上，三鹿集团承认公司自检发现，2008 年 8 月 6 日前出厂的部分批次婴幼儿奶粉，曾受三聚氰胺污染。同时发布产品召回声明，不过三鹿亦指出其公司无 18 元价位的奶粉。2008 年 9 月 12 日，三鹿集团声称，事件是不法奶农为更多的利润，向鲜牛奶中掺入三聚氰胺。石家庄官方初步认定并拘留了 19 名嫌疑人，传唤了 78 人。河北省政府对三鹿集团进行停产整顿，并对有关责任人做出处理。

在事件中，根据中国国家质检总局公布的国内厂家婴幼儿奶粉检验报告，包括伊利、蒙牛、光明、圣元及雅士利在内的多个厂家产品都检出三聚氰胺。事件重创了“中国制造”的声誉，多个国家禁止了中国乳制品的进口。

9 月 24 日，国家质检总局表示事件已经得到控制。9 月 14 日以后生产的酸乳、巴氏杀菌乳、灭菌乳等主要品种的液态奶样本，抽样检测中均未检出三聚氰胺。

2011 年，中国中央电视台《每周质量报告》调查发现，仍有 7 成中国消费者不敢买国产奶粉。

---

① 资料来源：佚名. 新闻资料：三鹿奶粉事件始末. 人民网（http://finance. people. com. cn/n/2014/0305/c70846-24538162. html），2014-03-05；佚名. 中国奶制品污染事件. 搜狗百科（http://baike.sogou.com/v53042491. htm）.

（三）公众的高关注性

危机还具有公众的高度关注这一重要的特征。其通常是“公共”的、“社会”的、“众人”认为某种相关的事件，而不是“个人”的、“私下”的、与他人无关的事情。所以，危机必定引发事件的引发者、参与者以及不同层面的公众，尤其是舆论和社会的普遍关注和跟进，成为一段时间的热点和重要话题。即使危机事件过后，这种关注也仍然会延续较长的时间。

小链接 8-1

危机情境中的“人”

根据罗伯特·希斯的考察，危机情境中的“人”即参与者包括①：

（1）受害者，他们直接或间接地受到危机的影响。有的在危机中实际和直接遭到损失，反应者、旁观者以及受害者的亲属、朋友也有可能变成受害者。“当危机事件及其细节迅速而又生动地传播到世界的各个角落时，我们大部分人都将成为受害者。图文和声情并茂的传播技术，可以使我们身临于危机情境。”

（2）反应者，他们身处危机现场，从事了与危机相关的工作。有的是未曾受过专业训练的旁观者和受害者，有的是职业救援队伍，有的是社会救援队伍和志愿者。

（3）旁观者，他们距离危机发生的环境很近，但是没有遭受实际损失。一类是确实身处事发现场，真正的旁观者；一类是能够“看到”事发情况，“虚拟”的旁观者。他们都确信自己是目击者，然而有的实际目睹的只是事件的一部分，甚至是被歪曲的一面；有的并没有亲眼所见，实际情况可能与他们所认为的相去甚远。“目击者”越多，要求解决事件的舆论压力就越大，公众和媒体的关注度越高。

互联网时代传播科技发达，传播媒介极其丰富。由于公众的高关注性，与危机相关的信息往往呈发散式而且“病毒式”传播，速度会比事态本身的发展快出许多。也更容易突破地域、国界的限制，影响不只是停留于事发现场和当地。

（四）变化的不确定性

危机由于事发突然和意外，其爆发的具体时点、形式和实际规模等，以及一般变化的态势和影响的深度，一时难以准确预测。危机一旦发生，破坏性能量会被迅速释放，其蔓延会呈现出一种加速度的趋势。还可能导致“连锁反应”，如同石头投进水塘，不仅溅出水花、引起阵阵涟漪，而且冲撞池底……一个危机引发另一个危机，甚至难以有效预测发展的方向和变化的轨迹。过去的危机更像是“茶壶里的风暴”，冲击面、影响面远不如今天的复杂；现代社会由于组织与社会子系统的“共振现象”，危机常常“滚雪球”或多米诺骨牌般地，从一个组织的危机扩散为其他组织的危机，甚至转变成整个社会的危机。②

在危机状态下，一个组织面对社会、公众和舆论，通常会有两种反应：一种是积极调整

---

① 罗伯特·希斯. 危机管理. 王成，宋炳辉，金瑛，译. 北京：中信出版社，2001：21-26.

② 吴宜蓁. 危机传播——公共关系与语义观点的理论与实证. 苏州：苏州大学出版社，2005：3.

与配合，把组织的行动和敢于担当的态度告知公众、社会，借助于舆论的关注，努力转危为安；一种是“自我封闭”“鸵鸟政策”，拒绝与公众、媒体对话和交流，不提供信息或提供不真实的信息。因此，危机的不确定性还有一层意思，就是可能存在一个转折。一个组织倘若能够及时、有效做出反应，控制事态和积极善后，不仅可减少危机损害、挽回影响，也有可能带来机会，即通常说的“危”中有“机”。反之，则可能致使状态进一步蔓延、扩大，陷入危险重重的恶性循环。

小链接 8-2

危机发生的特点

阿特·福斯特（Art Forster）总结，危机发生一般伴随有以下特点：①

- 突发性：大部分的紧急情况，似乎都会出现在你最不希望它们发生的时候——夜晚、周末或假期。
- 信息不足：你很少会得到所有的事实，而且你得到的报告往往相互矛盾。
- 事态逐步恶化：你会觉得事态的发展飞快，当你想得到更多的信息时事态本身已经变得更为严重。
- 失去控制：事态的发展经常会压得你透不过气，你会觉得很无助。
- 外部的严厉审查：特别是你属于服务公众类的企业，问题就会扩大化，媒体、公众、地方官员和你的顾客会很快对这些问题做出评判。
- 恐慌或“被包围”的心理状态：在这种压力下，有些公司会缩在自身的“茧”里不采取任何措施，这是最糟糕的一种状况。
- 短视：在通常情况下，公司会把精力过分集中于当前的状况，缺乏长远的眼光，而且认识不到最初的反应给他们带来的长远影响。

二、组织危机的类型

一个组织可能面临的危机类型很多，可从不同角度认识。准确判断危机的类型，是危机管理的前提。

（一）依据危机的原因分类

危机发生的原因，有的来自组织的外部，有的起源于组织的内部；进一步地区分，有的是人为的因素所致，也有的是非人为的因素引起。两种维度结合，可区分出四种危机的类型，即来自外因的人为危机、产生于内因的人为危机、来自外因的非人为危机和产生于内因的非人为危机（图 8-1）。②

一般来说，外因造成的危机具有“不可抗力”性质，波及面广，的确不易防控；内因造成的危机可预见性强，可控制因素多。人为的危机产生于人的某种行为，可预见性、可防控性强；非人为的危机通常不是由人的行为直接引起，大部分难以预见，难以控制。

---

① 转引自：郭惠民，主编．危机管理的公关之道．上海：复旦大学出版社，2006：20.（有改动）

② 吴宜蓁．危机传播——公共关系与语义观点的理论与实证．苏州：苏州大学出版社，2005：22-23.

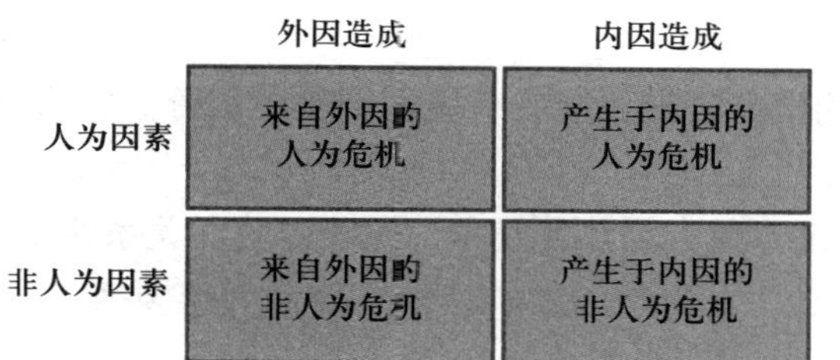

图 8-1　依据发生原因的危机分类

（二）依据危机的突发性分类

依据这一分类，危机类型可分“突发性危机”（abruptive crisis）和“渐进性危机”（cumulative crisis）两种。前者是无预警的意外事件或突然冲击，每个事件发生的概率是均等的，也是彼此独立、互不相关的；后者是缓慢积累的危机，到达某一临界点时刻突然引爆，通常起源于长年累月存在的一连串的问题，或与组织制度和文化方面的问题相关。① 例如，强生公司遭遇“泰诺”危机，中美史克及康泰克2000年遭遇“PPA事件”危机，都是突发性的危机；三鹿集团等以及“2008年中国奶制品污染事件”，明显属于渐进性的危机。

一般来说，突发性危机发生得快，危机的征兆集中、明显，也容易辨认。但由于不是长期问题积累所致，可预测性一般较低。渐进性危机的发展相对缓慢，可预测性相对要高许多。但由于危机形成的有关征兆不明显，而且呈分散状态，常常不容易辨认，事态爆发之前往往容易被忽视。

（三）依据危机生命周期分类

危机发生的过程如同人的生命历程或产品生命周期，也有出生、成长、成熟和衰退等阶段。有些生命周期很短，瞬间即逝；有些跌宕起伏，持续发展，给组织带来很大的困扰。

根据危机生命周期的变化，一般可区分三种类型：②

（1）风潮型。这一类危机通常来得快，去得也快，是威胁性较低的一种。如果措施得力、应对适宜，有可能短时间内化解危机，使其迅速终止。

（2）攀高型。倘若危机处置不当，事态可能如“滚雪球”般扩大；或者危机本身复杂程度就高，原本的危机强度不断累积，甚至发展为另一种危机。

（3）循环型。危机“一波未平，一波又起”，波浪式地形成和发展。原来的危机即将衰退终止，新的危机又接踵而至。

三、危机管理过程

危机的出现和发展有一个过程，在不同阶段有不同的任务和要求。对危机过程与管理的阶段划分，一般以“三阶段论”“四阶段论”和“五阶段论”等居多。

---

① 吴宜蓁. 危机传播——公共关系与语义观点的理论与实证. 苏州：苏州大学出版社，2005：23.

② 吴宜蓁. 危机传播——公共关系与语义观点的理论与实证. 苏州：苏州大学出版社，2005：24.

（一）“三阶段论”

“三阶段论”是使用最多、最普遍的一种危机阶段划分。它将危机过程与管理结合，实用、简单地分三个阶段：①

（1）危机的事前防范。重点是议题管理、风险防范和关系建立。

（2）危机的事中应对。主要是危机的认知、抑制和修复等方面。系统地将前置阶段的准备化为行动，同时有效地进行危机沟通。

（3）危机的事后修复。统称为危机复原与学习工作。一个组织从经验中学习，进行“文化的重新调适”，即转移一种新的价值观及行动，以适应危机之后的变化。

（二）“四阶段论”

1. 罗伯特·希斯（Robert Heath）的“4R论”

罗伯特·希斯将危机管理分为四个阶段，并提出“4R”模型（见图8-2）。②

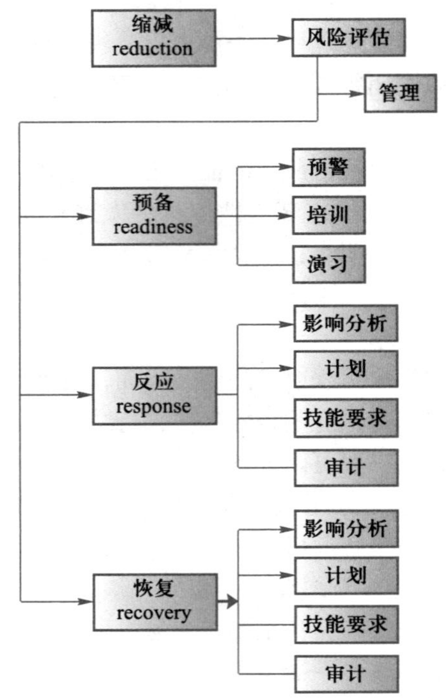

图8-2 罗伯特·希斯的“4R” 危机管理模型

（1）缩减（reduction）。危机管理的核心内容，也是许多组织没有重视的工作。通过风险评估，可降低危机发生的可能性，避免浪费时间以及摊薄不善的资源管理，极大地减少危机的成本和损失。

（2）预备（readiness）。包括建设更有效的预警体系，监视特定的环境，对每个不良变化有所反应，并发出信号；开发更有效的公众沟通、媒体协调和形象管理等方法和技术，进行培训和演习。通过这些改进，可减少危机的恶劣后果，提高防范能力，以及引发更有效的

① 吴宜蓁. 危机传播——公共关系与语义观点的理论与实证. 苏州：苏州大学出版社，2005：25.

② 罗伯特·希斯. 危机管理. 王成，宋炳辉，金瑛，译. 北京：中信出版社，2001：31-33.

反应和恢复管理。

（3）反应（response）。危机来临的时候，组织应当做出反应。一般分四个步骤，即确认危机、隔离危机、处理危机和总结危机。重要的是，首先，如何获得更多的时间，以应对危机的发生；其次，如何更充分地获得真实、准确的信息，以了解危机的程度，为解决危机提供依据；最后，如何降低损失，以最小的损失，消除危机影响。

（4）恢复（recovery）。在危机发生并得到控制以后，着手后续的形象恢复和提升；以及在危机事态结束之后的总结阶段，为今后的危机管理提供经验和支持，避免重蹈历史覆辙。

罗伯特·希斯认为，有效的危机管理，是对4R模式所有方面的整合。其中“缩减”模块贯穿于整个危机管理过程。在“预备”模块中，运用“缩减”管理的风险评估，能够确定哪些预警系统将可能失效，可及时予以修正或加强。在“反应”模块中，“缩减”管理帮助组织识别危机的根源，寻找有利于应对危机的方法。在“恢复”模块中，“缩减”管理可对恢复计划执行的风险进行评估，从而使恢复工作产生更大的反弹效果。

2. 斯蒂文·芬克（Steven Fink）的“四段论”

斯蒂文·芬克的危机管理“四段论”认为，危机从出现到处理和结束，不同阶段有不同的生命特征。犹如人的生命周期，危机也有诞生、成长、成熟和死亡等阶段。[①]

（1）危机潜伏期（prodromal）。这是第一个阶段，危机处于萌芽状态。种种危机因素以“暗流涌动”的方式，存在于某个环节。常常由于其隐蔽性和貌似的“无关紧要”而被忽略，或被人们习以为常。特点是容易控制，却又最难察觉。所以，应当建立健全“危机预警”机制，防患于未然。若在危机潜伏期能够有效地提前干预，往往具有“事半功倍”的效果。

（2）危机突发期（breakout or acute）。这是第二个阶段，危机已经爆发，并呈现急剧性和严峻性。对人们的心理造成严重的冲击，表现出极强的破坏力。典型特征是强度逐渐升级，由不为人所知到引起广泛的注意。事件引起越来越多的媒体关注，烦扰不断，干扰正常工作，也影响组织的正面形象和团队声誉。这个阶段的最大威胁，是“雪崩式的速度和巨大的力”。斯蒂文·芬克描述其为时间最短，但感觉最长的阶段。

（3）危机蔓延期（chronic）。第三个阶段，也是危机过程中时间最长的阶段。危机的影响在广度和深度上都有所拓展，很多不同的主体纷纷卷入其中，危机引发的一系列衍生品加速显现。与危机相伴随的恐慌与不安弥漫性扩展，危机从个案蔓延到行业……例如2008年三鹿奶粉事件中，危机就从三鹿的婴幼儿奶粉系列向其他产品扩展，从一家企业的“个案”向整个乳制品行业的蔓延，最终演变为对“中国制造”品牌声誉的重创。

危机蔓延时间的具体长短，取决于危机管理的有效性。良好的危机管理可以缩短蔓延期，反之则会延长危机的时间。能否有效进行危机管理，实施干预、控制和化解，在这个阶段至关重要。

（4）危机恢复期（Resolution）。即第四个阶段，也称危机解决阶段。危机暂时得到解决，舆论趋于平息，社会重归常态化。由于舆论的分散与公众压力的减弱，危机后续的处理

① 参阅：高世屹. 美国危机传播研究初探. http://ruanzixiao.myrice.com/ mgwjcbjjct.htm.

工作很容易松懈。例如，之前提出的方案和政策设计，对公众和社会的承诺，对事件的更深层次的反思等，没能有效持续下去。不仅导致危机带来的机会被浪费，更可能产生新的风险——没有彻底反思和清除危机背后的隐患，导致未来有相似的危机重演；重演的危机将先前留下的恶劣印象永远定格，最终形成“刻板成见”。因此，在这个阶段更应保持警惕，及时总结，避免危机重演。尤其要兑现危机爆发期间的有关承诺，坚持履行计划，以构建组织的诚信形象和公信力。

（三）“五阶段论”

米特洛夫（Ian I. Mitroff）和皮尔逊（Christine M. Pearsom）等人，将危机过程与管理分为五个阶段：

（1）信号侦测——识别新危机的警示信号，采取预防措施；

（2）探测和预防——搜寻已知的危机因子并尽力减少潜在的损害；

（3）控制损害——在危机发生阶段，努力使其不影响组织运营的其他部分或外部环境；

（4）恢复阶段——尽可能快地让组织运营回到正常轨道；

（5）学习阶段——回顾和审视所采取的危机管理措施，并整理使之成为今后的运营基础。①

前两个阶段是在危机发生之前开展的准备工作。第三阶段是在危机爆发时的处理和应对，主要任务是抑制危机的冲击范围。后两个阶段是危机善后与修复，重点在于使组织恢复到正常运行状态，尤其是将危机的经验转化为学习经验，以为前车之鉴。②

第二节　危机防范

危机管理重在事前防范，目的是有效地避免危机的发生。内部建立危机管理机构，日积月累地培养和强化危机意识，制订危机预案并开展培训、演习，是危机防范的主要内容。

一、建立和完善危机管理机构

（一）危机管理机构的作用

危机管理涉及组织内外的许多方面。成立危机管理机构，可以更好地整合相关的人、事和资源，协调内部关系，也更利于危机防范、应对和修复等工作落到实处。

---

① 米特洛夫，皮尔逊. 危机管理诊断手册. 吴宜蓁，徐泳絮，译. 台北：五南图书出版公司，1996：11-13，25-26.

② 吴宜蓁. 危机传播——公共关系与语义观点的理论与实证. 苏州：苏州大学出版社，2005：25.

具体说，危机管理机构在组织运行中发挥以下的作用①：

（1）全面、清晰地对各种危机情况进行预测；

（2）为处理危机制定有关战略、方针和步骤；

（3）监督有关方针、政策和措施的正确实施；

（4）在危机实际发生时，对全面工作做指导和咨询。

（二）危机管理机构的组成

在不同的组织，危机管理机构可能有不同的称谓。如有的称应急管理小组、危机管理小组，也有的叫危机管理委员会。

危机管理机构要有效地履行职责，就必须能总揽全局，迅速决策。因此应当选择熟知组织、行业内外情况，彼此优势互补，相互配合默契，职级较高的管理人员和资深专业人士参加。例如在企业，危机管理机构必须要有公共关系、营销管理、人力资源管理、财务管理和法律事务等部门的一席之地（参见表 8-1）。法律永远是解决危机的最后手段，其他任何处理危机的方法，也必须在法律许可的框架内应用。

表 8-1　危机管理机构的组成及工作职责②

组成人员	工作职责
首席行政官	总体控制，亲临现场，出席新闻发布，发布公告，表达歉意
首席财务官	评估损失情况，出具财务数字，准备预算或者赔款事项
首席运营官	政府关系（上级主管）沟通，行业协会沟通
高级公关顾问	新闻稿，公司公告，媒体沟通，新闻发布，准备媒体“常见问题解答（FAQ）”，接受采访
法律顾问	法律文件，咨询，诉讼
人力资源经理	内部员工沟通，稳定情绪，获得支持
产品经理	产品资料，质量保证，检测报告
销售经理	客户沟通，经销商沟通，合作伙伴沟通

危机管理机构的负责人可以是组织的最高领导者，也可由高层副职如分管公共关系的领导者担任。但其必须在组织内部拥有相应职权、地位和影响力，能有效地控制、推动危机管理的整体工作开展。

危机管理机构要设置日常办事机构。通常可与公共关系部门合署，同时配备相对固定的人手，有具体的分工和责任。

小链接 8-3

危机管理机构“角色”配备

迈克尔·里杰斯特指出，危机管理机构的成员一般包括以下角色：③

（1）“点子型”角色，即“出主意的人”。他们想法多、创意多，可以创造性

① 迈克尔·里杰斯特. 危机公关. 陈向阳，陈宁，译. 上海：复旦大学出版社，1995：53-54.

② 陈向阳，编著. 公关顾问专业指南. 合肥：安徽人民出版社，2004：187.

③ 迈克尔·里杰斯特. 危机公关. 陈向阳，陈宁，译. 上海：复旦大学出版社，1995：52-53.

地提出各种意见和建议，满足决策选择的需要。有的意见或许不着边际，有的建议可能确有长处。关键在于领导者如何去粗取精、留其精华，而不是伤害他们的积极性。

（2）“沟通型”角色。他们不一定是危机管理机构的领导者，但是善于收集情况，协助进行机构内外的信息传播和交流。

（3）“厄运经销商型”角色，也是“魔鬼辩护人”。他们对每一个建议和解决办法都提出异议，能多角度考虑、反思问题，以保障计划、行动的稳健性。

（4）“记录型”角色。他们工作有条不紊，所做记录、日志内容完整、井井有条而且保存完好。

（5）“人道主义型”角色。他们属于高瞻远瞩之人，工作中习惯以人文本，解决问题也总是倾向于人性的一面。因此在危机和紧急情况下，会更主动地选择维护公众利益、考虑社会利益。

（三）危机管理机构的职责

1. 设置和管理“危机控制中心”

在危机发生时，要有可以应急使用的办公场地。一般选择两处以上，至少还有一处可以备用，以防火灾等不测因素影响到应急使用。办公场地的数量、大小等，必须能确保危机管理机构和相关人员在危机应对时，有合适的地点、场所进行工作。

“危机控制中心”要配备相应的设施设备。例如连通内线、外线的电话机和移动电话，电脑、互联网和上网设备，投影仪、影像摄录器材和存储设备，复印机、打印机、传真机、录放机等。办公用品必须保证足够的数量和完好性，确保在危机应对时的内外信息畅通。

2. 编制危机预案

组织危机预案的制订和完善、修订。并以危机管理手册等形式，印发危机管理机构每位成员，存放于办公室和家中的易于取阅之处。

3. 设立危机管理发言人制度

要有职责明确的危机管理发言人。一旦危机发生，可立即到场，代表组织介绍事件真相和所进行的工作，缓解公众的紧张心理和恐惧；保证统一的信息发布口径，防止谣言的滋生、流传。发言人一般不应只设一个，至少应有A、B角，以防意外。组织高层的决策者和主要部门负责人，如公共关系部门的主管等，都应接受发言人培训。

为了维护组织形象，理想的发言人自身应有良好的素质和形象，言谈举止能给公众留下可靠、可信的印象。唯唯诺诺、形容不佳，或出言不慎、满口“大话”者，不仅不利于危机沟通，还会产生负面的影响。

4. 落实和监督危机管理的关键环节

将危机防范、危机应对和危机修复等的相关内容和要求，分解为内部各个部门、环节和人员的具体任务，融入组织运行及他们各自的日常工作和重大决策中，并及时反馈执行的情况。

5. 举办危机培训和危机演习

通过危机培训，强化危机意识，帮助各个部门及其员工了解危机应对时的职责和任务。

通过危机演习，积累经验，发现不足，提升应急水平，完善危机预案。

二、实施危机防范的常态化管理

（一）强化组织与全员的危机意识

危机意识是一种居安思危的敏感性，也是对运行环境、局势的忧患意识。它可以促使人们清醒认识和评估客观形势，未雨绸缪，避免、减少危机发生，并做好应对潜在危机的准备。

1. 危机意识是一种理念和氛围

大多数危机都是一个过程，而不只是一个结果。往往蕴含了长期缓慢的滋生过程，众多危机“迹象”其实早已潜伏于日常当中。只是危机意识淡薄，视而不见，习而不察，久而久之便成了危机。

因此，要将危机意识转化为组织和员工对于内部、外部点滴变化的关注和警觉性。如同“温水煮蛙”，急剧的异常容易感觉，渐进的变化却容易忽视。树立和具备强烈的危机意识，并成为组织文化中的重要元素，才会时刻留意有关的细枝末节。不但困难的时候看到危机的存在，运行良好和发展顺利的时候，也能感觉到危机“迹象”及渐进的演变，及早发现危机征兆，防微杜渐。

2. 危机意识应当转化为一种自上而下的自律行动

一旦在组织中形成了一种危机文化，所有部门、成员都有强烈的危机意识，人人工作中都从我做起、从现在做起，认真执行危机防范制度、规则，危机意识与防范行为一致，就能在很大程度上消除各种危机隐患，防患于未然。即使是危机应对，这种文化和危机意识也有助于避免危机事态扩大。可以说，一个组织的危机意识有多深入，其抗危机能力就有多强。

危机意识要转化为自上而下的自觉自律，需要做好以下工作：

（1）树立和增强组织高层的危机意识。领导者的危机意识薄弱、缺位，往往是引发危机的重要源头。因此首先要改变的是高层的态度，使其具有完整的危机管理的概念并付诸管理行动，避免因决策的失误等而引发的危机。

小链接 8-4

高层管理者危机意识的体现①

（1）能把危机管理放在组织决策的层面考虑。

（2）有远见，未雨绸缪。事先制订危机预案，确定和培训应对危机的专门或兼职人员。

（3）面临危机镇定自若，临危不惧。亲自指挥，并充分发挥公共关系人员的作用。

（4）平时注意保持与媒体的联系，危机时特别重视与媒体沟通。

---

① 郭惠民，居易，等. 公关员职业培训与鉴定教材. 上海：复旦大学出版社，1999：412.

（5）始终把公众利益、社会利益和组织的声誉、良好形象放在首位，不因局部的、眼前的利益患得患失。

（2）培养和强化全体员工的危机意识。把贯彻危机意识作为日常工作的一部分，延续和深化到组织运行的全部工作、各个岗位，并深入人心。要使每个成员都明白，组织与环境的交集不可避免，适应环境就是要对不可测因素保持高度的警觉，防止失控而演变为危机。全员做到思想与行为合一，自觉、严格执行危机防范有关要求，以防止危机随时爆发为出发点，形成强大的防范力量。

（二）建立危机预警机制

危机防范还应成为一整套的制度、规范和措施、方法体系。完善的危机预警机制，可在制度层面及时察觉不良变化，迅速传递到有关环节如危机管理机构，及时排除、化解隐患或减缓、减少威胁与伤害。因此，危机预警不仅是危机防范常态化管理的重要内容，也是制订危机预案的关键环节。

1. 分析危机来源，预测危机情境

有效地预警危机，需要全面了解可能的危机来源，确定潜在的危机及其类型和影响。可通过回顾组织历史上发生过的危机，借鉴同行或类似组织遇到过的危机，作为参照；分析组织运营中不可或缺的内外因素，在关键环节找出“正常”与“不正常”的“临界点”；并且评估可能的各种后果与危害。

小链接 8-5

企业危机的可能来源①

（1）员工解雇/流失。解雇行为、员工的重新安置和流失，会导致员工的焦虑，丧失忠诚度，并对未来产生不稳定感。

（2）财务指标低于预期值。没有达到所有者、股东、员工、市场分析人士或媒体的预期值，企业可能面临危机。如果感到非常意外，可能导致公众信任的丧失。包括信用受损，员工士气直线下降，上市公司还会股价大跌。不信任继续扩大，企业的市场价值不断下跌下降，管理层发生变动，企业努力的目的只是为了恢复原样……情况就会变化，危机就会发生。

（3）员工士气低下。工作压力过大，待遇不公，牢骚、抱怨弥漫，相互缺乏信任，上下沟通不足……当问题严重到影响企业的工作秩序、生产效率和盈利能力，甚至工作场所的安全时，就会引发危机。

（4）企业诉讼。成为被告、走上法庭，企业可能在公众中留下不好的印象。

（5）歧视/骚扰索赔。诸如性别歧视、宗教歧视、年龄歧视、外貌歧视、种族歧视、性倾向歧视和对艾滋病毒携带者的歧视，以及性骚扰、种族骚扰等引发的索赔。企业不能以最大的同情心和自信来管理或预防这些，可能导致严重的危机，造成的后果恐怕需要多年才能弥补。

---

① 杰弗里·R. 卡波尼格罗. 危机顾问：有效预防、控制与管理企业危机. 杭建平，译. 北京：中国三峡出版社，2001：5-9.

（6）负面影响的媒体报道。例如如何对待顾客和有不满情绪的员工抱怨，有关企业财务的传闻，以及企业高层人士的不当言论。

（7）破坏性的传闻。一些想象、误解和传闻的传播，也会给企业带来危机。这些一般与企业的销售、市场，顾客对企业与产品的不好的评论，对高层人士行为的推测，或者对主要生产线可靠性的担忧有关。有的也许仅仅是无意伤害企业的微小问题，还有的可能是心怀不满的离职员工甚至竞争对手的蓄意而为。

（8）产品缺陷或质量问题。可能是一些能够补救的小问题，后果是企业在公众中留下不好的印象。还有一些可能是灾难性的问题，很难得到弥补和修正，往往导致退货，甚至毁灭一个品牌和产品线。

（9）技术上的失误。例如计算机系统遭遇病毒，或应用程序设计缺陷导致数据损毁甚至系统瘫痪，发生错误的计算机提供错误的数据，上网失败无法与特定顾客联系，等等。随着技术的不断进步，人们对其的依赖性越来越大，企业在这个方面的脆弱性也在逐渐增强。

（10）有不满情绪的离职或现任员工引发的暴力威胁行为。一个或几个员工由于不满意而变得非常愤怒，特殊情况下甚至发展成暴力倾向。通常个人或整个企业士气的低落，会是发生更严重情况的先兆，却不易察觉和容易被忽视。这样的危机会给企业、员工造成长期无法愈合的伤痕，也是最难管理和恢复的一种危机。

（11）工作事故。一旦在事故伴有人身伤害或较大的财产损失等，如工伤、产品缺陷导致的伤害，必然影响公众对企业的信心和信任。管理不当，情况会越来越糟，长期影响企业发展。

（12）某位高层决策者突然死亡。他们对企业现在或将来的成功，起着关键的作用。一旦发生这样的危机，必须能够迅速反应，避免在领导层、企业发展方向和股东信心方面出现空白。

（13）丢失主要客户。员工、其他顾客和企业以及媒体等，可能会开始对企业的能力、运营的健康程度产生怀疑，企业信用因此下降，声誉很快受到损害。对其的管理方式会决定它是成为很快过去的小事情，还是一直拖延不决、使企业逐渐衰弱的危机。

（14）政府调查或罚款。事情越大，负面影响越大。

（15）天灾人祸。

（16）经济抵制、罢工或罢工纠察队员（罢工时站在厂门口阻止别人进厂工作的人）。

（17）企业成为并购的目标。

这项工作的重点和难点，一是如何选择具体的观察点，二是怎样确定相应的“临界点”及其安全值作为“预警线”。例如，工作事故通常是一种危机来源，可以认定它与组织和相关员工的安全意识密切相关。重点是该从哪些方面设点，以观察安全意识的变化。又如，遭遇公众投诉在所难免，也并非每一具体个案都会成为危机。倘若一个时期数量激增，显然就要警觉。难点是要以什么数量级，认定其为危机的前兆和“引爆点”。通常，可参考社会发展的趋势、同行的经历与经验，并结合组织的实际情况进行。

2. 启动危机防范，熄灭危机前兆

建立预警危机制，目的不只是及时“报警”危机迹象，还要能够防微杜渐，熄灭危机前兆于萌芽状态。比如，观察发现员工安全意识正向安全值下降，便应启动措施干预，重新“激活”组织的安全意识。又如，投诉不仅数量激增，而且问题和内容相近、相似，就可能是一种危机前兆，需要相应行动以提前化解。因此要根据危机迹象演化成危机的条件，定期或不定期地进行“体检”，发现自身弱点和不足予以改进，分析危机前兆并适时干预、化解。

小案例 8-2

全球多家航空公司改革禁“单飞”①

2015 年 3 月 24 日，德国之翼航空公司的 4U9525 航班在法国南部阿尔卑斯山区坠毁。“黑匣子”显示，坠机前副驾驶关闭驾驶舱门，把机长锁在舱外，独自操纵飞机下降，涉嫌“蓄意”坠机。

26 日，全球多家航空公司紧急推出新措施，规定驾驶舱内必须时刻保持两人。中国民航虽然早有相关规定，各家航空公司也已将其纳入《运行手册》当中。中国民航局还是再次下发紧急通知，要求各地严格检查这项规定的执行情况，并纳入日常安全监管。

（三）重视“平时”交流与互动

危机防范重在平时。在战略上，可根据具体情况选择以“强本固源”，或以“正本清源”为基本导向。② 在工作重点和具体做法上，是通过“平时”系统地增进与公众之间的交流，帮助他们对组织建立较全面的认识，并形成一定的感情联系。

依据平时要为“战时”做好准备的要求，还要注意加强与关键环节的公众的互动。例如，“平时”要与那些危机时刻可能需要沟通的媒体、政府机构、社区和其他组织等，建立和保持相应联系。重要的不只是与他们中的个别人交往，即便“平时”沟通也要以组织为重点。危机一旦发生，通常所需要的也是他们所在组织的理解和帮助。

小案例 8-3

美国电话电报公司（AT&T）③

美国电话电报公司（AT&T）创建于 1877 年。20 世纪 20 年代，已经成为一个业务系统遍布全国的“巨无霸”企业。根据美国国情，由于业务具有独占性，公司最担心的是引起社会舆论的干涉和责难。

尽管还没有任何危机发生，公司依然制定和实施了一套公共关系方案：

（1）在设备方面系统地进行改进，以求进一步提高服务质量；

---

① 资料来源：佚名. 全球多家航空公司改革禁“单飞”. 新京报，2015-03-28；钟和. 德国之翼副驾驶涉嫌蓄意撞机. 新民晚报，2015-03-27.

② 读者可回顾、复习本书第五章“公共关系计划和实施过程”第二节“公共关系活动方式”，见“一、战略型公共关系活动”之“（三）防御型公共关系”中的相关内容。

③ 资料来源：居易，许有森，梁飞，陈道仁. 公共关系入门. 合肥：安徽人民出版社，1987：162-163.

（2）在服务费用和各种价格方面尽量、尽快予以降低，以引起社会瞩目，达到取悦公众的目的；

（3）加强与政府部门和有关业务机构的来往，培养相互之间的良好关系，使公司有一个独特的位置；

（4）全部接线生改由女性担任，以减少与顾客的争执；

（5）装线施工人员要特别小心对待用户的地板、墙壁和住房其他设施，尽一切可能使其不受损害。

经过上述努力，公司在各个方面取得了良好的声誉，社会评价很高。在美国第一次全国性的电报电话工潮中，它得以超脱于纷争之外，继续保持了营业专利权，没有受到公众及舆论的指责和抨击。

三、制订和演习危机预案

（一）制订危机预案

危机预案即危机管理计划。它可全面反映高层领导者的危机管理意识，为组织树立全员的危机管理意识、迅速启动和正确应对危机等提供指导，也是编制危机管理手册的依据。

制订危机预案包括以下步骤：

1. 收集、分析有关的危机信息

通过广泛的来源，比如消费者窗口、专家视野及营销部门、财务部门、生产技术部门和人力资源部门等，收集信息进行分析，以发现、确认种种迹象与危机、危机迹象与危机前兆之间的关系。组织或危机管理机构应当建立舆情监测或反馈系统，常态化地随时捕捉、及时补充有关信息。

2. 评估危机信息

根据组织的类型、规模、发展状况等具体情况，结合实际需要，对危机来源进行分类。每一种潜在的危机都要预测危机情境，评估其概率和危害性。例如可以区分为容易发生的重大危机，不常发生的重大危机，容易发生的一般危机以及不常发生的一般危机等（见图 8-3）。要使每一种潜在的危机，都在管理层面上可得到相应的关注。

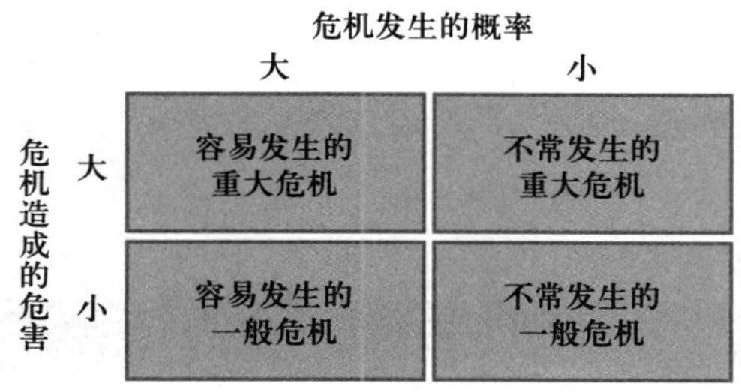

图 8-3　根据可能性与危害性的危机分类

3. 提出危机对策

即针对每一种潜在危机，设想最坏的可能，并明确处理方针、操作流程和应对措施。包括危机防范、危机应对以及危机修复的主要内容和步骤，进入危机处理程序的各个岗位以及责任、规范。具体任务应当清楚、好懂，比如危机发生以后由谁记录、怎样记录，有哪些规范等。无论是危机管理机构成员还是相关岗位人员，只要参与危机管理过程，都要有明确的要求。

小案例 8-4

某保健品公司营销工作的潜在危机与对策（节选）

（1）产品质量问题引发的危机

危机来源	危机预兆	可能的后果	危机防范
技术质量	• 与自身技术标准存在差距 • 与行业标准、政府要求存在差距	官方查处 ↓ 媒体曝光 ↓ 社会不利舆论	• 强化质量意识 • 强化服务意识
服务质量	有关承诺、保证不能兑现	顾客投诉 ↓ • 媒体曝光 • 官方查处 ↓ 社会不利舆论	
消费质量	• 有意、无意误导消费 • 消费错误		配合营销职能，强化消费者教育的先导作用

（2）恶性竞争引发的危机

危机来源	危机预兆	可能的后果	危机防范
低级恶性竞争	竞争者寻衅闹事，采用“下三烂”手段	企业、产品和品牌形象“降级”“降格”	• 改变销售地点 • 调整分销战略
中级恶性竞争	竞争者散布流言，制造事端	企业形象受到重创，难以解围	提高企业经营、营销的透明度，与媒体保持广泛、密切联系
高级恶性竞争	对手瓦解、策反营销队伍、渠道成员	• 舆论哗然，损害形象 • 期待系统崩溃	重视员工满足，加强激励
	对手发动“自杀性”攻击，如降价倾销、切断供应来源	舆论震动，损伤形象	监测竞争环境，分析对手动向，主动调整战略

（3）促销不当引发的危机

危机来源	危机预兆	可能的后果	危机防范
方式不妥	• 违规 • 与习俗冲突	• 官方查处 • 舆论谴责 ↓ 损害形象	• 重视营销调研 • 加强政策分析
管理不善	• 计划失误 • 操作失误		• 计划监控 • 适时调整 • 程序管控

（4）渠道冲突引发的危机

危机来源	危机预兆	可能的后果	危机防范
横向联系的冲突	发生在不同渠道之间，如因为售价、种类的差别产生矛盾	渠道系统全线或部分崩溃 ↓ 产品积压 销售困难 ↓ 舆论介入 消费者失去信心	内部管理与政策的调整
纵向联系的冲突	发生在不同的渠道环节之间，如与经销商冲突，上、下游经销商发生矛盾	渠道系统瘫痪 ↓ 丢失市场 ↓ 舆论介入	改善纵向协调能力（渠道管理能力）

4. 准备传播策略

分析可能受到影响的公众，准备危机沟通的要点，确定共同遵守的准则。例如，不可混淆事实；不作无谓争论，尤其是与记者、当事者之间；不清楚真相之前，绝不随意归罪他人；不可小题大做；不可偏离组织大政方针和基本政策；等等。还包括第一时间发布的危机声明等。

小链接 8-6

首次发布的危机声明

根据危机预案，事先准备相应的首次发布的危机声明的文本框架，是一项重要的工作。这样有利于组织即刻对危机做出反应，达到控制相信发布源的目的，并为后续的危机应对等工作争取时间。

首次发布的危机声明，一般应包括以下要素，以完整地回应公众和社会在第一时间所关心的问题：

（1）事件：我们何时、何地遇到（发生）了什么，目前已知的涉及人员和影响范围。

（2）行动：我们已经做出的积极努力，我们下一步的方向和措施。

（3）态度：我们对事件的基本看法，如关心、关切或遗憾、道歉。注意坚持公众和社会利益至上，充分表达组织的人文关怀。

（4）承诺：我们将如何防止事件的再度发生，请相信我们。

危机声明中可以公布必需的联系方式，如电话号码、电子邮箱等。

由于现代社会传播媒介多种多样，危机声明的格式必须适合不同媒介的性质和传播特点。同时，情况紧急，大多数人一开始也没有时间、心情从容阅读长篇大论，因此危机声明篇幅不宜过长，如微博要求是 140 字以内。

5. 整理并形成危机预案

通过书面形式，将以上步骤的成果汇总，并进一步具体化。一般来说，内容越具体、要求越详尽，越利于实际运用和操作。比如危机预案要说明，面临什么性质与何种程度的危险，哪些人员应当撤离的区域，危险区域波及的地区如何控制；又如危机发生的反应时间，包括第一次声明的时间要求等。现代社会传播技术和方式极其发达，不能在“黄金一小时”掌握情况、发出声音，媒体几分钟就能到达现场，一些新媒体、自媒体可能几分钟就发出消息。这些最初的声音，往往定下后续报道、评论的基调，甚至影响舆论走向。

完成危机预案之后不可束之高阁，还需要经常地检验和修订，根据新情况不断地补充、完善。

小链接 8-7

危机管理计划（手册）的格式①

危机管理计划（手册）可参照如下内容格式：

- 导言或公司总裁函件
- 部门主管对危机管理方案的确认
- 危机管理机构成员及其职责
- 危机管理其他有关人员及顾问资料
- 危机管理中心办公室设置
- 信息所有权和新闻发言人的提示
- 危机风险及潜在损害的评估
- 危机管理工作原则
- 危机管理行动步骤
- 财务及法律事宜

危机管理计划（手册）还可包括以下附件内容：

- 危机管理机构及办公室主要成员联系电话
- 有关政府部门和社会团体常用应急电话
- 主要新闻媒体基本情况及常用电话
- 危机事件登记及处理结果样本
- 媒体询问电话记录样本
- 对外声明稿样本

（二）演习危机预案

演习危机预案可进一步了解、掌握和熟练危机管理的具体要求，发现预案的不足并予以完善，帮助组织积累危机管理的经验。还可检验各项危机准备工作的落实情况，检查应对危机时的工作协调程度，并强化全员危机意识。

1. 危机演习的准备工作

（1）广泛的思想动员。要将演习的决定、要求传达到员工，组织宣讲危机演习的意义，

---

① 陈向阳. 公关顾问专业指南. 合肥：安徽人民出版社，2004：186.

使之了解演习步骤、原则及承担的具体任务等，达成认识上的统一。

（2）成立演习指挥小组。一般可由危机管理机构担任，负责组织、指挥和协调。也可考虑适当聘请专家参与，以考察危机管理机构的运作水平。

（3）设计、分解演习的步骤。

（4）制定检查的标准和方法。可事先制定相关表格，以便于执行和检查。例如在表格中不断加入其他组织发生的危机及原因，进行对比、检查，使演习、危机原因分析等工作更为完善。

（5）成立演习评定小组。主要任务是监督执行，检查相关部门工作是否协调，有无达到要求。

（6）落实相关的演习资源和物资。

2. 危机演习的实施与总结工作

一般来说，准备就绪即可演习。演习开始的具体时点，由演习指挥小组决定并予以保密，以增强演习的“实战”氛围。演习过程可有目的地设计一些“意外”，以考验相关人员和岗位随机应变的能力。比如在新闻发布会上，提出一些事先没有准备答案的问题。也可在救急的同时，连续出现其他“意外”，锻炼参与人员连续救急的能力。甚至在演习即将结束之际“杀回马枪”，马上又出现新的“危机”情境。

演习结束之后，要认真总结。参与人员包括演习人员，作为观察员的专家，评定小组，指挥机构和高层领导等。要有相应表扬和奖励，还要指出具体问题及解决措施和办法。演习总结应发至相关人员，开展学习和讨论，并组织大家就演习发现的问题提出建议。

小链接 8-8

危机演习重点考核的问题①

（1）这种危险情况是否真正影响到企业（或组织）的最终目的？

（2）已经列举出来的潜在危机其真实性如何？

（3）企业（或组织）现有的行为能否阻止或遏制危机的产生？

（4）所制定的方针、政策能否经得住公众考验？

（5）企业（或组织）是否具备行动所需的资源？

（6）这种资源花费对于企业（或组织）来说能否接受？

（7）是否有采取行动的决心？

（8）不采取行动的结果将会怎样？

3. 修订和补充危机预案

通过总结危机演习，要完善不足、剔除冗余并优化危机反应程序。修订和补充危机预案，重点在以下方面：②

（1）定期检查应急设备的完好情况。

（2）遴选、培养新成员的必要性。因为各种的原因，参与危机处理、紧急救援的相关

① 迈克尔·里杰斯特. 危机公关. 陈向阳，陈宁，译. 上海：复旦大学出版社，1995：55.（有改动）

② 郭惠民，居易，等. 公关员职业培训与鉴定教材. 上海：复旦大学出版社，1999：417.

人员可能会有变化，是否补充新的人手。新成员如何培训，如自己培训还是聘请公共关系公司帮助。

（3）背景材料的内容更新。在紧急事件中提供给媒体等的，包括与组织历史、发展和经营等有关的资料，为发生概率较大的危机问题预备的背景介绍和分析等。这些可能经常需要根据情况变化，适时予以更新。

（4）是否修改危机应对中的媒体响应程序。在某些情况下，传播技术的变化会影响信息传播。

（5）是否修改、补充涉及危机反应的联系方式。包括内部人员，也包括外部如媒体、社区和政府相关人士。包括危机管理机构的正式成员，也包括候补成员等。包括工作地点、工作时间的联系方式，也包括外出、非办公时间的联系方式，甚至必要的、与他们关系密切的亲属地址和电话。以确保随时能够取得联系，他们可以及时了解相关的情况和变化。

修正、补充之后的危机预案，需要更新内容，并重新印制、下发执行。

小链接 8-9

七个步骤检验危机防范①

（1）如果危机出现在非办公时间，公司有什么样的内部沟通系统？ 比如星期天上午9:00遇到危机，需要多长时间，消息才能传达到每一位相关责任人？

（2）公司有什么样的应急计划？ 这项计划的最后一次更新是什么时间？ 以前有没有使用过，以确认它的有效性？ 它与公司其他的反应计划匹配吗？

（3）公司在哪些方面存在问题或很脆弱，容易成为危机来源？ 比如一个心怀不满的员工或股东提起诉讼，或政府调查、媒体调查被公之于众，公众会有什么样的反应？ 我们将如何做出解释，以降低对公司的负面影响？ 我们已经采取哪些措施，把问题发生的可能性降到最低？

（4）如果发生危机，谁将是公司发言人，或由谁去与大家沟通？ 如果发言人不在，或者不适合这样的场合，将由谁来替代？ 他们应对记者尖锐问题的能力如何？ 对他们的可信度和说服力，公司有多大的信心？ 在没有危机的时候，谁是指定的发言人？

（5）如果发生危机，公司发言人应该向公众沟通多少信息？ 由谁来决定沟通的内容？ 决定的程序如何，由谁决定？

（6）公司如何与管理人员和一般员工沟通，使他们首先从公司而不是媒体或客户等外部渠道获得公司的有关消息？ 如何与顾客、供应商和其他重要公众沟通，公司应该如何去做、用多长时间去做？

（7）竞争对手过去几年曝光过什么危机？ 他们是如何处理的，用了多少时间、精力？ 到目前为止，他们为此付出多少成本，业务损失多少，被起诉和政府调查的前景如何？ 甩掉这些的麻烦用了多长时间？ 如果发生在公司，我们会怎么做？ 从他们的经历中，公司学到了什么？ 在他们发生这样的事件之后，我们是否也对政策、行为方式做了相应的调整？

---

① 资料来源：雷盟. 检验危机管理的七个步骤. 中国企业家，2002（3）.（有改动）

第三节　危机应对与危机修复

有效的危机防范，可降低危机发生的可能性。然而危机一旦发生，就要立即开展危机应对；在危机平息之后，还要努力开展危机修复。

一、危机应对

危机应对是危机管理的第二个阶段。组织面临的危机不同，必然涉及的公众各异，危机应对的工作内容也会有所差别。但危机应对的程序、环节和原则，依然有许多相同之处。

（一）危机应对的步骤

1. 快速启动危机预案

常言道"好事不出门，坏事传千里"。在危机出现的最初 24 小时，各种消息会像病毒一样裂变式地传播。初期反应滞后，会造成事态蔓延和扩大。因此危机管理机构要立即进入"战时"状态，即刻启动相应的危机预案，报告组织高层并通报公共关系部门等相关机构。没有危机管理机构的组织，应尽快成立相应的处理机构，为有效应对危机事件提供组织保证。

由于危机的突发性和时间紧迫，也由于任何组织的危机预案都难以一一对应，事先做到每一种危机的应对措施应有尽有，危机预案与实际发生的危机内容、时间和规模也难以完全吻合。因此，要注意针对具体问题，以已有的危机预案为框架，适时修正和充实有关对策。

2. 处理险情和控制事态

若是重大事件和严重事故，应安排组织的主要负责人，第一时间赶赴现场，亲临一线组织、协调应急行动，指挥排除险情，降低危机伤害。还可联系、委派专业人员调查，分析情况，确认危机发生的时间、地点、原因、人员伤亡和财产损失等，为善后做准备。

同时，公共关系部门也必须派员及时到达现场，以了解和掌握充分、真实的第一手数据和资料。要与到达现场的媒体取得和保持联系，协助接待受到影响的公众，配合安抚受到伤害的公众。公共关系人员与媒体沟通的重点，是和他们一起了解危机事实、共同探求真相，还要帮助他们关注组织在事件中的态度和积极的作为。

由于危机发生具有"连锁"效应，一个应对不当，往往会引发另一个危机。因此，特别要注意采取有力的措施，及时将已发生的危机予以隔离。也就是控制危机的"传染源"，切断危机蔓延到其他环节、领域的联系和可能的渠道，防止危机扩散，避免更大的损失。要特别注意危机不能有效隔离的原因，针对性地采取相应措施。

（1）如果危机应对不当，做出不合适的反应，可能会将危机引向本来不应受到影响的领域，如组织的正常运行、媒体关系和组织形象等，触发新的危机。例如，强生公司在"泰诺"危机中，任命副董事长科林斯（David E. Collins）全权处理危机。科林斯在几位主管的协助、配合下，每天专职处理危机，大部分员工则依然从事公司正常业务。强生公司的每一个人，包括世界各地的员工，都能定期收到公司危机处理的进展报告。由于公司的业务开展正常，危机管理机构可以全心全意处理危机，危机事态没有扩散到公司的其他环节。

（2）如果危机应对不力，处理中采用了一些不是非常有效的方式，也可能导致危机的蔓延，使危机影响到更广泛的领域。这些领域原本是危机有可能影响到，但要是措施有效又可以避免的。

3. 及时发布和沟通信息

危机发生之后，危机管理机构和公共关系部门的一项重要任务，是如何使公众、社会首先想到，愿意并能够通过组织途径和正式渠道，适时获得真实、准确和可信的相关信息。只有成为危机信息发布的第一来源和权威的“声音”，才能有效防止流言扩散和谣言滋长。

（1）掌握舆论的主动权。一小时内要发出第一则新闻稿，以表明态度、安抚人心。即时通过信息发布会和官方网站、微博、微信、内部网络、电话、传真等，公告危机发生时间、地点，已确认的现状、原因和措施，下一步行动和安排等。信息要具体、准确，内容要及时更新。

（2）统一信息发布口径。涉及技术性、专业性的问题，要使用清晰、易懂和不产生歧义的表述，以免出现猜忌和认知上的混乱。

适时召开信息发布会，是危机应对的一项重要措施。它可为组织提供一个平台，当面对问题发生表示关注和遗憾，评述危机以来的事态，帮助媒体和公众全面了解事实，包括组织的想法和所进行的努力。

一般来说，应当安排组织的主要负责人为正式发言人。不仅可以表明组织的重视程度，而且可以准确回答有关的情况。如果危机涉及技术问题，可由负责技术工作的副职出面回答；涉及法律方面，由法律顾问出面介绍。由于媒体的提问和发言人的回答会被广泛地传播，对组织形象的影响极大。因此，发言人要表现出公开、坦诚和负责的态度，低姿态、富有同情心地表达歉意，声明立场，说明补救措施。遇到不甚清楚的问题，不要随意猜测和想当然，可主动表示将如何尽快提供答案；对无法提供的信息，应礼貌地说明原因。

（3）开通全天候的危机信息中心。随时接受媒体和公众询问，解答问题；了解反馈意见和建议，掌握舆论关注的重点、热点及变化趋势。

（4）重视与员工和其他内部公众的沟通。不仅他们同样有知情权，应对和修复危机需要他们共同努力，而且他们也会被媒体、外部公众所关注，成为各自社交圈中可信度最高的、非正式的危机信息发布者和重要来源。

小链接 8-10

危机反应方式一览

库姆斯（Coombs）2001 年在前人研究的基础上，将组织应对危机的各种反应加以归纳和分类，总结出七种做法和表现：①

（1）攻击指控者（attack the accuser）。是一种最强势的反应方式，直接与指控者对峙，反驳那些宣称危机存在的人士或团体。甚至使用暴力，或通过法律诉

---

① 转引自：吴宜蓁. 危机传播——公共关系与语义观点的理论与实证. 苏州：苏州大学出版社，2005：141-142.（有改动）

讼予以反击。

（2）否认（denial）。包括简单否认（simple denial），声明危机不存在，没有发生；或解释（explanation），说明为什么没有危机。

（3）借口（excuse）。提出某些理由或说辞，以减少组织担负的危机责任。具体做法有否认恶意（deny intention），声称危机事件并非蓄意所致；否认伤害（deny volition），声称组织无法控制危机的发生；澄清（clarification），重点纠正有关危机事件的错误信息；卸责（shift blame），即将危机归咎于某些“替罪羊”，这些人士或团体可能在组织内部，也可能来自组织外部；受害者形象（victimization），组织将自己描绘成外部恶意行为的受害者。

（4）辩护（justification），也叫“合理化”。包括淡化（minimization），如否认危机的严重性，说服公众相信危机损害没有想象的可怕；超脱（transcendence），即将舆论说法引导到更利于自己的角度或大框架看问题，如受害者自食其果，危机事件被有心人士曲解；等等。

（5）迎合（ingratiation）。将组织与正面评价的事物相联结。例如表扬（praise），赞美不同的利益相关者；道己之长（bolstering），通过“自我表扬”以提醒公众自己过去做过的好事。

（6）修正行动（corrective action）。修补危机损害，保证不再发生。例如补救（remediation），主动赔偿受害者；复原（repair），承诺将事情恢复原状；预防（rectification）：承诺会做某事以避免危机再度发生。

（7）完全道歉（full apology）。公开承担责任，请求谅解。

4. 积极补救与善后

危机发生时，组织往往引起公众、利益相关者和媒体更多的关注。不能正确对待公众、利益相关者和媒体以及他们的情感，同样可能使危机向一些本不应该受到影响的领域扩张，引发新的危机。同时，事实胜于雄辩。公众、媒体和社会舆论不仅会看一个组织在公开的场合怎么说，更会关心其实际上怎么做。

这项工作主要围绕受到危机事件影响的受害方展开。危机管理机构和公共关系人员，重点要做好以下工作：

（1）了解、确认和制定有关赔偿损失的规定与原则。

（2）认真了解受害者的情况，诚恳地向他们及亲属道歉。实事求是地承担相应的责任，尤其要注意避免使用任何可能被理解为辩护的言辞。

（3）专人负责，与受害者及其亲属的接触要慎之又慎。在处理过程中如果没有特殊情况，不要随便更换“对口”负责处理的工作人员。

（4）耐心、冷静听取受害者想法和意见，包括他们对有关赔偿的要求。绝对避免与受害者及家属发生争辩，即使受害者有一定责任，也不要在现场追究。要给受害者及家属以安慰与同情，并尽最大的努力提供所需的服务和帮助。

（5）向受害者及家属公布补偿方法与标准，并尽快实施。

（6）在整个过程中，继续高度关注媒体有关报道和舆情反映等。与之保持良性沟通，并作为补充、调整补救措施和善后政策的依据。

（二）危机应对的原则

1. 迅速反应的原则

地震、海啸等自然灾害的救援有一个“黄金 72 小时”法则，危机应对也有一个“黄金 1 小时”法则。意即危机发生以后的一个很短的时间极其关键，如果组织不能立即“发声”，就会给事件的关注者和关联者留下一个“信息真空”。有些人群可能会不断猜疑、质问，甚至出现一些错误、虚假和不实信息，导致负面评论和报道弥漫，给危机应对和纠正带来更大难度。因此，危机一旦发生，要以最快的速度做出反应。

合适的危机反应，包括立刻启动危机预案，危机管理机构及其成员各就各位，采取积极行动控制事态，防止矛盾、危机扩大、升级和蔓延。还包括立刻与有关公众、媒体联系，保持沟通，防止产生传言、猜测充斥的局面。组织的一举一动，都将成为公众、社会聚焦的重点和“谈论”的依据。媒体、公众和政府也会密切关注组织的第一份危机声明，组织所有言行会立即见诸媒体、舆论。要善于告诉公众自己已经和准备如何行动，切忌反复陈述自己的过去与如何。在危机中，对组织有利的因素往往会被忽略掉；大部分公众更关心的，是组织在这次危机中的现在与如何。

2. 勇于担当的原则

危机应对中，立场和态度往往比事件本身更能决定最后的损失大小。一个组织是否把公众、社会的利益放在首位，能否直面自身过失或不足，就是立场和态度的重要表现。强生公司面对“泰诺”危机，立即停止生产，配合官方调查；中断促销，广泛告知险情；在全国范围执行回收等，为此付出 1 亿美元的代价，但是践行了公司“公众和顾客的利益第一”的信条。中美史克在康泰克“PPA 事件”中，坚决支持政府的决定，表明公司同样视消费者利益、人民健康为上。并不断地强调，政府对保护人民健康有当然的责任，这与公司及康泰克多年追求一致；媒体对政府决定和人民健康有当然的责任，这也是中美史克和康泰克的责任所在；对消费者和人民健康的态度，才是保护品牌的关键……它们勇于担当的立场、态度和行为，也为危机应对和其后的危机修复，奠定了良好的公众和舆论基础。

（1）面对危机，组织首先要有立场、有态度。尤其在利益关系上，不要试图回避问题、开脱责任或闪烁其词。即使责任不在己方，也可由此展现主动承担社会责任的良好形象。公众想知道的不只是事件本身，更想了解组织的立场和态度，不推卸、不埋怨、不寻找客观原因是基本的要求。

（2）面对危机不仅要有语言的承诺，更要有匹配的行动。尤其在当前强调社会责任的大环境中，只有动听的言辞，没有具体的作为，只会招来公众更多的怀疑和谴责。积极的行动也是勇于担当的重要表现，比单纯的言辞更能有效地建立或恢复组织的声誉。

如果法律顾问或其他部门提出了与公共关系人员相左的建议，应充分考虑双方观点的合理之处。既要根据法律条款认真权衡，也要避免在法律上赢了，却丢失了市场、人心和良好形象。应该通过分析局势、交换意见，找到两者平衡与更妥当的对策。

3. 开诚布公的原则

在危机的旋涡中，一个组织势必成为公众、媒体和舆论焦点，一举一动都会引起猜测、怀疑，也会有片面、扩大或不实的传言。必须坚持开诚布公，不可心存侥幸。越是试图隐瞒，越是容易引起质疑，乃至降低甚至失去公信力，最后真话也被看成谎言。以诚相待，实言相告，有利于重建公众信任和尊重，帮助组织尽快走出困境。人们一般认为，犯错或许是可以原谅的，撒谎则难以容忍。

在危机应对中，要杜绝使用容易引发反感的套话、空话，如“高度重视”，“立即调查处理，决不姑息”，“加强管理”，“深化落实”，“切实保证”，“努力营造”，“感谢监督”，等等；要减少使用一些保护性的法律用语，如“调查没有完全结束之前，我们不作任何评论”，等等。不仅听来乏味，而且像是在隐瞒真情或敷衍了事，更容易激发、强化公众好奇心和不信任。大多数情况下，诚恳更易得到公众的同情或原谅。

在危机处理中，还要充分考虑有关权威机构、权威人士的影响力。例如，邀请他们直接参与相关事件的调查和处理。与受人尊敬、立场公正的机构、人士进行公开合作，可以借助他们在公众中的良好形象。不仅利于有效地解决问题，而且可以更好地表现组织开诚布公的决心。

4. 人文关怀的原则

危机的发生不仅会给公众利益带来一定的伤害，如生命财产的损失，也会对公众的感情造成一定的伤害。因此，公众、舆论和社会不仅会关心利益的问题，也会在意感情的问题——当事的组织是否理解受害方与公众的心理、感受。所以在危机应对中，组织不仅要勇于担当，而且一定要有人文关怀。即着眼于“人”、注重人的价值，体现对人本身和生命的关注、尊敬和重视。关心人、爱护人和尊重人，“说‘人话’，做‘人事’”。

实际上，公众、媒体和社会往往心中都有一杆秤，会对一个组织的危机表现建立一种心理的预期，即它应当如何作为，我们才能认可和满意。不要忽视那些受到危机影响的公众，要表现出真诚的关心和对受害人的同情，站在受害方的立场表示安慰，向公众致歉。只有解决好深层次的心理、情感问题，才能重新赢得公众的谅解和信任。

5. 维护声誉的原则

在危机管理中，公共关系职能要发挥维护组织形象的重要作用，努力降低危机冲击对组织声誉的不良影响失。这是组织之所以要迅速反应、勇于担当、开诚布公和人文关怀的出发点，也是一切危机管理工作和任务的归宿。要使组织在危机中的表现与公众的期望保持一致，通过一系列对社会负责的行为，维护组织的声誉。

小链接 8-11

危机公关“5S”原则

游昌乔提出，在危机管理中公共关系要坚持“5S”原则：①

（1）承担责任（shoulder the matter）。危机发生后无论谁是谁非，企业应该承担责任。要站在受害者的立场上，表示同情并及时安慰；通过新闻媒体向公众致歉，解决深层次的心理、情感问题，从而赢得公众理解和信任。

（2）真诚沟通（sincerity）。企业处于危机旋涡中时，是公众和媒介的焦点，此时应主动与新闻媒体联系，尽快与公众沟通，说明事实真相，促使双方互相理

① 刘晓玲. 游昌乔：阳光是最好的危机管理. 国际公关，2012（1）.（有改动）

解，消除疑虑与不安。

（3）速度第一（speed）。好事不出门，坏事行千里。在危机出现的最初24小时内，消息会像病毒一样以裂变方式迅速传播。这时候可靠的消息往往不多，社会上大多充斥着谣言和猜测。危机发生后，首先控制住事态，使其不扩大、不升级、不蔓延，这是处理危机的关键。

（4）系统运行（system）。在逃避一种危险时，不要忽视另一种危险。进行危机管理时必须系统运作，绝不可顾此失彼。这样才能透过表面现象看本质，创造性地解决问题，化害为利。

（5）权威证实（standard）。危机发生后除了自身的澄清，还要适时地邀请重量级权威人士到前台说话，解除消费者对企业的警戒心理，重获他们的信任。

二、危机传播与沟通

在危机应对中，组织要努力地向公众、社会说明事实，争取公众、舆论对其危机表现的理解和认可。这也是公共关系职能的基本任务和主要工作。

（一）危机传播的要求

依据迈克尔·里杰斯特的观点，信息发布的基本要求可归纳为三个方面，即“3T”原则：①

1. 以我为主（tell you own tale）

在传播中，“要掌握对外报道的主动权，以组织为第一消息发布源，如对外宣布发生了什么危机，公司正在采取什么补救措施”；“要善于利用媒体与公众进行传播与沟通，以控制危机”……也就是，一个组织要牢牢地掌握信息发布的主动权。

2. 尽快提供（tell it fast）

“危机发生时，要以最快的速度设立‘战时’办公室或危机控制中心，调配训练有素的专业人员，以实施危机控制和管理计划。”“要尽快对外发布有关背景情况，准备好消息准确的新闻稿，告诉公众发生了什么危机，并正采取什么补救措施。”“熟悉媒体通常的工作时间，如果需要的话，对外消息发布办公室应实行24小时工作制”……也就是，危机处理时，组织必须尽快和不断地发布信息。

3. 提供全部（tell it all）

“准备好组织的背景材料，并不断根据最新情况予以充实”，“不要发布不准确的消息”。“确保组织在危机处理中，有一系列对社会负责的行为，以增强社会对组织的信任”……也就是，信息发布不仅要全面、真实，而且必须实言相告。

在危机传播中，只有掌握话语权，才有可能主导舆论倾向和公众对事件的正确认知。保持沉默是行不通的。从危机发生开始，就要积极、主动和有效地开展传播。包括利用社会化

---

① 迈克尔·里杰斯特. 危机公关. 陈向阳，陈宁，译. 上海：复旦大学出版社，1995：9，10，12，134，94，112，105.

媒体的传播优势，进行准确的、透明的信息发布。

小链接 8-12

互联网时代的危机公关与挑战①

互联网时代，我们的工作、生活已经“一网”“互通”“相连”。 这对危机公关又带来哪些影响呢?

危机传播方式的变化

长期以来，传统媒体一直是公关传播，也是危机公关的主渠道。“我们是媒体，我们一直试图做社会的守望者。”理所当然你发出的信息是什么，通过媒体到达受众的还是什么，虽然会有一些“损耗”。

现在，互联网的冲击和媒体生态的变化，带来了传统媒体发行量等的减少，也使它们的影响力、公信力有所下降。传统媒体开始更多地被新媒体、民间声音“反呛”，屡屡遭到“预设立场”“选择性曝光”的质疑。公众“听谁说”，信与不信；当事主体“由谁说”，权威与否……传统媒体不再是唯一、最好的选择。

公众环境的挑战

互联网时代，公众不再是单纯的受众，还是相互的消息源、传播者和渠道。他们的形成是动态的，因利益、兴趣而聚合、区分。危机公关越来越多地面对以下公众:

（1）“闭环”的公众。只相信自己，只接受同质性群体的信息，形成交流的“闭环”且难以打破。换言之，拒绝沟通，不听你“讲”。例如一些“医闹”介入的医患关系危机，他们的直接目的就是“把事情闹大”。

（2）“质疑”的公众。无论怎样沟通，他们首先想的还是“你说的是真的吗”，一轮质疑平复又一轮质疑产生。由于信息“碎片化”、利益多元化和关系“网络化”，舆论也难有一致公认的“权威声音”，公众不知“我们该信‘谁’的”情况越来越多。

（3）“不懂”的公众。或与信息的“碎片化”有关，往往将自己的解读、揣测当成“你的意思”，并据此选择行为取向。

当事主体意识的滞后性

作为当事主体的一些企业、机构，有的思想、观念陈旧。在危机公关、尤其危机传播中突出表现在:

（1）“就是不说”或“挤牙膏”。有的是无视公众、舆论；有的是不敢面对，怕出错、担责。不沟通，任由公众猜测、舆论评价和事件发酵。

（2）“你听我说”。依旧传统的“宣传”模式，只要“你听我说”；不习惯现代的“传播模式”，也不知道还要“我听你说”。缺乏地位平等和“对话”意识。

（3）“顾左右而言他”。有意无意回避公众、舆论关心的问题，或语焉不详。

（4）“断头新闻”。常常是前面发声，后面再不说话。

① 钟育赣. 互联网时代的危机公关. 国际公关，2014（10）.（有改动）

（二）危机沟通的重点

对于危机期间的沟通，杰弗里·R. 卡波尼格罗提出以下的建议：[①]

（1）辨明所有可能受到危机影响，或是希望得到消息、了解情况的公众。

（2）证明你已经认清问题，正在采取措施。

（3）向适当的公众传递小部分的重要信息。提早确定小部分信息，反复沟通，这是非常重要的。然后选择最合适的方法，以易于理解的形式与公众沟通。

（4）只传递能确切证实的信息，避免表达不太确定的事情。

（5）不要撒谎。除了避免臆测，还要确保不存在欺骗。

（6）不要对假设发表评论。

（7）传递给对方一种强烈的感受，即你会平易近人。

（8）决策果断。你只有几个小时的时间，向公众证明危机是能够得到有效管理的。

（9）保持冷静。不要让任何人感到不安，或留下惊慌失措的印象。

（10）不要对媒体或其他人说“无可奉告”。可有更好的方式，不用说什么也能传达一种可控制、亲近、诚实和信用的感觉。“无可奉告”会是一种信号，表明你只是一个从未管理过危机的人。

（11）如果可能，把所有的坏消息一次性传达。这要比一次次传达，一次次让组织难受更有效。

（12）要有获得公众反馈和建议的方法。无法进行充分的双向沟通，通常会导致关系的破裂。

（13）做好记录。

（14）监控、评估局势。传达的信息是怎么收到的，人们了解了什么信息，我们受到了什么样的提问……这些问题有助于决定是否需要改进沟通方式，完善沟通过程。

（15）不要停止沟通。

小链接 8-13

犯错的组织如何诚恳认错

大多数情况下，犯了错又能诚恳认错，人们的态度会倾向于谅解。公众怀疑一个组织不想认错，或是不准备承认对他们产生了影响，会产生挫折感，进而积累愤怒的情绪。杰弗里·R. 卡波尼格罗认为，最好采取以下的措施：[②]

（1）承认错误，而不是回避问题。这是消除公众猜疑的最好方法之一，同时充满自信地去补救损失。

（2）如果适当的话，要道歉。

（3）表明你对这种情况的不满和失望。

（4）讲述快速有效解决问题所采取的措施和步骤。除非公众相信你正在解决

---

① 杰弗里·R. 卡波尼格罗. 危机顾问：有效预防、控制与管理企业危机. 杭建平，译. 北京：中国三峡出版社，2001：165–169.

② 杰弗里·R. 卡波尼格罗. 危机顾问：有效预防、控制与管理企业危机. 杭建平，译. 北京：中国三峡出版社，2001：169–171.（有改动）

问题，否则他们会一直不断与你为难。他们希望听到你为解决问题做了什么，这样他们自己就能判断你是否充分认清了问题。

（5）解释所采取的确保不再发生类似问题的措施和步骤。包括有关的政策、工作方案和人员变动。公众希望听到你是如何解决这个问题，并防止下一个问题发生的。

（6）介绍你是如何计划让他们了解进展情况的。公众想要知道他们什么时候能够得到更多的消息。

（7）强调你对他们的感激。告诉他们，对你来讲他们的支持的重要性，并感谢他们在解决问题时所给予的理解。

三、危机修复

危机管理的最后阶段是危机修复。化解或平息危机之后，要对危机管理的各个阶段进行认真、系统的总结，充分吸取教训、经验；尤其是要通过推出新的、有效的举措，减少组织形象的损失或重建良好的形象。这也是许多组织在危机管理中，尤其是危机过后容易忽视的环节和工作。

（一）危机修复的过程

危机修复阶段是新一轮危机防范工作的起点，也是修订危机预案、制订新的公共关系计划的主要依据。一般来说，这个过程包括了四个主要的步骤：

1. 调查

对危机的发生、预防和处理措施以及执行情况，开展全面、系统的调查。包括收集所有的相关信息、资料。其具体做法，可参照公共关系调研及效果评估的一些方式和要求。

2. 评价

组织危机管理机构的成员进行总结，与有关专家、专业人士进行交流，认真听取媒体、公众尤其是受害方的反映和意见等，对危机管理工作进行全面评价，分析其中的得失。

一般来说，评价的重点内容是危机预防和危机应对阶段的工作。包括危机预案的可行性，危机预警系统的灵敏性，危机管理机构及其成员的表现和效率，危机应对过程的组织、程序和执行……分析要详尽，诊断要全面，深入查找、挖掘存在的问题、不足和原因，形成书面报告。并将结果向组织的领导层、政府有关部门报告，向有关公众、媒体和社会公布。

3. 整改

根据评价报告，对危机涉及的问题综合、归类，分别提出整改措施，并责成相关部门逐项落实、反馈，改进具体问题和薄弱环节，消除“隐患”。可能包括“硬件”的改进，也可能包括“软件”提升。通过完善组织的危机管理，教育员工，警示同行。

4. 沟通

危机管理机构和公共关系部门，要继续通过适当方式和渠道，与媒体和公众保持沟通。通过传递整改的信息和效果，进一步恢复公众的信心、信任和好感。同时，还要通过具体行动，继续为受害者及亲属提供应有的帮助，表示关心和问候。

小案例 8-5

肯德基的“探秘之旅”①

2013 年 7 月，肯德基推出“探秘之旅”（见图 8-4），邀请街坊到后厨和养鸡场等一探究竟。周末，被抽中的幸运读者将和《羊城晚报》记者一道，远赴福建武夷山的养鸡场参观考察。街坊还可继续报名，参与“探秘后厨”之旅。

图 8-4　肯德基“探秘之旅”海报

为了“探秘之旅”，《羊城晚报》开通了热线电话和微博投票。供应商的养鸡场、餐厅后厨、物流中心、蔬菜基地，您对哪个地点“探秘”感兴趣？ 结果显示，养鸡场最受关注，其次是餐厅后厨，得票率分别为 49.5%和 44.1%。

2 月底肯德基就“鸡肉事件”在北京举行了第一次新闻发布会，指出事件折射出的主要问题是个别养殖户违规用药。肯德基经过审慎思考和周密调研，推出“雷霆行动”——通过六大行动，加强源头管理，包括供应商、养殖户和用药管理以及重新设计自检流程、强化信息的透明沟通。近日在北京就“雷霆行动”举行第三次新闻发布会，通报落实情况。据介绍，根据“养殖场备案制度”，所有服务肯德基的供应商及养殖场均记录在案，以便追溯和考评。继 2 月初宣布淘汰千余鸡舍，半年来肯德基鸡肉供应商又主动淘汰了潜在风险较高的 3700 余栋鸡舍。本着“食品安全一票否决制”原则，取消了一家供应商的资格；按综合评估，取消了两家供应商的资格；同时，经考核新增了一家供应商。目前由国内 23 家鸡肉供应商，为肯德基提供放心安全的鸡肉原料。“雷霆行动”完成使命，通过这次行动梳理出“百胜鸡肉安全管理评估标准”，将纳入鸡肉供应商长期常态管理体系。

“探秘之旅”活动网上发起后，迅速引起热议。不少“吃货”纷纷表达“爱慕之情”。网友“aspireer”说，“想看一下我吃的美味肥鸡是怎样长大的”；“虾虾霸霸 kat”则说，“我要去睇睇厨房”；“豪厨 1”更是热情如火，“肯德基的炸鸡腿好吃！ 让我加入成为探秘大使吧！”

周六大早，养鸡场的“探秘大使”将坐上飞往福建的班机。在武夷山鸡场探秘之旅中，

① 资料来源：林园. 肯德基“探秘之旅”. 羊城晚报，2013-08-01.（有改动）

“探秘大使”可亲身经历肯德基用鸡“白羽鸡”的养殖生产流程，参观饲料厂、肉鸡场、肉鸡加工厂，通过专家讲解深入了解各个流程的运作。完成养鸡场探秘后，“探秘大使”还能带上自家小朋友参加“探秘之旅”第二波活动——“后厨探秘”，与其他家长和孩子一起继续“探秘”肯德基。

（二）危机修复的重点

迈克尔·里杰斯特指出，“危机经常成为组织的一个转折点。它为组织建立富有竞争力的声誉、树立组织的形象和处理组织的重大问题创造了机会”。[①] 危机产生了巨大的压力，将一个组织推上舆论的风口浪尖，甚至危机过后很长一段时间依旧“万众瞩目”，享有较高的关注度。因此，组织也就可能并且应该继续通过公共关系职能，改善和恢复因危机而恶化的声誉和形象。

危机修复阶段通常以下列工作为重点：

（1）恢复声誉和修补形象。如制作道歉信函，以组织或主要领导者的名义送交受害方和媒体等。内容应包括组织重建的现状，关于危机事件的调查报告，防止危机再次发生的具体措施、对策和落实情况等，以表明组织的态度和决心。

（2）继续关注、关心受害者及其亲属。保持沟通，表明组织重建的决心和信心，并期待他们支持和帮助。

（3）在各种不同场合，继续教育员工强化危机意识，落实危机防范措施和要求。

（4）重建市场。对于企业来说，危机常常会破坏已有的市场份额、营销渠道等，伤害与经销商、消费者的关系。危机期间停止的广告等活动，也要重新开始。一方面，将组织的决心、期望等传达给市场和一般公众；另一方面，由此重建他们对组织的兴趣和信心。

（5）加强公益主题或面向社区的公共关系活动。通过更加热心公益事业，积极支持社区建设，关心社会热点问题等举措造福一方，传播组织焕然一新的良好面貌。

本章小结

危机管理是一个组织根据自身情况和外部环境，对可能的危机预测、预防、干预和规避，对发生的危机控制、处理、化解和善后等的一整套系统思路和管理机制。危机通常具有突发性、破坏性、高关注性和不确定性等性质与特征。组织可能面临的危机可从不同的角度认识，如依据危机的原因、依据危机的突发性以及依据危机生命周期等进行分类。准确判断危机类型，是危机管理的前提。

危机的出现和发展有一个过程，在不同的阶段有不同的任务和要求。危机管理重在事前防范，一个组织可以通过建立危机管理机构，培养、强化组织及其员工的危机意识，制订危机预案以及培训、演习等工作，努力避免危机的发生。危机一旦发生，就要立即进入危机应对，包括启动危机预案，控制危机事态，及时发布和与公众沟通

① 迈克尔·里杰斯特. 危机公关. 陈向阳，陈宁，译. 上海：复旦大学出版社，1995：30.

信息，积极补救与善后以及总结、评估。危机应对要坚持迅速反应、勇于担当、开诚布公、人文关怀和维护声誉的原则。危机平息之后，要努力进行危机修复。包括对危机管理各个阶段进行总结，吸取教训和经验，尤其是要通过推出新的、有效的举措，减少组织形象损失或重建良好形象，化危为机。这也是许多组织的危机管理，尤其危机过后容易忽视的环节。

无论是危机管理的事前防范还是事中应对或事后修复，公共关系职能都不可缺位。危机传播要坚持“以我为主”“尽快提供”和“提供全部”，并以谋求共同利益、承担社会责任和公开事实真相为基础，始终保持与公众的联络和沟通。

关键名词

危机　危机管理　危机防范　危机意识　危机预案　危机应对　“黄金1小时”法则　危机传播　“3T”原则　危机修复

即测即练

请扫描二维码，在线测试本章学习效果

思考题

1. 如何理解危机的“不确定性”及“连锁反应”？请举例分析。
2. 一个组织可能面临的危机，可以怎样进行分类？
3. 为什么说危机管理重在事前防范，目的是有效地避免危机发生？
4. 如何制订危机预案（危机管理计划）？
5. 怎样撰写合格、合适，用于第一时间发布的危机声明？
6. 如何开展危机应对工作，有哪些关键的步骤和原则？
7. 怎样进行危机传播与沟通，需要注意什么？
8. 如何进行危机修复工作，有哪些主要的步骤和工作重点？

案例分析

加多宝就“涉嫌侮辱英雄”事件澄清

凉茶企业加多宝与大V“作业本”在微博上的一则互动，引发了绝大多数网友的愤怒。在这个名为“多谢行动”的活动中，加多宝恭喜作业本与“烧烤”齐名，表示若作业本开烧烤店就送10万罐凉茶。而早在2013年，“作业本”曾在微博上戏谑“由于邱少云趴在火堆里一动不动，最终食客们拒绝为半面熟买单，他们纷纷表示还是赖宁的烤肉较好”。

与其他感谢微博寥寥无几的转发数相比，这条原微博已转发一万多次。加多宝方面随后删除了这条微博，很多网民仍表示“再也不会买加多宝了”，“再见加多宝，汶川地震的好感到此为止”。

《环球时报》记者今日就此向加多宝公司求证并追问。最终，加多宝方面给出了独家回应，全文如下：

2015 年是加多宝成立二十周年，加多宝自 1996 年推出第一罐红罐凉茶，成功开创并做大了凉茶产业，成为凉茶行业领导品牌。加多宝始终深爱着这片土地，将慈善上升为企业发展战略的高度，努力做好企业公民的本分，于是，我们发起了“多谢行动”，多谢加多宝成长历程中的里程碑城市、合作伙伴和所有消费者。

继连续在香港、东莞、四川、北京等四地登报多谢城市之后，昨天，我们发布了近 300 条微博，用最诚恳的姿态感谢众多消费者（作业本只是其中之一，此前，我们对作业本发生在 2013 年的微博事件毫不知情）。在不断致谢消费者的过程中，我们发现背后的竞争对手恶意拿作业本 2013 年的微博截图（在发布之后旋即删除）与多谢行动海报刻意嫁接到一起，刻意混淆视听，误导不明真相的网友。我们对这种以烈士为幌子，达到不可告人的目的的行为，表示极大的愤慨。

由于已造成网友不安与困惑，我们已经删除了对于作业本的多谢海报，同时，向广大网友致歉。我们希望通过自身的努力，最大程度去消除事件带来的负面和消极影响。我们将积极配合媒体，作出正面引导。同时，也希望通过媒体的公允报道，还原事实真相，还加多宝清白，还烈士安宁。

加多宝作为一个负责任的面向国际的领导品牌，始终以实现“凉茶中国梦”为最终目标，爱国爱民，尊重每一个中国人，尊重为祖国的发展和建设贡献过自己力量的英雄和平民，过去不可能，现在不可能，未来也不可能利用这种话题来营销！

加多宝（中国）饮料有限公司
2015 年 4 月 18 日

此外，《环球时报》记者还采访了本次加多宝“多谢活动”执行方的一名知情人士。这名人士表示“很冤”：“我们不可能去支持这样一个立场，作业本在两年前曾发过这样一则微博，其实这边同事谁都不知道。我们无意侮辱烈士，也没有任何理由要这么做。”最后，这名人士还澄清了“烧烤”说法的缘由：“作业本被网友戏称为青岛的‘烧烤大使’，而烧烤容易上火，所以，加多宝才会在策划中提及作业本和烧烤。”

资料来源：范凌志. 独家授权发布：加多宝就“涉嫌侮辱英雄”事件澄清.
环球网（http://mil. huanqiu. com/china/2015-04/6222001. html），2015-04-18.（有改动）

[案例思考]

1. 加多宝在此事件中的危机应对，有哪些可取之处和不足之处？
2. 你会建议加多宝事后怎样开展危机修复工作？

本章实训

一、实训目的

1. 学会识别一个组织的潜在危机，并进行分类。

2. 尝试对该组织的潜在危机提出防范的思路和措施。

二、实训内容

1. 实训资料

自行选择一家企业（或其他社会组织）组织调研，收集资料。

2. 具体任务

（1）了解该组织曾经发生的危机以及原因、处理和善后情况。

（2）分析该组织潜在的危机来源，探究主要的预警信号。

（3）思考几种最主要的潜在危机以及基本的防范措施和对策。

3. 任务要求

（1）能够就一个组织的具体情况，分析最主要的1—2种潜在危机和预警信号，提出基本的防范措施和对策。

（2）了解危机预案的形成过程、主要步骤。

三、实训组织

1. 任课教师说明实训目的、要求、进度和评价标准。可按内部危机、外部危机或生产危机、营销危机等主题，进行分类和分配任务。

2. 全班分若干小组（建议每组5人左右），各自领取任务。

3. 实行组长负责制，自行决定和安排小组成员分工、任务和进度。

4. 分组完成汇报资料，在任课教师指导下进行班级交流、讨论。

四、实训步骤

1. 理论准备，包括复习相关的教学内容，学习延伸阅读文献等。

2. 组长带领小组成员，进行调研，完成资料的收集、整理工作。

3. 分组讨论，形成小组的汇报框架。内容包括：该组织的背景，主要的潜在危机1~2种，表现和预警信号，可能产生的负面影响与破坏力，防范的措施和对策。

4. 可以班为单位，分组或抽取典型汇报、展示，开展讨论。

5. 任课教师点评、归纳和总结。

延伸阅读

1. 杰弗里·R. 卡波尼格罗. 危机顾问：有效预防、控制与管理企业危机. 杭建平，译. 北京：中国三峡出版社，2001.
2. 罗伯特·希斯. 危机管理. 王成，宋炳辉，金瑛，译. 北京：中信出版社，2001.
3. 迈克尔·里杰斯特. 危机公关. 陈向阳，陈宁，译. 上海：复旦大学出版社，1995.
4. 吴宜蓁. 危机传播——公共关系与语义观点的理论与实证. 苏州：苏州大学出版社，2005：15-26，27-52，53-75，77-99.
5. 郭惠民，主编. 危机管理的公关之道. 上海：复旦大学出版社，2006.
6. 劳伦斯·巴顿. 组织危机管理. 符彩霞，译. 北京：清华大学出版社，2002.
7. 艾伦·森特，帕特里克·杰克逊，斯黛西·史密斯，等. 森特公共关系实务. 7版. 谢新洲，袁泉，刘畅，等，译. 北京：中国人民大学出版社，2009：181-207.
8. 钟育赣. 互联网时代的危机公关. 国际公关，2014（10）.

参考文献

1. 斯各特・卡特里谱，艾伦・森特，格伦・布鲁姆，等. 公共关系教程. 第8版. 明安香，译. 北京：华夏出版社，2001.
2. 詹姆斯・格鲁尼格，等. 卓越公共关系与传播管理. 卫五名，等，译. 北京：北京大学出版社，2008.
3. 斯科特・卡特李普，阿伦・森特，等. 有效公共关系. 汤滨，王彦，等，译. 北京：中国财政经济出版社，1988.
4. 杜・纽萨姆，艾伦・斯各特. 公共关系与实践. 罗建国，梅德明，等，译. 上海：上海译文出版社，1989.
5. 弗兰克林・杰佛金斯. 最新公共关系技巧. 夏晓斌，夏晓晨，张世平，译. 北京：北京大学出版社，1992.
6. 斯各特・卡特里普. 公共关系史（17—20世纪）. 纪华强，焦妹，等，译. 上海：复旦大学出版社，2012.
7. 道・纽森，朱迪・范斯里克・杜克，迪恩・库克勃格. 公共关系本质. 9版. 于朝晖，袁王珏，毕小龙，等，译. 上海：复旦大学出版社，2011.
8. 弗雷泽・P. 西泰尔. 公共关系实务. 10版. 潘艳丽，陈静，等，译. 北京：清华大学出版社，2008.
9. 丹・拉铁摩尔，奥蒂斯・巴斯金，等. 公共关系：职业与实践. 朱启文，冯启华，译. 北京：北京大学出版社，2006.
10. 乔・马可尼. 公共关系：实践与案例. 赵虹君，魏慧琳，译. 北京：电子工业出版社，2008.
11. 丹尼斯・威尔科克斯，等. 公共关系的战略与战术. 封长虹，等，译. 北京：解放军出版社，1992.
12. 菲利普・科特勒，埃迪尤阿多・罗伯托. 营销大未来：变革公共行为的方略. 俞利军，邹丽，译. 北京：华夏出版社，1999.
13. 阿伦・森特，帕特里克・杰克逊，斯黛西・史密斯，等. 森特公共关系实务. 谢新洲，袁泉，刘畅，等，译. 北京：中国人民大学出版社，2009.
14. 桑德拉・奥利弗. 企业传播：原则、方法与战略. 谢新洲，王金媛，等，译. 北京：北京大学出版社，2005.
15. 桑德拉・奥利弗. 战略化公共关系. 李志宏，等，译. 北京：中国市场出版社，2008.
16. 迈克・比尔德. 公关部门运作. 2版. 谢新洲，刘畅，译. 北京：北京大学出版社，2005.
17. 迪尔德丽・布雷肯里奇，托马斯・J. 德洛夫瑞. 新公共关系手册：成功的传媒关系策略. 王日初，译. 北京：中国人民大学出版社，2003.

18. 斯科特. 新规则：用社会化媒体做营销和公关. 赵俐，谢俊，张婧妍，等，译. 北京：机械工业出版社，2010.
19. 特雷西·塔腾，迈克尔·所罗门. 社会化媒体营销. 李季，宋尚哲，译. 北京：中国人民大学出版社，2014.
20. 谢尔·霍兹. 网上公共关系. 吴白雪，杨楠，译. 上海：复旦大学出版社，2001.
21. 中国社会科学院新闻研究所公共关系课题组. 公共关系学概论——塑造形象的艺术. 北京：科学普及出版社，1986.
22. 王乐夫，廖为建，等. 公共关系学. 沈阳：辽宁人民出版社，1986.
23. 熊源伟. 公共关系学. 2版. 合肥：安徽人民出版社，1997.
24. 北京大学社会学系，编. 公众关系学. 北京：北京大学出版社，1990.
25. 郭惠民. 当代国际公共关系. 2版. 上海：复旦大学出版社，1998.
26. 廖为建. 公共关系学. 北京：高等教育出版社，2011.
27. 纪华强. 公关关系的基本原理与实务. 北京：高等教育出版社，2006.
28. 钟育赣. 公关关系学. 南昌：江西人民出版社，1989.
29. 叶茂康. 公关关系写作教程. 上海：复旦大学出版社，2003.
30. 李道平，等. 公共关系学. 北京：经济科学出版社，2000.
31. 钟育赣，万万. 品牌策划与市场传播. 广州：中山大学出版社，1997.
32. 李兴国. 公共关系实用教程. 北京：高等教育出版社，2000.
33. 张依依. 公共关系理论的发展与变迁. 合肥：安徽人民出版社，2007.
34. 方圆（谢景芬）. 大型公众活动策划. 广州：中山大学出版社，1998.
35. 张雷. 公共关系学派. 杭州：浙江大学出版社，2013.
36. 罗伯特·希斯. 危机管理. 王成，宋炳辉，金瑛，译. 北京：中信出版社，2001.
37. 劳伦斯·巴顿. 组织危机管理. 符彩霞，译. 北京：清华大学出版社，2002.
38. 迈克尔·里杰斯特. 危机公关. 陈向阳，陈宁，译. 上海：复旦大学出版社，1995.
39. 杰弗里·R. 卡波尼格罗. 危机顾问：有效预防、控制与管理企业危机. 杭建平，译. 北京：中国三峡出版社，2001.
40. 吴宜蓁. 危机传播——公共关系与语义观点的理论与实证. 苏州：苏州大学出版社，2005.